U0541224

■ 本书为国家社科基金资助项目

云南省社会科学院研究文库

中国农村金融新体系构建研究

ZHONGGUO NONGCUN JINRONG XINTIXI GOUJIAN YANJIU

——以云南省多民族区域为例

赵俊臣 著

中国社会科学出版社

图书在版编目（CIP）数据

中国农村金融新体系构建研究／赵俊臣著．—北京：—中国社会科学出版社，2009.9
ISBN 978-7-5004-8605-3

Ⅰ．①中… Ⅱ．①赵… Ⅲ．①农村金融－金融体系－研究－中国 Ⅳ．①F832.35

中国版本图书馆 CIP 数据核字（2010）第 043395 号

出版策划	任　明
特邀编辑	乔继堂
责任校对	刘　娟
技术编辑	李　建

出版发行	中国社会科学出版社		
社　　址	北京鼓楼西大街甲 158 号	邮　编	100720
电　　话	010-84029450（邮购）		
网　　址	http://www.csspw.cn		
经　　销	新华书店		
印　　刷	北京奥隆印刷厂	装　订	广增装订厂
版　　次	2009 年 9 月第 1 版	印　次	2009 年 9 月第 1 次印刷
开　　本	710×1000　1/16		
印　　张	20.75	插　页	2
字　　数	368 千字		
定　　价	42.00 元		

凡购买中国社会科学出版社图书，如有质量问题请与本社发行部联系调换
版权所有　侵权必究

《云南省社会科学院研究文库》
编纂委员会

主　任：纳　麒
副主任：杨福泉　任　佳　边明社　王文成
委　员：纳　麒　杨福泉　任　佳　边明社
　　　　王文成　郑晓云
编　辑：郑晓云　李向春　李立纲　常　飞

总　序

纳　麒

　　云南省社会科学院是云南省哲学社会科学的"省队",云南省省级综合性哲学社会科学研究机构,在推动云南哲学社会科学的发展中发挥着重要的作用,担负着义不容辞的责任。2001年,在认真分析形势和找准问题的基础上,院党和院行政班子确立了把社科院建设成为云南省马列主义、毛泽东思想、邓小平理论、"三个代表"重要思想以及党的路线、方针、政策研究和宣传的重要基地;建设成为云南省级党委、政府以及社会各界决策咨询的重要基地;建设成为云南省哲学社会科学理论创新、知识创新的重要基地;建设成为云南省人文社会科学加强国际合作与交流的重要基地奋斗目标。

　　云南省社会科学院历来重视基础研究和学科建设,逐步形成了社科院的特色学科、重点学科及学术优势,民族和宗教问题研究、东南亚南亚研究、云南历史文化研究、社会发展研究、区域经济和农村发展研究,以及邓小平理论、"三个代表"重要思想等学科和学科方向的研究在全省、全国都有重大的影响和较高的学术水平,某些方面(东南亚、民族文化、农村发展等)在世界上也占有一席之地。

　　在邓小平理论、"三个代表"重要思想研究和宣传方面,云南省社会科学院取得了一系列重大成果,出版了《江泽民"三个代表"重要思想概念》、《邓小平理论与云南发展》、《邓小平理论与云南21世纪发展》、《马克思主义人权观与中国少数民族》、《邓小平经济思想研究》、《当代中国的马克思主义——邓小平理论研究》、《邓小平社会主义论》、《邓小平社会发展论》、《邓小平改革开放论》、《邓小平经济发展论》、《邓小平统一战线论》等著作,系统研究、阐述邓小平理论和"三个代表"重要思想的科学体系和时代特征,受到省委省政府的肯定和学术界、理论界的广泛好评,这些理论成果标志着云南研究邓小平理论和"三个代表"重要思想学科体系的形成和完善。民族研究方面,参与完成了国家民族问题五种丛书的编写工作,集中就云南各民族的基本情况进行了全面系统的总结,使自古以来无人说得清的云南基本省情——云南民族情况清晰地展示在人们面前;先后完成了基诺族的识别研究和崩龙族名称更改问题的研究，为解决民族识别遗留问题作出了重大贡献；完成的云南省16个少数民族16部民族文学史，填补了国内学术研究空白；国家基金重点项目成果《论当代中国民族问题》，系统全面地论述了现阶段的民族问题，总结了我们党解决民族问题的成功经验，对促进国家统一和民族团结具有重要意义。在东南亚、南亚研究方面，取得了"开拓东南亚市场研究"、"澜沧江湄公河次区域经济技术合作研究"、"印度独立后农业发展道路研究"、"东盟的发展与我国我省的对外开放"、"走向二十一世纪的东南亚与中国"、"东方多瑙河——澜沧江——湄公河流域开发探究"、"当代印度"等一批重要成果。《忽必烈平大理是否引起泰族大量南迁》、《南诏王室泰族说的由来与破产》、《泰族起源与南诏王室族属问题》等成果中关于泰族起源问题的研究，纠正了国际上流行的错误观点，受到了国际学术界的广泛关注，泰国正式接受了"南诏不是泰族建立的政权"的结论，并改写了中小学教材中的有关内容。在历史、文化和人类思维研究方面，《云南近代史》首次全面记述了1840—1949年云南各族人民爱国主义斗争的历史，系统反映了云南近代历史上的社会变迁和发展情况，填补了云南地方史研究的空白；《法言注》被著名思想史专家任继愈认为"这是部值得向出版界推荐的好书"；民族学界专家认为《中国神话的思维结构》在神话学研究中具有开创性意义，在学术观点和研究方法上有新的探索和突破；《哲理逻辑探要》、《东西方矛盾观的形式演算》、《辩正思维方式论》、《原始思维》、《思维活动论》等系列著作，使云南省思维科学、逻辑学的研究达到了国内先进水平，在学术界产生了良好影响。

为了认真总结云南省社会科学院几十年来基础研究方面取得的重大成绩，进一步整合基础研究力量，营造良好的学术氛围，提高学术品位，提升基础研究学术水平，打造学术品牌，培养名家，发挥哲学社会科学认识世界、传承文明、创新理论、咨政育人、服务社会的作用，同时，让社会各界特别是学术界比较全面系统地了解云南省社会科学院，从2003年开始，我们特别推出《云南省社会科学院文库》，希望社会科学界关注、支持、指导和交流，共同繁荣和发展云南哲学社会科学。

目　录

序 ·· 杜晓山（1）

第一编　建议报告、总体报告

第一章　关于西部民族地区建立现代农村金融制度的建议 ············（3）

第二章　中国西部民族区域农村金融新体系构建研究
　　　　——以云南省多民族区域为例 ································（17）
　第一节　研究的背景与目的意义 ······································（18）
　第二节　研究假设、理论借鉴与研究对象 ····························（23）
　第三节　论证现代农村金融制度理论 ································（25）
　第四节　实证研究 ··（29）
　第五节　现有农村金融组织发展的评估 ······························（37）
　第六节　新型农村金融机构的试点的评估 ····························（42）
　第七节　农村金融的支撑体系的评估 ································（46）
　第八节　民间借贷有个消除社会歧视和阳光运作问题 ················（48）
　第九节　中央有关农村金融改革的要求与有关部门的具体行动 ······（50）
　第十节　主要发现 ··（53）
　第十一节　本次研究的不足与有待深入研究之处 ····················（56）
　参考文献 ··（57）

第二编　专题研究

第三章　现代农村金融制度的理论基础与特征 ························（61）

第四章　西部民族地区农村金融新体系的构建 ························（64）
　第一节　我们要构建的农村金融体系是什么样子 ····················（64）

第二节　农村金融：一个潜力巨大、亟待开发的投资领域 ……… (69)
　　第三节　新农村建设的资金保障问题 …………………………… (75)
　　第四节　西部贫困地区金融支援发达地区的现象不能再继续
　　　　　　下去了 …………………………………………………… (84)
　　参考文献 ……………………………………………………………… (91)

第五章　民间金融组织为什么发展不起来 ………………………… (92)
　　第一节　平民百姓和贫困户的金融组织为什么发展不起来 …… (92)
　　第二节　为富人存款安全就只有禁止穷人贷款权力吗 ………… (95)
　　参考文献 ……………………………………………………………… (101)

第六章　农村金融组织深化改革研究 ……………………………… (103)
　　第一节　推动邮储银行与农信社在乡村展开有益竞争 ………… (103)
　　第二节　《农村资金互助社管理暂行规定》的重大缺陷 ………… (110)
　　第三节　把村镇银行办成真正的农村小区域银行 ……………… (115)
　　第四节　央行率先试点农村贷款公司的尴尬 …………………… (124)
　　参考文献 ……………………………………………………………… (130)

第七章　民间金融组织发展研究 …………………………………… (131)
　　第一节　让民间借贷在阳光下运作 ……………………………… (131)
　　第二节　云南丽江纳西族"话丛"可以"改造"成农民资金
　　　　　　互助社 …………………………………………………… (143)
　　第三节　发展农村民间基层金融组织 …………………………… (147)
　　参考文献 ……………………………………………………………… (167)

第八章　农村合作基金会反思 ……………………………………… (169)
　　第一节　"一刀切"地取缔农村合作基金会留下哪些教训 ……… (169)
　　第二节　破除发展农村非国有金融机构的法制障碍 …………… (176)
　　参考文献 ……………………………………………………………… (182)

第九章　小额信贷发展研究 ………………………………………… (184)
　　第一节　小额信贷是怎样"真扶贫、扶真贫"的 ………………… (184)
　　第二节　小额信贷扶贫的效果为什么出奇的好 ………………… (191)
　　第三节　小额信贷扶贫到户也适应偏僻地区 …………………… (197)

第四节　小额信贷为什么需要吸储 ………………………………（201）
　　第五节　小额信贷扶贫到户为什么贷款要小额度 ………………（205）
　　第六节　贫困户为什么愿意接受小额信贷扶贫的高利率 ………（209）
　　第七节　小额信贷扶贫到户为什么要以妇女为主承贷人 ………（217）

第十章　我国的农业保险为什么迟迟发展不起来 ………………（223）
　　参考文献 …………………………………………………………（233）

第十一章　国际经验借鉴 ……………………………………………（235）
　　第一节　我们向美国农村金融学习些什么 ………………………（235）
　　第二节　印度的农村金融体系值得中国学习的有哪些 …………（243）
　　第三节　我们为何不愿意学习日、韩和中国台湾农协办金融的经验 …（252）
　　参考文献 …………………………………………………………（261）

第三编　案例分析

第十二章　这个国际援助项目为何具有可持续性
　　　　　　——中国云南省YUEP项目结束后的可持续性调查 ……（265）
　　参考文献 …………………………………………………………（275）

第十三章　国际援华农村发展项目能够实现可持续性吗
　　　　　　——云南省LPAC项目农村地区小型商业活动市场
　　　　　　　评估报告 …………………………………………（277）
　　参考文献 …………………………………………………………（298）

第十四章　"霍山模式"的魅力与发展空间
　　　　　　——荷兰政府援助中国安徽省霍山县扶贫项目的案例 …（299）

第十五章　小井庄社区基金试验的意义
　　　　　　——香港乐施会援助中国安徽省的案例 ………………（304）

第十六章　农业银行怎样追回南街村16亿元贷款 ………………（314）

后记 ……………………………………………………………………（318）

序

杜晓山

以云南省社会科学院赵俊臣研究员为负责人的课题组撰写的《中国农村金融新体系构建研究——以云南省多民族区域为例》一书，从理论和实践的结合上研究和论述了构建我国农村，尤其是西部民族地区农村金融新体系问题，并在此基础上，提出了关于西部民族地区建立现代农村金融制度的政策建议。

云南省政府负责同志高度评价了赵俊臣研究员的这项研究成果。这份研究报告是赵俊臣研究员硕果累累的科研成果中有分量的重要成果之一。它体现了赵俊臣研究员和课题组成员对农村金融改革发展的满腔热忱和深切关注，凝聚了他们对农村金融现状的完整认识和对农村，尤其是西部民族地区农村金融改革发展的建设性意见。

该报告认为现代农村金融制度的理论基础是普惠金融。笔者也十分认同在我国农村，尤其在中西部农村地区倡导和推行普惠金融的理念、理论和实践的意义。为搞好社会主义新农村建设及和谐社会的构建，要求农村金融改革进一步深化，继续推行制度创新，以建立一个完整的现代农村金融体系。

笔者对此问题的认识是：应建立满足或者适应农村多层次金融需求的，功能完善、分工合理、产权明晰、管理科学、监管有效、竞争适度、优势互补、可持续发展的普惠性完整农村金融体系。这应是中国当前和今后一段时期进行农村金融改革，建立完整农村金融体系的基本要求和目标。只有这样，才能真正解决农村地区农民贷款难问题，促进当地农业和农村经济的发展。

建立普惠性金融体系是一种更新的或者说当今前沿的金融理念。这是指让包括穷人、富人、一般人和大、中、小企业在内的所有不同金融服务对象都得到金融服务，以及各自提供各类金融服务的机构都有机地融入金融体系中。这就使过去被排斥于金融服务之外的大规模的农村弱势客户群体有公平、公正的金融服务的机会和享用权，与其他社会群体一样获益。完整的金融体系应为包容性的，普遍惠及于一切需要金融服务的地区和社会群体，尤其应惠顾于易被传统金融体系所忽视的中西部农村地区（包括少数民族地区）和贫困群体。创建普惠性金融体系的理念应是我们倡导的理念和追求。这应为主流金融体系的所有利益相关者从思想深处真正认同，并应将此理念付诸于实践。

我国农村地区金融体系的现状是，金融机构、金融市场和金融基础设施的建设发展相对滞后，尤其在欠发达地区更为显著，金融服务能力有弱化的趋势。农村金融是我国整个金融体系中最薄弱的环节。目前农村金融的突出问题表现在中西部农村（包括赵俊臣研究员课题组在本书中论述的少数民族地区）的金融机构覆盖率低，不少地方甚至是空白。金融供给不足，农村居民，特别是中低收入农户的金融供给不足。一方面资金外流严重，存款不断转移到城市和东部地区，另一方面农民缺乏畅通的融资渠道。目前，农村金融体系中的市场类型发展不平衡，农村保险发展缓慢，资本市场份额太小。农村金融服务效率不高，基层金融机构缺乏有效竞争，很多金融机构的人员素质较差，资产质量不高，不少地方的金融信用环境不理想。

普惠性金融体系框架认同的是只有将包括穷人在内的金融服务有机地融入于微观、中观和宏观三个层面的金融体系，过去被排斥于金融服务之外的大规模客户群体才能获益。在这三个层面上，我国还处于发展的初级阶段，需要做的事情还有很多很多。

微观层面。金融体系的脊梁仍然为零售金融服务的提供者，它直接向穷人和低收入者提供服务。这些微观层面的服务提供者应包括从民间借贷到商业银行以及位于它们中间的各种类型。

中观层面。这一层面包括了基础性的金融设施和一系列的能使微观金融服务提供者实现降低交易成本、扩大服务规模和深度、提高技能、促进透明的金融服务中介。这涵盖了很多的金融服务相关者及他们的活动，例如审计师、评级机构、专业业务网络、行业协会、征信机构、结算支付系统、信息技术、技术咨询服务、培训，等等。这些服务实体也可以是跨国界的、地区性的或全球性组织。

宏观层面。如要使可持续性的小额信贷蓬勃繁荣发展，就必须有适宜的法规和政策框架。金融监管当局、财政部和其他相关政府机构是主要的宏观层面的参与者。

普惠金融体系理念和理论实际上是小额信贷理论和实践的进一步总结、提炼和深化，是国内外一些有识之士在对金融服务不断实践和思索的基础上而形成的共识。尽管今天的小额信贷取得了非凡的成就，但它任重道远的使命是如何保证所有需要金融服务的群体都能获得应有的服务。现在，普惠性金融体系，尤其是针对贫困群体的金融服务仍面临三个主要的挑战：（1）为大规模的群体的金融需求扩展高质量的金融服务（规模）；（2）不断地拓深更贫困和更偏远地区的客户群体（深度）；（3）降低客户群体和金融服务提供者双方的成本（成本效益比）。今天的小额信贷面对的问题是：我们如何能战胜上述挑战？

综上所述，笔者认为应该结合我国农村金融状况的实际，对国际前沿金融理念——普惠性金融体系——进行理性的思考和研究，将普惠性金融体系的理念、理论和实践有机融入到建立我国完整的农村金融体系的战略目标和实施行动之中。

此外，从普惠金融思考开去，笔者想到我国农村金融服务中的另一个重要问题。我国农村，包括中西部农村地区的金融政策和发展已取得十分显著的成绩，原有和新增农村金融机构都注意到需要更好地服务"三农"，尤其是做好小企业贷款和小额信贷业务。但这些机构到底做得怎样？如何评价它们开展这项利国利民的金融业务水平的好坏呢？笔者认为，必须同时以两个评判标准衡量小额信贷业务的水平。对提供农村金融服务的机构，可以探讨是否也应设立这样的标准。

目前，国际上业内多数人的共识是判断小额信贷业务的好坏，对它的社会绩效应与对其金融绩效一样，也要进行衡量和评价。也就是说，评价小额信贷标准应同时有两个业绩考核标准：社会绩效与金融绩效。笔者认为，这实际上也是对小额信贷发展演变历史的经验总结。国际上20世纪五六十年代，重点强调扶贫贷款的福利性，八九十年代小额信贷的商业化成为主流，现在则注意上述各种倾向的平衡，防止一种倾向掩盖另一种倾向。实际上推而广之，对"三农"的各种机构的各类金融服务是否也应同时有这两个业绩考核标准呢？我们国内目前对这一问题的认识还是滞后的，肯定也是有争论的。

两个评判标准，一个是金融业务绩效标准，另一个是社会绩效标准。金融绩效考核的是信贷质量、财务业务状况和风险管理状况。它考核机构是怎样测定、监督和管理信贷质量问题的；它考核机构自身的运营绩效，资产负债管理、风险管理、流动性管理等状况。

社会绩效标准，主要指机构的社会目标是什么，目标设定以后，为实现目标和发挥影响，机构的制度、机制、规模以及在潜在力量方面的种种表现和状况。社会绩效的含义人们有各种各样的解释，我赞同这样一种解释：机构树立应有的社会目标，以及为实现此目标，机构如何切实地一以贯之地开展适宜的业务。

对于社会绩效的认识，目前还处于探索阶段，还没有形成有共识的完整系统。小额信贷业务社会绩效的核心是保证中低收入群体和穷人贷款，是指对所有欠发达地区、对没有得到服务的地区和群体进行服务，强调金融服务的公平性、合理性、机会的获得权和享用权。可以看出，这里说的两个评判标准和上述讨论的普惠金融体系的出发点和落脚点是一致的，是有内在联系的。

　　社会绩效的好坏一般都涉及"两个风险"的问题。一个是社会声誉风险，一个是使命偏移风险。社会声誉风险是指公众的口碑，社会对这个机构的评价是正面的还是负面的，或者机构给社会传递出来信息是正面的还是负面的，社会对机构评价本身是否真实等，这些都是有风险的。使命偏移风险是指没有服务或只部分服务了穷人，客户的保有率有限，对减贫和就业的贡献有限，服务于贫困群体的规模有限，等等。这对于机构的社会绩效考核影响很大，数据显示，不少的小额信贷机构可能只服务了比较容易到达的服务市场，并没有达到难于服务的市场。社会绩效考核还包括服务对象的保有率即退出率、产品的多样性、客户的教育培训等众多问题。这些虽然其中有些属于非金融服务，但却是机构社会使命的重要内容。

　　本书中赵俊臣研究员课题组对我国农村金融，尤其是西部民族地区农村金融的见解是中肯的、贴近现实的，又是深刻的、比较系统的。正因为此，笔者以为在本书中的诸多研究成果值得认真借鉴和吸收。

2009.12.7

（本序言作者系：中国社科院农村发展研究所党委书记、副所长、研究员、教授）

第一编 建议报告、总体报告

第 一 章

关于西部民族地区建立现代农村金融制度的建议[*]

中共十七届三中全会通过的《中共中央关于推进农村改革发展若干重大问题的决定》要求："按照统筹城乡发展要求,抓紧在农村体制改革关键环节上取得突破";"建立现代农村金融制度","创新农村金融体制,放宽农村金融准入政策,加快建立商业性金融、合作性金融、政策性金融相结合,资本充足、功能健全、服务完善、运行安全的农村金融体系"。

在新一轮解放思想大讨论取得显著实效的大环境下,以云南省为代表的西部民族地区建立现代农村金融制度体系的时机已经成熟。国家社会科学基金西部项目"西部民族区域农村金融新体系构建研究——以云南省多民族区域为例"课题组经研究,提出 22 条具体操作建议,供参考。

1. 建议组建国家深化农村金融改革领导小组

早在 2002 年 3 月,国务院曾批准成立了人民银行牵头的深化农村金融和农村信用社改革专题工作小组,专门研究制定农村金融和农村信用社改革方案。但是这一专题工作小组层次不够高,许多方面的决策尚难以作出。建议在这一专题工作小组的基础上组建由国务院领导同志牵头的国家深化农村金融改革领导小组,专门研究制定农村金融的改革方案,及时决策有关部门农村金融改革开放的重大事项,统一领导农村金融改革的各项重大事务,协调各涉农金融部门的行动。

2. 正确理解现代农村金融制度体系

所谓现代农村金融制度,我们理解,是指在金融国际化、一体化和网络化下,根据农民和农村中小企业的需求,进行农村金融制度改革,不断地创新金融产品和金融工具、改进金融服务、强化金融风险管理等一整套制度的总和。

---

[*] 本章已在以下网站发表:学说连线网 2009 年 1 月 7 日;中国乡村发现网 2009 年 1 月 7 日;天益网 2009 年 1 月 8 日;中国改革论坛 2009 年 1 月 8 日;三农中国网 2009 年 1 月 8 日。

我们所构建的农村金融新体系，可以简单概括为：以政策性金融为主导，合作金融和商业性金融为主体，民间金融和外资金融为补充，资本充足、功能健全、产品众多、服务周到、运行安全、适应"三农"特点的多层次、广覆盖、可持续的农村金融体系。

3. 在进一步发挥农业发展银行政策性金融功能的同时，赋予其对其他贴近农民的金融机构批发资本金的功能

政策性金融是金融体系中一个非常重要的方面。政策金融的本质就是财政出一定的钱，分担一定的金融风险，更好地引导社会资金投向农村、农业和农户。政策性金融既可以由专门的机构来办，也可以作为一项业务由商业性金融机构来办。农业发展银行作为我国最重要的政策性金融机构，除了要加强向农村开发性的项目和基础性项目的长期信贷投入之外，还应该更多地起到政策金融对民间金融和对商业金融的引导作用。为此，建议继续完善农发行农产品收购融资功能，积极参与农业扶贫贷款业务，同时根据农村和农业发展的需要，适时开办农业综合开发贷款、农村基本建设和技术改造贷款、扶贫开发贷款等开发性金融业务。特别是，农业发展银行应该成为在农村发放小额信贷或者农业信贷的批发机构，同时对这些机构进行一定的引导和监督。

4. 农村信用社应改革成服务于农村相对富裕户和中小企业的银行

同中国其他地区相比，云南省农业信用社发展与改革经历了创办、发展、混乱、整顿、再发展、再改革的过程，至今取得了伟大的成就，但是也还有许多令人遗憾与不满意的地方，存在的问题主要是：产权不明晰，法人治理结构不完善，激励和约束机制不健全，底子薄，基础差，历史包袱沉重，资产质量差，经营困难，潜在风险仍然很大等。2003年末全省1403个农村信用社中，按账面统计有303个资不抵债，全省农村信用社历年挂账亏损9.53亿元。

2005年6月11日，云南省人民政府颁布《云南省深化农村信用社改革试点实施方案》，确定了坚持市场化改革取向，以服务农业、农民、农村为宗旨，促进农村信用社真正成为自主经营、自我约束、自我发展和自担风险的市场主体，真正成为服务"三农"的社区性地方金融机构。

改革后，农信社活力大增。2007年末，云南省农村信用社业务实现又好又快发展，呈现出"两增两降两提高"的良好发展态势，是农村金融的一支重要力量，在贴近农民方面尚无机构能够代替。目前，农信社的改革已经走向了股份化的道路，已经不可能倒退回完全的合作制了。有的学者仍在呼吁农信社的合作制，只不过是一相情愿的幻想。有的省份把农信社搞成省一

级、市州一级法人，将很难使它们贴近农户，违背了改革的初衷，是不足取的。只有稳定县域法人机构，才能够使它更好地在社区之内贴近客户，为中小企业、微小企业和农户提供服务。

另有一些学者仍然主张农信社坚持为一般农户、贫困户服务的方向，也是一种美好的主观愿望。试想，农信社已经改革成了商业性的股份制金融机构，变成了以赢利为目的的企业，再赋予扶贫、扶持一般农户的金融服务，那就只能出现前些年农行曾出现过的"瞎应付、真赚钱"的教训。那么，贫困户、一般农户的金融服务由谁承担呢？应由新成立的、真正的农村合作金融组织以及扶贫组织承担。

建议农信社认真总结改革试点经验，进一步采取有效措施，巩固改革成果，建立可持续发展的长效机制，把农信社办成产权清晰、管理科学、约束机制强、财务上可持续发展、坚持商业性原则、主要服务乡村和农民的商业性金融机构，充分发挥农信社的农村金融主力军和联系农民的金融纽带作用。

5. 对中国农业银行的支农贷款应有监督与激励措施

农业银行云南省分行与其他省市区同步，于1979年重建，是最大的涉农商业银行，早已是农村金融另一支主力军，主要服务于农村中的大中型龙头企业、县域经济、部分富裕大户等。改革以来，农行大大增加了为城市和工业客户的服务，非农贷款比例逐年增大，以至于有时超过了涉农贷款，因而受到学者的广泛非议。

为了既坚持商业化改革方向，又发挥支持现代农业和农村经济发展的作用，使其经营决策和金融服务贴近基层、贴近农村，切实提高对农业产业化、农村基础设施和农村城镇化建设的信贷支持质量和效益、农民增收的支持，农业银行设计、实施了一项叫做"惠农卡"的措施，目标是让2.5亿农户都能够利用"惠农卡"得到贷款服务，据报道目前已发放了750万张，但是尚未正式发放贷款。这一措施如果顺利实施，将使农行成为农村小额信贷业务的主力军之一，但是效果尚有待观察。在此，我们担心的是贷款户逾期不还款的应对、面对分散农户高成本的消化等。

此外，建议设计一套监测、评估机制，以保证农业银行在股改之后定位在为农村服务，不但不减少网点，还要适当增加在农村服务的网点；不但不把资金过多地投向非农产业，而且还要逐年增加对"三农"的投入。例如，由央行规定农行每年必须购买农业政策性银行一定量的债券，必须把自己吸纳的农村存款的一定比例转贷（批发）给农村真正的合作金融机构、小额贷款机构等，都是可行的选择。

6. 推进邮政储蓄银行与农信社展开有益竞争

2006年的最后一天，经国务院同意，中国银监会正式批准设立中国邮政储蓄银行。经精心筹备，邮储银行于2007年3月6日挂牌成立，2007年5月被批准开展小额无抵押贷款，并在陕西、河南等十多个省市试点。之前，邮储是中国邮局的一个业务部门，由于其大量吸储而不对农村放贷，变成了抽取农村资金的"抽水机"，饱受学者们的质疑和批评。邮储银行挂牌后，正在开展商户联保贷款（每户5万元）和农户联保贷款（每户3万元）。

邮储银行面临的挑战，一是银行定位似需再研究；二是在全国一级法人情况下，如何确保各基层单位的灵活性，需要试验；三是缺乏操作金融业务的专业人才；四是内部运行机制、风险控制机制有待健全。从试点检查出来的问题看，存在着财务核算办法不健全，风险管理构架未完全建立、内控机制存在不少问题等。

我们建议，在农村金融活动中，邮储银行要敢于、善于和农信社展开有益的业务竞争。因为只有竞争，农村建设、农业结构调整和农民增收才有良好的金融服务。否则，在没有竞争的情况下，农村金融中的良好服务只能是一句空话。此外，还可以为运作良好的农村小额信贷机构提供批发资金。

7. 把村镇银行办成农村小区域银行

2006年末，国家银监会同意放宽农村地区银行业金融机构准入政策，并分别试点村镇银行、贷款公司和农村资金互助社。在试点的三类机构中，村镇银行最受青睐，已成为主要的试点模式。

据报道，2008年6月27日，云南省首家村镇银行——玉溪市红塔区兴和村镇银行正式诞生。第二天，第二家村镇银行——文山壮族自治州民丰村镇银行也宣告成立。2008年12月6日，由富滇银行发起成立的昭通市昭阳区富滇村镇银行成立。到2009年，云南省将力争在16个州市各成立一家村镇银行。

对于发起设立村镇银行，外资银行、中小中资银行及民营企业表现出较浓的兴趣，国有大银行则相对冷淡。令人欣慰的是，虽然试点的村镇银行不多，但是模式却出现了多样化：既有中资银行发起，也有外资银行发起；既有商业银行发起，也有合作制银行发起；既有股权多元化的股份公司模式，也有独资的有限责任公司模式。在已经出现的村镇银行试点中，人们不难发现，试点主体无一不是把村镇银行创办成即复制成"自己银行"。这样以来，村镇银行将不可避免地把它的发起行的弊端一股脑儿复制过来，主要产品单一陈旧，运营成本高，结算渠道不畅，存在大股东和原银行控制，吸收存款难，放大额等问题。

在此，村镇银行的职能定位，即把村镇银行办成什么样的银行的问题，是必须认真对待的。全国国资委控股的农业银行模式和邮储银行模式当然不可取，省一级的农村信用合作社模式也不可取。为此，我们建议，把村镇银行办成农村小区域银行，以弥补这一领域的金融机构与服务之不足。

8. 大力发展农民自己的农村资金互助社

2006年8月18日，云南省玉溪市红塔区小石桥乡"小石桥乡农民资金互助合作社"挂牌成立。该合作社由21户农户自愿筹集14.1万元资金入股，每股100元，加上30万元的扶贫资金和乡政府暂借的80万元资金，对社员提供利率低于农信社的金融服务。到2006年底共计投放资金139.35万元，产生效益90多万元，并且没有出现一户逾期借款。如今，互助社股东从成立时的21户发展到451户，股金也增加到现在的74.18万元。

在国家银监会2006年底同意放宽农村地区银行业金融机构准入政策，并分别试点村镇银行、贷款公司和农村资金互助社三类机构中，农村资金互助社最受冷落，全国至今登记注册的不过十家。其原因在于，农村资金互助社是农民自己的金融组织，有关部门倡导、鼓励、组织发展农村资金互助社，一般来说得不到好处，说不定还有风险，因此没有积极性，甚至进行阻挠。而银监会的审慎监管和正规化运营的要求，使其运营成本不堪重负。此外，还与许多人对农村资金互助社在农村金融体系中的地位和作用认识不足，仅仅把农村资金互助社作为农村金融市场的补充，这显然是不对的。如果不能充分认识农民自己金融的功能和作用，农村金融改革就没有抓手，也很难推进，农村金融体系根本建立不起来。

与银监会农村资金互助社不受欢迎形成鲜明对照的，是财政部和国务院扶贫办于2006年联合推出的"贫困村村级发展互助资金"。该资金为村民所有、村民管理、村民受益。至2008年11月，已在全国2400多个乡镇、3155个村（每村平均12万元），共投放财政本金3.76亿元，累计对22.3万户累计放贷2.5亿元，贷款户平均单笔贷款3000元。

早在20世纪90年代中期，贵州省威宁县草海自然保护区曾在70多个村试验村基金，为国内第一个"吃螃蟹"者，后来由于种种原因而大多数失败了。本课题组于2001年在云南省大理白族自治州南涧彝族自治县沙乐和临沧市云县后箐彝族乡的48村，试验成立了46个村基金，定位为村民所有、村民管理、村民受益，按照小额信贷的原则对贫困户放贷，至2007年底累计对3560户累计放贷358万元，贷款农户项目成功率95%，按期还款率100%。

杜晓山教授的研究发现，农村资金互助社可持续发展的基本条件至少有以下几条：有一定的市场交易活动；村社区内有一定的凝聚力，有至少一位服众的具有一定德才水平的人物；有实际制衡作用的民主运营和管理机制；社员必须入股；有效管理与周转（操作与财务管理健全）；外部有效监管等。

农村资金互助社的定位，应该是成为商业性银行和政策性银行在农村对广大农户贷款的"零售商"。就现实看，商业性银行和政策性银行也无法面对个体分散农户，无法与分散的农户交易，只有与农民资金互助合作金融组织对接，商业银行和政策性银行才能解决面对分散农户信息不对称和规模效益问题，才能有商业利润可追求。只有这样，商业银行才能有市场基础回归农村；政策性银行才能通过农民资金互助组织将国家扶持"三农"的资金转贷给农民，而不会被截留。

大力发展农村资金互助社的一条有效途径，是允许、鼓励有条件的农村专业经济合作社开办信用合作业务。

9. 贷款公司、小额贷款公司的发展在于对其融通资金

2008年11月，《云南省小额贷款有限公司管理办法（试行）的通知》出台。一个月后，已有2家小额贷款公司挂牌，分别是2008年12月25日、26日成立的昆明市盘龙区茂恒小额贷款有限公司和西山区小额贷款股份有限公司。至2009年2月共组建了10家小额贷款公司，平均每家注册资金超过了2000万元；计划2009年春节后还将在16个州市试点组建36家。这是云南农村金融机构建设的重大突破。

小额贷款公司只贷不存，资金来源成为其规模扩大和可持续发展的最关键问题。同时，虽然小额贷款公司可以从不超过两个银行业金融机构融入资金，融入总额不超过资本金额的50%，但融入成本和便利程度将影响其运作。与村镇银行相比，这是小额贷款公司设计的先天不足。

央行和银监会设计贷款公司、小额贷款公司的初衷，在于农村中的有钱户、企业老板，如若放高利贷将很不安全，而如果创办贷款公司、小额贷款公司，就可以名正言顺地对外放贷。现在要解决的问题是，在全国几乎所有的中小企业贷款难的情况下，如果有的老板有剩余的钱，就必将被急需用钱的老板包围，放高利贷就是双方的首选，而不会选择办贷款公司。为此，央行前副行长吴晓灵的解释是，如果有钱的老板创办贷款公司，并且取得成功，第二年就可以由政策性银行按比例向他们批发贷款，而且批发比例是逐年增多的，这样一来他们就办成了专做金融生意的企业，即银行。这也可以说明沿海地区对试点贷款公司、小额贷款公司热情很高的原因。但是，西部

特别是贫困地区，老板们对贷款公司、小额贷款公司的热情并不高，确是值得重视与研究的。

与西部特别是贫困地区老板们对贷款公司、小额贷款公司热情不高截然不同的是，东部地区政府、民营企业家却表现出极大的热情，如江苏省计划在2009年发展100家小额贷款公司。据有的专家研究，这种积极性背后隐藏着拿"牌照"、以后过渡到银行的打算；有的可能有为关联企业融资的打算。也有的专家担心有的可能洗钱、非法集资等。我们认为，东部这些对贷款公司、小额贷款公司的热情，当然是金融业改革开放、城市金融发展所必需的，不过却不是农村金融改革与发展的题中之义。

10. 把小额信贷组织改造成对农民贷款的"零售商"

与全国一样，云南省农村目前存在着三类小额信贷组织。一是改革开放以来国际组织援助的以扶贫为宗旨的小额信贷扶贫组织，大约有30几家（全国约有300多家），运作得都相对比较规范，但是缺乏中国政府的支持和资本金补充；二是地方政府仿照孟加拉国乡村银行GB模式搞的小额信贷扶贫组织，后来异化为传统的农村信贷，不过毕竟是面对农村的大户、相对富裕户和小企业贷款，也很重要；三是国家财政部和国务院扶贫办试点的贫困村村基金，为农民所有、按照小额信贷模式运作，问题是有待大范围内推广应用。这三类小额信贷组织的普遍特点是接近农户，而本金不足，解决的办法是把它们改造成对农民贷款的"零售商"。

中共十七届三中全会决定中已经允许小额的信贷组织向金融机构去批发资金。吴晓灵曾建议，小额信贷组织是在严格控制存款市场，适度放开贷款市场中要培育的贷款零售商。这样就把新型的小额信贷组织，定位到了一个对农民贷款的"零售商"的角色。

11. 让民间借贷"阳光化"运作

在正规金融机构难以满足"三农"贷款需求的情况下，民间借贷应运而生。据专家估计，我国农村民间借贷每年大约在1万亿元。民间借贷作为正规金融有益的和必要的补充，在一定程度上缓解了中小企业和"三农"特别是贫困户的资金困难，增强了经济运行的自我调整和适应能力，在一定程度上填补了正规金融不愿涉足或供给不足所形成的资金缺口。

民间借贷游离于正规金融之外，存在着交易隐蔽、监管缺位、法律地位不确定、风险不易监控以及容易滋生非法融资、洗钱犯罪等问题，需要制定相应的法规予以引导和规范。特别是近期部分地区出现了一些年化利率很高的民间借贷，引起社会的广泛关注。据报道，央行正加快我国有关非吸收存款类放贷人的立法进程，适时推出《放贷人条例》，给民间借贷合法定位，引导其"阳光化、规范化发展"。

长期以来，我们对于民间借贷的应对，就是一股脑儿地进行两方面的行政干预：一是对利率设置行政界限；二是对放贷取息行为予以取缔。然而，实际上这两种手段的收效都是甚微的。

民间借贷中的一部分是高利贷。高利贷是指以取得高额利息为特征的一种信贷活动。人们之所以愿意借高利贷，无非是生产生活急需、而正规金融又没有供给。人们手里有了点钱之所以愿意借出去，无非是为了获得点利息，而且利息是越多越好，当然也不会高到借贷者承受不了的程度。就这个意义上看，高利借贷是符合经济学上的供求规律和人们社会交往规律的。

目前，大家对于发展民间金融已经取得了共识，但是在如何发展上则存在着两种不同的思路：一种主张由一个政府机关垄断试点，并严格审批、严格管理；另一种主张在严格管理的同时，放开民间金融。使民间高利借贷从地下转为地上，政府和社会只不过在口头上承认其存在的合法化就可以了。当然，问题也并不是一声宣布就解决了。要区分具体情况，对于个人与个人之间的私人借贷，可以不去干涉，实际上也干涉不了；对于地下钱庄，可以帮助其转变为村镇银行、农村基金会；对于以互助为目的的各类"摇会"、"抬会"、"和会"、"话丛"等，可以帮助其转变为农村基金会。当然，对于纯粹以诈骗手段牟取暴利的集资等，要坚决依法取缔。

12. 把丽江纳西族"话丛""改造"成农民资金互助社

"话丛"，是云南省西北部丽江地区纳西族语言的音译，意为亲戚朋友之间的聚会。最早的原意为互相帮助、接济。因为生产力水平很低，经济落后，大家生活都比较困难，一年劳作连饭都吃不饱。遇到哪家红白喜事没有足够的钱来操办时，于是各家凑钱以供该家急用的办法应运而生。再后来，丽江一带成为南方丝绸之路的要道，北上川蜀，西出青藏，南赴印缅，东去黔湘，人来人往，热闹非常，或做生意、或跑马帮运输、或开旅店饭馆，都需要本钱，但是谁也没有能力一下子拿出来一大笔钱，于是人们想出了大家互相帮助、聚小钱为大钱的办法，很快形成一套固定的制度：约定亲戚朋友若干个，每人每月拿出100元（或约定的数额），大部分交由（或抽签决定）其中一个人使用，少部分用于大家聚会的吃饭喝酒之用。这种经济互助的办法，与平原地区的"摇会"、"抬会"差不多。只是近几年来，丽江地区"话丛"的经济互助功能减弱，演变成以聚会、娱乐（打牌、打麻将）、打跳（一种舞蹈）、大吃大喝、联络感情为主，有的已经变成了纯粹的文化娱乐活动。

我们觉得，适应农民需求和农村特别是西部地区实际的农民资金互助社，完全可以参考像云南丽江"话丛"的经验，或者说只要把"话丛"稍加"规范"，就可以"改造"成农民资金互助社。一是赋予"话丛"农民资金互助的职能。二是逐步加以规范，但是不能是国家银监会理解的那种农民资金互助社。银监会理解的农民资金互助社，也是需要的，可以作为中国"多种所有制农村金融组织"中的一种，但是不能是唯一的一种。中国很大，各地农村的情况千差万别，各类农户、农业企业的需求五花八门，农村金融的组织、机构、金融产品、金融服务等，理应"百花齐放"。

当然，政府的扶持必不可少。谈起政府扶持，人们往往想起政府干预。20世纪90年代末期中国农村合作基金会，由于地方政府行政干预出现了呆、坏账，以及不能兑现而引起的危机。因此，地方政府一定要跳出行政干预的旧习惯，不能把干预当成扶持。此外，地方政府也不能包办、代替农民资金互助社的业务工作。政府扶持主要包括：在税收上与农业其他企业一样优惠，简化登记注册手续，允许融资、拆借以补充本金，免费提供培训等。

13. 发展面向农户和中小企业的信用担保机构，解决担保难问题

我国农村金融发展的另一个问题是信用担保发展严重滞后，许多地方是空白。因此，建立政府扶植、多方参与、市场运作的农村信贷担保机制，通过发展信用担保体系这种金融杠杆工具，转嫁、降低一部分金融机构的风险，才能提高金融机构给农户和中小企业融资的积极性。在西部民族地区大力发展信用担保机构，要以财政投入型的政府主导模式为主。

建议设立包括中央、地方财政出资和企业联合组建在内的多层次中小企业贷款担保基金和担保机构，提高金融机构对农户和中小企业贷款比重。落实对中小企业融资担保、贴息等扶持政策，鼓励地方政府通过资本注入、风险补偿等多种方式增加对信用担保公司的支持。对符合条件的中小企业信用担保机构免征营业税。

14. 放宽抵押品

长期以来，农民之所以得不到贷款的重要原因之一，很大程度上是因为没有有效的抵押物。农村金融机构要积极探索适合农民特点的贷款抵押品的替代问题，扩大农村有效抵押物范围。

其一是农民家庭承包土地、林地使用经营权的抵押。近几年来，对于农民家庭承包土地使用经营权的抵押，学界有两种不同的意见：赞同者认为家庭承包土地使用经营权是一种用益物权，完全具有抵押物的特征；反对者的理由在于家庭承包土地是农民赖以生存的"命根子"，如果农户贷款失败、家庭承包土地被收走，农户也就没有了生存的依赖，就会造成社会不稳定。我们觉得，反对者的意见极其重要，但是还没有那么严重：一是要看到农户

贷款都是小额度的，如果采用孟加拉国乡村银行小额信贷贷款户几户联保的做法，一般不会失败；即使某户贷款失败了，联保户可以帮助其还贷，不至于让抵押品收走；二是如果真的出现有的贷款户还不起、联保户不能联保，那么我们的社会保险就要出来，解决这一问题。

其二是农户宅基地及其房产的抵押。多数学者主张农户宅基地及其房产可以用来抵押，就好像城市里的居民的房产可以抵押一样。而如果长期禁止农户宅基地及其房产抵押，也就是说继续采取"二元"做法，明显是对农民的歧视，很不公平。也有个别学者担心农户宅基地及其房产抵押了，农户生存出现问题；个别官员依据小产权房不合规，害怕承认小产权房出更大问题。我们觉得，执行城乡一体化政策，统筹城乡发展，就必须承认农户宅基地及其房产的性质，也就必须承认、允许其可以充作抵押品。

其三是大牲畜的抵押。民间借贷中牛、马、骡、猪的牲畜的抵押，是最常用的抵押品。某个人借钱还不起了，用自己家里牲畜抵债，两相情愿，债主也容易将牲畜变卖变现。但是到了官办的农村金融机构中却变成了非抵押品。究其原因，盖源于对农民的歧视。但是，他们却从保护农民利益的角度，找出一些似是而非的理由。

其四是创办应收账款、订单、仓单、渔权等权利质押贷款品种，增加有效抵押物。订单农业质押贷款，是指向农户发放的以订单农产品购销合同的收款权为质押担保的贷款，农村金融机构、农户和公司之间签订三方协议，公司为农户提供信用担保。订单农业质押贷款的好处，一是能够解决当前农村贷款抵押担保难的问题，满足了农户的贷款需要，打破了农村融资难的瓶颈；二是有效控制和降低了农村金融机构的信贷风险，有力提升了经营效益和社会效益；三是农户也从订单农业质押贷款中得到了切实的好处；四是给涉农企业带来了良好的经济效益，在促进了当地农业和企业发展的同时，还形成了以龙头企业为辐射的产业集群。

15. 探索农地金融

所谓农地金融，是指成立专门的土地金融机构，或者在现有农村金融内设立土地金融分支机构，允许土地承包经营权抵押，发行土地债券等，既为农业生产、农民增收筹措大量资金，同时也可以实现农业生产风险向金融体系、向全社会分散。

在农地金融试点中应坚持以合作制为基础，只有采用合作制，把农民联合起来，成立基层的土地抵押组织，才能降低土地金融的运营成本。要探索土地债券的有效实现形式，使土地使用权资本化。各国经验表明，土地债券是农村金融真正建立的重要标志。要在试点中加强农地金融立法，延长农地承包期，创新土地抵押权制度，使土地真正成为农民的"聚宝盆"。

16. 建立涉农金融风险补偿机制

云南省政策性保险覆盖面稳步扩大，涵盖了云南9州市、49个县，共开展了生猪、大牲畜、烟草、甘蔗、森林、橡胶、咖啡、花卉等28个险种。新型农村合作医疗、农村计划生育、沼气、小额贷款等保险试点也得到积极推进。全年农业保险保费收入达1.99亿元，比上年增长19.64%；赔付支出达1.89亿元，比上年增长174.22%。

但是总的看，云南省农业保险还非常落后，至今仍有7个州市、80个县无保险。云南省乃至于全国现有农村金融机构对"三农"贷款积极性不高的另一个原因，在于涉农金融风险较大，而我国涉农金融风险机制又没有建立。

农村地区金融业务风险，主要表现在农业生产周期长、天灾人祸打击大、农民收入低、还款能力弱等问题，解决的办法是建立涉农贷款风险补偿机制。一是尽快建立存款保险制度，运用存款保险机制对有问题的农村金融机构，采取及时监测和早期纠正措施，促进农村金融机构规范健康发展。二是积极探索和发展农业保险与农产品期货市场，发挥农产品期货市场和农业保险在稳定粮食价格、保护农民利益方面的功能和作用。三是增加政府对农村基础设施改善、农民医疗保险与社会保障等问题的投入，为农村金融创造良好的外部环境条件。四是进一步加快信用环境建设。农村信用问题的主要原因并不是农民缺乏还款能力，而是信用体系不完善，金融机构担心农民不能还款。这就需要增强彼此之间的信息沟通，减少信息成本或者降低交易费用，减少金融机构的风险。五是要建立分散信贷风险的机制。金融部门要真正了解农民，理解农民，相信农民，要使得研究开发的产品符合农民的需求特点。光坐在办公室里冥思苦想的金融产品与服务，不一定适应农村实际，农民不一定喜欢。

17. 坚定不移地开放农村金融市场

总的看，我国农村金融市场对外开放步履维艰。与全国相比，云南省的金融对外开放更是长期处于滞后状态。近几年来，我国开始逐步开放农村金融市场。2009年2月4日，和林格尔渣打村镇银行在内蒙古正式成立，这是渣打银行在华设立的首家村镇银行。2007年12月，汇丰第一家村镇银行在湖北随州曾都开业；2008年9月、10月，重庆大足、福建永安汇丰村镇银行也相继开业；2008年11月，汇丰在北京密云筹建村镇银行。汇丰的计划是分别在中国北部、中部、西部、东部、东南部县域等不同区域，试点探索适合中国农村地区的业务模式。其他外资金融机构也逐步进入中国农村开展业务。外资进入中国农村金融市场，引进了国外、境外金融人才，带来了崭新的理念、方法、工具和管理经验，对于国内落后的农村金融是一个很大的促进，也造成了引进区内的竞争。

建议进一步放开农村金融市场。有关部门要简化审批注册手续，鼓励更多的国外、境外的金融机构进入中国农村金融市场。对于那些带有社会福利、社会救助类慈善组织，以及不具备法人条件的乡村慈善组织从事带有金融性质的活动，可以实行备案登记制度。

18. 完善农村金融统计制度

准确、快速、连续的农村金融信息，是党和政府以及社会各界作出决策的前提与基础。但是，我国的农业、农村和农民统计还存在着不少问题，特别是农村金融的统计信息少，不及时，有的不准确，有不少死角。

要获得决策所需要的信息，就必须加强和完善农村金融统计制度体系。2007年，人民银行和十几个部委商量了一个农业贷款和涉农贷款的统计口径，建议这个口径能够被财务和税务部门所认可，作为税费方面减免的一个统计依据。同时，建议完善统计监督制度，严惩统计弄虚作假行为。

19. 进一步加快金融服务现代化建设

各涉农金融机构都要在条件允许的情况下，加快服务现代化建设，不断地更新金融工具，进一步丰富支付工具体系，提高支付清算效率，加快资金周转速度，更好地满足客户需求。

当前，要大力推广金融超市"一站式"服务和农贷信贷员包村服务。结合试点地区的新农村建设规划，通过推行手机银行、联网互保、农民工银行卡、信用村镇建设等多种方式，积极推进农村金融服务手段电子化、信息化和规范化，逐步普及农村金融产品的网络化交易，发展基于现代信息科技的低成本的商业可持续模式。鼓励拥有网点优势的涉农金融机构大力拓展收费类和服务类资金归集等中间业务，积极开展农村金融咨询、代理保险销售和涉农理财业务。

鼓励涉农金融机构根据自身需要和市场状况，积极探索开发以中长期农业基础设施和农业综合开发贷款等涉农贷款为基础资产的证券化产品，防范和控制涉农信贷资产风险。试点开发以涉农贷款为基础资产、由保险公司或者贷款担保机构提供贷款保护的信用衍生产品，为金融机构加大支农、惠农力度提供成本低、流动性好的避险工具。

20. 建立以中央银行与金融监管部门为主导、以地方政府为主体的监管新体系

金融监管及其体系建设，一直是我国的一个薄弱环节，其中农村金融监

管更是薄弱。农村金融监管要建立以中央银行与金融监管部门为主导、以地方政府为主体的监管新体系。地方政府要进一步加强与中央银行、金融监管部门的沟通协调，进一步加强功能监管、审慎监管，强化资本金约束和流动性管理，完善市场信息披露制度，努力防范各种金融风险。

在经济国际化、金融国际化和农村金融逐步国际化的形势下，应进一步加强国际农村金融的研究，随时掌握发展动态，完善国际金融危机监测及应对工作机制。密切监测国际金融危机发展动态，研究风险的可能传播途径，及时对危机发展趋势和影响进行跟踪和评估。高度关注国内金融市场流动性状况、金融机构流动性及资产负债变化。必要时启动应对预案，包括特别流动性支持、剥离不良资产、补充资本金、对银行负债业务进行担保等，确保农村金融安全稳定运行。

21. 政府要为现代农村金融制度建设创造条件

农村金融体系，现代农村金融制度建设，需要政府创造良好的外部环境条件。

首先，政府要承诺保证各级财政对农业投入的增长幅度高于经常性收入增长幅度。政府要按照公共服务均等化的原则，大幅度增加农业基础设施建设和农村公共事业的投入，提高农业综合生产能力。只有农业的综合生产能力提高了，信贷的投入才有可能是有效益的、安全的。

其次，政府要加大对农村金融政策的支持力度。对于农村金融发展，政府要定向实行税收减免和费用补贴，引导更多的信贷资金和社会资金投向农村。当前碰到的操作性问题是税收减免的依据，就需要明确地界定哪些是属于农业的贷款，哪些是涉农贷款。如果某个金融机构把一定的资金投向农业、农村，用到了涉农贷款，就可以享受减免税收的待遇。如果这些金融机构达不到把涉农贷款的一定比例用到农村的话，应该认购在农村从事农业信贷机构的债券。那些在农村没有机构，没有能力到农村放贷款的机构与人，可以把自己资产的一部分用在购买农村信贷机构的债券。

长期以来，我们一直号召各行各业都来支持农业，但是收效甚微，原因在于没有一个有效的制度保证。建议设计鼓励所有的金融机构都能把一定的资金投向农村去的机制，做到有钱的出钱，有力的出力。

22. 加快农村金融立法保护

建议尽快制定、颁布《农村信贷法》、《信贷公平法》、《农业保险法》等，把现代农村金融发展纳入法治化轨道。西部贫困地区要考虑修改《民族自治法》，补充行使农村金融超前改革开放的权利的条文。

农村金融立法保护，首先要保护贫困户、中低收入户等弱势群体获得贷款的权利。其次是对于借款申请人不能因为其民族、年龄、性别、身份、政治面貌等的不同而区别对待，以消除或减轻农村中存在的信贷歧视。其三是立法强制规定农村经营的金融机构，必须将一定比例的存款投向本地，而不能移向别处。为了促使各类金融机构"关怀"弱势群体，立法机构可考虑对现行的税法进行修订，如设置一定的标准对个人和企业进行分类，在金融机构对低标准的个人和企业开展业务（特别是信贷业务）时，减免其一定的营业税和所得税。

第二章

中国西部民族区域农村金融新体系构建研究

——以云南省多民族区域为例

总体报告

　　国家社科基金西部项目 2007 年立项资助（编号 07XMZ025）、由云南省社会科学院赵俊臣研究员主持的课题组承担的项目"中国西部民族区域农村金融新体系构建研究——以云南省多民族区域为例"，经一年多的研究，形成了政策建议 1 份、总体报告 1 份、研究报告 40 份。

　　课题组构建的西部民族区域农村金融新体系，可以简单地概括为：以政策性金融为主导、合作金融和商业性金融为主体，民间金融和外资金融为补充，资本充足、功能健全、产品众多、服务完善、运行安全、适应"三农"特点的多层次、广覆盖、可持续的农村金融体系。

　　现将课题组的主要观点，报告如下。

第一节 研究的背景与目的意义

一、研究的背景与问题

1. 研究的背景

(1) 我国农村金融发展极其滞后

农村金融一直是我国经济社会发展的一条短腿，西部地区特别是西部民族地区的农村金融就更为落后。进入21世纪，中国农村经济发展遭遇到金融供给严重不足的问题，正如有的学者概括的农村金融"衰败"（茅于轼）、"农村金融萎缩早就是不争的事实"（易宪容）、"几乎是一片荒芜"（党国英）、"既有金融体系的崩溃"（李昌平）、"几乎还没有开放"（深蓝）、"正规金融真空"（胡星斗）、"严重的系统性负投资"（王曙光）、"严重贫血的农村金融市场"（许志永）、"农村中的部分弱势群体被金融机构拒之门外"（吴耀祥、谈儒勇、李猛）、"补贴式信贷造成需要扶持的那些农户往往没有得到资金，而农村金融市场则遭受严重破坏"（冯兴元）。中国人民银行2008年发布的《中国农村金融报告》也承认，目前农村金融仍然是我国金融体系中的薄弱环节，还存在不少的困难和问题。特别是西部民族地区农村金融发展现状，比全国发展现状更为严重、更为滞后。

(2) 目前全球金融危机对我国农村金融既是挑战，也是机遇

自2007年来的全球金融危机对中国农村金融的挑战，主要表现在中国经济面临下行的压力，经济一旦受影响，农村金融体系将受到较大的负面影响。但是由于中国金融机构开放程度还不是特别大，所以金融危机对农村金融机构的直接冲击并不是特别大，也不是特别明显。

全球金融危机对农村金融的机遇表现在，金融危机发生后，中国政府采取了强有力的措施，加大了政府支出和投入，总投资达4万亿元。中央财政所投入的1.18万亿元，有一部分投入到民生工程以及农村地区，用于解决农村基础设施、农村教育、农村医疗等。通过政府的资金投入，逐步改善农村金融生态环境，在一定程度上会带动社会资金向农村地区转移，促进农村地区经济和金融发展的良性循环。

(3) 中央已经对农村金融改革作了重大部署

自2004年起连续五年的中共中央、国务院一号文件，都对我国农村金融的改革，作出了一次比一次更加具体、更为明确的部署。2008年中共十七届三中全会的决定《中共中央关于推进农村改革发展若干重大问题的决定》，有关农村金融改革的要求更高、更具体。对于中央的决策，需

要理论界从理论与实践的结合上，进行论证，并提出供政府决策的可操作性建议。

2. 我国农村金融面临的问题

我国农村金融改革相对滞后，因而存在着以下比较严重的问题。

(1) 农村金融机构覆盖率低

中国人民银行 2008 年发布的《中国农村金融报告》指出，近年来，在市场化改革过程中，四家大型商业银行的网点陆续从县域撤并，从业人员逐渐精简，部分农村金融机构也将信贷业务转向城市，致使部分农村地区出现了金融服务空白。2007 年末，全国县域金融机构的网点数为 12.4 万个，比 2004 年减少 9811 个。县域四家大型商业银行机构的网点数为 2.6 万个，比 2004 年减少 6743 个；金融从业人员 43.8 万人，比 2004 年减少 3.8 万人。其中农业银行县域网点数为 1.31 万个，比 2004 年减少 3784 个，占县域金融机构网点数的比重为 10.6%，比 2004 年下降了 2 个百分点。

在四家大型商业银行收缩县域营业网点的同时，其他县域金融机构的网点也在减少。2007 年末，农村信用社县域网点数为 5.2 万个，分别比 2004 年、2005 年和 2006 年减少 9087、4351 和 487 个。2004—2006 年，除四家大型商业银行以外的县域金融机构网点数年均下降 3.7%，其中经济发达的东部地区县域金融机构网点数年均下降 9.29%。

由于县域金融机构网点和从业人员的减少，县域经济获得的金融服务力度不足。县域企业金融覆盖水平近年来虽有提高，但总体水平仍然较低。截至 2007 年末，全国有 2868 个乡（镇）没有任何金融机构，约占全国乡镇总数的 7%。与此同时，一些农村信用社在改革过程中热衷于推动以省、市为单位组建农村信用社法人，试图取消县一级农村信用社的法人地位。

(2) 农村金融产品太少

经过多年来的发展，我国城市金融除金融衍生品、服务态度和监控落后外，已基本达到世界平均水平。但是，农村金融产品奇缺的状况并无大的改善。约占全国乡镇总数的 7%、至今没有任何金融机构的 2868 个乡镇，当然没有任何金融产品、金融服务了。至于在乡镇已有农村信用合作社机构的，也不过是全部设置在乡镇政府所在地，远离乡镇政府所在地的各个村庄，由于没有机构，也就没有任何上门的金融产品供给。即使在乡镇政府所在地有农村信用合作社，除了存储，城市里有的产品如债券、基金、股票、按揭贷款等，基本上也是空缺。

此外，现有的金融还存在着严重的城乡歧视。例如，城里人可以用自己的住房作抵押而贷款，农村的农民就不能用自己的住房、宅基地作抵押进行贷款，如此等等。

(3) 农村资金外流严重，实实在在地在支援着城市

据《中国农村金融报告》，近年来，在国家资金供应非常充裕的情况下，国家银行对农村信贷总规模和资金投入却呈现逐年减少的趋势。在各项贷款总额中，农业和乡镇企业所占的比重偏低，并且自20世纪90年代中期以来持续下降，结果造成农村贷存比例下降，农村信贷资金外流。1994年以来，金融资源平均每年从农村的净流出量高达568.2亿元。2002年我国贷款余额11.2万亿元，给农业的贷款仅5700亿元，占5.1%；乡镇企业贷款6400亿元，占5.80%。加上农业发展银行为收购粮棉油的转移贷款，所有与农业有关的贷款也只占总数的17%。巨额的存贷差与资金短缺的现象同时存在，说到底还是与金融制度的倾斜性有关。

(4) 农户特别是贫困户贷款"难于上青天"

据银监会统计，2007年末，中国约2.3亿农户，有贷款需求的约有1.2亿户，其中，获得农村合作金融机构农户小额信用贷款和农户联保贷款的农户数超过7800万户，占全国农户总数的33.9%。这就是说，中国的农民至今仍然有66.1%的农户没有或不能获得贷款。如果剔出农村大户、富裕户们在一年内的重复贷款，这个比例还要下降。

(5) 暗中进行的民间借贷有待"阳光操作"

在我国农村特别是西部民族地区农村，亲朋好友之间较为普遍地存在着相互借贷，以及中小企业之间的相互借贷，统称为民间借贷。亲朋好友之间的借贷通常是不计付利息的，只有那些非亲朋好友之间的借贷才有付息之说，而利息超过了一个社会公认的水平线，就被称为高利贷。高利贷是民间金融中的一个普遍形式，广泛存在于广大农村和一部分城市，被许多居民所使用。在有些地区，借、贷双方乐此不疲，全然不顾社会贬低的舆论和意识形态化谴责，更是不顾并躲着政府部门的铁拳打击，所谓"放者愿打，借者愿挨"，就是真实写照。

长期以来，我们对于高利贷的道德谴责，可以说是声势浩大、持续不断，然而结果却与愿望相反。那么，人们不禁要问，既然高利贷是不符合我们的所谓道德的，那么它面临谴责，但在经济生活中怎么就"臭"不起来呢？

在行政司法上，我们对于民间借贷特别是农村民间借贷采取着一种听取自然、不准高利借贷的政策。对于政府机构来说，这种政策的确减少了工作麻烦，但是既没有解决农民和农业企业贷款难的问题，又没有使民间借贷特

别是高利贷从地下转到地上。

(6) 农业保险覆盖面窄、赔付率低

历经30年的发展，我国保险市场由中国人民保险公司一家、清一色的保险业务计划指标，发展到2008年的已经突破100家；保费则从当初的4.6亿元，攀升至2007年底的7035.8亿元。

但是与我国保险快速发展形成鲜明对照的是，农业保险发展缓慢。2004—2007年，农业保险共赔付47.3亿元；2008年上半年赔付16.1亿元。2007年，政策性农业保险的全国农作物承保面积达到2.31亿亩，约为全国耕地面积的10%，也就是说还有90%的耕地没有任何保险；承保大小牲畜达到5771.39万头（只），家禽3.25亿羽（只）。其中，在江苏等6省开展的中央财政保费补贴试点的水稻、玉米、大豆、小麦、棉花5种主要农作物面积达1.4亿亩，占试点地区播种面积的70%。

2008年，中央财政大幅增加了对农业保险的补贴支持。保费补贴经费预算由2007年的21.5亿元增加到60.5亿元。截至2008年7月底，农业保险承保农作物及林木3.5亿亩，覆盖4617.3万户农户，也就是说还有约80%、1.84亿户农户没有保险。

(7) 农村金融研究薄弱，在农村地区简单套用城市金融的发展模式

相对于其他领域的研究而言，国内学界对农村金融的研究，存在着研究人员少、立项课题少、投入资金少、创新观点少、可操作性的对策建议少、可操作性的对策建议被采纳的少等"六少"问题。

由于研究不够，实践部门没有正确的理论作指导，也就不能不在农村地区简单套用城市金融的发展模式。

二、研究的目的意义

1. 直接论证中央决策

中共十七届三中全会通过的《中共中央关于推进农村改革发展若干重大问题的决定》要求："按照统筹城乡发展要求，抓紧在农村体制改革关键环节上取得突破"；"建立现代农村金融制度"，"创新农村金融体制，放宽农村金融准入政策，加快建立商业性金融、合作性金融、政策性金融相结合，资本充足、功能健全、服务完善、运行安全的农村金融体系"，促进城乡经济社会发展一体化。中央的这一决策，非常英明，非常正确，但是需要具体化，尽快转变为实践的执行政策。国家社科基金西部项目所列本课题，将论证现代农村金融制度的概念内涵、重大意义和具体制度内容等等，这正是贯彻落实中央决策的具体行动。因此，立项非常及时，非常重要。

2. 为有关部门制定农村金融发展规划提供依据

截至目前，我国尚未制定出一个科学的、统领全局的、带有战略指导性的农村金融发展规划。由于没有统一规划统领全局，各个金融机构、金融产品、金融服务、支撑体系、监督体系等各自发展，颇有点"单兵突进"的架势，缺乏协调，因而在为"三农"服务中始终不能令人满意，被批评之处甚多。国家社科基金西部项目所列本课题，将为国家有关部门科学拟定农村金融发展规划，提供重要的参考依据。

3. 为人民银行、国家银监会制定农村金融政策提供建议

在我国，具体的政策制定和执行，一般是由中央提出原则和要求，然后由国务院有关部门制定具体的贯彻落实的细则，实践中各地就是贯彻落实这些细则。没有国务院有关部门制定的具体贯彻落实的细则，一般来说各地就不能单独行动。因此，国务院有关部门制定的具体贯彻落实中央精神的细则，通常就被称为必须执行的政策。国家社科基金西部项目所列本课题，将为国家有关部门科学拟定农村金融政策，提供参考依据，有的建议将可以直接进入政策之中。

4. 为各金融机构修改完善改革方案提供参考依据

长期以来，我国农业银行、农业发展银行、农村信用合作社、中国邮储银行等现有金融机构的改革，走过了曲折的道路，其中一个重要原因在于没有充分听取、认真吸取学界的意见。国家社科基金西部项目决定对本项目立项，招标课题组进行研究，提交的研究成果，将为人民银行、国家银监会、各金融机构修改完善改革方案提供参考依据。

5. 为各高等院校的教学补充新的材料

长期以来，我国各高等院校的教学存在着教材陈旧、离现实较远、教师知识面较窄等问题。国家社科基金西部项目决定对本项目立项，招标课题组进行研究，提交的研究成果，将为各高等院校有关农村金融制度等方面的教学，补充新的材料、新的观点、新的案例、新的方法。

6. 更重要的是"三农"将获得现代农村金融制度带来的好服务、多产品

长期以来，我国农民增收、农业结构调整和农村发展急需大量资金，而正规金融机构只能满足一小部分，大部分不能满足，这是造成"三农"问题长期存在的重要原因之一。特别是，现有的农村金融改革措施收效并不令人满意。在这样情况下，国家社科基金西部项目决定对本项目立项，招标课题组进行研究，提交的研究成果将为改革提出新的思路、新的对策，其结果，"三农"将获得现代农村金融制度带来的好服务、多产品。

第二节 研究假设、理论借鉴与研究对象

一、研究假设

本课题研究的假设，来源于我们长期农村调查研究中得出的几个结论：一是由于我国实行严厉的金融准入和金融管制政策，西部民族地区农村金融的发展和其他地区并没有太大差别，而经济发展水平却在较大程度上决定着金融发展水平。例如东部、中部金融发展水平显然高于西部地区，而西部地区中的少数民族地区与汉族地区的金融，则几乎没有差别，研究中可以忽略不计；二是农村金融发展远远落后于城市，除了长期以来二元经济结构的影响外，还与轻视农业、忽视农村、歧视农民、强调稳定有关；三是在一定的制度约束下，农民的金融意识、金融能力和金融信誉都不比城里人差。

二、理论借鉴

综观国内外学界对中国西部民族地区农村金融的研究，可以用比较少见来描述，特别是少见有重大分量的研究成果。究其原因，在于中国实行严格的金融管制，并没有给西部民族地区农村金融发展提供任何优惠政策与环境，因而并没有引起有关方面的重视，立项极少。但是学界对农村地区农村金融的研究，则是比较广泛、比较深入、比较繁荣，硕果累累。

在本课题研究中，我们参考借鉴了以下构成逻辑相关的理论观点

1. 阻碍农民增收、农业产业结构调整和农村经济发展的最大障碍之一，是农村金融供给奇缺

我国改革开放以来引进的影响较大的国外经济学理论，其中之一是舒尔茨的改造传统农业理论，并依据该理论认同中国农村普遍存在着资金、技术和制度的三重短缺，而改造传统农业当然也必须通过资金、技术、制度等方面供给的增加。由于多年来农业技术包括优良品种、化肥、农药、农机的供给解决得相对较好，农村制度改革有个博弈过程，也就正如哈罗德—多马模型（Harroad-Duoma）说明的在假定不存在技术进步和制度变革的前提下，资本就成为了经济增长的关键因素。因此，中国传统的农村经济发展、农民增收、农业结构调整，也就只能在解决资本高度稀缺问题的条件下，才可能有所进展、有所突破。

2. 现有的农村金融改革没有满足甚至于排除了农户特别是贫困户的贷款权。

我国的农村金融改革走过了曲折的道路，从恢复农业银行、农村信用合作社，到农村合作基金会的试验与"一刀切"地被取缔，再到农业开发银

行、中国邮储银行的组建等，一直没有跳出政策性金融、商业性金融和合作性金融谁先谁后、谁重要谁为次的犹豫摇摆之中。而最近刚刚试点的村镇银行、贷款公司、小额贷款公司、农村资金互助社等新型农村金融，仍然没有解决排除了农户特别是贫困户的贷款权的问题。

3. 农村金融信贷补贴剥夺了弱势群体信贷权利，破坏了农村金融市场发育

改革开放以来，我国农村金融的指导思想之一，是农业是弱质产业，农村是落后地区，需要依赖政府对农业和农村注入廉价资金，向农民提供补贴信贷，以期促进农业和农村的发展。补贴信贷造成资本要素的配置扭曲，使得农户把补贴贷款投入到回报率低下的生产经营活动，而没有投放到有着更高回报率的地方；农户对政府补贴的依赖性增强，还贷意识则日渐薄弱，造成大量违约和坏账；急需贷款的贫困者或者小企业并不能容易获得贷款，大量补贴贷款被集中和转移到一些农业大户或者乡村有权有势人物那里。更为甚者，信贷补贴限制了对贫困农户供给商业性信贷的激励。其结果是，需要扶持的那些农户往往没有得到资金，仍然贫困，而农村金融市场则遭受严重破坏（冯兴元，2008）。

国际援华 300 多家小额信贷项目的实践，证明了两条真理：一是一部分农业虽然回报率不高，但是另一部分则较高；二是农民特别是贫困户有很高的金融意识、金融信誉。因此，信贷补贴范式的预设本身就是成问题的。

4. 自上而下的金融改革策略排除了广大农民、地方政府试点农村金融模式的权力

新制度经济学把制度变迁分为诱致性制度变迁和强制性制度变迁两大类。我国的金融特别是农村金融改革，采用的是强制性制度变迁，即全部是中央政府的有关部门自己制定方案、自己试点、自己总结、自己推广的自上而下的方式，不允许基层人民群众、农民群众和地方政府试验。由于中央政府的有关部门的积极度等，与基层人民群众的要求有一定的距离，结果也就不能不出现严重的金融抑制。这种金融抑制主要表现为三重供给不足：一是由机构总量（覆盖面）、资金总量不足决定的总规模性不足。数据显示，目前我国所有金融机构的贷款余额达到 20 万亿元以上，而这其中针对农户的贷款额还不到 1.4 万亿元；截至 2007 年末，全国仍有 2868 个乡（镇）没有任何金融机构，约占全国乡镇总数的 7%。二是正规金融部门地域布局城市化、业务倾向非农化导致的结构性不足。三是因不相信农民特别是贫困户而导致的歧视性供给不足。

三、研究对象的定义

1. 现实中的民族地区与非民族地区的无差别性，使我们的研究更多的关注中央有关部门的政策。本课题研究的对象，界定为西部民族地区农村金融，主要又以云南省内民族地区农村金融为研究对象。但是，由于我国农村金融的改革开放严重滞后，现实生活中西部民族地区的农村金融与其他地区并无差别，存在的问题几乎是一模一样，因而为引起决策层的高度重视、政策支持，也就不能仅仅以民族地区为对象，而不能不涉及其他区域，乃至全省、全国的情况。而西部民族地区农村金融由于和其他地区没有差别，研究中课题组已很难区分西部民族地区农村金融的特点。

2. 就农村金融机构来看，我们着重关注农民自己的金融组织，包括合作金融、小额信贷、民间金融等。这是因为，农业银行、农业发展银行、农村信用合作社、邮储银行等现有的金融机构，经多年来的曲折改革，各自都有了自己的定位，让他们改变成为农民自己的金融组织已无可能；而国家银监会新批准的村镇银行、贷款公司、农村资金互助社等，由于进入门槛较高，离农民自己的金融组织也还有一定的距离。如果农村金融中没有了农民自己的金融组织，那就是残缺不全的体系。

3. 就农村金融政策来看，我们着重关注放松政府管制。当然，我国农村金融曾出现过"一放就乱"的事实，尤其是20世纪80年代中期试验的农村合作基金会，到20世纪90年代中后期演变成基层政府及其官员的"小金库"和以权谋私的重要平台，偏离了农民自己金融的轨道，一些地方连连发生不能兑付的情况，以至于不得不"一刀切"地取缔。由此，决策层和管理层从此便对农村金融的放开持否定态度。90年代后国际组织援助的300多个小额信贷组织的实践证明，农民特别是贫困户有很大的贷款需求，从事贫困地区的农村金融并没有大过城市金融的风险。因此，本课题组的许多建议，都集中在政府放开农村金融政策方面。

第三节 论证现代农村金融制度理论

中共十七届三中全会决定提出的"建立现代农村金融制度"，为我国农村金融改革、新的农村金融体系构建，指明了方向。在此，本课题组对现代农村金融制度理论，作以下论证。

一、现代农村金融制度的理论基础是普惠金融

普惠金融体系这个概念来源于英文 inclusive financial system，是联合国系统率先在宣传2005小额信贷年时广泛运用的词汇。其基本含义是：能有

效、全方位地为社会所有阶层和群体提供服务的金融体系。目前世界上的金融体系并没有为社会所有的人群提供有效的服务，联合国希望通过小额信贷（或微型金融）的发展，促进这样的金融体系的建立。

按照国际上多数人的理解，普惠金融体系应该包括以下几个层次的内涵：它首先是一种理念，正如尤纳斯教授说的信贷权是人权。就是说，每个人都应该有获得金融服务机会的权利。只有每个人拥有金融服务的机会，才能让每个人有机会参与经济的发展，才能实现社会的共同富裕，建立和谐社会与和谐世界。为让每个人获得金融服务机会，就要对金融体系进行创新，包括制度创新、机构创新和产品创新。由于大企业和富人已经拥有了金融服务的机会，建立普惠金融体系的主要任务就是为传统金融机构服务不到的低端客户甚至是贫困人口提供机会，这就是小额信贷或微型金融——为贫困、低收入人口和微小企业提供的金融服务。为此，就要在法律和监管政策方面提供适当的空间，要允许新建小额信贷机构的发展，鼓励传统金融机构开展小额信贷业务。

中国国内最早引进这个概念的是中国小额信贷发展网络。为了开展2005年国际小额信贷年的推广活动，中国小额信贷发展网络会长杜晓山和秘书长白澄宇提出用"普惠金融体系"作为 inclusive financial system 的中文翻译。也有人提出用"包容"等名词，但经过考虑，觉得其他词汇都不能表达服务对象的广泛性，最后还是用"普惠"这个概念，就是要让所有人平等享受金融服务。2004年11月，中国小额信贷发展促进网络的主页开通，首页的标题就醒目地写下了网络的宗旨："促进普惠金融体系，全面建设小康社会。"中国人民银行研究局焦瑾璞于2006年3月在北京召开的亚洲小额信贷论坛上，也正式使用了普惠金融体系这个概念。此后，普惠金融体系被越来越多的人所接受。

二、现代农村金融的提出

金融是现代经济的核心，原是邓小平1991年1月28日—2月18日在上海视察时，同上海市负责同志谈话时提出的。邓小平指出："金融很重要，是现代经济的核心。金融搞好了，一着棋活，全盘皆活。"[①] 自邓小平谈话后至今近18年的历史，证明了这一理论观点的正确性。现在，中共中央决定把邓小平这一理论观点应用于农村领域，当然也是正确的。

中共十七届三中全会决定要求："按照统筹城乡发展要求，抓紧在农村体制改革关键环节上取得突破"；"建立现代农村金融制度"；"创新农村金

---

① 《邓小平文选》第三卷，人民出版社1993年10月第1版，第366页。

融体制，放宽农村金融准入政策，加快建立商业性金融、合作性金融、政策性金融相结合，资本充足、功能健全、服务完善、运行安全的农村金融体系"，促进城乡经济社会发展一体化。

中央依据农村金融是现代农村经济的核心的理论，提出建立现代农村金融制度的要求，说明中央对于我国农村金融供给短缺状况、特别是农村金融改革长期滞后、远远不能满足农民需求的问题，是了解的。中央提出建立现代农村金融制度的目的，就是要统筹城乡金融发展，让农民和农村小企业享受与城市同等的金融服务。

三、什么是现代农村金融制度

1. 现代农村金融制度的定义

中央首次提出"建立现代农村金融制度"，意义重大。所谓现代农村金融制度，我们理解，是指在金融国际化、一体化和网络化下，根据农民和农村中小企业的需求，进行农村金融制度改革，不断地创新金融产品和金融工具、改进金融服务、强化金融风险管理等一整套制度的总和。

现代农村金融理论，是建立在农村中的弱势群体获得金融服务是他们的"人权"的基础上。诺贝尔和平奖获得者、创造出以扶贫为特征的孟加拉国乡村银行小额信贷（GB）模式的穆罕默德·尤努斯教授有句名言，说的是穷人获得贷款用于发展家庭经营而增加收入，是他们应该得到的、"天赋"的发展权利——"人权"。

2. 现代农村金融体系的主要特征

我们把现代农村金融体系的主要特征概括为以下七个方面：

（1）以农民合作金融组织为主体，包括政策性金融、商业性金融、民间金融等在内的多种所有制金融组织，在为"三农"服务中展开公平竞争。现在这样的农村地区金融服务机构太少、网点不足，农信社"独此一家，别无分店"的局面完全改变，合法有序竞争比较充分。在没有两个以上的金融机构下，当然无法开展竞争；而没有竞争，也就没有良好的服务。

（2）以小额信贷为主要形式，琳琅满目的多种金融产品供给大于需求。现在这样的农村地区金融产品单一，根本不能满足农民与中小企业的需求，农户特别是贫困户贷款"难于上青天"的局面将彻底改变。

（3）以上门服务为主体的多种金融服务方式任人选择。传统的金融服务方式，是坐等贷款客户上门，从而既减少了自己的成本，又避免了被盗的风险。而现在许多国家的农村金融，已经发展到上门服务，如孟加拉、印尼等国家的小额信贷就是信贷员进村上门送贷。近几年来，我国城市金融由于竞争，出现了金融机构人员上门拉存款和向优良客户送贷上门的现象，体现了市场化的优越性。但是在农村，不但极少见到农村信用合作社、农业银行和其他国有金融机构上门为农民服务的行为，更很少看到他们对客户的笑脸。

（4）以贷款者互保为主要形式的多种担保机制分散了风险。而不是像现在这样的传统的金融担保机制，是贷款者财产（权）抵押和第三者对贷款者提供财产（权）担保。自1994年中国社科院杜晓山等人把孟加拉国乡村银行小额信贷模式引进后，贷款者5—8户联保成为农村特别是贫困地区新的担保方式，即一户到期还不起贷款，其他几户就负有帮助其还款的责任。实践证明，这一担保机制适应了农村实际，非常有效，而且受到农民欢迎，具有旺盛生命力，将成为今后农村金融的主要担保方式。此外，世界上解决小农户、小企业特别是贫困户的贷款担保问题，特别推荐单独成立专门的担保公司，实践证明也是一种有效的模式，很值得我国农村金融虚心借鉴。

（5）以市场化为主的利率机制随时调控供求。近年来，国家放开了农村信用合作社的贷款利率上限的限制，农村信用合作社率先跟进，放贷利率已接近当地高利贷的水平，一个以市场化为主的利率机制正在形成。就全国的情况看，利率是调控国民经济发展的重要经济手段，毫无疑问应该掌握在中央政府手中，不能任其市场化。但是，对于分散的农村金融市场来说，局部的、密切监管的市场化为主的利率机制，不会造成全国经济的大的动荡不安，因此不必大惊小怪。

（6）以"民间监督为主、地方政府（县级）监督为辅"的监管体制有效防范风险。国外的经验证明，对金融的监督必须掌握在中央政府手中，但是对农村金融尤其是贫困地区金融的监管，中央政府的监管并不有效，而基层政府的作用不但是重要的，而且是关键的。纵观我国的金融监管，常常出现脱离经济发展大局、为监管而监管、监管寻租等问题，其结果，不仅无助于金融业的发展和效率，而且也无助于减低、减少金融机构危机发生的可能性；此外，提倡、鼓励和支持民间直接监督金融业则是最有效的。实际上，国内金融机构揭发出来的违规、瞎干、寻租、腐败等案件，绝大多数都是因群众揭发、举报与提供线索，才得以破案、避免损失的。因此，面对分散、点多、复杂的农村金融，应确立"民间监督为主地方政府（县级）监督为辅"的监管新体制。

（7）以政府扶持为主的良好外部环境。适应目前我国已进入工业反哺农业、城市反哺农村新阶段的实际，政府应对构建的农村金融体系进行政策扶持，包括准入管制、税收优惠、财政补贴等，营造和保持良好的农村金融发展的外部环境。

第四节 实证研究

一、统计资料分析

我们采用国家统计部门公布的资料，对西部民族地区的农村金融机构存贷款状况，进行了分析，发现了三个让人震惊的结论：一是西部民族地区的金融活动是旺盛的，并不像大家公认的是所谓的"经济落后、金融需求不多"；二是老百姓有大量的存款，说明了老百姓的投资机会不多；三是西部民族地区的农村金融机构存贷款存差过大，说明了西部民族地区资金逆向流动，在实际行动上支持着东中部发达地区。

表1-1 2007年末西部12省市区金融机构存贷款余额表 单位：亿元

省份	云南	贵州	四川	重庆	西藏	新疆	甘肃	青海
存款余额	7170.9	3826.4	13950.4	6662.36	643.36	4614.62	3764.95	1105.21
贷款余额	5671.7	3128.6	9200.9	5197.08	223.83	2685.00	2448.16	882.13
存差	1499.2	697.8	4749.5	1465.28	419.53	1929.62	1316.79	223.08

省份	陕西	内蒙古	宁夏	广西	小计			
存款余额	8501.39	4953.70	1288.19	5749.94				
贷款余额	5121.16	3767.74	1196.54	4287.79				
存差	3380.23	1185.96	91.65	1462.15	18420.79			

资料来源：《中国统计年鉴》，中华人民共和国统计局网。

表1-1中，西部12省区2007年末存贷存差为18420.79亿元，如果除去存款准备金（按年均15%计），那么还有15657.67亿元的钱没有花出去，或者说没有留在当地搞建设，在实际行动上支援着发达地区。

表1-2 云南省民族地区行政区简况

州名	民族自治州	自治州辖县		民族自治县	乡、镇、民族乡
		县	县级市		
全省	8	42	7	29	589乡、338镇、59民族乡
8个民族自治州	8	42	7	9	376乡、287镇、59民族乡
楚雄州		9	1		71乡、57镇、6民族乡

续表

州名	民族自治州	自治州辖县 县	自治州辖县 县级市	民族自治县	乡、镇、民族乡
红河州		8	2	3	82乡、60镇、6民族乡
文山州		8			75乡、39镇、16民族乡
西双版纳州		2	1		13乡、19镇、7民族乡
大理州		8	1	3	55乡、70镇、13民族乡
德宏州		3	2		40乡、24镇、5民族乡
怒江州		2			20乡、9镇、3民族乡
迪庆州		2		2	20乡、9镇、3民族乡

云南省是一个多民族群居的省份。全省16个州市中,民族自治州有8个,占一半。全省129个县市区,民族自治州所辖县市和民族自治县共78个,占60.47%。全省1373个乡(含民族乡)、镇、街道办事处中,民族地区有722个,占52.59%。

表1-3　　　　　　2007年云南省民族地区金融业法人单位数

	以省为单位	平均每州数	平均每县市数	备注
8个民族自治州	188	31.33	2.41	
全省	630		4.88	

表1-3表明,2007年在全省16个州市中,占一半的8个民族自治州的金融业法人单位数188个,占全省630个的19.84%;平均每县级。41个,比全省每县市4.88个差一半。截至2009年初,全省1373个乡镇中,仍有121乡镇没有金融机构网点,县及县以下的金融机构网点中,仅有不足20%的网点能提供存、贷、汇以外的业务,绝大部分行政村网点不能提供基本贷款业务。当然,我国金融机构集中度高,县以下仅有农村信用合作社以及刚开始成立的村镇银行、小额贷款公司、农村资金互助社等新型金融机构,才是独立的法人。我们如果按照每乡一个村镇银行、十个以上小额贷款公司和农村资金互助社来衡量,差距还大得很。

表1-4　　　　　云南省内金融机构年末存贷款余额表　　　　单位:亿元

年份	1990	1995	1996	1997	1998	1999	2000
存款余额	292.2	1187.2	1539.2	1829.4	2076.1	2254.4	2465.7
贷款余额	275.3	924.7	1194.5	496.5	1714.0	1824.0	2121.1
存差	16.9	262.6	345.1	332.9	362.1	430.4	344.6

续表

年份	2001	2002	2003	2004	2005	2006	2007
存款余额	2779.7	3121	3747	4377	4404.36	6131.25	7170.9
贷款余额	2173.5	2137	2602	3052	3398.29	4803.51	5671.7
存差	606.3	981	1146	1146	1006.07	1327.74	1499.2
小计			9805.7				

资料来源：《云南省统计年鉴》；《云南日报》。

统计资料表明，早在20世纪80年代，云南省内金融机构年末存款余额大于贷款余额，每年在十几亿元至数十亿元；进入90年代，已达到上百亿元，例如1995年为262.6亿元；1996年上升为345.1亿元；1999年登上400亿元台阶，达430.4亿元；2001年登上600亿元台阶，达606.3亿元；2002年登上900亿元台阶，达981亿元；2003年登上1000亿元台阶，达1146亿元；之后的2004、2005、2006年均在1000亿元以上；2007年末存贷存差为1499.2亿元。小计9805.7亿元。这些贷不出去的存款，当然不会躺在保险柜里，而是以实际行动支援了发达地区，形成了奇特的、很不合理的"西部贫困地区在金融方面支援着发达地区"的怪现象。

表1-5　2007年云南省8个少数民族自治州金融机构年末存贷款余额表

单位：亿元

州名	大理州	楚雄州	迪庆州	版纳州	德宏州	文山州	怒江州	红河州
存款余额	324.16	242.37	47.73	137.23	141.4	207.82	50.60	454.19
贷款余额	217.74	136.36	46.80	77.76	94.4	168.43	31.66	292.94
存差	106.42	106.01	0.93	59.47	47.0	39.39	18.94	161.25

资料来源：2008年各州统计年报。

据笔者调查，位于小凉山核心区的宁蒗彝族自治县，属国家扶贫重点县，建设资金严重不足，但是2006年末金融机构的存款余额6.8267亿元，贷款余额1.7616亿元，存差5亿元以上，也就是说有5亿元没有留在当地县内搞建设。中央近几年来一再要求的县域内存款主要用于本县搞建设的要求，根本就没有落实。

西部民族地区贷不出的存款是怎么支援着发达地区？通常的做法，一是被东部沿海地区拆借，正所谓"一江春水滚滚向东流"；二是各银行上存到各自的总行，各银行总行再上存到人民银行，由人民银行以贷款指标方式贷放到发达地区。当然,各银行总行之所以上存到人民银行,原因是可以"吃"人民银行即国家财政的利息;三是通过现有的农业银行和农村信用合作社的渠道,流向了区内的大城市、重点工程。这就出现了极其反常的现象,一方面,西部民族地区建设需要大量的资金,各级政府纷纷出台优惠政策吸引外资;另一方面,区内大量资金又花不出去,实实在在地支援着区内外的发达地区。

二、选点问卷调查分析

本次研究,我们选择了西部民族地区 10 个村、226 户农户,进行了问卷调查。问卷调查的目的,旨在弄清农户对贷款的需求、对农村金融的意见等。在问卷调查信息准确、调查对象达到一定比例的基础上,其获得的信息经计算机处理后,将可以为现代农村金融制度政策的提出与设计,提供有价值的结论性建议。

问卷调查中,课题组成员成功地把参与式农村快速评估方法与问卷调查方法有机地结合了起来,既发挥各自优势,又达到简便、快速、获得信息准确和信息量大的目的。这一方法是:调研组进村后,在召开的村民大会上讲解调研的宗旨与要求,在分几个小组进行问题诊断、主要问题矩阵分析、资源利用图绘制等基础上,由几位调研组成员分别邀请 3—4 户农户在一起共同填写问卷表,使农户互相讨论、互相补充、互相纠正,从而使问卷表填写得准确、快速。

表1-6　　　　　　　　样本村所在西部民族地区

村庄名	所属省	所属市、州	所属县、市	所属乡
大庄村	云南	红河哈尼族彝族自治州	开远市	大庄乡
阳岗村	云南	红河哈尼族彝族自治州	开远市	龙潭乡
龙村坡村	云南	红河哈尼族彝族自治州	开远市	羊街乡
广通村	云南	楚雄彝族自治州	禄丰县	广通镇
南碱村	云南	玉溪市	新平彝族傣族自治县	腰街镇
香盐村	云南	普洱市	景谷傣族彝族自治县	威远镇
江东村	云南	普洱市	景谷傣族彝族自治县	威远镇
芒旧村	云南	普洱市	景谷傣族彝族自治县	威远镇
音寨村	贵州	黔南布依族苗族自治州	贵定县	盘江镇
沿山村	贵州	黔南布依族苗族自治州	贵定县	沿山镇

样本村的选择,我们主要的考虑,一是经济发展涵盖了先进、中等、滞

后三种区域；二是回避金融很不发达地区。因为金融很不发达地区大都没有金融活动，而如果没有金融活动，调查将很难收集到信息；三是交通相对方便；四是村民能讲普通话。为此我们选择的表 1-6 中的十个村，代表了西部不同地区、不同民族的情况。红河哈尼族彝族自治州开远市位于云南省南部，代表了经济较为发达地区；普洱市景谷傣族彝族自治县，位于云南省西南部，代表了经济发展滞后地区；玉溪市新平彝族傣族自治县，位于云南中部，代表了经济发展中等地区；楚雄彝族自治州禄丰县，位于云南省中西部，代表了经济发展中等地区；贵州省黔南布依族苗族自治州贵定县，位于贵州省中部，代表了经济发展中等地区。十个调研村居住着哈尼、傣、彝、布依、苗、回、侗七个少数民族。

表 1-7　　　　　　样本村调研户 2007 年社会经济状况

村庄名	户数	人口 总人口	人口 少数民族人口	耕地（亩） 总耕地	耕地（亩） 人均
大庄村	30	141	141	48.3	0.34
阳岗村	30	142	138	154.08	1.09
龙村坡村	30	126	120	115	0.91
广通村	25	104	56	71.61	0.69
南碱村	20	103	103	94.8	0.92
香盐村	10	47	47	61	1.30
江东村	10	38	38	68.2	1.80
芒旧村	10	43	43	68.7	1.60
音寨村	31	144	144	37.29	0.26
沿山村	30	141	51	58.1	0.41
合计	226	1029	881（占 85.6%）	777.08	0.76

资料来源：本课题组调研。

调查的 10 个样本村、226 户、1029 人中，其中少数民族 881 人、占 85.6%。人均耕地仅有 0.76 亩。其中，人均耕地超过 1 亩的仅有 4 个村，不足半亩的有 3 个村。这与社会上流传的山区、少数民族地区农村耕地面积相对较多、粮食产量多、不用担心吃饭问题等论点，恰恰相反。

表 1-8　　　　　　样本村农户贷款数情况

总农户	贷款农户数	贷款农户数占总农户数（%）
226	51	22.6%

资料来源：本课题组调研。

10个样本村问卷调查总农户226户,曾经借过款的仅有51户,占调查总农户的22.6%。这也就是说,尚有约77.4%的农户从未借过款。

样本村问卷调查总农户中仅有22.6%借过款,这和银监会公布的数据相差不大。据《中国农村金融报告》,银监会统计,2007年末,全国有农户约2.3亿户,有贷款需求的农户约有1.2亿户,其中,获得农村合作金融机构农户小额信用贷款和农户联保贷款的农户数超过7800万户,占全国农户总数的33.2%。银监会的33.2%数据,如果去除重复贷款的农户,那么贷款农户也就在20%左右。

应该指出,据银监会统计,2007年末全国有农户约2.3亿户,有贷款需求的农户约有1.2亿户,也就是说约有占一半的1.1亿户没有贷款需求。在此,我们不知道银监会是怎么统计出来的。据我们在贫困地区调查,没有贷款需求的仅仅是个别的,大约在5%。

表1-9　　　　样本村曾经享受过政府的扶贫贷款农户数情况

	总农户	享受过政府的扶贫贷款农户数(户)	享受过政府的扶贫贷款农户数占总农户数(%)
合计	226	11	4.87

资料来源:本课题组调研。

10个样本村问卷调查总农户226户,有史以来曾经享受过政府的扶贫贷款的仅有11户,占调查总农户226户的4.87%。这也就是说,尚有约99.44%的农户从未享受过政府的扶贫贷款。这说明,自20世纪80年代中期我国大规模扶贫以来,中央财政所投入的扶贫贴息贷款和政府从事的小额信贷款,基本上进不了贫困村,到不了贫困户。当然,西部民族贫困地区的非贫困户也需要贷款服务,但是非贫困户的贷款服务应该有另外的金融机构提供,不应和贫困户争夺本应属于贫困户的金融服务。

表1-10　　　　　　　　样本农户贷款需求意向

	生产	子女读书	看病	还贷	子女结婚	盖房	外出打工	其他
回答户	96	53	42	24	37	94	19	20
占总样本比例(%)	42.5	23.5	18.6	10.6	16.4	41.6	8.4	8.9

资料来源:本课题组调研。

样本村农户贷款需求意向中,排在首位的是家庭生产,这和农户是一个独立的生产经营单位有关。这也意味着,农户家庭生产所需要的化肥、种子、农药、农膜、农机等,在农户生产生活中,占了重要位置,是应该首先满足的。排在第二位的是盖房,占 41.6%,说明农户对住房的需求很高,这可能与孩子长大结婚分开另过有关。排在第三位是子女读书,说明国家虽然免除了学费、杂费、课本费,但是学生在校内生活费的开销仍然很大的状况,构成了家长的一大负担。排在第四位的是看病,因病致贫的问题仍然困扰着农民。

表 1-11　　样本村农户贷款需求（您家近一两年需要贷款吗?）

	需要	不需要	说不清楚
回答户	165	35	26
占总样本户的比例（%）	73	15.5	11.5

资料来源:本课题组调研。

样本村落 226 户问卷中,需要贷款的 165 户,占问卷农户的 73%;而不需要贷款的仅占 15.5%。在此,我们更相信西部民族地区农户的高贷款需求,而对银监会的估计持保留态度。因为银监会的数据不可能是一户一户的详查,只不过是估计。

表 1-12　　样本村农户具体贷款需求（您家近一两年需要多少贷款?）　　单位:元

	500—1000	1000—5000	5000—1万	1万—5万	5万—10万	10万以上
回答	19	21	58	51	16	2
占总样本比例（%）	8.41	9.29	25.66	22.57	7.08	0.89

资料来源:本课题组调研。

本课题组的调查是一户一户的具体询问,而且完全尊重样本户的意见,而不是抽样调查加估算。在农户具体贷款需求数据中,最高的是 5000—1万元和 1万—5万元,合计占样本户的 48.23%。这和我们原来假定的一般农户、贫困户贷款的需求基本吻合,也说明了那种农户要求贷款数万元的呼吁是不符合实际的。

表 1-13　　样本村农户最愿意从什么机构贷款（答案中有多选的）

	农业银行	农信社	私人老板	亲朋好友	农村干部	说不清楚
回答户	10	181	5	42	4	12
占总样本户的比例（%）	4.43	80.09	2.21	18.58	1.77	5.31

资料来源:本课题组调研。

在样本村农户回答的最愿意从什么机构获得贷款中，有 181 户、占 80.09% 的农户最愿意从农村信用合作社获得贷款，这说明，农信社作为农村中的唯一网点多的正规金融机构，其产品、服务、声誉都达到了一个较高的水平，目前尚没有任何机构可以和其平起平坐，也正因为此，农村金融的竞争就更值得注意。因为没有竞争，也就没有了多的金融产品和好的金融服务。

表 1-14　　　　样本村农户参加农村合作基金会的愿望情况

	愿意	不愿意	说不清楚	未回答
回答户	82	10	31	103
占总样本户的比例（%）	36.28	4.43	13.72	45.58

资料来源：本课题组调研。

在 226 户样本户中，愿意参加农村合作基金会的 82 户，占总样本户的 36.28%；不愿意参加的 10 户、占 4.43%。这说明农户具有一定的参加农村合作基金会的愿望，当然是今后发展农村合作基金会的基础。

表 1-15　　　　样本村农户保险覆盖率很低

	已参加	未参加	不清楚
回答户	102	107	17
占总样本户的比例（%）	45.13	47.35	7.52

资料来源：本课题组调研。

在总数 226 户样本村农户中，已参加过保险（各类保险中的一种或二种）的有 102 户，占调查农户总数的 45.13%；未参加过保险（各类保险中的一种或二种）的有 107 户，占调查农户总数的 47.35%；另有 17 户对是否参加保险说不清楚。这说明，样本村保险发展很不发达。

表 1-16　　　　样本村农户能数出的参加保险的具体种类

	医保	养老保险	农业保险	独生子女保险	房产保险	小计
回答户	9	10	0	1	1	21
占总样本户的比例（%）	3.98	4.43	0	0.44	0.44	9.29

资料来源：本课题组调研。

在访问的 226 户样本农户中，能说出自家参加的保险的种类的只有 21

户，占样本户的9.29%。这说明，农村保险的推广、宣传等工作比较薄弱，大多数农户对自家买了的保险都说不清楚，更不要说依法索赔了。

综合来看，农业的高风险特性也产生了对生产保险的需求（如农作物种植、畜牧、水产养殖等）很大，但问卷调研地的保险部门尚未开办农业保险。即使对所有保险类型来讲，调研样本农户毛覆盖率还不到一半，远远不能覆盖农户的风险。当然，调查中也发现，除了车辆险等为强制性保险外，农户的保险购买意愿较低。有相当一部分成年村民进城打工，但用工单位的老板大多不愿为其购买养老保险和人身意外险。这些问题都值得注意。

第五节　现有农村金融组织发展的评估

西部民族地区现有的农村金融组织，与其他地区一样，主要是农业银行、农村信用合作社、农业开发银行以及成立不久的中国邮储银行。至于新试验的村镇银行、贷款公司、小额贷款公司、农村资金互助社等四类新型农村金融机构，由于仅仅是试点，数量很少，而且试点开始不久，尚不具备普及与命名的意义。对于现有的四类农村金融组织，大家的共识是改革之路还很长。

一、农业银行已经成为不再为农民、农村小企业服务的商业银行

包括农行云南省分行在内的西部民族地区的农业银行与其他地区同步，于1979年重建，是最大的涉农商业银行。农行涉农贷款包括：专项农业（扶贫、农业综合开发及粮棉油附营）贷款、常规农业（农、林、水、牧、渔及农产品加工）贷款、乡镇企业贷款、农村供销社贷款、农副产品收购贷款和农业、农村基础设施贷款等。

但是，改革开放以来，农业银行在商业化竞争的大背景下也从事非农贷款，而且非农贷款比例逐年增大，以至于有时超过了涉农贷款。例如，2005年7月，农行云南省分行与昆明钢铁有限公司签署20亿元人民币授信额度的协议，向昆钢内部核算单位、全资子公司、控股子公司及有关参股公司的生产经营、技术改造、矿山建设等经营活动提供20亿元授信额度，其中包括玉溪大红山铁矿项目贷款6亿元。据云南省农行介绍，今后将把昆钢作为该行的重点客户和长期合作伙伴，为其提供优先、优质和高效的全方位金融服务，对其及其所属企业的借款需求在资金规模授信额度内给予充分保证，提供利率优惠，量身定制金融服务方案和开发产品。

西部民族地区农行的非农贷款，一直受到学者们的质疑。为此，农行云南省分行2007年制订了增加贷款投放量大力支持县域经济发展的计划目标，

承诺2007—2010年，每年投向县域的贷款占全省农行贷款投放总量的50%以上，年累计投放不低于150亿元，年净增75亿元。其实，这一承诺包含很大的弹性，非农的大公司在一些县域内的子公司等当然包括在它们的服务范围以内。

为解决具体服务农民贷款问题，2008年9月23日，农行省分行在文山州正式启动了服务"三农"试点暨金穗"惠农卡"的发放工作。金穗"惠农卡"集储蓄、贷款、理财、汇兑等多种功能为一体，是给予农户一定收费优惠的银联标准借记卡，发卡对象主要为具有农村户口的农户家庭，每一农户家庭可申请一张"惠农卡"，主卡人可为家庭其他成员申请附属卡。"惠农卡"最大的特色功能是农户可通过农行网点或自助渠道进行小额贷款的放款、使用、还款等服务功能，在核定的额度内一次授信、随借随还，额度从3000—3万元不等。此外，该卡除具有借记卡基本功能外，还可作为财政补贴发放的通道，新型农村合作医疗服务和代理农村公用事业收付等工具。但在全省的1312个乡镇中，农行仅在92个乡镇设有网点，网点覆盖率仅为7%。

因此，西部民族地区的农行怎样更好地服务"三农"，仍然是一个有待破解的大问题。涉农贷款主导地位弱化的农业银行存在的主要问题是：产权主体虚化，使代理成本过高、效益低下，迫使农业银行不愿意在经济条件薄弱的农村开展业务；1996年以后农业银行开始走商业化道路，商业银行的"盈利性、流动性、安全性"的经营原则与农业生产的"高风险性、分散性、波动性、长期性"向背；农业银行将农业资金从以农业为主转为以工商业并举，竞争视角从农村转向城市，以获取足够的资金来源及高额回报，使得农村金融市场本来就很少的国有资本变得更为稀缺。

二、农业开发银行要实现为农民服务还要走较长的路

同中国其他地区相比，西部民族地区的农业发展银行不但发展严重滞后，而且改革的路还很漫长。

中国农业发展银行是1994年成立的一家政策性银行，是农村金融体制改革中为实现农村政策性金融与商业性金融相分离的重大措施。1995年农发行云南省分行成立，承担从农业银行分离出来的政策性业务。1995—1998年4月，农发行云南省分行承担了云南省扶贫、农业综合开发，以药材、花卉等为龙头的18（项）工程项目和农林牧水基建技改、林业治沙、粮油加工、粮油购销等贷款业务。这一期间，扶贫、农业综合开发等项目贷款立项1650多个，发放贷款66亿余元，为云南贫困县、乡脱贫和农业综合开发作出了积极贡献。

1998年4月以后，农发行业务范围进行了较大调整，专司粮棉油收购资金封闭管理。并紧跟粮食流通体制改革步伐，围绕粮食购销政策，适时调整完善信贷政策，促进了国家和省政府粮食购销政策落实。到2004年末，十年来累计发放粮油购销贷款483.6亿元；累计发放简易建仓（粮食仓库）贷款21.9亿元，促进了云南农业生产的发展和农村社会的稳定。

　　目前，农发行云南省分行按照国家宏观调控和扶持"三农"政策，进一步拓展银农合作范围，对信用好、有潜力、带动面大的粮油购销企业以及农产品加工企业，给予积极的信贷资金支持。重点扶持县域农产品加工龙头企业、发展潜力大的粮油产业化龙头企业。通过农业产业化龙头企业扶持和发展，把千家万户小规模生产与千变万化的大市场有机地联系起来，引导和带动农民有序进入市场，提高农民的社会化和组织化程度，提高全省农产品的专业化生产能力和市场竞争力，增加农民收入。同时，农发行进一步加快改革步伐，完善农业政策性银行职能，强化支农的作用，使其真正担当起政策性金融支持"三农"的重任。农发行云南省分行加大信贷支农力度，着力抓好农业农村基础设施建设和农业综合开发工作，支持农村路网、水网、电网、信息网、农村环境设施建设项目，发放了首笔农村流通体系建设贷款，进一步改善农民生产生活条件，实现了贷款规模和经济效益的双增。

　　当前的突出问题，一是政策性金融支持"三农"的任务需要落到实处，有具体的措施保证。二是农发行重点支持粮棉油收购的主要地区都是农业区，特别是西部民族地区，地方的财力有限，根本无力拨付对农发行放贷的财政贴息，从而只能使农发行面向金融机构进行高成本的融资，由于本身业务的政策性作用，造成农发行放贷越多亏损越大，经营艰难。三是农发行还存在资金来源不稳定，资金运用效益不高，业务范围狭窄，功能单一等问题。特别是，农发行累计的亏损和不良资产等大量包袱还没有消化，要想发挥作用还要受到限制。

　　三、农村信用合作社要成为名副其实的"农村金融主力军"实属不易

　　同中国其他地区一样，以云南省为代表的西部民族地区的农业信用社发展与改革取得了伟大的成就，但是也还有许多令人遗憾与不满意的地方。

　　1984年8月，国务院提出，要把农信社真正办成群众性的合作金融组织，恢复"三性"，即组织上的群众性、管理上的民主性、经营上的灵活性。1996年8月，农信社从农业银行脱离出来，逐步改为"由农民入股、由社员民主管理、主要为入股社员服务的合作性金融组织"。但是，农信社"三位一体"模式初衷虽好，实际运行的结果却并不理想。由于众所周知的原因，云南省民族地区的农信社存在的问题，也主要表现在：产权不明晰，

法人治理结构不完善,激励和约束机制不健全,底子薄、基础差、包袱重以及风险大、经营困难等。2003年末全省1403个农村信用社中,按账面统计有303个资不抵债;全省农村信用社历年挂账亏损9.53亿元。

2005年6月11日,云南省人民政府颁布《云南省深化农村信用社改革试点实施方案》,确定了坚持市场化改革取向,以服务农业、农民、农村为宗旨,促进农村信用社真正成为自主经营、自我约束、自我发展和自担风险的市场主体,真正成为服务"三农"的社区性地方金融机构。

改革后,农信社活力大增。2007年末,云南省农村信用社业务实现较快发展,呈现出"两增两降两提高"的良好发展态势。"两增":一是存款增加。各项存款余额1210.77亿元,比年初增加219.8亿元,增长22.19%,高于全省金融机构平均水平5.2个百分点。二是贷款增加。贷款余额达811.3亿元,比年初净增175.36亿元,增长27.58%;增量占全省金融机构贷款净增额的20.2%,贷款增幅居第一位,远远高于该省金融机构19.5个百分点。"两降":一是备付率下降。比年初下降3.5个百分点;二是不良贷款下降,四级分类不良贷款余额53.6亿元,占比6.6%,比年初下降1.56个百分点。"两提高":一是利润提高,实现利润7.7亿元,增长79%,是2003年的42倍;二是市场份额提高,存贷款市场份额分别达16.88%、14.3%。

目前,通过开办财政直补农民资金的"惠农一折通"业务,全省农村信用社遍布城乡的基层网点,已经向853.4万农户发放了包括粮食直补、农村低保、抗震安居、退耕还林在内的16项财政补助款56.7亿元。近两年来,全省农村信用社所有营业网点都实现了综合业务系统的联网和数据大集中,依托高效的网络平台拓展中间业务,使"惠农一折通"这样的服务得以不断拓展。

我们最欣赏的是农信社机制开始灵活,产品逐年增多。例如农户林权抵押贷款,就打破了禁区。至2008年7月末,全省农村信用社共有8个民族州市、18个县级联社开办了林权抵押贷款。据不完全统计,现已开办林农(含林企)贷款275笔,贷款额达21054.3万元。林权抵押贷款业务解决了发展林产业缺资金的问题,受到广大农民群众的欢迎;在为林业发展、林农增收提供强大资金支持的同时,也极大地拓宽了信用社的资金运用渠道,降低了信用贷款的风险度,提高了信贷资产质量和经营效益。目前,全省农村信用社发放的林权抵押贷款还未出现不良贷款。

截至2008年10月,全省农村信用社的存、贷款规模是2004年改革前的2.6倍以上,列西部农村信用社系统第二位,实现利润比2004年增长了

18倍。改革三年来，全省农村信用社累计发放农业贷款1754亿元，占全省金融机构农业贷款余额的90%以上；其中，发放农户贷款1061亿元，农户贷款面达到72%，农村信用社支农主力军的作用得到了巩固和增强。

但是，农信社的改革还存在许多难题。至今，国内仍然存在着对农村信用合作社的改革难以达成共识的争论：一是农信社改革的原则是坚持国际公认的"合作社原则"，或是坚持我国对合作金融组织的定义，即没有所有者的合作制；二是改革的方向是坚持合作制的基本特征——自愿性互助共济性、民主管理性、非营利性，或是商业性、盈利性；三是以省、市为单位设立法人，或是县一级组建法人，或是市州一级设立法人。此外，农村信用合作社内部治理亟待规范，由于股东的权利与责任严重不对称，部分农户股金变成了定期存款，股东的主要目的是获得贷款上的便利和利息优惠，而不是入股分红；农村信用社的激励机制、监督机制、市场退出机制等，与农村信用社经营绩效息息相关的宏、微观机制等，虽然在改革设计中受到了重视，但在实践中落到实处还要走很长的路。

四、中国邮储银行要成为第二农村信用合作社也不容易

同中国其他地区相比，西部民族地区的邮储银行发展并不是很快。云南邮政储蓄于1986年恢复开办，经过21年的发展，建成了全省覆盖城乡网点面最广的个人金融服务网络，其中有大约65%的网点分布在县城和农村地区。

在2003年邮政储蓄资金实现自主运用后，就成为了人们形容的农村资金"抽水机"，而备受指责。2006年的最后一天，经国务院同意，中国银监会正式批准设立中国邮政储蓄银行。经精心筹备，中国邮政储蓄银行有限责任公司（简称中国邮政储蓄银行、邮储银行）于2007年3月6日挂牌成立。截至2008年6月末，在全国31个省（自治区、直辖市）2000多个市县的1.4万个网点办理了小额质押贷款业务，其中，县及县以下网点10250个，占全部网点总数的73%。

2007年12月7日，中国邮政储蓄银行云南省分行在昆明挂牌成立，是中国邮储银行在全国范围内成立的第七家省级分行。截至2007年10月底，全省邮政储蓄存款余额达167.98亿元，存款规模列全省第六位。在组建之初，邮储银行除了紧紧抓住城市金融业务不放外，还确定了在乡村开展各项业务，从而与现有的农村信用合作社（简称农信社）开展有益竞争，打破农信社在农村金融中的垄断地位。这真是好得很呢！

邮储银行云南省分行2008年6月份在昭通、版纳各选一个县以下的农村网点，试点开通农民工银行卡业务。开通后取款手续费为交易金额的

0.8%，最高收取20元。

农行云南省分行为解决在基层网点少的问题，主动与邮储银行云南省分行合作，推行惠农卡业务。而邮储银行云南分行拥有400多个结算网点，1200多个代理网点，在多数网点设有自助设备或POS机，在网点数量及服务上占有较大优势。双方合作后，邮储银行将利用其网点和设备，在网点接受"惠农卡"结算服务。这样，农行延伸了服务，突破了"惠农卡"服务瓶颈，邮储银行也通过增加服务获得中间业务收入，解决了自助设备及POS机业务量不足的问题，从而更好地为农民服务。

就邮储银行设计的初衷看，其中之一是让它们与农信社展开有意的竞争。这是因为，目前农村县以下基层金融仅有农信社一家，没有竞争，因而没有服务的改善；而要在农村基层与农信社竞争，唯有点多的邮储银行莫属。邮储银行要和农信社展开有意的竞争，还有很长的路要走：一是邮储银行能办吸储的人多，而办放贷的业务人员少；二是邮储银行为了获取高额利润，也积极介入非农贷款，例如2009年计划在云南省范围内推广个人消费贷款，一手房和二手房最高贷款额，预计为100万元；三是就现有农村金融环境、政策和内部治理来看，邮储银行都可能成为第二农村信用合作社，从而陷入农村信用合作社的怪圈境地之中。这是需要警惕的。

第六节 新型农村金融机构的试点的评估

一、新型农村金融机构的试点进展刚刚启动

这里说的新型农村金融机构，指的是央行试点的小额贷款公司和银监会试点的村镇银行、贷款公司和农村资金互助社，共四类。总的来看，全国的试点进展缓慢，西部民族地区更为缓慢。

据报道，2008年6月27日，云南省首家村镇银行——玉溪市红塔区兴和村镇银行正式诞生。第二天，第二家村镇银行——文山壮族自治州民丰村镇银行也宣告成立。2008年12月6日，由富滇银行发起成立的昭通昭阳富滇村镇银行，在昭通市昭阳区成立。位于民族地区的文山壮族自治州民丰银行由云南省曲靖市商业银行发起，共有11家股东，注册资金3500万元，其中法人股东7家，入股资金3250万元，占总股本的92.86%；自然人股东4户，入股资金250万元，占总股本的7.14%；曲商行占40%股权，为控股股东；实行"自主经营、自担风险、自负盈亏、自我约束"的经营机制和"一级法人、统一核算、两级管理"的管理体制。村镇银行的优势在于：立足本地、不跨地区；支持县区、"三农"和社会主义新农村建设；吸收公众贷款，发放小额贷款（每笔贷款不得超过银行资本金的10%）。在当地推行"公司+农户+担保公司"贷款合作模式，与"三七"（一种中药）加工龙头企业特安纳公司合作，扶持了当地20多个种植专业户。开业运行以来，为农民带来实惠与便利的同时，银行还实现了盈利。

云南省计划到2009年，将力争在16个州市各成立一家村镇银行，进一步加大金融对"三农"的支持力度。

自银监会2006年底出台的放宽农村金融市场准入以来，据银监会最新统计，截至2008年底，全国已有105家新型农村金融机构获准开业，其中，村镇银行89家，贷款公司6家，农村资金互助社10家。已开业的105家机构中，有77家设立在中西部地区金融机构网点覆盖低、竞争不充分的乡镇和行政村，并通过直接设立营业机构或延伸提供金融服务等手段，有效改善了38个"零银行业金融机构网点乡镇"的金融服务状况。银监会表示，要通过三年努力，与现有农村金融机构一起，基本实现县、市及以下乡镇、行政村金融服务的全覆盖，切实提升农村金融服务水平。银监会宣布，三年内将实现全国还有超过2000个"零金融机构乡镇"农村金融服务全覆盖。

在此需要探讨的是，全国农村，特别是西部民族地区完全满足"三农"需求到底需要多少村镇银行，当然只能通过调查研究才能作出判断。现在这样的一个县规划成立一个村镇银行的依据是什么？为什么不是一个县需要二个、三个、四个？没有调查研究，这里的理由和结论谁也说不清楚。

二、东部热、西部冷的贷款公司、小额贷款公司

2008年11月，《云南省小额贷款有限公司管理办法（试行）的通知》出台。一个月后，昆明市已有两家小额贷款公司挂牌，分别是2008年12月25日、26日成立的昆明市盘龙区茂恒小额贷款有限公司和西山区小额贷款股份有限公司。据媒体报道，2009年，云南省计划新成立小额贷款公司70家，覆盖全省16个州市，从而改变西部民族地区至今尚无一家贷款公司、小额贷款公司试点的历史。

小额贷款公司只贷不存，资金来源成为其规模扩大和可持续发展的最关键问题。同时，虽然小额贷款公司可以从不超过两个银行业金融机构融入资金，融入总额不超过资本金额的50%，但融入成本和便利程度将影响其运作。与村镇银行相比，这是小额贷款公司存在的先天不足。

民间借贷的高收益是小额贷款公司吸引力大的原因之一，但小额贷款公司被纳入正轨监管渠道，其借贷利率还要受到"红线"的限制，实际收益也要受到一定影响。小额贷款公司的盈利空间受限，但坏账和操作风险却没有减少。小额贷款公司被指定主要服务于中小企业和"三农"，这其实和村

镇银行差不多。有专家认为，各方对开办小额贷款公司抱有较高热情，其中的一个最重要原因就是看重了其"牌照"的价值和未来转为村镇银行的可能。

按照银监会《贷款公司管理暂行规定》的通知，贷款公司是"指经中国银行业监督管理委员会依据有关法律、法规批准，由境内商业银行或农村合作银行在农村地区设立的专门为县域农民、农业和农村经济发展提供贷款服务的非银行业金融机构"。也就是说，贷款公司是由境内商业银行或农村合作银行全额出资的有限责任公司。这样一来，银监会的贷款公司与央行的贷款公司，就是区别很大的两种贷款公司。特别是，银监会的贷款公司只能由境内商业银行或农村合作银行全额出资组建，这就堵住了社会资本进入的通道，而且也使境内商业银行或农村合作银行没有动力全额出资组建。

其实，小额贷款公司和村镇银行有着许多相似的地方，甚至包括困难、问题和未来前景。但二者的市场需求是不容置疑的，只是作为新生事物，都需要有一个相对较长的适应期。因此，应该抱着一种长期投资的理念，才能获得相对丰厚的回报。

作为金融领域内的新事物，小额贷款公司的机制和体制有别于包括村镇银行在内的金融机构。但一个共同特点是，都具有"金融"的性质。因此，小额贷款公司未来如果运营良好，逐步向村镇银行转型应该能成为一种趋势。

三、央行试点的小额贷款公司处境尴尬

2005年5月，人民银行确定在四川、陕西、山西、贵州和内蒙古进行"农村小额信贷组织"——贷款公司的试点。到2005年12月27日，山西省平遥县率先试点的日升隆贷款公司和晋源泰贷款公司挂牌。2008年8月，榆次县诚汇、平遥县蔚联升等12家民营商业性小额贷款公司获准成立。目前，山西省晋中市已有14家小额贷款公司正式挂牌运营。

然而，云南省至今仍无央行试点的小额贷款公司。

央行试点的小额贷款公司在运作过程中，也暴露出来一些深层次的问题，给人们以重要提示。主要是试点的代表性有多大的问题。因为央行试点选择的都是经济相对发达地区，而相对于中西部欠发达地区来说，经济发达地区有不同的特点：一是资金需求巨大，二是潜在的资金来源多，三是金融人才也多，因而试点经验一般说来难以具有在广大农村推广应用的意义。此外，央行试点规定贷款公司"只贷不存"，也就是说小额贷款公司只能用股东的钱向老百姓放贷。作为当地发了财的老板，为什么不依据合同法把自己的钱放高利贷，而用来兴办约束甚多的贷款公司？！人们不禁要问：小额贷款公司的盈利模式具有可持续性吗？

四、村镇银行有个职能定位的问题

2006年末，国家银监会同意放宽农村地区银行业金融机构准入政策，并分别试点村镇银行、贷款公司和农村资金互助社。在试点的三类机构中，村镇银行最受青睐，已成为主要的试点模式。到2009年，云南省将力争在16个州市各成立一家村镇银行。

但是综观村镇银行的试点，尚有一个职能定位问题，即把村镇银行办成什么样的银行问题。全国国资委控股的农业银行模式和邮储银行模式当然不可取，省一级的农村信用合作社模式也不可取，银监会试点的贷款公司有个吸引力不强的问题。大家都说要创新，那么，到底选择什么模式？

五、农民资金互助合作社的门槛太高

2006年8月18日，云南省玉溪红塔区小石桥乡"小石桥乡农民资金互助合作社"宣告成立。资金互助社章程里写有"民办、民管、民受益"的办社原则，实行自主经营、民主管理、盈余返还、加入自愿、退出自由、利益共享、风险共担。该合作社由21户农户自愿筹集14.1万元资金入股，每股100元，加上30万元的扶贫资金和乡政府暂借的80万元资金成立起来，对社员提供利率低于农信社的金融服务。社员的入股资金既作为社员生产生活的扶持资金，同时又作为抵御风险的资本。盈余扣除运营成本和30%的风险金后全部按积数分配法分红给社员，风险金同样按股量化归社员所有。该资金互助合作社《情况汇报》显示，2006年共计投放资金139.35万元，产生效益90多万元，并且没有出现一户逾期借款。如今，合作社从成立时的21户发展到了现在的451户，股金也增加到现在的74.18万元。

玉溪市银监分局在检查小石桥乡农民资金互助合作社的规章时发现，合作社基本照搬原农村合作基金会的操作方式，虽有"章程"却多从网上下载套用，还没有自身成熟的管理体系；虽设立了社员大会、理事会、监事会，但多流于形式，且责、权、利不清晰。玉溪市银监分局已就此向政府领导作了反映，并和省调研组到小石桥进行详细调查，为下一步改进决策提供依据。

我们考察银监会试点的农村资金互助社的有关规定，发现门槛过高，推广应用不容乐观。我们认为，农村金融改革的总体布局，应该是通过村镇银行、贷款公司而与农业银行、农村信用合作社竞争，通过农村资金互助社而与民间借贷竞争。但是，银监会"暂行规定"规范的好像是正规的银行，而不是农村资金互助社。这样一来，民间借贷将继续没有竞争，因而永远无法对其规范。问题主要是注册资本门槛过高，限制了贫困地区农村农民依法

设立。"暂行规定"第九条第三款规定:"有符合本规定要求的注册资本。在乡(镇)设立的,注册资本不低于30万元人民币,在行政村设立的,注册资本不低于10万元人民币,注册资本应为实缴资本。"在我国东部、中部地区和经济相对发达地区,这一准入门槛是可以的,但是在西部地区特别是广大的贫困地区则显得很高,而西部地区特别是广大的贫困地区恰恰最需要建立农村资金互助社的。由于注册资本门槛过高,可能使最需要建立农村资金互助社的西部地区特别是广大的贫困地区,无法贯彻落实这一"暂行规定",或者说把西部地区特别是广大的贫困地区排除在"暂行规定"之外。此外,管理人员门槛过高,也排除了贫困地区农村农民依法设立。"暂行规定"第九条第四款规定:"有符合任职资格的理事、经理和具备从业条件的工作人员";第三十七条规定:"农村资金互助社理事、经理任职资格需经属地银行业监督管理机构核准。农村资金互助社理事长、经理应具备高中或中专及以上学历,上岗前应通过相应的从业资格考试。"这一规定也是偏高,很可能就此排除了贫困地区农村农民依法设立农村资金互助社。我们知道,虽然我国的教育事业在不断发展,但是由于种种原因,农村中具有高中或中专及以上学历的人才,还是难找。有的村庄虽然有几个,但是这些人是不是还在村里?是不是出去打工了?是不是在做生意?则是很难说的事。而且,他们愿不愿意、能不能被选举为农村资金互助社的管理人员,更是难说。在此,"暂行规定"显然是不了解或者高估了西部贫困地区农村的教育情况。

第七节 农村金融的支撑体系的评估

一、农村担保体系有待建立

总的看,我国农村担保体系发展严重滞后,西部民族地区就更为落后,在很大程度上制约了农村金融的发展。至今,我们在云南省特别是民族地区,尚未发现专业的担保公司的出现。

在总体落后的状况下,也有一些农业产业化发展相对较好的地方,农民进入市场的组织化程度相应提高,这时出现的一些实力较强的农业龙头企业、专业协会、产业协会,相互承担起贷款担保的职能。此外,以盈利为目的的专业的担保公司也初露端倪,但是却遭遇政策不明、不能得到扶持等问题。

至于农户相互担保,也由于经济发展滞后,大多数西部民族地区先富裕起来的农户不多,而农民作为一个特殊的信贷群体,相互之间难以提供可用于抵押或为他人担保的财产,而没有抵押或担保,金融部门就会拒绝贷款。

二、农业保险严重滞后

同中国其他地区相比,西部民族地区的农业保险发展严重滞后,云南省农业保险发展就更加严重滞后。截至 2008 年末,云南省保险费收入达 165.39 亿元,其中农业保险费收入仅 1.99 亿元,农业保险费收入仅相当于全部保费收入的 1.2%;同期累计支付农业赔款 1.89 亿元,仅相当于全省全部赔款与给付支出 63.4 亿元的 2.98%。农业金融风险不能分散,压抑了农村金融机构放贷的积极性。

自 20 世纪 80 年代起,云南省陆续开办过生猪、烟草、甘蔗、林木、三七、橡胶树等近 30 种农业保险险种。目前,开办的主要险种为烤烟、甘蔗、林木、橡胶树以及中央政策性能繁母猪保险,这些险种具有以下特点:

第一,烤烟保险是最具地方特色的保险之一。烤烟业是云南支柱产业,目前全省种植面积 569 万亩,承保 369 万亩,覆盖面达 65%,还有 35% 的栽种面积没有保险。烤烟保险主要采取商业保险,由烟草公司为烟农承担保费。

第二,蔗茶保险刚刚试点。前不久,云南省政府已安排 500 万元农业保险专项资金,计划围绕甘蔗、茶叶等优势特色产业开展省级种植业保险试点,承保甘蔗面积 28 万亩,签单保费 714 万元,每亩缴纳 25.5 元保费,其中省财政承担 45%,市、县财政承担 15%,龙头企业承担 20%,蔗农承担 20%。

第三,中央政策性能繁母猪保险。据统计,2007 年 8—12 月份,云南省开展中央政策性能繁母猪保险,保费收入 1.4 万元,至 2008 年 10 月 27 日支付赔款 9656 万元,简单赔付率 69%,费用率 23%。

第四,据报道,云南省将参照政策性能繁母猪统保模式,结合云南省实际,制定具体操作办法和实施方案,拟对参保奶农给予一定的保费补贴。目前,云南省财政厅已将项目和资金申请上报中央财政。

云南省农业保险主要存在以下困难与问题:

一是统筹机制有待完善,在推动相关工作开展的组织领导、品种选择、政策支持等方面仍缺乏相应的统筹发展规划。

二是市场供需矛盾仍然突出。从险种供应方面,云南省现有的农业保险经营主体单一,农险业务主要由人保财险等少数几家公司经营,缺乏市场竞争,导致经营主体创新动力不足,现有农业保险产品种类、保障范围等方面,也难以适应不同地区和不同农业风险保障的需求;在保险需求方面,云南省农村贫困人口绝对数大、贫困程度深、返贫率高、贫困人口分散、支持力量薄弱、对自然灾害和意外事故抗风险能力差，农民无力承担商业性保险的高额保费，使农业保险有效需求不足。

三是基础性工作薄弱。缺乏经验数据的积累，还不能科学拟定保险费率；熟悉农险业务的专业人才不足，机构服务网点需要进一步向县、乡一级延伸；保险机构与农业（畜牧）、卫生防疫、民政、气象等部门的交流合作平台有待建立。

四是缺乏法律、法规支持。目前我国尚没有明确的关于农业保险的法律、法规，仅《保险法》第155条有"国家支持发展为农业生产服务的保险事业，农业保险由法律、法规另行规定"的表述，农业保险定位和经营模式、政府在开展农业保险中所应发挥的职能和作用、财政投入和政策保护措施等问题都未能明确，相关扶持政策不能落实。

五是对外开放滞后，至今尚无一家外资保险企业入驻。截至2007年底，15个国家和地区的43家外资保险公司在华设立115个营业性机构。在机构数量不断增加的同时，外资保险公司的业务也在稳步发展。2007年外资保险公司的市场份额为5.97%。在北京、上海、广州等中心城市的市场份额分别为18.04%、25.22%和14.49%。

三、法律体系有待完善

至今，我国仍然没有制定、颁布《农业信贷法》、《农村合作金融法》、《农业保险法》、《放贷人法》等与农村金融有关的法律，许多农村金融行为规范无依据、约束无条文，不利于农村金融的健康发展。

第八节　民间借贷有个消除社会歧视和阳光运作问题

同其他地区一样，西部民族地区也存在着民间借贷，而且云南省东北部、贵州省、四川省许多地区的民间借贷非常活跃。

一、民间借贷早已是我国农村不可忽视的金融力量

民间借贷，亦称私人借贷，是中国农民与农民、农民与企业、企业与企业之间最常用的一种短期融资行为，它具有本社区人熟、周期短、成交快、成本低、利息高等特点。民间借贷主要有三种形式：一是无组织、无机构的个人借贷和企业融资（如企业相互融资、企业联营集资等）；二是有组织、无机构的各种金融会（如标会、摇会、抬会、合会、呈会），国外称作循环储蓄和信贷协会，属于互助资金性质；三是政府没有认可的有组织、有机构的各种融资形式，如私人钱庄、典当行、未注册基金会等。

我国的民间借贷规模到底有多大？笔者推算：总数也就在1万亿元左右。

二、法律遭遇高利贷的尴尬

在我国农村特别是西部民族地区农村，亲朋好友之间的一般借贷通常是不计付利息的，只有那些非亲朋好友之间的借贷才有付息之说，而利息超过了一个社会公认的水平线，就被称为高利贷。

1991年8月13日最高人民法院以法（民）发（1991）21号通知印发的《关于人民法院审理借贷案件的若干意见》第六条规定："民间借贷的利率可以适当高于银行的利率，各地人民法院可根据本地区的实际情况具体掌握，但最高不得超过银行同类贷款利率的四倍（包含利率本数）。超出此限度的，超出部分的利息不予保护。"

耐人寻味的是，2004年10月28日，中国人民银行决定，从2004年10月29日起上调金融机构存贷款基准利率，放宽人民币贷款利率浮动区间，允许人民币存款利率下浮。金融机构（不含城乡信用社）的贷款利率原则上不再设定上限。既然银行贷款利率没有了上限，那么，最高院有关民间借贷"最高不得超过银行同类贷款利率的四倍"的指导性意见，也就失去了实际意义。

三、道德怎么就谴责不"臭"民间借贷

长期以来，我们对于民间高利借贷的道德谴责，但在经济生活中怎么就"臭"不起来呢？其实原因很简单，那就是道德谴责违反了客观经济规律。

综观我们的谴责，既没有满足一些人的剩余资金的出路，也不能从客观上改变各个家庭对借贷资金的需求。在一个家庭遇到生产、生活急需用款时，如果我们社会中有很多正规金融机构踊跃为他们放贷，那么他们还会找高利贷吗？当然不会。问题在于，我们的农村金融太差了，从不把农村中的贫困户和一般农户作为放贷对象，他们只有求助于高利贷，别无他法。再就借贷人来看，都是家庭中的家长，对于家庭负有重大责任，之所以选择高利贷，也都进行并通过了借贷的利害分析，觉得高利贷的利率虽然高，但是不得不使用；有的经过权衡利弊，认为使用下来还是划算的。例如，借贷从事一笔买卖，就可以多赚一笔；借贷购买良种、化肥、农药，就可以使一年有个好收成，否则就有可能当年饿肚子；借贷为了治病，如果不借贷，病就不能及时得到医治，病人极其痛苦，弄不好就可能死亡，如此等等。因此，我们一定要从借贷人的立场上，考虑高利贷对借贷人的救急作用。

现实生活中，发现不少借贷人反悔，进而控告放贷人给的利率太高、属于"不仁不义"的案例。问题是，在借贷时，双方经过了谈判，是自愿的交易。高利贷利率的高低，也不是仅仅由放贷人说了算，是双方讨价还价的结果，当然也有一个市场供求关系和竞争的问题。在一个社区里，借贷者多，利率肯定上浮，反之就下浮，这是连老太太都明白的道理。你如果嫌高，当时为什么就接受了？肯定是被逼无奈、别无选择。这也从一个侧面证明了我国农村金融不发达，而且农村社会包括民间各种救助体系更是发展滞后。

至于我们道德谴责高利贷是"资产阶级、地主阶级向无产阶级的猖狂进攻"，是"阶级斗争在经济领域里表现"，是"受资产阶级腐朽思想的侵蚀"，收取利息是"剥削"、"不劳而获"、"食利者"、"寄生虫"，总之是"不创造价值"。这显然是破了产的斯大林版传统政治经济学的错误观点，更是无稽之谈，不值得一驳。

至于扰乱国家金融秩序说，也是不能成立的。什么是一个国家正常的金融秩序？按照大多数人的看法，借贷者能够顺利地借到所需要的款，有剩余钱者能够顺利为自己的钱找到投资机会，这样的金融秩序就是好的，正常的，健康的。如果不是这样，像我们国家长期以来农村金融压制，大部分农民特别是贫困户贷不到款，这样的金融秩序算好吗？！

四、民间借贷利率水平上升

据人民银行昆明中心支行 2007 年信息，云南省民间借贷利率整体呈上升趋势，民间借贷加权平均利率 20.42%，同比上升 2.65 个百分点，较同期金融机构贷款加权利率高 12.77 个百分点，发生额是上年的 1.1 倍。农户民间借贷利率水平总体较高，利率超过 25% 的贷款占到 71.9%，农户借贷成本增加较多。

第九节　中央有关农村金融改革的要求与有关部门的具体行动

一、有关部门步步跟不上中央有关农村金融改革的要求

中共中央、国务院自 2004 年起连续五年的一号文件，对农村金融改革都进行了部署。我们觉得，中央解决农村金融问题的决心是大的，改革意识是强的，决策是符合农村实际的，但是有关部门的贯彻落实并不是很令人满意，步步跟不上，以至于出现了"政令出不了中南海"的局面。

下面，让我们就"建立农村金融新体系"的问题，原文引用中央文件的原话，并对照有关部门的执行，来说明我国农村金融改革的历程的艰难。

2004 年 2 月 8 日，媒体公布了 2004 年一号文件《中共中央 国务院关于

促进农民增加收入若干政策的意见》，要求："改革和创新农村金融体制。要从农村实际和农民需要出发，按照有利于增加农户和企业贷款，有利于改善农村金融服务的要求，加快改革和创新农村金融体制。建立金融机构对农村社区服务的机制，明确县域内各金融机构为'三农'服务的义务。""鼓励有条件的地方，在严格监管、有效防范金融风险的前提下，通过吸引社会资本和外资，积极兴办直接为'三农'服务的多种所有制的金融组织。"中央文件向社会公布后，在2004年的一个整年里，没有看到有关部门有任何行动。我国的行事规则是，国务院有关部门没有类似于执行意见、细则的话，省以下的政府、社会团体、任何个人谁都不能动。

就在有关部门对2004年一号文件没有任何行动的时候，媒体于2005年1月30日公布了中央2005年一号文件《中共中央 国务院关于进一步加强农村工作提高农业综合生产能力若干政策的意见》，要求："要针对农村金融需求的特点，加快构建功能完善、分工合理、产权明晰、监管有力的农村金融体系。抓紧研究制定农村金融总体改革方案。""培育竞争性的农村金融市场，有关部门要抓紧制定农村新办多种所有制金融机构的准入条件和监管办法，在有效防范金融风险的前提下，尽快启动试点工作。有条件的地方，可以探索建立更加贴近农民和农村需要、由自然人或企业发起的小额信贷组织。"中央文件向社会公布后，到2005年5月，人民银行宣布将在山西等省区试验"只贷不存"的贷款公司，至于多种所有制的农村金融组织、农村金融体系、贴近农民和农村需要由自然人或企业发起的小额信贷组织，尚没有人提起，更没有人敢试验。

就在有关部门对多种所有制的农村金融组织、农村金融体系、贴近农民和农村需要由自然人或企业发起的小额信贷组织，没有任何行动的时候，媒体于2006年2月22日公布了2006年中央一号文件《中共中央 国务院关于推进社会主义新农村建设的若干意见》，要求："在保证资本金充足、严格金融监管和建立合理有效的退出机制的前提下，鼓励在县域内设立多种所有制的社区金融机构，允许私有资本、外资等参股。大力培育由自然人、企业法人或社团法人发起的小额贷款组织，有关部门要抓紧制定管理办法。引导农户发展资金互助组织。"眼看2006年一个整年就要过去了，2006年12月20日，中国银监会发布《关于调整放宽农村地区银行业金融机构准入政策更好支持社会主义新农村建设的若干意见》，并决定在四川、内蒙古等六省（区）进行试点。但是具体办法在2006年当年却没有公布。直到2007年，1月22日公布了《农村资金互助社管理暂行规定》，3月3日分别公布了《村镇银行管理暂行规定》和《贷款公司管理暂行规定》。

2007年1月29日，媒体公布了2007年一号文件《中共中央 国务院关于积极发展现代农业 扎实推进社会主义新农村建设的若干意见》，要求："加快制定农村金融整体改革方案，努力形成商业金融、合作金融、政策性金融和小额贷款组织互为补充、功能齐备的农村金融体系，探索建立多种形式的担保机制，引导金融机构增加对'三农'的信贷投放。"大家看到，在2007年一个整年里，中央要求的"加快制定农村金融整体改革方案"，并没有出台。

2007年12月31日，媒体公布了2008年一号文件《中共中央 国务院关于切实加强农业基础建设 进一步促进农业发展农民增收的若干意见》，要求："积极培育小额信贷组织，鼓励发展信用贷款和联保贷款。通过批发或转贷等方式，解决部分农村信用社及新型农村金融机构资金来源不足的问题。"中央要求的"加快制定农村金融整体改革方案"，仍然没有出台。

据媒体报道，中国人民银行和中国银监会2008年10月18日联合发布《关于加快农村金融产品和服务方式创新的意见》（以下简称《意见》），决定在中部六省和东北三省选择粮食主产区或县域经济发展有扎实基础的部分县、市，开展农村金融产品和服务方式的创新试点，促进金融机构进一步改进和提升农村金融服务，积极满足多层次、多元化的"三农"金融服务需求，大力支持和促进社会主义新农村建设。《意见》明确，试点的主要内容：一是大力推广农户小额信用贷款和农户联保贷款，扩大农户贷款覆盖面，提高贷款满足率。二是创新贷款担保方式，扩大有效担保品范围。原则上，凡不违反现行法律规定、财产权益归属清晰、风险能够有效控制、可用于贷款担保的各类动产和不动产，都可以试点用于贷款担保。三是探索发展基于订单与保单的金融工具，提高农村信贷资源配置效率，分散农业信贷风险。在完善订单农业和农业产业化发展模式的基础上，鼓励涉农银行业金融机构、农村信贷担保机构及相关中介机构加强与保险公司的合作，以订单和保单等为标的资产，探索开发"信贷+保险"金融服务新产品。四是在银行间市场探索发行涉农中小企业集合债券，拓宽涉农小企业的融资渠道。五是改进和完善农村金融服务方式，提高涉农金融服务质量和服务效率。积极推进农村金融服务电子化、信息化和规范化。《意见》要求，试点从2008年下半年起，在中部六省和东北三省各选择2—3个有条件的县、市，开展试点工作，每个省集中抓好2—3个金融产品创新和推广。

至于中央2007年一号文件要求的"加快制定农村金融整体改革方案"，人们至今仍然不知道什么时候能够研究出来，并形成决策。

二、有关部门为什么步步跟不上中央决策

人们不禁要问,有关部门为什么会步步跟不上中央决策?课题组的初步研究有以下看法:

一是长期以来"重城市、轻农村"指导思想的影响。人们在口头上、文件中对农村、农业、农民和农村金融是重视的,但是在行动上往往是另一回事,总认为城市重要,城里的事马虎不得、误不得;农村的事虽然重要,但是可以慢一些、晚一些,农民总不至于造反。长久以往,许多人对农村发展、农业结构调整、农民增收、农村金融改革出现了麻木不仁的地步。

二是用博弈论来解释,农村发展、农村金融等没有自己的利益代表,因此在决策时他们的意见很难进入和反映。有种理论认为政府现在努力学习"三个代表"理论,能够代表农民的意见。问题是,从大的方面看,农户中有富裕农户、一般农户和贫困农户,这三大类农户的具体需求是不一样的,政府怎样把所有的农户的需求都收集了起来、决策时都照顾到了?!

三是用理性经济人理论来解释,面对农村、农业特别是农户的金融,额度往往很小,从而与城市金融、工业商业金融、工程金融来看,一是不容易显示政府政绩,二是得不到任何诸如剪彩红包、请吃饭、纪念品等好处,当然更没有从中贪污受贿的机会了。

第十节 主要发现

本课题组的研究,主要有以下发现:

1. 初步构建了一个新的现代农村金融制度体系框架

长期以来,我国农村金融走过了曲折的道路,并没有形成一个完整的制度体系,有的至今尚未形成统一的认识。例如,农村信用合作社到底是办成农民合作金融,还是商业性金融,还是合作金融与商业性金融混合体,还是地方政府的"二国有国营"金融?至今仍有待于统一认识。当然,认识的不统一和争论,对于构建新的现代农村金融制度体系,当然是有益的、必要的。

本课题组初步构建的西部民族区域农村金融新体系框架,可以简单地概括为:以政策性金融为主导、合作金融和商业性金融为主体,民间金融和外资金融为补充,资本充足、功能健全、产品众多、服务完善、运行安全、适应"三农"特点的多层次、广覆盖、可持续的农村金融体系。

2. 提出了"农民对金融服务的需求巨大,并不存在所谓的内因自我抑制"的新命题

长期以来，在我国政府部门、学界中广泛流传着农民对金融"自我抑制"的论点。这种论点包括两个方面的内容：政府部门认为农民素质低，不懂金融、不会搞金融；学界认为农业生产效率低，对金融需求小，农业贷款风险大等。但是，本课题组在调查研究中发现，这种农民对金融"自我抑制"的论点，是没有事实根据的。

与农民对金融"自我抑制"论点相联系的，是另一个比较流行的说法，即给"三农"提供金融服务存在风险高、收益小甚至是亏损的情况，一定要有补贴才能开展业务，即"农业贷款特殊论"。这也是与实际情况不相符合的。事实上，县和县以下的金融机构并不完全是亏损，也并不都是需要补贴才能生存，相反有很多实际例子表明，包括在国家级贫困县开展农业金融服务，也有不少盈利的。

商业性金融服务参与农村金融市场也是可以盈利的，问题是为什么会出现大家都人云亦云农村金融盈利少、甚至于必然亏损的现象呢？很大程度上是人们并没有弄清楚农村金融市场的实际情况，而是按照自己的想象和经验得出结论。

对于商业金融机构，盈利当然是首位的。但是，农村客户市场盈利空间和城市客户盈利空间、方式等完全不一样，市场差异很大。20多年来，我们的金融服务产品，特别是银行信贷产品、信贷管理体制、风险防控的手段、考核制度和激励机制，包括在上述基础上建立起来监管体制等一整套运行模式，都是按照城市客户设计的，并不适应农村客户。如果将为城市客户服务的运行模式直接嫁接到农村市场，相互之间肯定是不吻合不匹配的，出现亏损也在情理中。

另外，我们还应该注意到，一些部门谈起农村金融，特别愿意讲为农户贷款所提供的服务。其实，细分下来，现在近10亿人的农村市场对金融服务最大的一块需求是在非农业，不是纯粹的农业生产需求。统计显示，农民新增收入一半来自非农产业。从国家经济发展主线看，我国正处于城镇化的快速发展进程中，农民进城务工和职业迁移过程中将出现很多新的金融服务需求，有待金融机构跟进开拓。

3. 农村金融可以有较高的利润空间

对于学界普遍存在的"三农"投资效益低的理论，课题组认为，相对于城市金融、工业金融和服务业金融来看，农村金融服务确实存在业务零散、风险大、成本高、收益低等特点，农村金融与商业化运作之间的确存在一定的矛盾，因此金融机构从事农村金融服务非常谨慎，积极性比较低，这在情理之中。但是由此得出农业投资效益低、农村投资风险大、农民增收投资不划算等结论，是武断的、不符合实际的。

课题组研究发现，一方面，农村发展、农业产业结构调整、农民增收中客观存在着较高利润的金融需求；另一方面，社会主义新农村建设需大量资金投入，农村被国家列为扩大内需的重点，以及政府对农产品价格的保护等政策，都意味着农村金融还有很大的利润空间。

4. 发现政府压制农村金融的主要原因，在于不相信农民的金融能力与信誉

关于我国农村金融抑制的主要表现，学界的共同看法是政府压制。那么，政府为什么要压制农村金融呢？学界论者并没有深入分析。本课题组在调研中发现，政府压制农村金融的主要原因，在于不相信农民的金融能力与信誉，以至于得出了农民金融信誉低下的定论。

源于孟加拉国乡村银行小额信贷高还贷率、高信用度的事实，农民高信誉的论点开始被接受。据新华社记者报道，2007年4月20—22日，温家宝总理在江西省调研时就曾明确地说："农村小额信贷在农民发展经济中发挥了重要的作用，目前商业银行、农村信用社正在扩大规模。要懂得一个道理：农民是最讲信用的。"

农民是最讲信用的，这是从大量统计资料分析中得出的结论。最早的数据，要数孟加拉国尤努斯教授创办的乡村银行小额信贷 GB 模式，农民还款率 85% 以上。中国社会科学院杜晓山教授等人作的小额信贷还款率 90% 以上。本课题组曾主持的"云南省山地生态系统生物多样性保护试验示范项目小额信贷子项目"，实现了 100% 的按期还款率，使笔者由此坚信温总理的结论是真理：农户特别是贫困农户的民主意识很强，金融意识不比城里人差，诚信度非常高。农民之所以愿意"最讲信用"，还在于农民生活在农村熟人社会，大家彼此之间非常熟悉，几乎没有什么秘密可保，如果一个人、一家农户不讲信用，借了钱不还，也就丧失了在村里的信用，就会受到大家的道德与舆论的谴责。而城镇里的居民，生活在公民社会，除了本人所在的单位及其亲朋好友圈子里大家互相熟悉外，多数都处于并不了解的状态，有的住在同一个小区、同一栋楼房，但是却互不认识，"老死不相往来"，叫不起名字。一个人、一家人是否贷了款、贷的款还了没有，诸如此类的信息根本没有人会过问，更没有人会计较，因而不会出现农村中的评价降低、甚至于遭到道德和舆论监督的问题，因此不用担心信用高不高的问题。

当然，这里谈的农民的高信用，是在一定的制度的约束条件下。因为，研究任何问题都必须设定约束条件。没有约束条件的研究，不能被称作是科学的研究。那么，都有哪些约束条件保证了农民具有在我国排在第一位的信

用呢？一是真正帮助农民的金融活动；二是贷款农户若干户结成联保小组，一户到期还款不起，另几户帮其代还；三是排除行政干预；四是与农民有关的金融活动及其信息全部公开。正是用这四个标准衡量，参与上述有关金融活动的农民，创造了温总理称赞的"农民是最讲信用的"的奇迹。然而，我们也看到，在现有农村信用合作社、农业银行和农业发展银行等的金融活动中，由于不坚持排除行政干预和金融活动信息全部公开等约束条件，参与其中的农民却没有达到温总理称赞的"农民是最讲信用的"的奇迹水平。

承认农民"最讲信用"，那就意味着承认城里人、国有垄断企业等的金融信誉没有农民的信誉高，因此我国的金融信誉建设的重点，要放在非农民身上。

5. 提出了把民间金融改造成农民资金互助社的具体方案

对于我国农村大量存在的民间金融地下活动的事实，许多学者提出了"地上化"的建议，但是民间金融地上化操作难度很大，据传人民银行正在制定放贷人条例，以把民间金融纳入监管之内。本课题组的调查研究发现，民间金融完全可以改造成农民资金互助社。作为配套，现有国家银监会的农民资金互助社管理暂行规定也必须降低门槛、寻找新的监管方法，才有可行性。

6. 从理论上总结了本课题组行动试验的村基金的意义

本课题组成员不但是专职研究人员，而且还是农村金融项目的行动人员，2001年至今在云南省大理白族自治州南涧彝族自治县沙乐和临沧市云县后箐彝族乡的48个村，试验了46个贫困村村民基金，获得成功。此外，还多次应邀承担联合国开发计划署、联合国儿基会、香港乐施会、美国大自然保护协会等在中国从事的农村小额信贷项目的中期与终期评估、培训等，一直在探索农村金融的理论和政策。本课题组认为，作为现代农村金融的重要组成部分，村民自己所有、自己管理、自己受益的村基金，是我国有特色社会主义的题中之义，建议站在理论的高度，并上升到国家政策的层面，具备普遍推广的意义。后来国家财政部和国务院扶贫办联合推行的贫困村村基金，证明了课题组意见的正确。

第十一节 本次研究的不足与有待深入研究之处

我国农村金融新体制的设计与建立，是一个复杂的系统工程，其中涉及方方面面的利益。本课题研究在对以云南省为代表的西部民族地区现代农村金融体制的调查研究中，虽然已经尽到了努力，但是由于这一问题过于复杂，加上时间、精力有限，还是有许多问题不能令人满意，有待于进一步深入研究。

1. 现实中的民族地区与非民族地区的无差别性，使我们的研究更多地关注中央有关部门的政策

本课题研究的对象，界定为西部民族地区农村金融，主要又以云南省内民族地区农村金融为研究对象。但是，由于我国农村金融的改革开放严重滞后，现实生活中西部民族地区的农村金融与其他地区并无差别，存在的问题几乎是一模一样，特别是民族地区自治中有关金融并无特殊，因而为引起决策层的高度重视、政策支持，也就不能仅仅以民族地区为对象，而不能不涉及其他区域，乃至全省、全国的情况。而西部民族地区农村金融由于和其他地区没有差别，研究中课题组已很难区分西部民族地区农村金融的特点。

2. 金融行政管制导致的实证材料奇缺

金融特别是农村金融，是我国行政管制最严厉的领域之一，因而许多方面都没有试验，研究的实证材料太少，导致许多研究有待具体的实证材料支持。

3. 改革试验的不充分

新型农村金融组织的改革试验刚刚开始，许多问题尚未暴露，有待今后深入研究。

参考文献

1. 中国人民银行农村金融服务研究小组：《中国农村金融服务报告》，人民网北京9月19日。
2. 中国人民银行、中国银监会：《关于加快农村金融产品和服务方式创新的意见》，中国新闻网2008年10月17日。
3. 冯兴元：《大力发展商业可持续小额信贷，促进我国农村包容性发展》，冯兴元搜狐博客2008年8月11日。
4. 吴耀祥、谈儒勇、李猛：《破解农村金融的"马太效应"》，《国际金融报》2008年12月26日18时08分。
5. 许志永：《农村金融饥渴 谁来慰解?》，《南风窗》2003年9月4日。

第二编 专题研究

第三章

现代农村金融制度的理论基础与特征

中共十七届三中全会通过的《中共中央关于推进农村改革发展若干重大问题的决定》首次提出"建立现代农村金融制度",意义重大。所谓现代农村金融制度,笔者理解,是指在金融国际化、一体化和网络化下,根据农民和农村中小企业的需求,进行农村金融制度改革,不断地创新金融产品和金融工具、改进金融服务、强化金融风险管理等一整套制度的总和。具体来说,应包括以下部分:

一、确立现代农村金融是现代农村经济核心的理论

金融是现代经济的核心,原是邓小平1991年1月28日—2月18日在上海视察的过程中,同上海市负责同志谈话时提出的。实践中,常常可以听到不同意、乃至反对农村金融是现代农村经济的核心的说法。照这些论点看来,现代农村经济的核心不是农村金融,而是非农村金融的其他东西,例如政治是核心、党的领导是核心、产业化是核心,等等。政治、党的领导、产业化都很重要,笔者不但不反对,反而主张加强。但是不能由于强调政治、党的领导、产业化重要,而取代农村金融是现代农村经济的核心,不能形成多核心。这是因为,强调多核心,实际上是没有核心,其结果,不但不能促进现代农村经济的发展,反而起着阻碍的作用。

二、现代农村金融的理论基础之一:农民特别是贫困户获得金融服务是他们应得的"人权"

诺贝尔和平奖获得者、创造出以扶贫为特征的孟加拉国乡村银行小额信贷(GB)模式的穆罕默德·尤努斯教授有句名言,说的是穷人获得贷款用于发展家庭经营而增加收入,是他们应该得到的、"天赋"的发展权利——"人权"。

在长期"以阶级斗争为纲"的年代,我们曾经大批特批"人权",错误地认为"人权"是资产阶级的专利品,无产阶级可以蔑视"人权"、可以不要"人权"、可以不讲"人权"。那么,无产阶级要什么呢?按照当时的流行说法,要的是无产阶级对资产阶级(包括"地、富、反、坏、右")的

"阶级斗争",而且这种"阶级斗争"要"年年讲,月月讲,天天讲";要的是无产阶级把资产阶级"打翻在地,再踏上一只脚"!那年头,神州大地一片血腥杀气,人人自危。通过拨乱反正,人们终于认识到这一理论的错误之处,在于完全忘记了马克思主义关于"无产阶级只有解放全人类才能解放自己"的真理。在这一错误理论指导下,什么关心穷人的贷款这一"天赋""人权",什么扶持贫困,什么改革金融体制,统统忘到了脑后,丢掉了"九霄云外"。

粉碎了以江青为头目的、万恶的、祸国殃民的、全国人民恨之入骨的"四人帮",经历了理论上的拨乱反正,我们终于明白了这样的真理,即无产阶级革命的目的,是解放全人类,是实现社会公平;无产阶级是最大公无私的阶级,也是最讲"人权"的阶级。无产阶级是不应该把"人权"拱手让给资产阶级的。无产阶级要解放全人类,要讲"人权",要实现社会公平,就必须真正的,而不是口头上的关心穷人、爱护穷人、帮助穷人。而要真正的关心穷人、爱护穷人、帮助穷人,在市场经济条件下,就是把穷人获得贷款而发展家庭经营、增加收入的权利,完完全全地、不折不扣地归还给他们,而不是以任何借口加以扣留、阻挡,更不能加以禁止。

三、现代农村金融制度的理论基础之二:农民特别是贫困户有良好的金融信誉

农民最讲信用,这是发展经济学的一个基本观点,也是从大量统计资料分析中得出的结论。据新华社报道,2007年4月20日至22日,温家宝总理在江西省调研时曾说:"农村小额信贷在农民发展经济中发挥了重要的作用,目前商业银行、农村信用社正在扩大规模。要懂得一个道理:农民是最讲信用的。"笔者理解,温家宝总理这句称赞话里用的"最"字,就是指的在全国,没有比农民的信用再好的了。根据笔者的研究,目前全国人群的金融信用程度,按照从高到低的排序,依此是:(1)农民;(2)城镇居民;(3)外资企业;(4)民营企业;(5)集体企业;(6)国有企业;(7)某些地方政府官员。

当然,这里谈的农民的高信用,是在一定的制度的约束条件下。因为,研究任何问题都必须设定约束条件。没有约束条件的研究,不能被称作是科学的研究。那么,都有哪些约束条件保证了农民具有排在第一位的信用呢?一是真正帮助农民的金融活动;二是贷款农户若干户结成联保小组,一户到期还款不起,另几户帮其代还;三是排除行政干预;四是与农民有关的金融活动及其信息全部公开。正是用这四个标准衡量,参与上述有关金融活动的农民,创造了温家宝总理称赞的"农民是最讲信用的"的奇迹。然而,我

们也看到，在现有农村信用合作社、农业银行和农业发展银行等的金融活动中，由于不坚持排除行政干预和金融活动信息全部公开的约束条件，参与其中的农民却没有达到温家宝总理称赞的"农民是最讲信用的"的奇迹水平。

注：本文曾在以下网站发布或转载：学说连线网2008年11月2日；天益网2008年11月2日；中国农村研究网2008年11月2日；中国新农村建设网2008年11月2日；中国选举与治理网2008年11月3日；中国农村发展网2008年11月3日；三农中国网2008年11月3日；中国乡村发现网2008年11月7日；温州农村经济网2008年11月7日；国务院发展研究中心研究网2008年11月11日；资源网2008年11月11日；中国社会科学院农村发展研究所2008年11月13日。

第四章

西部民族地区农村金融新体系的构建

第一节 我们要构建的农村金融体系是什么样子

中共中央和国务院2004年一号文件提出："要从农村实际和农民需要出发，按照有利于增加农户和企业贷款，有利于改善农村金融服务的要求，加快改革和创新农村金融体制。""鼓励有条件的地方，在严格监管、有效防范金融风险的前提下，通过吸引社会资本和外资，积极兴办直接为'三农'服务的多种所有制的金融组织。"应该承认，有关部门为落实中央决定成立了研究小组，加紧工作，但由于农村金融的复杂性，在一年多的时间内尚没有制定出具有操作性的具体办法，社会资本和外资也不见"积极兴办直接为'三农'服务的多种所有制的金融组织"；农村金融体制的改革和创新也没有任何"加快"的迹象。这实在是太遗憾了！

就在有关部门一年多迟迟拿不出落实措施的情况下，2005年一号文件比2004年一号文件提出了更高、更具体的要求："要针对农村金融需求的特点，加快构建功能完善、分工合理、产权明晰、监管有力的农村金融体系。"

结合笔者自己2001年以来在云南省农村试验村级村民基金的实践，实现中共中央和国务院要求构建的这个农村金融体系，就农村、农业和农民的实际需求来看，应有以下几部分组成：

一、以农民合作金融组织为主体的多种所有制金融组织公平竞争

农村金融的多种所有制组织，包括现有的国有金融机构，例如农业银行以及为农业服务的工商银行、建设银行、中国银行，有待于大力开展农业保险的各保险公司等；股份制银行，例如股份制商业银行、股份合作银行；外资银行，以及中外合资（合作）银行、外资控股（参股）银行；农村合作金融机构，例如农村信用合作社（改革后有的将变成非合作性质的商业银行、股份制银行）、农民合作基金会，农民合作保险机构；个体私营金融机构，例如个体私营银行（保险）、个体私营为主的基金会（保险），等等。

在农村金融的多种所有制组织中，农村合作金融机构将成为主体。其原因，一是从数量上看，两亿多农户的需求和他们自己组织的金融机构自我服务，这是任何其他金融机构所望尘莫及的；二是现有以农村金融主体"自居"的农村信用合作社改革后，有的将变成非合作性质的商业银行、股份制银行，很可能走向非农化，从而把农村金融主体地位让给真正的农村合作金融机构；三是现有国有商业银行商业化改革后越来越脱离"三农"的方向；四是个体私营金融机构肯定将与合作金融机构在共同发展中，逐步形成不容忽视的力量，但要取代真正属于农民自己的合作金融机构尚需外部环境的充分发育。

在农村合作金融机构普遍建立、互为补充、公平竞争的情况下，民间借贷特别是高利贷存在的环境和机会便大大减少。这可以从笔者试验的自然村村民基金的实践中得到证明。在笔者试验的 35 个自然村村民基金所在的村内，既弥补了当地农业银行和农村信用合作社的空白，又使民间高利贷基本上失去了市场。

为了尽快满足农民金融需求，近期内应该大力发展农村合作金融机构，一个简便的措施是，鼓励现有农村合作经济组织借鉴村民基金会的经验，开展集资、放贷、保险等金融业务，使其逐步成为农村合作金融组织。

在此，笔者担心的是，虽然僵化的农村信用合作社的运行体制与机制正在改革，但现有方案尚看不出动真格的地方，即如何消除地方政府对其行政干预尚无有效措施，很可能走走过场，在其他农村金融组织的竞争面前败下阵来，重演资不抵债的老路，最后又回到目前的做法，即：一是由中央政府补亏（共补 1650 亿元，占农村信用合作社总亏损 5147 亿元的 32.06%），叫做花钱买改革，花的都是全国纳税人的钱，从法律上看无依据，从理论上看无道理；二是由地方政府补亏，这对于转型期负有地方发展重任的地方政府来看，它们可以判断值得不值得。

二、以小额信贷为主要形式的多种金融产品供给大于需求

适应"三农"需求的多种农村金融产品，主要的，一是灵活多样的存款、贷款，例如各类需求的放贷、各类期限的存贷、各种担保的借贷；二是小额信贷，例如以孟加拉国乡村银行 GB 模式为主要特征的小额信贷扶贫到户，以我国现行信用村为特征的小额信贷款；三是各类保险，当前农民最需要的主要是种植业、养殖业、农副产品加工业、农副产品销售业、医疗保健等的保险，而目前这些保险在广大农村几乎是空白；四是适应农民客户需求的各类证券、债券、票据等。

在多种农村金融产品中，小额信贷将成为主要形式。其原因，一是现行

农村长期实行的家庭承包责任制，决定了分散经营的绝大多数农户"小生产"的金融需求，大多数只能是小额度的，这和城市企业一次需求几十万、几百万、几千万，是完全不同的；二是我国现行小额信贷扶贫到户和小额信贷的实践反复证明，小额信贷额度虽小，但在缓解农民贷款需求、促进生产方面，发挥着重大作用，因而受到农民的衷心欢迎，具有强大的生命力；三是就一个村庄内的农民合作金融来说，小额度的信贷便于管理与监督，不容易出现风险，特别是还体现了在供给量一定的情况下，可以使较多的农户获得贷款，从而实现了一定程度上的公平。在笔者主持的 YUEP 项目试验的自然村村民基金中，曾有一个村第一次贷款时村民大会决定全村农户平分贷款的现象。这种平分贷款的现象，不能从农民天生渴求公平来说明，而应该从农民家家都急需贷款来求证。据调查，项目乡农村信用合作社对农户的贷款满足率为每年 4%。

实践中，现有国内几个保险机构已养成了难以开展农村保险业务的顽疾，而现有农村合作经济组织无一不承担着风险的责任，积累了预防风险的宝贵经验。因此，鼓励农村合作经济组织中的一些组织开展保险业务，促使其向保险机构转变，要比新建保险机构容易得多。

三、以上门服务为主体的多种金融服务方式任人选择

传统的金融服务方式是坐等贷款者顾客上门，从而既减少了自己的成本，又避免了被盗的风险。近几年来，城市金融由于竞争，出现了金融机构人员上门拉存款和向优良客户送贷上门的现象，体现了市场化的优越性。但是在农村，极少见到农村信用合作社、农业银行和其他国有金融机构上门为农民服务的行为。

商业化的金融机构向农户特别是贫困农户贷款的积极性不高，其主要原因是金融制度中存在着对分散农户的融资壁垒现象，即"麦克米伦缺失"。因为在市场选择的情况下，金融机构为了多赚利润，就必须降低交易成本，而大额存款与贷款便是唯一的选择。为此，现行由政府规定必须向农业、农户贷多少款的规定，政府财政对农业、农户贷款贴息的优惠政策，以及由政府扶持的农业、农户贷款担保等等，虽然都是应当采取的，但都不是治本之策。因而那种让商业金融机构上门为农业、农户服务，作为口号是可以"喊"的，但决不能作为一种制度安排。

小额信贷扶贫到户做到了对农户上门服务，但是所需成本显然是很大的。茅于轼先生实验的村扶贫基金，由他选择的村内农民自己管理，从而大大降低了成本；笔者实验的自然村基金，由村民大会民主选举出的共管小组管理，既大大降低了成本，又由于放贷、还贷都在村民大会上进行（正规

金融机构严格禁止的坐收坐支），透明度高，接受全体村民的监督，还降低了风险。

四、以贷款者互保为主要形式的多种担保机制分散了风险

传统的金融担保机制，是贷款者财产（权）抵押和第三者对贷款者提供财产（权）担保。自 1994 年中国社科院杜晓山等人把孟加拉国乡村银行小额信贷引进后，贷款者 5—8 户联保成为农村特别是贫困地区新的担保方式，即一户到期还不起贷款，其他几户就负有帮助其还款的责任。实践证明，这一担保机制适应了农村实际，非常有效，而且受到农民欢迎，具有旺盛生命力，将成为今后农村金融的主要担保方式。

此外，近几年来有的学者提出的农民承包土地权（证）抵押贷款，在个别农村试验，也取得了满意效果。不过，有的学者和政府官员由此担心有的农民土地权（证）抵押后万一赎不回来，失去具有福利与保险性质的土地，将会引发社会问题。笔者觉得对此大可不必担心，因为贷款者以承包土地权（证）作抵押后，一是必然更加精心经营；二是万一失败，他可以"背水一战"，或者进城打工，或者在当地为别人打工，从而实现了土地的由分散到集中，这种经济办法的土地集中正是我国农村经济的发展规律。

世界上解决小农户、小企业特别是贫困户的贷款担保问题，特别推荐单独成立专门的担保公司，实践证明也是一种有效的模式，很值得我国农村金融借鉴。2004 年，国内已有上海安信农业保险公司、吉林安华农业保险公司、黑龙江农垦阳光农业相互保险公司筹建，特别是法国安盟保险公司成都分公司开业，成为我国农业保险的亮点。不过，这样的担保公司由于赚钱不多，政府需要给予财政补贴和税收政策优惠，遗憾的是中央财政对农业保险的扶持与补贴政策仍在研究当中。

五、以市场化为主的利率机制随时调控供求

近年来，国家放开了农村信用合作社的贷款利率上限的限制，不少农村信用合作社的利率已接近当地高利贷的水平，一个以市场化为主的利率机制正在形成。

就全国的情况看，利率是调控国民经济发展的重要经济手段，毫无疑问应该掌握在中央政府手中，不能任其市场化。但是，对于分散的农村金融市场来说，局部的、密切监管的市场化为主的利率机制，不会造成全国经济的大的动荡不安，因此不必大惊小怪。

六、以"民间监督为主、官方（县级）监督为辅"的监管体制有效防范风险

国外的经验证明，对金融的监督，官方的作用是很重要的，但是也存在

着监管脱离经济发展大局、为监管而监管、监管寻租等问题，其结果，不仅无助于金融业的发展和效率，而且也无助于减低、减少金融机构危机发生的可能性；相反，提倡、鼓励和支持民间直接监督金融业则是最有效的（张俊喜）。实际上，国内金融机构揭发出来的违规、瞎干、腐败等案件，绝大多数都是群众揭发、举报与提供线索，才得以破案、避免损失的。因此，面对分散、点多、复杂的农村金融，应确立"民间监督为主、官方（县级监督局）监督为辅"的监管体制。在这一体制中，鼓劲、重奖并为举报人严格保密，是最重要、最关键环节。

农村金融监督（管）的目的与目标，是促进金融资源的有效配置，即将资金用在最需要、最具潜力的项目中；其次才是防范风险。这是因为，用在最需要、最具潜力的项目中，金融资产才最安全。我国近几年来的实践证明，金融风险主要发生在行政干预贷款，而行政干预贷款要么是不具潜力的项目，要么是领导官员瞎指挥的项目，特别是金融监管部门对这些项目贷款很难监督。

农村金融监督机构的设置，重点应该放在县一级。县是我国经济的基本单元，从县城到各乡村之间的距离适中，便于各金融机构成员特别是村一级农民基金组织与其发生联系。如果在市、州一级，将加大村一级农民基金组织与其发生联系的成本。至于设立在一个跨区域的经济中心（例如前几年人民银行设立的大区分行），由于违背了我国现行地方政府负责本地方经济发展的规律，因而是不可行的。

七、以政府扶持为主的良好外部环境

适应目前我国已进入工业反哺农业、城市反哺农村新阶段的实际，政府应对构建的农村金融体系进行税收优惠、财政补贴、政策扶持等，营造和保持良好的农村金融发展的外部环境。

2005年一号文件已提出了当前扶持农村金融最紧迫的工作，需要有关部门具体化为可操作性的政策。一是抓紧制定县域内各金融机构承担支持"三农"义务的政策措施，明确金融机构在县及县以下机构、网点新增存款用于支持当地农业和农村经济发展的比例。实践证明，靠义务支持"三农"的所有办法，都是很难实现的；而把这种"义务"和税收优惠政策结合起来，才有操作性。二是引导县及县以下吸收的邮政储蓄资金回流农村，最有效的办法是将其贷给小额信贷扶贫到户的机构，既可以获得稳定的利息，又切切实实地做到了支持农业和农村经济的发展。

为农村金融体系创造良好的外部环境，另一个重要工作是，政府机构首先要转变长期以来形成的压制农村金融的一整套错误的理论观点和法规，例如"金融不能让个体私人来做"、"民间借贷是剥削农民"、"农民愚昧不会从事金融活动"、"落后的农村经济不需要多少金融服务"、"农民不讲信用"、"农村金融风险大",等等。实际上,改革开放以来出现的金融风险,如果指的是不良贷款的话,那么四大国有银行和农村信用合作社的不良贷款达到了惊人的规模,如果不是中央财政拿出几万亿元"填窟窿"的话,它们早就破产了。而民间金融也出过一些事,但却无法与国有银行的风险来比。

注：本文原写于2005年3月，收入本课题成果中时作了修改。

曾经发表于：《求是》杂志《红旗文稿》2005年第12期；中国农村研究网2005年3月29日；中国三农信息网2005年3月29日；中国乡村在线2005年3月29日；博野农业信息网2005年3月30日；温州农网2005年3月30日；无为信合网2005年4月8日；中国农业网2005年4月9日；中国金融网2005年4月9日；农易网2005年4月12日；通辽市科技经济信息2005年4月12日；新知动力2005年5月10日；软科学研究与共享平台2005年5月15日；中经评论网2005年7月25日；《中国财经报》2005年7月14日；中国绿野2005年9月2日；宁波市统计局2005年10月9日；万人论坛2005年11月15日；中国乡镇经济网2006年1月16日；枣阳信合网2006年9月10日；辽源公众信息网2006年11月15日；动易网络2006年11月16日；《中国农村信用合作》2006年6月号；山东银行协会网2006年12月26日；中国武夷山2007年5月9日。

第二节　农村金融：一个潜力巨大、亟待开发的投资领域

一、目前，投资回报率高的领域还存在吗

随着市场经济的发展，除了国家仍在垄断、半垄断和变相垄断的行业，例如航天、石化、通信等外，投资回报率高的领域几乎没有了。许多企业家的投资回报很小，不少的投资收不回，甚至于血本无归。

人们惊叹：难道就找不到、或者说不存在投资回报率高的领域了吗？

"踏破铁鞋无觅处，得来全不费工夫"。

现在，正有一个投资回报率非常高的领域，等待着企业家们去开发。

这，就是农村金融。

二、农村金融的投资回报有多高

据研究资料，以小额信贷扶贫到户为方式的贷款，农户项目成功率一般为95%，农户投资回报率为20%—30%，发放小额信贷的组织获得高于同

期同档次贷款利率。

现以笔者实验的农村金融贷款为例。

笔者申请全球环境基金（GEF）资助、联合国开发计划署（UNDP）执行、由笔者主持的"中国云南省山地生态系统生物多样性保护试验示范项目（YUEP）"，于 2001 年 8 月启动，在大理州南涧县沙乐乡、临沧市云县后箐乡两个项目点，实验由村民民主选举产生的社区共管组织运行社区保护与发展基金。基金按小额信贷模式运作。截至 2004 年 12 月，两个项目点的基金本金扩大到 150 万元，共在 44 个村组建社区保护与发展基金——"村银行"，贷款小组 57 个（南涧项目点 43 个，云县项目点 14 个），累计贷款总额达到 1098966 元，累计贷款农户总数达 429 户，农户股金达到 6272.4 元，基金利息收入共有 13899.3 元。

经随机抽样调查评估，基金小额信贷产生了较高的经济效益、社会效益和生态效益。每年每 100 元基金贷款产生的总效益为 207 元，投资回报率为 207%，其中经济效益为 117%，生态及社会效益为 93%。

三、农民，特别是贫困农民的信誉最高

在笔者实验的 YUEP 项目中，贷款农户的按期还贷率达到 100%。在我国其小额信贷项目中的按期还贷率，平均都在此 90% 以上。

农民特别是贫困农民的信誉最高，这已经为几乎所有小额信贷案例所证明了。

农民特别是贫困农民具有很强的金融意识和很高的诚信度：

首先，来源于他们作为独立家庭经营者的亲身实践。他们看到，自己村庄的农民，谁能从信用社获得贷款，谁就可以从事经营活动而赚钱；他们自己不认识信用社人员，特别是他们没有抵押担保。信用社就不会给他们贷款，他们就不能从事经营活动，也就无法赚钱。也就不能不处于贫穷状态。例如，在 YUEP 项目区，由于山高坡陡，村民们的承包地主要种植玉米，贫困农户买不起或买不到化肥，亩产在 100 公斤左右，一年下来缺粮几个月，而村内那些富裕户和能够从信用社贷到款的农户，大都能及时购买到几包化肥，从而使玉米增产 30% 至一倍。所有这些活生生的事实，给村民们上了一堂又一堂的金融知识课。因此，那些贬损农民特别是贫困农民是没有金融意识知识的"愚昧者"、"愚蠢者"，需要在全国开展"治穷先治愚"教育运动的言论，是没有根据的，因而也是错误的。

其次，得益于小额信贷的科学制度约束。一是贷款小组的互助互督互保。所谓互助，是指互相优选项目及提供技术、人力等帮助；所谓互督，是指互相监督各家项目的顺利实施以防失败；所谓互保，是互相担保还款，如果一家还不起贷款,其余几家必须帮助还款,从而做到了100%还贷率。二是顺序贷款,即一个贷款小组中,各家贷款有先后,后贷款者必然监督先贷款者,因为只有先贷款者做到了按期还款,后贷款者才能贷到款。三是农民特别是贫困农户都是农村中的弱势人群,他们没有任何资本、任何理由像国有企业强势集团或富裕人群那样赖账不还,其结果是诚信度出奇地高。

应该指出的是,小额信贷是为农民特别是贫困农民创造了一种自我就业而非受雇就业的机会。在 YUEP 项目区,贫困农民除了在承包耕地上劳作外,没有工业、商业、农业龙头企业等受雇就业机会;而如果要创造这些机会,一方面所需成本太高,政府与社会都出不起,即使是存在个别机会,也轮不上贫困农民,因为那些县、乡官员的子女、亲戚早就盯紧了。至于出外打工,这只是个别农民可以做到的,大多数农民由于缺乏进城路费、打工技术和被组织,一般都难以实现。而小额信贷向农民特别是贫困农民放贷几百元至一千多元,扶持他们发展家庭经营,大多是粮食增产、养殖业及做小买卖项目。这种贷款农户的自我就业,比受雇就业来说,更能激发他们的聪明才智和勤劳致富的"天性",因而效果特别好。

四、现有农村金融组织无法满足农贷需求

据测算,全部满足"三农"的贷款需求,每年约在 1 万亿—1.5 万亿元(另一说为 5 万亿元),而目前农业贷款每年只有 2000 亿元,仅占全国贷款余额的 5% 左右,乡镇企业贷款占全国贷款余额的 6% 左右,而这总共不足 11% 的贷款创造了超过全国 40% 的社会财富。据我们测算,每年全国农业贷款总需求量在 5 万亿元左右,其中 2.3 亿农户平均每户按 1 万元计算为 2.3 万亿元,农村企业、农副产品加工业和农副产品营销业平均每年贷款需求约在 2.7 万亿元。由此看来,现有农村金融组织只能满足农贷需求的 1/10。

全国人大常委会金融支农调研组的调研情况表明,全国金融支农存在信贷资金不足、农村资金外流严重、农户贷款难、贷款满足率不高、小额信用贷款不完全满足农户需要、金融机构提供的服务比较单一、尤其是农业保险严重滞后等多个方面的问题。现在的农村金融体系从整体上看,已经不适应农村信贷的特点和农民的金融需求。由此,为民间金融组织的存在与发展,提供了广阔的空间。

如果说上述是民间金融组织发展的必要条件,那么以下内容就是加快进入的催化剂。农村的金融组织在面临正规金融组织真空地带的条件下,政府政策的支持无疑是其发展的充分条件。2004 年的国家一号文件已经表达出允许农村多种所有制金融的生存的政策规定。在国家放开农村金融的良好环境下，因利益驱动必然会有大量的供应者进入农民民间金融这片沃土。这些充分必要条件的具备必然给我国农村的金融组织创造更为广阔的发展空间，也为我国农民的增加收入创造了一个良好的氛围，这是解决"三农"问题的前提和基础。

五、现有农村基层金融组织何以满足不了农贷需求？

一是农业银行已从乡村"下山回城"。1997年以来，农业银行进行商业化改革，市场定位和经营策略发生了重大变化，企业化行为日益突出，出于追求效益的冲动，大规模收缩经营网点，压缩基层经营机构，竞争的视角也从农村转向城市，利润导向的结果是放弃现有的农村市场。据统计，目前农业贷款仅占农业银行各项贷款余额的10%。与1998年相比，1999—2001年农行的农业贷款分别减少37亿元、491亿元和508亿元。

二是农村信用合作社商业化改革将背离为农服务的宗旨。农村信用社毕竟是官办色彩较浓的集体金融组织。1996年，农村信用社从农行脱钩，意在恢复其一级法人合作性质和"三性"原则，但是，经过几年努力，并无实质性的进展。近年来，农村信用社正在进行改革，在省一级建立统一法人、改组为农村商业银行或农村合作银行，这当然可以减少其经营的风险性，并且大大提高其扩大业务的积极性，但是也必定会加大其向中小农户、中小私营企业以及乡镇企业提供贷款的交易成本，而且诱导其向非农业扩大业务的可能性，从而背离农民金融合作的本质。

三是农业发展银行业务范围狭窄，功能单一。早期农业发展银行还承担着以固定资产贷款为主体的各类农业开发和技术改造贷款等生产性贷款和扶贫贷款等功能，目的是改善农业生产条件和促进贫困地区经济发展。但后期由于政策调整，农业发展银行仅是在农产品收购方面发挥着政策性金融组织的作用，其业务功能单一地退化成"粮食银行"。

四是农村合作基金会被"一刀切"地取缔。20世纪80年代中期，我国实行包括农村合作基金会在内的十大农村改革实验，试图解决农村贷款难的问题。到1996年，全国农村合作基金会的存款规模为农村信用合作社的1/9。一项全国性的调查表明，农村合作基金会45%的贷款提供给了农户，24%的贷款提供给了乡镇企业，两项合计占69%。这不仅大大超过了农业银行的相应贷款比例，而且超过了农村信用合作社的贷款中投入农村经济的比例。由于农村合作基金会不受货币当局的利率管制，因此其贷款利率较农村信用合作社更为灵活，贷款的平均收益也更高，在乡镇企业发展、农民增收等方面作出了贡献。遗憾的是，农村合作基金会发展不久，便被当地党、政干部所干预甚至于把持，由此而来产生了大批呆账、坏账。在不能取现的情况下，有的地方相继出现了重大的激烈冲突。为此，国务院1998年7月颁布的《非法金融机构和非法金融业务活动取缔办法》，要求全部地、"一刀切"地取缔农村合作基金会，农民建立自己金融服务组织就越来越困难。

五是邮政储蓄分流了农村金融资源，削弱了金融支持农业的应有力度。我国自1999年开办邮政储蓄以来，旨在方便农民特别是外出农民工汇兑款。但是，由于制度设计缺乏周密论证，考虑不周，邮政储蓄只存不贷，变成了农村金融资源的"抽水机"。邮政有近3.2万个营业网点吸收储蓄，储蓄规模发展很快。年吸纳存款储蓄额度从1998年的557亿元增长到2002年的1465亿元。2002年底余额已达7376亿元，其中65%来自县及县以下地区，乡镇及其所辖地区农村占34%。此外，由于邮政储蓄转存利率长期过高，计息方式不合理，邮政储蓄的资金价格与金融同业相比有较大的级差，竞争优势明显大于农村信用社。以周、月为例，2004年以来邮政储蓄新增储蓄存款为农村信用社两倍。

此外，除了面向农业和农户贷款的金融机构不断减少外，农村金融资金还通过金融机构大量流出农村。据国务院发展研究中心课题组推算，1979—2000年，通过农村信用社和邮政储蓄的金融资金净流出量为10334亿元。其中农村信用社净流出8722亿元，邮政储蓄净流出1612亿元。

六、中央已经决定放开为农村金融体系

中共中央和国务院2004年一号文件提出："要从农村实际和农民需要出发，按照有利于增加农户和企业贷款，有利于改善农村金融服务的要求，加快改革和创新农村金融体制。""鼓励有条件的地方，在严格监管、有效防范金融风险的前提下，通过吸引社会资本和外资，积极兴办直接为'三农'服务的多种所有制的金融组织。"应该承认，有关部门为落实中央决定成立了研究小组，加紧工作，但由于农村金融的复杂性，在一年多的时间内尚没有制定出具有操作性的具体办法，社会资本和外资也不见"积极兴办直接为'三农'服务的多种所有制的金融组织"；农村金融体制的改革和创新也没有任何"加快"的迹象。这实在是太遗憾了！

就在有关部门一年多迟迟拿不出落实措施的情况下，2005年一号文件比2004年一号文件提出了更高、更具体的要求："要针对农村金融需求的特点，加快构建功能完善、分工合理、产权明晰、监管有力的农村金融体系。"

结合笔者自己2001年以来在云南省农村试验村级村民基金的实践，实现中共中央和国务院要求构建的这个农村金融体系，其中最主要的是，以农民合作金融组织为主体的多种所有制金融组织公平竞争。

农村金融的多种所有制组织，包括现有的国有金融机构，例如农业银行以及为农业服务的工商银行、建设银行、中国银行，有待于大力开展农业保险的各保险公司等；股份制银行，例如股份制商业银行、股份合作银行；外资银行，以及中外合资（合作）银行、外资控股（参股）银行；农村合作金融机构，例如农村信用合作社（改革后有的将变成非合作性质的商业银行、股份制银行）、农民合作基金会，农民合作保险机构；个体私营金融机构，例如个体私营银行（保险）、个体私营为主的基金会（保险），等等。

在农村金融的多种所有制组织中，农村合作金融机构将成为主体。其原因，一是从数量上看，两亿多农户的需求和他们自己组织的金融机构自我服务，这是任何其他金融机构所望尘莫及的；二是现有以农村金融主体"自居"的农村信用合作社改革后，有的将变成非合作性质的商业银行、股份制银行，很可能走向非农化，从而把农村金融主体地位让给真正的农村合作金融机构；三是现有国有商业银行商业化改革后越来越脱离"三农"的方向；四是个体私营金融机构肯定将与合作金融机构在共同发展中，逐步形成不容忽视的力量，但要取代真正属于农民自己的合作金融机构尚需外部环境的充分发育。

在农村合作金融机构普遍建立、互为补充、公平竞争的情况下，民间借贷特别是高利贷存在的环境和机会便大大减少。这可以从笔者试验的自然村村民基金的实践中得到证明。在笔者试验的 35 个自然村村民基金所在的村内，既弥补了当地农业银行和农村信用合作社的空白，又使民间高利贷基本上失去了市场。

为了尽快满足农民金融需求，近期内应该大力发展农村合作金融机构，一个简便的措施是，鼓励现有农村合作经济组织借鉴村民基金会的经验，开展集资、放贷、保险等金融业务，使其逐步成为农村合作金融组织。

在此，笔者担心的是，虽然僵化的农村信用合作社的运行体制与机制正在改革，但现有方案尚看不出动真格的地方，即如何消除地方政府对其行政干预尚无有效措施，很可能走走过场，在其他农村金融组织的竞争面前败下阵来，重演资不抵债的老路，最后又回到目前的做法，即：一是由中央政府补亏（共补 1650 亿元，占农村信用合作社总亏损 5147 亿元的 32.06%），叫做花钱买改革，花的都是全国纳税人的钱，从法律上看无依据，从理论上看无道理；二是由地方政府补亏，这对于转型期负有地方发展重任的地方政府来看，它们可以判断值得不值得。

附：本文原写作于 2006 年 2 月，收入本课题时进行了修改。

曾在以下网站发布或转载：中国三农研究中心 2006 年 1 月 30 日；学说连线网 2006 年 2 月 27 日；中国同乡会论坛 2006 年 3 月 3 日；中国财金网 2006 年 3 月 5 日；中国经济 50 人论坛 2006 年 3 月 6 日；新浪网 2006 年 3 月 29 日；论文库 2006 年 3 月 29 日；中国论文下载中心 2006 年 3 月 29 日；中国高度论文网 2006 年 3 月 29 日；中国求职指南网 2006 年 3 月 29 日；中国审计网 2006 年 4 月 20 日；中华会计网校 2006 年 4 月 30 日；中华税网 2006 年 4 月 30 日；中国免费论文网 2006 年 5 月 6 日；中共陕西省委党校图书馆 2006 年 5 月 11 日；会计网 2006 年 6 月 8 日；桃太郎网 2006 年 8 月 15 日；法律教育网 2006 年 8 月 16 日；中国教育资源网 2006 年 9 月 14 日；教育中国课件之家 2006 年 9 月 14 日；中科软件网 2006 年 9 月 23 日；来学习网 2006 年 10 月 7 日；剑虹评论网 2006 年 10 月 29 日；中顾网 2006 年 12 月 22 日；51 论文网 2007 年 1 月 11 日；中国文档在线 2007 年 1 月 16 日；浪舞中文网 2007 年 5 月 1 日；中国站长前线 2007 年 6 月 6 日；教育论文网 2007 年 8 月 18 日；52 逍遥论文网 2007 年 11 月 20 日；论文天下 2007 年 11 月 21 日；会计培训网 2008 年 1 月 14 日；中国论文联盟 2008 年 6 月 25 日；中科范文 2008 年 8 月 14 日；论文主义 2008 年 11 月 3 日；速当下载 2008 年 11 月 29 日。

第三节 新农村建设的资金保障问题

任何经济活动乃至政治活动、社会活动、文化艺术活动等，都是有一个资金成本与资金保障问题的，新农村建设也不例外。如果不考虑资金成本，没有筹措到必需的保障资金，新农村建设只不过是停留在口头上、文字上的美好愿景而已。

我国的新农村建设到底需要多少资金？目前理论界预测有三种意见：一是低方案，以中国社科院的调查报告为代表，大概需要国家投入 2 万亿—4 万亿元人民币。二是中方案，以中国银监会副主席唐双宁为代表。在 2006 年 7 月 29 日出席一个论坛时唐双宁表示，据初步测算，到 2020 年，社会主义新农村建设需要新增资金 15 万亿—20 万亿元人民币。三是高方案。笔者 2006 年 3 月 25—26 日在参加中国（海南）改革发展研究院主持召开的会议上，曾提出我国新农村建设所需要的 30 万亿—50 万亿元资金［参见中国（海南）改革发展研究院编：《中国新农村建设：乡村治理与乡镇政府改革》，中国经济出版社 2006 年 8 月版］。

一、新农村建设的资金成本

那么，笔者的 30 亿元以上的高方案，是怎样估算出来的呢？

（一）以城乡统筹和基本消除城乡差距所需投资的估算

2005 年，全国城镇居民人均可支配收入 10493 元，农村居民年人均纯收入 3250 元，城乡居民收入差距 7243 元。在城镇居民收入持续增长（按

8%计算）的同时，农民收入加速增长，于2020年基本消除收入差距，那么每个农民需增加收入30036元（增速是16.8%），按全国7亿农民计算为210252亿元（按照目前总和生育率1.8预测，2020年总人口14.6亿；按人口城镇化率每年增加1个百分点测算，到2020年还将从农村转移出3亿左右的人口）。

按农民收入与投资的1∶1.5计算，即收入每增加1元，需投入1.5元，即需投资315378亿元。

（二）专项估算法

按照中央提出的"新农村"建设五个标准，即"生产发展，生活宽裕，乡风文明，村容整洁，管理民主"的要求估算：

1. 六大基础设施（农村道路、安全饮水、沼气、用电、通信、广播电视等），扣除已建成投资项目，全国平均每位农民需投资2万元，则全国7亿农民，共需约14万亿元。

2. 东、中部撤乡并村，按统一规划新建新农村，估计在20万亿元以上。

3. 解决贫困户和低收入户，每户2万元，按500万贫困户（2400万人，包括没有解决温饱的贫困人口和低收入贫困人口），约需要1000亿元。

4. 农业产业化调整，农户收入增加。按每户1万元估算，则全国2亿农户，共需要2万亿元。

5. 一举解决乡村债务2000多亿元。

二、新农村建设的资金筹措

我们按中央与省级财政投入、金融体系贷款和农民自筹各占1/3设计。

（一）中央与省级财政投入

1. 来源

——深化国有企业改革，节约大笔补贴。国有企业改革后，一方面中央财政补亏减少，如仅四大国有商业银行改革后中央财政每年可减少补亏1000亿元以上；另一方面，国有企业向政府财政上缴的红利，如按10%的比率上缴，每年就可以多缴600亿元。而目前，中央属国有企业一分钱未缴利润（见国资委主任李荣融的讲话）。

——深化财税体制改革，增加对"三农"的投入。"十一五"期间要大幅增加财政的"三农"投入，建立财政支农资金稳定增长机制，扩大公共财政覆盖"三农"的范围。将逐步调整财政支农资金存量，促进教育、文化、卫生和社会保障朝着城乡统筹安排方向发展；重点调整财政支农资金增量，并积极引导社会资金特别是信贷资金增加对农业和农村的投入，重点支持农业基础条件改善和农业科技进步,支持生态建设、防灾救灾和扶贫开发等;积极整合支农资金,强化支农资金管理;注重转变和完善财政支农方式,按照"公平、公开、透明"的原则,进一步完善财政对农民的直接补贴制度。据国务院副秘书长张勇在哈尔滨市召开的全国减轻农民负担工作座谈会上表示,2006年中央财政全部支农资金达到了3397亿元人民币,比去年增加422亿元。

——深化金融体制改革,互相竞争着"支农"投放。中共中央和国务院2004年、2005年、2006年一号文件提出的"多种所有制的农村金融体系",互相竞争着"支农"。巩固和发展农村信用社改革试点成果,进一步完善治理结构和运行机制。县域内各金融机构在保证资金安全的前提下,将一定比例的新增存款投放当地,支持农业和农村经济发展,有关部门要抓紧制定管理办法。扩大邮政储蓄资金的自主运用范围,引导邮政储蓄资金返还农村。调整农业发展银行职能定位,拓宽业务范围和资金来源。国家开发银行要支持农村基础设施建设和农业资源开发。继续发挥农业银行支持农业和农村经济发展的作用。在保证资本金充足、严格金融监管和建立合理有效的退出机制的前提下,鼓励在县域内设立多种所有制的社区金融机构,允许私有资本、外资等参股。大力培育由自然人、企业法人或社团法人发起的小额贷款组织。引导农户发展资金互助组织。规范民间借贷。稳步推进农业政策性保险试点工作,加快发展多种形式、多种渠道的农业保险。各地可通过建立担保基金或担保机构等办法,解决农户和农村中小企业贷款抵押担保难问题,有条件的地方政府可给予适当扶持。

2. 中央财政"十一五"已经安排

——退耕还林1100亿元。"十一五"期间,中央将陆续投入钱粮补助资金1100亿元,用于退耕还林工程建设,其初步目标是退耕地造林3500万亩,宜林荒山荒地造林1亿亩,封山育林1亿亩。如果按照这个初步目标规划,2006—2010年,中央将要投资317亿元,如果加上后续的补助政策,按照现行政策的后续补助期,应该达到617亿元。"十一五"期间,退耕还林工程重点将安排在北方干旱半干旱沙化地区、京津风沙源区、黄土高原水土流失区、长江中上游水土流失区、青藏高寒江河源区和南方岩溶沙漠化地区。

——粮食直补。中央财政对粮食直补的额度:2004年116亿元;2005年132亿元;2006年,13个粮食主产省(区)的粮食直补资金将再增加10亿元,即142亿元,全部达到本省粮食风险基金总规模的50%。在"十一五"期间,坚持和完善重点粮食品种最低价收购政策,保持合理的粮价水平，加强农业生产资料价格调控，保护种粮农民利益。继续执行对粮食主产县的奖励政策，增加中央财政对粮食主产县的奖励资金。

——扶贫。"十一五"时期扶贫工作的重点是：着力解决农村贫困人口的温饱问题，努力完成贫困村的整村推进扶贫规划，基本实现行政村通广播电视、有条件的通公路，自然村通电，进一步改善人畜饮水和医疗条件，全面普及九年义务教育。

——农村水利投入。"十一五"期间，农村水利建设的中央投资约为4628亿元，平均每年200亿—240亿元，保证净增有效灌溉面积3000万亩；同时要解决农村1亿人口的饮水不安全问题。

——农村道路投入。"十一五"期间，国家将安排1000亿元用以加快农村公路建设。到"十一五"期末，基本实现全国所有乡镇以及东、中部地区所有具备条件的建制村通沥青路或水泥路，西部地区基本实现具备条件的建制村通公路。

——农村电力投入。"十一五"期间国家要解决1000万农村人口的用电问题。到2015年，全部解决农村人口用电问题。其中，仅中西部农网建设每年就需要资金200亿—300亿元。

——农村教育投入。"十一五"期间，在农村教育方面，中央和地方财政将累计新增投入1258亿元和924亿元左右，合计约2181亿元。这笔资金将主要用于改善农村义务教育办学条件。

——农村卫生改革投入。按规划，2004—2009年间，中央和地方还将共同安排资金216亿元，到2010年基本建立起与农民收入水平相适应的县、乡、村三级农村医疗卫生服务网络。政府还将加强农村计划生育服务设施建设和实施农村计划生育家庭奖励扶持制度。

——农村通信补助。在"十一五"规划中，我国农村通信发展目标将为"村村通电话，乡乡能上网"。信息产业部有关负责人表示，"十一五"期间，我国将继续开通剩余2万多个未通村的电话，进一步提高电话普及率和信息化水平。在已通电话的行政村，增加农村电话用户数，同时为农村地区提供上网条件。

（二）多种所有制农村金融体系的投入

1. 农行的供给。农业银行自称是我国商业银行在农村领域的主要力量，要继续发挥农业银行支持农业和农村经济发展的作用。在新的历史时期和市场条件下，应当充分发挥商业银行的优势，将农业银行定位于服务农业的专业银行。明确要求其在农村吸收资金的60%用于发放农业贷款。

2. 农信社的供给。农村信用社的改革已初见成效。要在明晰产权的基础上，完善法人治理结构，切实转换经营机制，强化内部管理和自我约束。

3. 新建股份制农村银行的供给。坚持"立足城乡、服务三农、服务中小企业、服务市民百姓"的定位，建立以市场为导向、以客户为中心、以风险防范为基础、以快速发展为途径、以资本回报为目标的市场化经营机制。同时在经营过程中要正确处理商业化经营与政策性支农职能的关系，始终坚持服务"三农"的方向。

4. 新建农民合作金融机构的供给。农村合作金融机构将成为主体，一是从数量上看，两亿多农户的需求和他们自己组织的金融机构自我服务，这是任何其他金融机构所望尘莫及的；二是现有以农村金融主体"自居"的农村信用合作社改革后，有的将变成非合作性质的商业银行、股份制银行，很可能走向非农化，从而把农村金融主体地位拱手让给真正的农村合作金融机构；三是现有国有商业银行商业化改革后越来越脱离"三农"的方向；四是个体私营金融机构肯定将与合作金融机构在共同发展中，逐步形成不容忽视的力量，但要取代真正属于农民自己的合作金融机构，尚需外部环境的充分发育。

5. 农村小额信贷组织的供给。鼓励和培育农村小额信贷组织，大力发展非政府专业小额贷款机构。对于以资本金或借入资金放贷、不吸收存款的小额贷款公司，可由监管部门实行备案制管理，重点监控其资金来源，防止吸收储蓄，演变为变相吸收存款。小额贷款组织应遵循商业可持续原则，按照市场化方式，明确战略目标，完善业务体系，强化人力资源建设。

6. 农业保险的供给。把农业保险纳入农业经济发展的总体规划，尽快组建政策性农业保险机构，或者委托政策性银行开办农业保险业务。政府可以对参加保险的农户实行保费补贴，引导农民参保；也可以鼓励商业性保险机构开发农业保险业务，鼓励农村金融机构代理农业保险业务。同时，可以运用财政、税收、金融、再保险等经济手段支持和促进农业保险发展。

7. 农村邮储银行的供给。建立邮政储蓄银行，开办小额信贷业务，将其吸收的农村资金尽快回流，扩大邮政储蓄服务地方经济的功能。

8. 农村外资金融机构的供给。中国公布的2006年中央一号文件明确表示，允许私有资本、外资参股乡村社区金融机构，这意味着中国农村金融体制将出现重大突破。

9. 农村民间借贷的供给。我国农村民间金融组织活动形式多样，分布广泛，组织化程度高低不一，其总规模在1万亿元左右。

（三）农民自筹

据分析，农民家庭收入中，约30%用于生产性投入，照此推算，每年有 7800 亿元，到 2020 年 15 年中，将有 80119 亿元的投入。

三、坚持进行新农村建设资金使用的改革

改革开放以来，中央与省级政府筹措了数量巨大的支农资金，包括农业综合开发资金、农村道路等基本建设资金、农村水利建设资金、扶持资金，等等，不断探索并总结出了有效使用、有力监管的经验。但是，从解剖的典型案例看，支农资金的使用仍然存在着进一步提高效益、效率的巨大空间与潜力。

（一）通过完善的财政转移支付制度，解决乡镇级债务、办公经费和公共品供给

我国乡镇级债务正以每年 200 多亿元的速度暴增，总债务额已经超过5000 亿元（陈劲松）。中央政府宣布取消面向农民收取的各项税费，虽说中央财政以转移支付形式拨给办公经费，但其数量毕竟比过去收税费时少多了，从而直接导致公共品投资资金来源的减少。

因此，针对上述情况，完善乡镇财政转移支付制度是必需的。经济欠发达、财政收入规模小的乡镇，试行由县财政统一管理乡镇财政收支的办法，对一般乡镇实行"乡财县管"方式，在保持乡镇资金所有权、使用权和财务审批权不变的前提下，采取"预算共编、账户统设、集中收付、采购统办、票据统管"的管理模式。加大对中、西部地区的一般性转移支付，增强中、西部地区财政保障能力；根据不同地区的经济发展水平和收入差距，以及影响财政收支的客观因素，核定各地区标准化收入和标准化支出，合理确定对各地区的转移支付的规模；优化转移支付结构，严格控制专项转移支付规模，提高一般性转移支付比重。

（二）警惕扶贫款中的无偿投放和贴息贷款偏离扶持贫困农户目标的问题发生

据中国农科院汪三贵博士调研结果，我国扶贫款中的无偿投放和贴息贷款中的大部分，偏离扶持贫困农户的目标。主要是被省、市（州）、县三级地方政府以及强势集团使用了。

近几年来，实践中推广这样的制度安排，即"把扶持款交给龙头企业使用，贫困农民到龙头企业打工"。对此应作具体分析。如果强调的是农村落后区域的开发由龙头企业承担，实践中应该推广这样的制度安排，即此模式有其合理性；如果是扶贫到户，则偏离了目标。

孟加拉国乡村银行创始人穆罕默德·尤努斯教授的名言："对穷人的赠款是害了穷人，有偿才是真正帮助穷人"，道理何在？就我国的情况看，由于穷人相对于村干部、富人来说是弱势者，村民相对于村干部来说是弱势

者，村社相对于乡镇政府来说是弱势者，乡镇政府相对于县级政府来说是弱势者，弱势者很难使用、甚至于都看不到农村的贴息贷款和国际组织对农村的赠款。在这样的情况下，我国现有的支农资金，就很自然地被强势者占有、甚至于独吞了。

（三）推广政府财政和金融贷款的招标使用

鼓励农村企业、农业企业和民间组织，通过投标中标，使用政府财政"三农"的投入和金融贷款。实现垄断经营向开放竞争的市场格局转变，放松政府对一些赢利性、竞争性基础设施投资项目的垄断性运营与管制。要在加快推进价格改革的基础上，按照特许经营方式，向社会公开招标，鼓励国内外各类经济组织采用 BOT（建设、经营、移交）等方式对赢利性公共基础设施进行投资建设和经营，实行项目业主负责制，由投资者承担投融资风险。无经济回报的公益性项目建设应由政府出资，但也要按市场规则运作。成立政府投资工程集中采购机构，本着"公开、公平、公正、透明"的原则，代表政府组织项目的实施。

（四）尽快启动"多种所有制的农村金融体系"建设

中共中央和国务院 2004 年一号文件提出："要从农村实际和农民需要出发，按照有利于增加农户和企业贷款，有利于改善农村金融服务的要求，加快改革和创新农村金融体制。""鼓励有条件的地方，在严格监管、有效防范金融风险的前提下，通过吸引社会资本和外资，积极兴办直接为'三农'服务的多种所有制的金融组织。"我们建议，尽快根据中共中央的要求，启动以农民合作金融组织为主体的多种所有制金融组织，并使其开展公平竞争。

为了尽快满足农民的金融需求，近期内应该大力发展农村合作金融机构，一个简便的措施是，鼓励现有农村合作经济组织借鉴村民基金会的经验，开展集资、放贷、保险等金融业务。

（五）政府购买审计

鼓励一大批民间会计师事务所、审计师事务所等，通过竞争承担农村资金审计。实际上，这就是政府购买审计。农业资金是指国家或地方各级人民政府支持农业和农村经济发展的资金。农业资金审计是指审计机关依法对这些资金收支的真实性、合法性、效益性进行监督的行为。农业资金审计的对象包括了农业部门筹集、投入、分配、管理、使用国家农业资金以及执行国家有关农业和农村经济政策的部门和单位。农业资金审计涉及：农业事业资金和专项资金、农业专项基金、预算外农业资金、政策性农业专项贷款、国外援款等。

民间审计机构对政府采购活动进行及时和准确的监督，以保证政府采购任务的顺利完成。审计内容包括审查政府采购活动的内部控制，审查政府采购活动的合法性，审查政府采购的效益性，开展专题审计等。民间审计能够避免政府审计部门审计政府其他部门存在的一些问题，促进政府采购任务的顺利和有效的进行。

（六）推进乡镇机构改革，巩固农村税费改革成果，防止农民负担反弹

实践证明，税费改革意义重大，是一个系统工程，有待于不断完善。积极稳妥地推进乡镇机构改革，是巩固税费改革成果的关键。造成农民负担反弹的主要因素：乡镇和村社正常行政经费短缺、农村基层社区提供公共产品的支出欠账、往年投资乡镇企业政府背上了沉重的负债包袱，这使得经济发展相对滞后的乡镇和有重大责任但无多少手段的乡村干部，常常处于一种"两难"的尴尬，即减轻农民负担的政治责任和财政支出需求的巨大压力。而他们的任何一次选择的失误，都有可能造成十分严重的后果。

要想巩固农村税费改革的成果，必须加快各项配套改革的步伐，从制度上保证农民得到的实惠不流失，保证中央农村税费改革的政策效益不弱化，保证农村的经济进一步活跃。要从转变职能入手，加快乡镇行政机构和事业机构改革的步伐；将政策交给群众，靠群众和舆论对农民负担实施有效监督；对涉农收费不仅要管，而且要管住；积极稳妥地化解乡村负债；发展经济，深化改革，要转变政府职能，整合事业站所，精简机构人员，提高社会管理和公共服务水平，加快建立行为规范、运转协调、公正透明、廉洁高效的乡镇行政管理体制和运行机制。

（七）开放外资金融机构进入农村领域

兑现我国加入WTO的承诺，开放外资金融机构进入农村领域，应该尽快提到议事日程。

2006年一号文件中提出："首先鼓励在县域内设立多种所有制的社区金融机构，允许私有资本、外资等参股。"

外资金融机构瞄准的，正是农村金融市场的巨大潜力。从中小型的外资银行角度看，农信社应该会比中国的国有大型商业银行更好打交道，这正是荷兰合作银行、澳新银行选择城市商业银行和农村商业银行的主要原因。在中国金融业人士看来，外资银行进入农村信用社具有重大意义。目前，全国农信社机构普遍存在资本金不足、内部人控制、效率低下等问题，外资的进入可以有效弥补这一缺失。此外，外资银行的进入，能从根本上改变农信社的治理结构缺陷，进一步完善产权制度。农信社薄弱的人才、技术、经营管理、企业文化理念等方面，也有望借助外资银行的进入而扭转。

（八）加快农村投资保险的建设步伐

世界上解决小农户、小企业特别是贫困户的贷款担保问题，特别推荐单独成立专门的担保公司，实践证明确是一种有效的模式，很值得我国农村金融借鉴。

（九）加强对新农村建设资金的监管

新农村建设资金的投入，来源于各级政府和多个部门，覆盖财政、金融、投资、外资、社保、民政、文化、卫生、教育等诸多领域。由于目前监管体系、体制、机制还不够健全和完善，涉农资金管理中有法不依、有章不循的问题还比较严重，损失浪费、跑冒滴漏的现象比较普遍，严重影响财政资金的投入效益和各项惠农政策的执行效果。国家审计署审计长李金华2006年7月20日在青岛举行的全国审计工作座谈会上说，2004年和2005年，全国审计机关共开展涉农审计项目784个，查出滞留资金、挪用侵占转移资金等违规问题资金192亿元，损失浪费8.9亿元。

财政支农资金是全体纳税人的资金，是代表了全国人民公共利益的资金，侵犯和挪用财政资金，实际上就是侵犯全国人民公共的利益。对这种行为，应采取严格措施进行预防、制止和查处。

首先，在防范工作上，财政部门与国家发展和改革部门，在安排项目的时候，都要采取公开、透明的程序，严格进行专家论证，对资金的规模、用途、使用方向进行严格审核，项目都要在网上予以公开公布。

其次，对于发展改革委员会、农业部、科技部、教育部、卫生部等各部门所确定的支援农业资金的项目，一律采取国库集中支付的制度，把资金直接支付给用款单位，并且进行严格监督。

再次，建立了财政性资金的追踪问效制度。资金拨付和使用以后，财政部门、发展改革部门、监察部门要定期进行检查，发现问题要采取果断措施予以纠正，保证支农资金能够真正落到所需要支持的农业项目上去。

对于挪用资金和贪污受贿的问题，凡是触犯了法律，就要严厉打击，以保证公共权益不受侵犯，保证农民的权益不受侵犯。

参考文献

1. 程刚：《国家打算花多少钱建设新农村》，《中国青年报》2006年3月1日。
2. 陈锡文、韩俊、赵阳：《我国农村公共财政制度研究》，《宏观经济研究》2005年第5期。
3. 李力：《社会主义新农村该怎么建——访经济学家韩俊》，三农中国网2005年12月7日。

4. 孔善广：《调整财政支出结构，加大公共产品供给》，三农中国网 2005 年 12 月 31 日。

5. 张晓山：《在"免税之后——中国农村发展论坛"上的发言》，乡村建设网 2005 年 10 月 8 日。

6. 李丽辉：《我国财政收入突破 3 万亿元，支农工作五变化》，三农中国转自《人民日报》2005 年 12 月 12 日。

7. 宋振远、陈芳、董振国：《新华观点：2006 经济走势分析》，中国农村研究网 2005 年 12 月 12 日。

8. 《财政部将推进四项改革规范财政转移支付制度》，中华财会网 2005 年 7 月 14 日。

9. 《关于农村税费改革后防止农民负担反弹的思考》，农业部信息中心 2003 年 5 月 6 日。

10. 《领导干部审计知识读本》，中华人民共和国审计署网站 2006 年 3 月 1 日。

11. 郭群：《浅议政府采购审计的重点》，广东审计网 2006 年 3 月 1 日。

12. 赵俊臣：《农村金融：一个潜力巨大、亟待开发的投资领域》，学说连线网 2006 年 2 月 27 日。

注：本文原写作于 2006 年 2 月，收入本课题时进行了修改。作者曾于 2006 年 3 月 25—26 日应邀参加中国（海南）改革发展研究院和美国国际共和研究所主办的"中国新农村建设：乡村治理与乡镇政府改革国际研讨会"，并在大会上宣读此文，还收入中国（海南）改革发展研究院编、中国经济出版社 2006 年 8 月版《中国新农村建设：乡村治理与乡镇政府改革》。

本文曾在以下网站发布或转载：数字中国 2006 年 2 月 27 日；中国农村研究网 2006 年 3 月 6 日；常德农经网 2006 年 3 月 7 日；学说连线网 2006 年 3 月 8 日；乡村建设网 2006 年 3 月 23 日；精英网 2006 年 10 月 29 日；中国城市发展网 2008 年 8 月 18 日。

第四节　西部贫困地区金融支援发达地区的现象不能再继续下去了

长期以来，西部贫困地区上上下下都在为建设资金缺乏而发愁，至今招商引资仍是摆在各级政府面前的一项紧抓不懈的工作。然而，人们忽视了西部贫困地区金融一直在支援着发达地区的问题。这一问题主要表现在金融机构货币存款的两个逆向流动：一是西部贫困地区内的金融机构、邮政储蓄吸引的大量存款因贷不出去，而不得不将其拆借到东部沿海发达地区和"上存"到各银行总行，各银行总行再存入央行，由央行再贷款给发达地区；

二是西部贫困地区内的金融机构的另一部分存款,则流向了区内的大城市、重点工程。

为此,下大力解决西部贫困地区的金融机构存款的这两个逆向流动,将区内的存款用于区内建设,是一项亟待解决的重大问题。而解决这一问题,应该遵照中共中央、国务院 2007 年一号文件关于"在贫困地区先行开展发育农村多种所有制金融组织的试点"的要求,加快农村金融体制改革的步伐。

一、西部贫困地区金融主要通过存差支援发达地区

所谓存贷存差,或者简称为存差,是指金融机构在某一时刻(例如一年末或月末、季末)存款余额与贷款余额的差额。若存差为正,即存款多,贷款少,说明金融机构内的资金运动受阻,或者说吸存的资金没有放贷出去。

表 2-1　　　　2007 年末西部 12 省市区金融机构存贷款余额表　　　单位:亿元

省份	云南	贵州	四川	重庆	西藏	新疆	甘肃	青海
存款余额	7170.9	3826.4	13950.4	6662.36	643.36	4614.62	3764.95	1105.21
贷款余额	5671.7	3128.6	9200.9	5197.08	223.83	2685.00	2448.16	882.13
存差	1499.2	697.8	4749.5	1465.28	419.53	1929.62	1316.79	223.08
省份	陕西	内蒙古	宁夏	广西	小计			
存款余额	8501.39	4953.70	1288.19	5749.94				
贷款余额	5121.16	3767.74	1196.54	4287.79				
存差	3380.23	1185.96	91.65	1462.15	18420.79			

资料来源:中华人民共和国统计局网。

上述资料中,西部 12 省区 2007 年末存贷存差为 18420.79 亿元,如果除去存款准备金(按年均 15% 计),那么还有 15657.67 亿元的钱没有花出去,或者说没有留在当地搞建设。

西部贫困地区内的钱花不完,这在全国是出了名的。据 1985—2006 年 21 年统计资料,云南省现有金融机构的存差(存款余额 - 贷款余额),达到了 1 万多亿元。位于小凉山核心区的宁蒗彝族自治县,2006 年末金融机构的存款余额 6.8267 亿元,贷款余额 1.7616 亿元,存差 5 亿元以上。这些贷不出去的存款,当然不会躺在保险柜里,而是以实际行动支援了发达地区,形成了奇特的、很不合理的"西部贫困地区在金融方面支援着发达地区"的怪现象。

这就出现了极其反常的现象,一方面,西部贫困地区建设需要大量的资

金，各级政府纷纷出台优惠政策吸引外资；另一方面，区内大量资金又在支援着发达地区。

为此，探索西部贫困地区金融机构扩大贷款、支持解决"三农"问题、全面小康、社会主义新农村建设，无论如何都是一个十分必要的课题。

二、西部贫困地区金融存款两个逆向流动的严重后果

运动是货币的本性。西部贫困地区的货币流通，当然是题中之意。而且，货币变成资本，总是由投资效益低的，差的地区、行业，流向投资效益高的，好的地区、行业。然而，西部贫困地区金融机构每年大量存差，流向发达地区，以实际行动支援发达地区，是不正常的，已经产生了十分严重的后果：

一是西部贫困地区经济建设需要的巨额信贷资金不能得到满足。长期以来，西部贫困地区与东、中部的差距越来越大，其中一个最重要的原因，就是经济建设需要的巨额信贷资金不能得到满足。农业严重投入不足，农村与农民金融需求满足不到10％，农民增收失去了金融保证；工业建设中急需的流动资金只能满足40％—50％，影响了企业正常的采购原料、加工生产与销售；许多急需的基本建设由于贷不到款而不得不停工待料或缓建、停建。

二是大量货币滞留在银行而不能在社会上流动，失去了货币在流通中增值的机会。

三是每年相当数量的金融存款被"上存"到国有银行的总行，或者被调配、拆借到东部沿海发达地区使用，这无疑是从西部贫困地区这个"贫血"病人身上"抽血"，虽然支援了东部与全国的经济建设，但是也使西部贫困地区这个"贫血"病人更加"贫血"。

四是西部贫困地区金融机构一些负责人及职员在"存款多就是成绩"、"贷款越多风险越大"的错误思想指导下，养成了不愿多贷款、不愿承担风险的习惯，有的还因"多上存款"可以受到本银行总行的表扬、可以升迁职务，从而就对多向西部贫困地区贷款越来越不感兴趣，陷入了恶性循环之中而不能自拔。

三、金融机构特别是西部贫困地区内国有银行不愿意对本区域多放贷的深层次原因

（一）现有改革方案的异化

我国进行金融体制商业化改革以来，国有银行作为金融企业，其经营目标也应当是追求自身利润的最大化。在成熟的市场经济条件下，银行要实现自身利润的最大化，撇开其他金融产品与服务，那么多吸收存款和更多的向

外贷款，以赚取存贷差价，这是理性的选择。但是，我国社会主义市场经济体制还有个长期完善的过程，特别是自1997年亚洲金融危机以后中央加强金融监管力度，加上银行产权制度不明晰，委托代理体制的低效率，特别是农村金融迟迟不给开放，任凭其一步步地走向衰败、荒芜和崩溃。在这种体制安排下，银行的经营行为就产生了扭曲、变态和异化，不愿意对本区域多放贷就是其直接后果之一，而且在西部贫困地区表现得尤为突出。

农业银行商业化改革后，为提高效益，采取了一系列制度性安排，越来越背离为农村经济发展、农业产业结构调整和农民增收提供金融服务的轨道。一是大量裁减营业网点，所谓"减员增效"；二是基本上从乡、镇一级区域撤出，所谓"下山进城"；三是积极参与大城市中与其他银行的金融竞争，无力顾及或较少顾及对农村、农业和农民的贷款。

素以"农业贷款主力军"自居的农村信用合作社改革后，一系列制度性安排也滑向了背离本区域服务的轨道。一是在以省或市州为一级法人的情况下，省级联社、市州联社就有动力和权力把基层社的存款，统一调拨到他们认为最赚钱的区域和行业；二是在拒绝接收十几年来小额信贷"联户联保"等先进经验的同时，为了贷款的安全性而不得不强化抵押担保等传统性的制度安排，于是在许多乡镇都出现了只给代发工资的干部贷款的怪现象。由于在一个乡镇中代发工资的干部数量毕竟不多，大量存款也就贷不出去了。

国有银行在没有进行商业化的改革时，地方党委与政府可以直接指令贷款，例如经常出现省长指示贷款、市长指示贷款和县长指示贷款的情况，但省长、市长和县长并不对贷款的效益与还款负责，造成了银行大批贷款有去无回，成为呆账、坏账。为了纠正这一问题，国有银行实行了以总行管理为主、由总行下达贷款指标的体制。在治理通货膨胀的情况下，这种由总行在央行管辖下统一编制并下达贷款指标的做法，有其合理性。但是，行政性编制并下达贷款指标的做法与市场化相对立，带有很大的人为随意性。例如，国有银行总行并不十分了解西部贫困地区经济发展到底需要多少贷款，也不了解有哪些好项目，而且往往成为国有银行地方分行、支行拒绝贷款的推托理由。人们经常听到"你们的贷款项目很好，但我们总行不同意贷"的言论，就是地方分、支行拒绝放贷经常使用的"上方宝剑"。

（二）以存款额作为考核指标的负激励

在长期计划经济条件下，我国国有银行把每年吸收存款额的多少作为考核成绩的主要指标。时至今日，仍然可以看到有的国有银行打出大横幅标语牌，宣示自己银行吸收存款达到了××××亿元，并且自己给自己"热烈祝贺"。在治理通货膨胀的时期，央行为了回笼货币，责成各银行把吸收存款作为重要任务，也是合理的、必要的。但是，在市场经济条件下，国有银行进行商业化改革，仍然把存款多少作为业绩考核的重要指标，就显得很不妥当。试想，一个银行存款很多而贷款很少，那么这个银行就不能不处于亏损经营状态。另一方面，以存款额作为考核的主要指标，对于各分行、支行等基层银行及其负责人来说，在一般情况下存款必然是年年增加，因而年年都有成绩，根本没有任何风险；而以贷款作为考核主要指标，就可能出现贷款越多，风险越多、越大。为此，基层银行及其负责人不能不对贷款产生负积极性的激励。

（三）不完善的行政监管诱使基层银行负责人行为的二重性

目前，我国对国有银行实行委托代理制，委托人是真正掌握了银行产权的政府，代理人是政府（实际为党委）任命的银行经营者。由于政府并不是国有银行的真正的所有者，（国有银行真正的所有者是全体人民）政府受全体人民委托行使国有银行的所有权。一方面，在政府职能转变、机构精简的情况下，国有银行所有者处于"缺位"状态；另一方面，政府对国有银行的监管主要是行政性机制，难以顾及银行的所有复杂业务。由此，国有银行经营者特别是基层银行经营者行为不能不带有二重性特征：一方面，他们要追求自身利益，包括官位升迁，至少不被降职和撤职，这就必须应对不完善的行政监督，"惜贷"就是最有利的选择；另一方面，在不完善的行政监督下，他们又可以轻而易举地追求"在职消费"和"黑色收入"，至于企业存差大于贷差的微利、不盈利和亏损，对他们并没有任何制约或激励的制度安排。

（四）毫无竞争的垄断形成的恶习

由于没有真正意义上的改革，我国农村金融几经变故，形成了农业银行和农村信用合作社两个"国有"性机构的垄断，其他任何自然人、企业法人、社团法人都不得进入。在行政性、并非自然竞争形成垄断的情况下，垄断者产生厌恶对本区域贷款的恶习。这一恶习更为深层的原因，在于垄断者"津津乐道"的三个"潜规则"：一是对发达地区贷款所取得的效益高于对本区域贷款；二是对发达地区贷款的保险系数高于对本区域贷款；三是个人从对发达地区贷款中获得的回扣、红包等好处高于对本区域贷款。

四、最根本的是打破垄断

（一）打破农行和农村信用合作社的垄断

对于农村金融的垄断形成的恶习，党中央是看到了的，也作出了改革的规定。中共中央、国务院近几年来制定了若干有关农村金融改革的好政策，一而再、再而三地要求打破垄断。例如，2004年一号文件要求："鼓励有条件的地方，在严格监管、有效防范金融风险的前提下，通过吸引社会资本和外资，积极兴办直接为'三农'服务的多种所有制的金融组织。"2005年一号文件要求："有条件的地方，可以探索建立更加贴近农民和农村需要、由自然人或企业发起的小额信贷组织。"2006年一号文件要求："大力培育由自然人、企业法人或社团法人发起的小额贷款组织。"2007年一号文件要求："在贫困地区先行开展发育农村多种所有制金融组织的试点。"

中央的要求很贴近西部贫困地区农民实际，深受农民欢迎，但是有关部门贯彻落实并不积极。人民银行一直到2005年才准许在五省进行七个小额贷款公司试点，而且是"只贷不存"（这种只贷不存的现状被2006诺贝尔和平奖获得者、孟加拉乡村银行创始人尤努斯教授指责为"砍断了一条腿"），特别是他自己把住试点，不许别人插足；银监会拖到2006年底才放开了很小一点农村金融准入的门槛，初步确定了6个省（区）的36个县（市）、乡（镇）作为首批试点地区，2007年2月份试点工作全面开始。放宽准入政策试点，也是自己把住试点，不许别人插足，特别是他们试点的范围很小、进展很慢。由于人民银行、银监会紧紧把着农村金融试点权不放，其他部门和各省、市、自治区不得涉足，中央有关农村金融改革的好政策什么时候照耀到西部贫困地区，尚不得而知。

2006年5月18日，国务院扶贫办下发2006年25号文件，称已和财政部研究决定，为有效缓解贫困农户发展所需资金短缺问题，积极探索、完善财政扶贫资金使用管理的新机制、新模式，提高贫困村、贫困户自我发展、持续发展的能力，2006年选择除云南外的14省（区、市）开展建立"贫困村村级发展互助资金"（以下简称"互助资金"）的试点工作，即安排一定数量的财政扶贫资金，在部分实施整村推进的贫困村内建立"互助资金"。同时，村内农户可以以自有资金入股等方式扩大互助资金的规模，村民以借用方式周转使用"互助资金"发展生产。由于国务院扶贫办是小范围内试点，西部贫困地区绝大多数地区当然不在其列。

（二）打破一两个部门自己把住农村金融体系改革试点的垄断

贯彻落实中共中央、国务院近几年来制定的若干有关农村金融改革的好政策，就要打破由一两个部门自己把住试点、不许别人插足的怪现象。

从理论上讲，人民群众是社会变革的决定性力量，也是加快进行农村金融体系的改革的决定性力量。西部贫困地区农村金融体系的改革，理应由社会变革的决定性力量的西部贫困地区人民群众来主导、运作，而不能由一两个政府机构把住运作。

中外历史证明，一个社会制度的变迁有自上而下和自下而上两种形式。所谓自下而上，即由人民群众提出并行动起来、经立法与执法部门认可的过程，这是社会制度变迁的根本形式。所谓自上而下，即由政府机构或立法执法部门依据人民群众的意愿，通过法制程序形成的社会制度变革。自上而下的形式虽然从表面看社会领导者起主要作用，但这并不否认人民群众是社会变革的基本力量和决定性作用。人心向背和人民群众的支持、参与，在任何时候都是不可抗拒的历史潮流。中国农村以耕地为代表的土地承包制的诞生和发展，充分证明了人民群众是变革社会制度的决定性力量。如果仅靠政府机构搞试点，那可能到现在还没有土地承包制的改革。

在西部农村金融体制与政策的变革中，村民的利益、意愿和行动，将起着决定性的作用。凡是那些符合最广大人民群众利益的制度与政策，反映了广大村民的意愿和利益，必将受到人民群众的衷心拥护，最终变成了村民的自觉行为。反之，如果不考虑广大村民的意愿和利益，其结果只能是适得其反，无一例外地造成了严重的社会危害。

五、西部地区自己要做的几件事

（一）把增加贷款、消除存差作为考核与推荐金融干部的指标之一

我国国有银行商业化改革以后，金融系统以条条管理为主，省、州市、县三级地方党委、政府对本地方金融系统干部仍然保留有推荐权，即金融的地方分支机构负责人的产生是由各金融总部与地方协商任命的。建议西部贫困地区党委、政府把增加贷款、消除存差作为考核与推荐金融系统干部的指标之一。在同等条件下，凡是内心里愿意、行动上积极采取措施消除存差、在规定范围内努力为西部贫困地区经济建设增加贷款的干部，应该破格推荐并委以重任。实践证明，只有那些解放思想、积极消除存差的干部多了，西部贫困地区经济建设需要的贷款才可以部分或全部得到满足，全面建设小康社会、社会主义新农村建设的奋斗目标才有可能实现。

（二）准备一大批效益好的项目可行性报告供金融部门挑选

建议省、州市、县三级政府牵头，组织经济学家、投资家、企业家、金融家等组成专门班子，对西部贫困地区经济发展、全面建设小康社会、新农村建设所需要的项目进行发掘、梳理与研究，筛选出一大批可以上马、效益好、回收快的项目，编制成高质量的项目建议书和项目可行性报告，供各个金融机构立项放贷参考。实践证明，只要西部贫困地区选取的项目可行、效益突出、投资回报率高、风险小，各个银行是会给以贷款的。问题是，西部贫困地区这方面的项目准备得实在是太少了。

（三）构建西部贫困地区内诚信体系

建议通过宣传教育，特别是周密的制度设计，建造西部贫困地区内诚信体系，从根本上消除与避免借贷不还、赖账有理等失信问题，从而使金融机构愿意多贷款、敢于多贷款。

参考文献

1. 赵俊臣：《云南省内金融机构存贷款存差亟待解决》，载赵俊臣主编《2002—2003年云南经济发展报告》，云南大学出版社2003年版。
2. 高 伟：《对放宽农村地区银行业金融机构准入的认识》，《学习时报》第374期。
3. 茅于轼：《推广小额贷款的若干问题》，《学习时报》第367期。
4. 党国英：《中国农村改革——解放农民的故事还没有讲完》，中国选举与治理网2007年1月26日转自《南方都市报》。
5. 深蓝：《也谈农村金融体制改革》，中国选举与治理网2007年2月22日。

注：本文原写作于2006年2月，收入本课题时进行了修改。曾在以下网站发布或转载：西部农村研究网2007年3月5日；华中科技大学三农中国2007年4月19日；中国改革论坛2007年4月20日；红网湖南频道2007年4月21日；乡村中国观察2007年4月22日；中国农村研究网2007年10月12日。

第五章

民间金融组织为什么发展不起来

第一节 平民百姓和贫困户的金融组织为什么发展不起来

近几年来，社会对于农村金融改革给予了热情关注，不少人欢呼农业银行、农业发展银行、农村信用合作社和邮政储蓄银行的商业化改革，有的把这几个金融机构当成了农民自己的金融组织，寄希望于它的改革而成为真正的"农村金融的主力军"。

笔者的判断是，农业银行、农业发展银行、农村信用合作社和邮政储蓄银行改革后，已经变成了农业企业、大户和农村中相对富裕户的银行，但是却不是一般平民百姓和贫困户的银行。笔者更认为，在现行的体制大环境下，农业银行、农业发展银行、农村信用合作社和邮政储蓄银行也只能进行如此这样的改革，因为农业企业、大户和农村中相对富裕户显然都是需要金融服务的，而且，农业企业、大户和农村中相对富裕户代表了农村中的较高水平的生产力，他们获得了必要的金融服务，就能为社会创造较多的财富，有的还能带动一般平民百姓和贫困户发展生产经营。因此，简单的批评农业银行、农业发展银行、农村信用合作社和邮政储蓄银行的商业化改革，是不妥的。

笔者关注的是，农村中占大多数的一般平民百姓和贫困户的金融服务长期得不到满足的问题。笔者先后在西部的一些农村的基层做发展项目和调研，都没有发现有正规的、平民百姓和贫困户自己的金融组织的存在，至于有关部门的试点也为数不多。被称为农村金融的主力军之一的农业银行、农村信用合作社，商业化改革后必然走向"嫌贫爱富"的道路，企求它们把农村相对贫困的农民作为服务对象，是不现实的、幼稚的、自欺欺人的。作为政策性银行的农业发展银行，过去主要是从事粮棉收购放贷，近年来让它承担更多的政策性贷款，能不能为一般平民百姓和贫困户提供金融服务，目前尚需观察。刚成立不久的邮政储蓄银行，能不能为一般平民百姓和贫困户提供金融服务，目前也很难说。

由此看来，一般平民百姓和贫困户自己的金融组织，千呼万唤也不见出来。那么，为什么农民自己的金融组织发展不起来？

是不是中央没有作出具体的决策呢？不是的。中央是鼓励包括农民自己的金融组织在内的所有经济组织的发展的。其证据，就是2004年一号文件《中共中央 国务院关于促进农民增加收入若干政策的意见》中的要求："鼓励有条件的地方，在严格监管、有效防范金融风险的前提下，通过吸引社会资本和外资，积极兴办直接为'三农'服务的多种所有制的金融组织。"笔者解读，中央要求的"积极兴办直接为'三农'服务的多种所有制的金融组织"，包括了一般平民百姓和贫困户服务的金融组织，更包括了属于一般平民百姓和贫困户的自己的金融组织。此后的2005年、2006年、2007年的中央一号文件，更进一步地对农村"多种所有制的金融组织"，提出了具体要求。应该说，就中央层面来看，已经决策过了。

是不是一般平民百姓和贫困户不愿意发展自己的金融组织呢？也不是的。凡是到农村调研的人，都可以看到、听到农民对"多种所有制的金融组织"为自己服务的渴求。

问题到底出在哪里？原因当然是多方面的，据笔者分析有以下几条：

一是有关部门的高门槛政策，"不让发展"。

中央2004年作出"积极兴办直接为'三农'服务的多种所有制的金融组织"的决策后，当年并不见有关部门有什么行动，直至2005年5月，才见人民银行在山西试验小额贷款公司。小额贷款公司作为"多种所有制的金融组织"中的一种，当然是要发展的，但它毕竟只有那些有实力的公司才可以兴办，并不具有普遍的推广意义，更不是平民百姓和贫困户的金融组织。这是因为，所谓贷款公司，就是只能对外放贷、而不能吸收存款的一种金融活动。愿意举办贷款公司的，是看到人民银行允许对外放贷收取相对较高的利息。虽然能够举办贷款公司的，都是那些财力比较大的公司，但是这种对外放贷毕竟是放一个少一个，一旦没有了本金补充也就放不成了。而且，前几年有关部门给予了农村信用合作社上浮利率的优惠政策后，这种贷款公司靠相对较高利息的生存空间也就不大了。这从人民银行2005年试点至今，都没有多大的试点数量增长，就可以证明。特别是，这种贷款公司从本质上看，和平民百姓和贫困户的合作金融组织，并不沾边。

2007年1月，在全国热切期盼真正地落实中央决策的"积极兴办直接为'三农'服务的多种所有制的金融组织"的呼声中，国家银监会终于出台了三个开放农村金融的政策：一个是《村镇银行管理暂行规定》，另一个是《农村资金互助社管理暂行规定》，第三个是《贷款公司管理暂行规定》。对此，人们有理由对银监会的行动表示欢迎。

但是综观国家银监会的这三个文件，人们也不得不表示失望和无奈。主要问题是准入门槛都太高，把广大农民特别是相对还不富裕的农民的金融合作，排斥在了大门之外。例如，新设一家银行机构就很不容易！按银监会规定，花费最少的是在行政村新设信用合作组织，注册资本不低于10万元，但是还要加上启动资金，工作场所、设备、系统等都需要花钱，人员的招聘、培训更是困难，没有四五十万是办不下来的。这笔钱对贫困地区来说实在是个大数字。据说，有一个农民资金合作社筹集了10万元，购设备、租场所等就用去了7万多元，剩下不到3万元，怎么开展业务?!

此外，由于银监会规定村镇银行的最大股东必须是银行机构，贷款公司则应为商业银行的全资子公司，而商业银行目前在主客观上都要求获取相对较高的经济效益，因此希望这些身价"高贵"的金融资本为一般平民百姓和贫困户服务，则有一定难度。

二是地方政府不敢支持，"怕发展"。

在我国的现行体制下，地方政府当然是坚决听从中央的号令的，但是更重要的是听从国务院有关部门的政令。这是因为，国务院有关部门的政令是具体的执行政策，特别是有具体的检查、督察，不听是不行的。国务院有关部门不放开平民百姓和贫困户自己的金融，地方政府也就没有依据，所以也就没有人肯做主在自己管辖的地区让平民百姓和贫困户自己发展自己的金融。

我国现行政治体制、主要是以任命为主的干部制度，也使地方政府官员不敢"越"金融严管的"雷池"、"高压线"半步。前几年，曾出现过金融机构达不到调控目标就对其负责人"摘帽子"的案例，以至于许多人一回想起来就后怕。许多地方政府官员觉得，反正有上面的政策明摆着，广大农民特别是平民百姓和贫困户要自己解决自己的金融服务问题，先缓一缓吧！缓一缓，没有人说什么，一旦"触"了"高压线"，倒霉的是自己，何苦呢？

三是平民百姓和贫困户中缺少领头人，"难以发展"。

平民百姓和贫困户自己的金融组织发展不起来，从内因来看，是缺少能够带领他们行动的领头人。本来，但凡有人群的地方，就总会出现领头人的。但是我国农村则不然，这样的领头人却是很难诞生出来。究其原因是多方面的，其中最重要的，是我国改革开放以来实行极其严厉的金融管制政策，特别是对于农村金融的管制就更加严厉，但凡发现有人胆敢超出政策"红线"规定而涉及金融活动，那就毫不客气地动用公安部门的力量予以打击。其结果，轻则使当事人的经济活动全部中断，赔本破产，重则把当事人抓进监狱。久而久之，从而使社会大众形成了这样的认识，即解放思想、敢想敢干、敢于创新是不包括金融领域的。农村中的精英怎能经受这样的"待遇"，纷纷谈金融"色变"。

就农村中的精英来说，既然是精英，那就是有一定本事、有一定社会关系的人。他们自己如果发展家庭经营需要贷款，一般来说是可以从现有的农村信用合作社、农业银行贷到款的。既然如此，他们何苦自找麻烦、自寻苦头地带领乡里乡亲办农民自己的金融呢?!

注：本文原写作于2006年2月，收入本课题时进行了修改。曾在以下网站发布或转载：中国选举与治理网2008年1月8日；北京大学天益学术网2008年1月9日；中国县域社会经济网2008年1月9日；学说连线2008年1月10日；华侨路茶坊2008年1月10日；中国农村研究网2008年1月15日；NGO发展交流网2008年1月15日；青翼社会工作网2008年1月30日；北京农学院学科导航平台2008年11月27日。

第二节 为富人存款安全就只有禁止穷人贷款权力吗

在我国，农村金融萎缩、萧条、改革迟缓、开放步子太小，农民贷款难长期没有解决，已是大家公认的事实。这其中，农村中的贫困户贷款更难，大家都没有疑义。那么，为什么贫困户贷款更难呢？盖源于我们的法律、法规不但没有为贫困户贷款开绿灯，而且禁止了贫困户贷款的权力。那么，为什么法律、法规禁止了贫困户贷款的权力呢？长期以来我对此一直困惑不解。

最近，参加2007年中国小额信贷网络年会，经与国家有关部门的有关负责人对话、讨论与质询后，笔者才恍然大悟，原来是为了保证存款的安全。在此，我们如果把存款者视作富人，那么这一命题可以完整表述为"为富人存款安全就只有禁止穷人贷款权力"了。

笔者由于不同意这一命题，故进行如下质疑。

一、我国目前仍然存在着为富人存款安全而禁止穷人贷款权力的证据

判断我国目前仍然存在着为富人存款安全而禁止穷人贷款权力，有哪些证据呢？

第一，截至目前，我国的人大立法和政府部门制定的法规，仍然没有为贫困户获得金融机构贷款发展家庭经营、增加收入而作出的相关规定。这也就是说，我国的穷人至今仍然无法从正规金融机构获得贷款支持。

李昌平、张德元等学者曾经公开致信全国人大，建议立法通过对农民金融服务的立法，并没有得到回应，而为穷人贷款立法更是不可能的了。

第二，国务院扶贫办前些年曾组织的贴息 5.3 亿元、请农业银行向贫困户贷款 185 亿元的扶贫措施，因贫困户贷款具有量小、数多、烦琐、利微等特点，这与农业银行商业化改革后追逐利润放在第一位的目标不吻合，其结果只能是要么对贫困户放贷任务完不成，要么偏离贫困户贷款对象，贷给了农村中的大户、富裕户、村干部等。近几年来，国务院扶贫办不再和农业银行合作，而把 5.3 亿元贴息分到各省、市、自治区扶贫办，由他们再往下分，由地方政府选择合适的金融机构，为其贴息，让他们为贫困户贷款。执行的结果，有的地区还可以，也有的地方是把贴息直接放给了贫困村，而一到贫困村，不少的贷款被村干部、富人和大户使用了，真正的贫困户是连看都看不着。

第三，1997 年后，西部地区的一些政府，例如云南省政府、陕西省政府等，相继开展了政府主导性的小额信贷扶贫的试点。但是后来由于各种原因，这些贷款先后被异化成传统的农村信贷。只要是对农民贷款，也是一件很值得称道的事情，因为中国的农民实在是长期处于贷款饥渴状态中。但是，异化了的传统的农村信贷，毕竟到不了贫困户的手上。

第四，改革方案出台后国际社会援助中国的一批小额信贷扶贫到户组织的扶贫贷款，真正地到了贫困户手上，但是至今得不到金融监管部门的合法证书。

国际社会援助的一批小额信贷扶贫到户组织，据不完全统计，规模较大、相对正规的小额信贷扶贫机构，在我国约有 130 多个，共有三种类型：一类是中国社科院杜晓山等人领导小额信贷扶贫研究课题组。他们得到了福特基金会、孟加拉乡村银行、台湾企业家杨麟先生、花旗银行等多家国际组织和人士的资助，从 1994 年开始，先后建立六个县的小额信贷扶贫试验点，不但在小额信贷扶贫理论研究中作出了一定的贡献，同时也通过试验点直接对贫困农户提供了信贷帮助和其他一些扶贫活动，先后共投入贷款资本金 1500 万元，累计发放贷款 1 亿多元，目前正在获贷款支持的贫困户 1.6 万户，累计受益农户 3 万—4 万户，覆盖贫困人口约 15 万人。第二类是世界银行、联合国开发计划署（UNDP）、联合国儿基会（UNICEF）等，资助进行的小额信贷扶贫行动。例如，联合国开发计划署（UNDP）先后在中国 48

个县资助，进行小额信贷扶贫的试验。世界银行、欧盟等先后资助了一批小额信贷扶贫的试验。第三类是国际慈善机构资助进行的小额信贷扶贫行动，如福特基金会、香港乐施会、香港救世军等在中国作的农村发展项目，其中有一部分是小额信贷扶贫活动。

但是，由于我国的法律和法规不承认小额信贷扶贫的试验，至今这130多个小额信贷扶贫机构，都没有取得金融监管部门承认的合法地位。

第五，我国资深经济学家茅于轼老先生自己掏钱，在山西省龙头村进行小额信贷扶贫试点，令人敬佩。但是，他也曾接到有关部门让其停办的通知，只是被顶回去了。由于我国的法律和法规不承认小额信贷扶贫的试验，茅于轼老先生小额信贷扶贫机构，按照当前的政策，要想获得合法地位是不可能的。

第六，2007年以来银监会出台的决定调整放宽农村地区银行业金融机构准入的试点，笔者研究了以后的感觉并不乐观。其中的主要问题，一是总的看针对的广义的农村中的富人阶层，并不是针对的贫困户贷款；二是试点步伐太慢，直到2007年10月23日，银监会才决定将调整放宽农村地区银行业金融机构准入的试点范围由6省（区）扩大到全国31个省（区、市），要求每个省（区、市）先选择具备条件的1—2家机构进行试点，取得经验后再逐步推开。11月7日，安徽银监局宣布该省新型农村金融机构试点工作已经启动，目前，首批两个试点已获银监会认可。这是自10月23日银监会决定扩大新型农村金融机构试点范围之后，首个宣布试点启动的省份。而其他省市区尚未有动静。

二、为富人存款安全而禁绝穷人贷款，严重侵犯、剥夺了穷人生存与发展的权利

诺贝尔和平奖获得者、创造出以扶贫为特征的孟加拉国乡村银行小额信贷模式的穆罕默德·尤努斯教授，有句名言说的是穷人获得贷款用于发展经营而增加收入，是他们应该得到的、"天赋"的发展权利——"人权"。用这一观点衡量我国现有没有获得合法地位的130多个小额信贷扶贫机构，以及农村至今没有放开农民金融的事实，我们可以得出这样结论，即我国的穷人尚没有获得贷款、以增加收入的"天赋"发展权利。

如果上述论证站得住脚，那么为富人存款安全而禁止穷人贷款的想法、行为，不是很不妥吗?!

三、为富人存款安全而禁止穷人贷款，其指导思想是不相信穷人具有很高的金融信用

为富人存款安全而禁止穷人贷款，其指导思想是不相信穷人具有很高的

金融信用。其实，中国的农民特别是穷人的金融信用不但不低，而且很高。这一点，连中央领导同志也承认。据新华社记者报道，2007年4月20—22日，温家宝总理在江西省调查研究时说："农村小额信贷在农民发展经济中发挥了重要的作用，目前商业银行、农村信用社正在扩大规模。要懂得一个道理：农民是最讲信用的。"

温家宝总理在这里讲的"农民是最讲信用的"里用的"最"字，就是指的在全国，没有比农民的信用再好的了。根据笔者的研究，目前全国人群中的金融信用程度，按照从高到低排序，依此是：（1）农民；（2）城镇居民；（3）外资企业；（4）民营企业；（5）集体企业；（6）某些地方政府官员；（7）国有企业。

国有企业特别是国有垄断企业的信用之所以排在倒数第一位，其主要原因，首先在于四大国有银行长期以来积累了天文数字的亏损，为了现代企业制度改造，全部都由国家财政"买了单"。其次，石化、电信、铁路、民航等国有垄断企业，依靠垄断的资源、价格和四大国有银行放贷，赚取了超额利润，不但不给投资者国家分红，而且还伸手吃国家财政补贴。更不能使国人容忍的，是国有企业特别是国有垄断企业对老百姓的恶劣服务。

某些地方政府官员的信用之所以排在倒数第二位，其主要原因，一是前些年政府机关直接运作企业等微观经济活动，普遍不成功，银行贷款多数都"泡了汤"，成为呆账、坏账；二是在禁止政府机关举办竞争性经济活动后，政府机关官员又转而替一些单位贷款，向银行或"下命令"，或求情，其结果往往使贷款有来无回，也成为呆账、坏账；三是我国自20世纪80年代中期开始进行的农村合作基金会的试验，至1999年被"一刀切"地取缔，其间出现的问题，几乎全与县、乡、镇党政机关官员的行政干预有关；四是某些政府官员的腐败，已是一个社会顽症，而且今后若干年内仍然处于高发期。

农民是最讲信用的，这是从大量统计资料分析中得出的结论。最早的数据，要数孟加拉国尤努斯教授创办的乡村银行小额信贷（GB），农民还款率在85%以上。中国社会科学院杜晓山教授等人的扶贫社，获贷款支持的贫困户还款率在90%以上。此后，联合国开发计划署、联合国儿童基金会、世界银行等国际组织援华农村发展与扶贫的项目，农民还款率在85%以上。笔者自2001年起主持全球环境基金（GEF）/联合国开发计划署（UNDP）资助的行动研究项目《中国云南省山地生态系统生物多样性保护示范项目（YUEP）》，在云南省的2个贫困县、6个乡、48个村，成立了46个社区村民组织，由村民组织运作46个村民基金，基金按小额信贷的模式放贷，至

2005年底，累计对2211户贫困户贷款168万元，农户项目成功率95%，按期还款率100%。由此得出结论：农户特别是贫困农户的民主意识很强、金融意识不比城里人差、诚信度非常高的理论结论。

当然，这里谈的农民的高信用，是在一定的制度的约束条件下。因为，研究任何问题都必须设定约束条件。没有约束条件的研究，不能被称作是科学的研究。

世界金融信用史的研究表明，在一个国家、地区的经济起飞阶段，富人和强势集团的人们的信用是最低的。这是因为，经济起飞阶段的法律、法规一般都是不健全的。这种不健全的法律、法规环境，一方面为富人和强势集团的人们"利用机会"、"钻空子"发不义之财，提供了便利；另一方面也很容易地使富人和强势集团的人们逃脱惩罚，从而使他们不能不在头脑里自然而然地具有了"诚信不诚信无所谓"的机会主义。这就给我们重要的启示，即我国的富人和强势集团的人们的信用不高，除了他们的品德品质不高，需要对他们加强教育外，还应该或者说更应该从大环境中寻找原因，从制度的设计和实施上，多打主意。这就是邓小平曾经说过的一个著名观点，即制度好，可以使坏人无法做坏事；制度不好，连毛泽东那样的伟大人物都会犯错误。因此，摆在我们面前的迫切任务，就是要大力加强法律、法规建设。而随着经济发展、法律健全，富人和强势集团的人们的信用也是会逐渐变好的。

四、为富人存款安全而禁止穷人贷款，严重违背了社会公平正义

当前，我国社会存在的不公平，这是大家都承认的，没有人持疑义的。但是，对于城乡在金融服务方面的差别、不公平、不合理，并不是所有人都看到了，更不是有较多的人从事过研究。

与至今我国的农民获得的金融服务实在是太少了，而穷人几乎没有获得过合法的、像样的金融服务相比，城市里富人们的金融服务却是很不错的。

先看金融机构数量。城市里对富人服务的金融机构，除了四大国有银行、股份制银行、城市商业银行、外资银行，还有证券市场、基金市场，还有房地产市场、邮票市场、古玩市场，都可以进行投资。而农村，乡与村两级，原本就没有几个金融机构，农业银行改革后，基本上都撤离了乡镇，回到城市里去了；近几年来的农村信用合作社的改革，也学着农业银行的做法，有的也撤离了乡镇。笔者曾经调研过云南省宁蒗彝族自治县，县内原有的工商银行、建设银行、中国银行已于前些年就撤离了该县；县内现在就剩下了农业银行、农村信用合作社两家，农村邮政储蓄至今仍是只存不贷，是典型的"抽水机"。至于说到注册的穷人金融机构，在全国的农村，至今一

个也没有。

再看金融产品供给。城市里有五花八门的存款、贷款、基金、股票、债券，能买卖增值的邮票、古玩，等等。而在县城，就只有少数几个金融机构的存款、贷款业务，已开通基金、股票、债券业务的是少数；在乡一级，就只有农村信用合作社的存款、贷款业务；在村一级，什么金融产品都没有了。

因此，我国对于农民特别是穷人金融的不公平，这是千真万确的事实，而且达到了很严重的地步。

对这样严重的情况，人们为什么就听之任之呢？有一个冠冕堂皇的理由，据说是农民特别是穷人贷款需求不大，所以不必要对他们提供金融机构和金融产品服务。这完全是睁眼说瞎话。凡是下乡作过农村调查的人都可以发现农民特别是穷人的巨大的贷款需求。

五、为富人存款安全而禁止穷人贷款，最终受害的将是包括穷人和富人在内的所有人

在一个社会中，如果全是富人，有的富人存款，有的富人贷款，这样的社会当然是理想的社会。但是，这样的理想社会至今在地球上尚没有出现，出现的都是既有富人、也有穷人这样的社会。我们共产党人的奋斗目标是建立全是富人而没有穷人、没有剥削压迫的共产主义社会，但是共产主义社会是一个长期奋斗的目标，我们目前所处的社会主义初级阶段是一个相当长的历史阶段，按照邓小平的判断至少要100多年，笔者判断至少要200多年。在这个社会主义初级阶段，就只能是有的人靠自己的努力和机遇而成为富人，有的人因自己努力的不够和机遇不佳而成为穷人。但是，我们的社会必须对于穷人给予必要的帮助，让他们得到自己发展的机会和条件。

古今中外的历史证明，一个社会如果听任社会不公平蔓延，而不采取有力措施加以纠正，那么这个社会就要不稳定、就要出乱子了，其结果，将是富人和穷人同时遭殃。原因很简单，那就是处于不公平状态的人们要呼吁、要争取，甚至于造反。我们可以平心静气地想一想，我们共产党领导人们闹革命，为什么会有那么多的农民特别是穷人跑来参加？还不是当时的统治者的政策导致了社会一大部分人没有得到生存与发展的机会?！

近几年来，有的社会精英在网上呼喊"要重上井冈山"，试图鼓动处于弱势群体中的农民、城市下岗工人造反。当然，这些社会精英们想得也太简单、太幼稚、太天真了。他们不知道，国家有强大的军队、先进的武器，再加上地面卫星定位系统，要掌握和消灭几伙造反者，那是轻而易举的事。当

然，如果出现"重上井冈山"的造反者和不得已的平叛行动，将肯定给平民百姓造成很大的伤害，而且也无法衡量这种伤害的范围和程度。

应该看到，中央决策层早已看到了农民特别是穷人贷款难的问题，一而再、再而三地作出规定，要求解决这一问题。

我觉得，在农村特别是贫困地区金融体制与政策的变革中，村民的利益、意愿和行动，将起着决定性的作用。凡是那些符合最广大人民群众利益的制度与政策，反映了广大村民的意愿和利益，必将受到人民群众的衷心拥护，最终变成了村民的自觉行为。反之，如果不考虑广大村民的意愿和利益，其结果只能是适得其反，无一例外地造成了严重社会危害。

就在几乎没有部门愿意就农村金融体系拿出系统的、全面的、一揽子解决问题的方案，许多农村金融人士不再抱希望的时候，2007年一号文件《中共中央 国务院关于积极发展现代农业扎实推进社会主义新农村建设的若干意见》，又一次要求："加快制定农村金融整体改革方案，努力形成商业金融、合作金融、政策性金融和小额贷款组织互为补充、功能齐备的农村金融体系，探索建立多种形式的担保机制，引导金融机构增加对'三农'的信贷投放。"从2007年1月29日新华社授权公布中央一号文件，至今又快一年了，中央要求的"加快制定农村金融整体改革方案"，既没有加快，也没有任何方案出来。为此，让笔者重申在2007年全国小额信贷网络年会上对有关部门负责人的一句话：农民们对政府部门的贯彻落实中央指示的农村金融体系，早就"等不得了！"

不过，话说回来，农民特别是穷人早就"等不得了！"又怎样，反正有关部门手中举着"为富人存款安全"这个挡箭牌，牢牢把着"禁止穷人贷款权利"的大门，却是等得的。在他们心中，落实中央要求算不了什么。因为，在我国，至今没有督办中央决定的机制。如果有了督办中央决定的机制，有关部门还会这样软磨硬顶吗？！

参考文献

1. 赵俊臣：《温家宝总理称赞"农民是最讲信用的"有感》，《中国改革报》2007年5月10日。

2. 赵俊臣：《农村资金互助社：门槛应该更低些》，《中国改革报》2007年6月13日。

附：本文原写作于2007年10月，收入本课题时进行了修改。曾在以下期刊、网站发布或转载：中国社科院小额信贷培训中心《小额信贷扶贫》2007年第6期。中国选举与治理2007年11月15日；中国农村发展网2007年11月15日；中国农村研究网2007

年 11 月 16 日；北京大学天意网 2007 年 11 月 16 日；学说连线网 2007 年 11 月 16 日；中共中央编译局比较政治与经济研究中心中国政府创新网 2007 年 11 月 16 日；中国三农研究中心 2007 年 11 月 16 日；华侨路茶坊 2007 年 11 月 16 日；中国乡村建设研究 2007 年 11 月 16 日；中国研究生创新园学术之窗 2007 年 11 月 18 日；国际金融投资网 2007 年 11 月 20 日；华龙网 2007 年 11 月 22 日；价值中国 2007 年 11 月 23 日。

第六章

农村金融组织深化改革研究

第一节 推动邮储银行与农信社在乡村展开有益竞争

2006年的最后一天，经国务院同意，中国银监会正式批准设立中国邮政储蓄银行。经精心筹备，中国邮政储蓄银行有限责任公司（简称中国邮政储蓄银行、邮储银行）于2007年3月6日挂牌成立。在组建之初，邮储银行除了紧紧抓住城市金融业务不放外，还将在乡村开展各项业务，从而与现有的农村信用合作社（简称农信社）开展有益竞争，打破农信社在农村金融中的垄断地位。这真是好得很呢！

一、等待已久的农村金融改革举措

邮储银行开业并在乡村和农村信用合作社展开竞争，这是广大农民和许多学者等待已久的举措。

长期以来，中国农村金融发展严重滞后，远远满足不了广大农民发展家庭经营、农村建设和农业生产的需要，这早已成为世人的共识，但是农村金融体制与机制的改革却极其迟缓。

农村金融存在的主要问题，是金融机构太少，基本上没有竞争。四大国有银行中建设银行、工商银行和中国银行从开始就没有下到过乡村，曾下到过乡村的农业银行前几年差不多全部从乡镇撤出，在乡村就只剩下农信社，全国还有300多个乡镇连农信社的分支机构也没有。至于民间金融机构，那是严格禁止出现的。这样一来，在乡村"独此一家、别无分店"农信社，常常以"农村金融主力军"的面目、身份和名义出现，就不能不搞起了垄断。而大家知道，但凡在垄断下，是绝对不可能有满足客户要求的好果子的。

2007年后国家银监会推出了三个新的农村金融机构，即村镇银行、贷款公司和农村资金互助社，作为放宽农村金融禁入的措施。但是这三类机构目前尚处于试点阶段，而且试点得非常之慢，成效尚有待继续观察与检验。

由于没有竞争，也就带来了一系列问题：

（一）农民急需的金融产品太少

乡村农信社的金融产品，也就是存款、取款和少量的对外贷款，其他的业务很少。这当然可以理解：在一个一般的乡村农信社里，也就是那么几个人，应付每天正常的开门营业还感吃力，哪里还有人力、精力开办像城市银行已有的诸如基金买卖、保险代理、汇兑等业务？！

（二）金融服务太差

由于没有竞争，就只能是客户来求他们，而他们却不用求客户，因此也就不但没有什么好的服务，反而坐门等贷的弊端一直克服不了。特别是，有的老亏损尚未补上，新亏损不断地产生；有的还不断地滋生行贿、受贿等腐败现象。

（三）缺乏有力的体制与机制纠错能力

在一个组织机构内，虽然也可以建立一套内部监督制度，配备相关监督人员，也当然可以起到一定的作用。但是，内部监督由于众所周知的原因，其效果要比对立面监督差许多，主要是缺乏有力的体制与机制纠错能力。这就是农信社自存在起就没有停止过自我监督，但是效果一直不理想的根本所在。

此外，我国农村金融还一直存在着与金融放贷相关联的两个老大难问题：一是没有贷款担保体系。由于没有贷款担保，一般农户特别是贫困农户也就贷不到发展家庭经营所需要的款，要想增加收入也就不能不是一句空话；二是没有政策性保险机构。长期以来，我们非常重视农业生产，但是我们却不明白农业生产是自然再生产和社会再生产的统一，而自然再生产中，任何时候、任何人至今都还做不到像毛泽东说的"人定胜天"，遭遇灾害也就不能不是"家常便饭"，因此世界各国都很重视农业保险，而且走的都是政策性保险的正确道路。然而，令人不解的是，口头上、文件上把农业当成为"重中之重"的我们，对农业保险很不重视，前些年搞了一段商业性保险，后来当然搞不下去；政府财政不愿意拿钱搞政策性农业保险，所以至今尚未推行。由于不存在政策性农业保险，农信社"三农贷款"要么贷款没有动力，要么贷款风险很高。

面对上述老大难问题，我们多年来的解决办法不是新设立另外的金融机构，以开展有益竞争，恰恰相反，我们不允许新的金融机构组建与存在，而是迷信所谓的提要求、喊口号，以为提要求、喊口号就能解决问题。然而无情的事实一而再、再而三地教育了我们：不断地对在乡村中"独此一家、别无分店"农信社提出"支农贷款"要求，但是这种要求的作用是有限的；

不断地对农业银行、农业发展银行等高喊"支农"口号，但是这种"支农"口号的作用是有限的。2007年后推出村镇银行、贷款公司和农村资金互助社，作为放宽农村金融禁入的措施，但是这三类机构发展极其缓慢，而且实际成效尚有待观察。其结果大家都看得很清楚，要求年年提，口号年年喊，效果年年无。究其原因，盖源于没有新的金融机构加入竞争也！

二、邮储银行在与农信社竞争中要把劣势转变为竞争优势

大家知道，形成银行核心竞争力的有八个主要要素，即网点、网络、资金、科技、人员、产品、体制机制和环境。就目前的情况看，邮储银行与农信社开展竞争，既有优势，也有劣势。问题是，邮储银行要充分发挥自己的优势，并把自己的劣势转变为竞争优势。

（一）乡村网点和农信社差不多

至2006年12月，邮储银行的3.6万个网点，遍布全国3000多个县市，其中2/3分布在县及县以下农村地区；提供汇兑服务的营业网点4.5万个，其中有2万个网点可以办理国际汇款业务。到2007年3月19日，全国邮储存款余额已经顺利地突破了1.7万亿元。城乡居民在邮政储蓄机构开立的账户达到3.5亿个，持有邮储绿卡的客户超过1.4亿户，通过邮储和汇兑办理的个人结算金额超过2.1万亿元；在邮储投保的客户接近2500万户，占整个银行保险市场的1/5；邮储本外币资金自主运用规模已经接近1万亿元。巨大的网络遍布全国，沟通城乡，其中有近60%的储蓄网点和近70%的汇兑网点分布在农村地区，成为沟通城乡居民个人结算的主渠道。按2005年全国乡镇41636个计算，邮储银行和农信社在乡镇的分支机构差不多。

（二）具有全国联网的优势

信息传输网络支付结算，代表了一个金融机构的业务规模、水平与能力。邮储计算机系统早已实现了在全国任一联网网点的通存通兑，并建立起计算机清算系统，能快速将资金结算到各地。邮储"绿卡"网已经成为我国金融系统最大的实时处理网络之一，拥有全国最大的个人汇款网络，全国31个省、自治区、直辖市，所有地市、98%的县、市（2468个县、市）之间实现了活期储蓄通存通兑、投单汇款、通知汇款、24小时汇款、2小时汇款和实时汇款业务。全国遍布城乡的5万个汇兑网点，均可办理邮政汇款业务。截至2006年底，中国邮政储蓄银行全国共有电子化网点35811处，其中全国联网网点35793处，占电子化网点的99.95%。全国联网网点的分布情况为：城市网点9786处，占全国联网网点的27.32%；县（市）网点6601处，占全国联网网点的18.43%；县以下网点19406处，占全国联网网点的54.25%。成为我国覆盖城乡网点面最广、交易量最多的个人金融计算

机网络系统。该网络以储蓄核心业务系统为基础，灵活接入各省、市区域性中间业务平台的金融信息化网络，覆盖了储汇业务的各主要环节，实现了交易、数据存储、后台管理、稽查监督等的全流程电子化处理。

从结算网络角度来看，邮储比农信社具有明显的比较优势。

(三) 金融产品系列优势也较明显

邮储服务领域逐步拓展，形成了适应市场需求、品种日益丰富的金融产品系列。多年以来，邮政金融业务形成了以本外币储蓄存款为主体的负债业务；以国内、国际汇兑，转账业务，银行卡业务，代理保险及证券业务，代收代付等多种形式为主的中间业务；以及以银行间债券市场业务、大额协议存款、银团贷款和小额信贷为主渠道的资产业务。在农村，邮储利用投递员遍布城乡、深受农民信任的特点代办汇兑、吸储，其优势无人能比，已成为农民工工资、农产品供销、乡镇企业资金回流的重要途径。2003年邮储资金自主运用以后，通过各种渠道向农村返回资金。2006年12月2日，银监会主席刘明康在清华大学经管学院和汇丰银行联合举办的"中国农村金融发展研究项目2006年成果研讨会"上表示，目前，每年通过邮政储蓄渠道返乡的资金已达1200亿元，占到邮政储蓄自主运用资金的18%。此外，邮储前些年与其他银行办理大额协议存款以获取利率上的优惠，在货币市场上发放拆借贷款等，也积累了宝贵的经验，具有比农信社明显的资金优势。

长期以来，邮储只开办存款业务，对于贷款业务和货币市场业务未有涉及。即使是拿存款业务来讲，其产品品种也较为单一，难以与商业银行特别是农信社抗衡。尤其是在农信社个人理财产品层出不穷的情况下，这一差距更为明显。而且，邮储银行放贷的业务开始不久，其经验显然不如农信社。这是因为邮储从一开办的业务种类主要是储蓄，包括活期储蓄、定期储蓄、定活两便储蓄等，以及由邮政储蓄业务延伸发展出的各种中间业务，包括代理保险、代发养老金、代发工资、代理国债、代收代付各种资费等业务。

(四) 服务水平明显提高

近几年来，邮储的服务水平明显提高，创立了社会知名、百姓信赖的业务品牌。邮储和汇兑服务在网络、产品、客户等方面已经形成了自己的特色，具备了一定的竞争能力，所提供的基础金融服务，在广大城乡居民中已经深入人心，成为重要的零售金融机构。通过长期不懈地强化服务意识、改进服务方式，邮政金融树立了良好的形象，得到了社会各界的好评。

(五) 先进科技设备优势不明显

从某种程度上讲，科技支撑是一家金融机构确保持续经营和强大创新能力的前提。那些优秀商业银行均具有科技领先优势。虽然邮储在结算网络上具有比较优势,但在乡村的科技设备上明显落后,尤其是电脑设备比较陈旧。值得注意的是,科技设备上的比较优势更大程度上具有后天创造性,是通过后来的主动努力创造出来的。比如,如果邮储能够逐步更新换代结算网络,也就可以形成新的优势。

(六) 人才队伍建设规划将能较快克服劣势

近几年来,国内已经形成了这样的共识,即真正的核心竞争力在于企业中的人,而不在于技术或产品。从这意义上讲,人才是企业的第一资源,是企业创新能力的源泉所在。尤其是对金融机构来说,同质性特征决定了银行竞争最终体现为服务上的竞争。而服务能力的高低是与人员素质水平分不开的。在这一方面,邮储明显处于劣势。根据有关统计,邮储从业人员的学历结构中,高中以下占79.85%,大专占16.57%,大学及以上仅占3.58%。但是,邮储如果正视这一问题,下决心在今后招聘中坚持高标准,特别是加强培训,也是可以逐步提升人员素质的。

目前,邮储银行已经制定了加强人才队伍建设的规划,决心通过深化劳动用工人事制度改革,建立市场化人力资源管理体制和有效的激励约束机制。在现有邮储人员队伍基础上,通过多种方式,吸收各类专业人才;定期开展素质教育、岗位技能培训等多种形式教育,提高从业人员的专业知识和操作技能,努力建设一支适应市场竞争需要和现代商业银行管理要求的员工队伍。

(七) 可以建立一套崭新的体制与机制

一个好的体制也是金融机构成功所不可或缺的。邮储虽然长期隶属于邮政局,明显带有浓厚的计划行政体制色彩,效率低下、人浮于事的情况较为明显。但自改制为银行后,将可以从头建立起一套完全与市场接轨的崭新的体制与机制。

(八) 乡村环境优势有待利用

目前,邮储银行正面临两大乡村环境机遇:一是,国有商业银行的一大批县(市)支行及其附属机构被撤并,至2002年网点撤并工作接近尾声时,中国工商银行共撤销网点8700家,中国银行撤销2722家,中国建设银行撤销3601家,中国农业银行撤销1.6万家。农信社近几年来也撤并了一些网点。农村地区金融真空问题极其严重,为邮储在农村地区开展业务提供了广阔的发展空间。邮储可以低成本地填补这些机构退出后留下的市场空白。二是,作为竞争对手的农信社,不但包袱沉重,而且长期养成的不善于竞争的观念和习气,要战胜邮储银行还需有超常的行动。

三、邮储银行在哪些方面与农信社展开竞争

（一）借鉴小额信贷扶贫到户原则的小额贷款业务

本来，面对一般农户特别是贫困农户的贷款需求，额度都不会大，金融机构把这种业务称为小额贷款，人们并没有觉得有什么特别。改革开放以来，主要是自1993年中国社会科学院杜晓山等人引入孟加拉国穆罕默德·尤努斯教授发明的小额信贷扶贫到户（GB）模式后，小额信贷款被赋予了扶贫的特定含义，再加上扶贫的道德高度和国际社会的推崇，在我国更是成为了时髦的口号。后来，有关部门故意混淆金融机构普通的小额贷款和扶贫的小额信贷款，不过人们还是从贷款者的身份中区分出了差别。

作为扶贫者，当然要求小额信贷款瞄准贫困户，而不是富裕户；作为农村社会工作者，当然要求小额信贷款瞄准农户，而不是非农户。不管贫困户，还是农户，都是弱势群体，都是我们的社会各界人士需要高度关注的。就这个意义上看，农信社和邮储银行都应该责无旁贷、全力以赴。

从邮储银行的网站上看到，小额贷款业务是邮储银行重点推出的一项新的信贷业务，目前已经在全国29个省、市的部分地区开办，并逐渐在全国范围内向更多的地区进行推广。这种小额贷款业务是指面向农户和商户（小企业主）发放，用于满足其农业种植、养殖或生产经营需要的短期贷款。商户小额贷款是指面向城乡地区从事生产、贸易等部门的私营企业主（包括个人独资企业主、合伙企业合伙人、有限责任公司个人股东等）、个体工商户和城镇个体经营者等小企业主发放，用于满足其生产经营资金需求的贷款。

邮储银行小额贷款业务的品种：一是农户联保贷款：指3—5名农户组成一个联保小组，不再需要其他担保，就可以向邮储银行申请贷款。每个农户的最高贷款额暂为5万元。二是农户保证贷款：指农户，只需有一位或两位（人数依据其贷款金额而定）有固定职业和稳定收入的人做其贷款担保人，就可以向邮储银行申请贷款，每个农户的最高贷款额暂为5万元。三是商户联保贷款：指三名持营业执照的个体工商户或个人独资企业主组成一个联保小组，不再需要其他担保，就可以向邮政储蓄银行申请贷款，每个商户的最高贷款额暂为10万元（部分地区为20万元）。四是商户保证贷款：指持有营业执照的个体工商户或个人独资企业主，只需有一位或两位（人数依据其贷款金额而定）有固定职业和稳定收入的人做其贷款担保人，就可以向邮政储蓄银行申请贷款，每个商户的最高贷款额暂为10万元（部分地区为20万元）。

邮储银行设计的业务手续也很简单，适应了贫困户、一般农户的特点

办理流程为：只需要借款人组成联保小组或找到担保人，携带身份证，如是商户还需要携带营业执照，一同到开办小额贷款的网点提出申请并接受调查，审批通过，签订完合同后，就可以拿到贷款，最快三天就可以拿到贷款。还款方式，有一次还本付息法、等额本息还款法、阶段性还款法（在宽限期内只还利息，超过宽限期后按等额本息还款法偿还贷款）。借款人在贷款本息到期日前，需在发放贷款的邮储账户中预存足够的资金，由计算机系统自动扣除。

相对于大额贷款，小额贷款业务具有花费人员多、所需时间长、成本高的特点。因此，笔者非常担心的是邮储银行能把这项功德无量的业务做到多大？能坚持多久？

（二）始终把向农村"输血"作为首要任务

自邮储开展业务以来，由于其大量吸储而不对农村放贷，即邮储从农村"抽血"，饱受学者们的质疑和批评。但是，邮储系统则持完全相反的看法，认为他们在拓展农村金融市场方面，不遗余力地作出不少富有成效的探索，邮政储蓄代理保险、代发养老金、代发工资、代理发行和兑付凭证式国债、代收学费、全国异地通存通取等，较好地满足了广大农民的金融服务需求。据邮储负责人2004年透露，预计当年邮政储蓄的跨省结算量将超过5000亿元，其中有1/3即近2000亿元是从城市流往农村。另外，通过邮政汇兑每年约流入农村1600亿元，加上自主运用向农村地区返还的长、短期资金，一年大约在300亿元。这样，通过邮储系统向农村地区输送的资金每年约可达4000亿元。他们还认为，每年吸收储蓄大约有1000亿元，其中1/3来自农村，也就是在农村的吸储每年约在400亿元。由此，他们觉得自己一直在尽最大的努力，实现向农村地区的"输血"。

实际情况到底如何，需要有大量的、全面的数据分析。笔者由于没有数据，因而无法分析。不过，笔者觉得过去从农村或是"抽血"，或是"输血"，都是过去的事了，当务之急是紧紧抓住改制成银行的机遇，充分运用决策层赋予的政策，在和农信社的竞争中，真正实现向农村地区的大"输血"，使邮储资金回流到农业和农村，实现"取之于民，用之于民"的良性循环。毕竟，在农村金融活动中，农信社既是竞争对手，又是值得相互学习的榜样。

（三）与扶贫办合作的路子很宽广

扶贫办是我国专司扶贫的政府机构，手中掌握有相当数量的资金。邮储银行与扶贫办合作，将是一个对贫困户、扶贫办和邮储银行等三方都有利的"三赢"选择，而且路子会越走越宽广。

扶贫办掌握的资金中，有一部分是直接到农户的贴息贷款、小额信贷款、正在试验的村基金等。长期以来，扶贫办掌握的资金大都是通过农业银行来使用的。后来农业银行从乡、镇一级撤退回城，扶贫款的使用就显得不方便了，使用成本也随之上升。特别是，决策层决定自1998年后政府小额信贷扶贫到户由农业银行来运作，但是小额信贷扶贫到户要做的贫困户识别、宣传发动、组建联保小组、小组会议等工作，仍然是由扶贫办（一些地方是由妇联、共青团）来完成，而扶贫办等机构却没有工作经费。这就是说，仅仅是转道手续、并不做工作的却得到了政府贴息、运作费，反而做工作的什么钱也拿不到。可想而知，这样的制度安排，能把小额信贷扶贫到户做好么？！

现在，邮储银行可以理直气壮与扶贫办合作，利用自己点多、腿长、邮递员与农民有天然联系的优势，更好地、更安全地代理扶贫办系统的大量扶贫资金。

（四）参股村镇银行、贷款公司和农村资金互助社

2007年初国家银监会推出了三个新的农村金融机构（村镇银行、贷款公司和农村资金互助社）暂行规定，作为放宽农村金融禁入的措施。据笔者研究，由于国家银监会给定的准入条件过高，村镇银行、贷款公司和农村资金互助社的发展将不会很快。不过，在这三个新的农村金融机构发展过程中，邮储银行可以利用自己资金雄厚的优势，最好是对这三家新的农村金融机构参股，在帮助其组建与发展过程中，自己也将会获得丰厚的回报。

参考文献

1. 张吉光：《寻找邮政储蓄核心竞争力》，《国际金融报》2005年1月14日。
2. 陶礼明行长在中国邮政储蓄银行成立仪式上的讲话，中国邮政储蓄银行网2007年5月14日。
3. 国际金融报记者：《一副重担两份答卷》，中国邮政储蓄银行网2007年6月14日。

注：曾在以下网站发布或转载：天益网2008年4月16日；中国选举与治理网2008年4月30日；中国三农研究中心2008年5月1日；中国改革论坛2008年5月3日；中国农村发展网2008年5月3日；银行信息港2008年5月3日；优库2008年5月21日。

第二节　《农村资金互助社管理暂行规定》的重大缺陷

2006年12月20日，中国银监会发布《关于调整放宽农村地区银行业

金融机构准入政策 更好支持社会主义新农村建设的若干意见》，并决定在四川、内蒙古等六省（区）进行试点。随后，银监会发布了六个行政许可实施细则文件，对村镇银行、贷款公司、农村资金互助社的这三种新的农村金融组织，有关设立与退出、组织机构、公司治理及经营行为、组建审批的工作程序进行规范。

笔者最感兴趣的，是中国银监会2007年1月22日发布的《农村资金互助社管理暂行规定》（以下简称"暂行规定"）。这是因为，由农村中的村民们自己设立、自己所有、自己管理、自己收益的农村资金互助社，对于农村中的贫困农户、一般农户更为重要。一方面，我国的实践一而再、再而三地证明，作为农村中的弱势群体，贫困农户和一般农户无法从正规的金融机构获得贷款，他们由此不得不至今仍然在贫困中挣扎，依旧处于社会最不公平、最不和谐的风口浪尖；另一方面，我国农村一直存在着的、大量的民间借贷的实践经验，如果加以规范化，必将成为农村金融的主力军，而不是自称主力军的其他机构。就这个意义上说，银监会的"暂行规定"，虽然来得迟了些，但是毕竟来了。

笔者最欣赏的是，"暂行规定"第四十一条规定："农村资金互助社以吸收社员存款、接受社会捐赠资金和向其他银行业金融机构融入资金作为资金来源。"放开了吸储这个紧箍咒，这对于农村资金互助社的生存，具有十分重要的意义。

通读了几遍"暂行规定"，发觉这个迟到的好文件，离农村农民的实际要求和我国农村金融改革的总体布局，尚有较大的距离。笔者认为，农村金融改革的总体布局，是通过村镇银行、贷款公司而与农业银行、农村信用合作社竞争，通过农村资金互助社而与民间借贷竞争。但是，笔者越读越觉得，"暂行规定"规范的好像是正规的银行，而不是农村资金互助社。这样一来，民间借贷将继续没有竞争，因而永远无法对其规范。

一是注册资本门槛过高，限制了贫困地区农村农民依法设立农村资金互助社。

"暂行规定"第九条第三款规定："有符合本规定要求的注册资本。在乡（镇）设立的，注册资本不低于30万元人民币，在行政村设立的，注册资本不低于10万元人民币，注册资本应为实缴资本。"笔者觉得，在我国东部、中部地区和经济相对发达地区，这一准入门槛是可以的，但是在西部地区特别是广大的贫困地区则显得很高，而西部地区特别是广大的贫困地区恰恰最需要建立农村资金互助社的。由于注册资本门槛过高，可能使最需要建立农村资金互助社的西部地区特别是广大的贫困地区，无法贯彻落实这一

"暂行规定"，或者说把西部地区特别是广大的贫困地区排除在"暂行规定"之外。

对此，笔者有一些经验。2001年至今，笔者在云南省大理白族自治州南涧彝族自治县浪仓镇沙乐片和临沧市云县后箐彝族乡做国际援助项目，试点了46个村的村民保护与发展基金，每一个村的基金本金额度在1万—5万元。之所以这样安排，有几个原因：一是村民们太贫困了，而且是普遍性贫困，在设计与运作入股股金时，农户各家也只是按贷款额度的2%入股；二是家家都急需贷款资金，但是每一家的贷款额度都不大；三是一旦额度大了，那就无可辩驳地说明不是贫困户，而是农村中的富裕户。虽然农村中的相对富裕户也需要贷款，但是却不是我们做的国际援助项目扶持贫困的宗旨。

二是管理人员门槛过高，也排除了贫困地区农村农民依法设立农村资金互助社。

"暂行规定"第九条第四款规定："有符合任职资格的理事、经理和具备从业条件的工作人员。"第三十七条规定："农村资金互助社理事、经理任职资格需经属地银行业监督管理机构核准。农村资金互助社理事长、经理应具备高中或中专及以上学历，上岗前应通过相应的从业资格考试。"这一规定也是偏高，很可能就此排除了贫困地区农村农民依法设立农村资金互助社。我们知道，虽然我国的教育事业在不断发展，但是由于种种原因，农村中具有高中或中专及以上学历的人才，还是难找。有的村庄虽然有几个，但是这些人是不是还在村里？是不是出去打工了？是不是在做生意？则是很难说的事。而且，他们愿不愿意、能不能被选举为农村资金互助社的管理人员，更是难说。在此，"暂行规定"的制定者显然是不了解或者高估了西部贫困地区农村的教育情况。

其实，一个规模不很大的农村资金互助社，管理人员不需要特别高的文化程度，不必硬性规定。笔者曾经调查过云南、贵州等省农村的"摇会"、"抬会"等民间金融活动，会首（第一负责人）没有一个高学历的，大都是小学文化，有几个还是文盲，但是他们把"摇会"、"抬会"管理得井井有条，也没有出现过有关部门、媒体和精英们一再指责的"民间金融风险"。民间金融当然也有风险，但是民间金融风险出现的概率比国有金融机构少得多、规模比国有金融机构小得多、造成的直接经济损失也没有国有金融机构大。例如，中国农业银行在改造制时，媒体报道说中央财政补贴了9000多亿元。这9000多亿元补贴，不正是他们经营的亏损、风险吗?! 为什么有关部门、媒体和精英们不指责一下诸如中国农业银行等国有金融的风险呢？看来，这里边肯定有一个"国有制迷信"、"所有制歧视"等幽灵在作怪。

三是营业场所门槛过高，更排除了贫困地区农村农民依法设立农村资金互助社。

"暂行规定"第九条第五款规定："有符合要求的营业场所，安全防范设施和与业务有关的其他设施。"在此，我们不知道银监会的"要求"的营业场所的条件是什么，安全防范设施有哪些。如果"要求"的营业场所是一个建筑好一点的房子，农村当然可以找到，但为了防范，是不是要配个防盗门？营业场所内再配个保险柜？再安个警报系统？因为我们在此研究问题，绝不能上那几个所谓理论权威鼓吹的"人人都是大公无私"理论的当，我们这个社会里的小偷、强盗仍然存在，不防备不行呀！但是严格按照这一规定，少说也得再投入好几万元。这样一来，农村资金互助社无论如何也办不起来的。

其实，在现在的以熟人社会为特征的我国农村，村干部、村民领袖和农村精英们召集开会，大都在自己的家里。笔者在大理白族自治州南涧彝族自治县浪仓镇沙乐片和临沧市云县后箐彝族乡做项目，就是在村干部的家里的院子里开会。现有村干部们平时办公，例如过去收农业税与费、交提留，迎接上级官员视察和招待他们吃吃喝喝，分配救济粮、款，送青年参军，如此等等，除了村干部的家里的院子没有再合适的地方。去年以中共中央组织部拨款修村级活动室，平均上百个村才摊到一个。因此，我觉得，在西部贫困农村，农村资金互助社不必单独新盖营业场所，完全可以因陋就简，要么设在负责人家里，要么设在小学校的办公室。不过，这件事交给村民们讨论，一定可以找到既安全保险、又不多花钱的上好地方。君不见，大量存在的民间金融活动，就从来没有看到它们新建什么场所的。

四是有关部门不能借机收费肥私。

"暂行规定"中有好几处行政审核、审批，却没有规定是无偿性的或者是有偿性行政审核、审批，这就可能为有关部门借机收费肥私提供了依据。例如，第十四条规定："农村资金互助社的筹建申请由银监分局受理并初步审查，银监局审查并决定；开业申请由银监分局受理、审查并决定。银监局所在城市的乡（镇）、行政村农村资金互助社的筹建、开业申请，由银监局受理、审查并决定。"第十五条规定："经批准设立的农村资金互助社，由银行业监督管理机构颁发金融许可证，并按工商行政管理部门规定办理注册登记，领取营业执照。"第三十七条规定："农村资金互助社理事、经理任职资格需经属地银行业监督管理机构核准。农村资金互助社理事长、经理应具备高中或中专及以上学历，上岗前应通过相应的从业资格考试。"

近几年来，中国有关政府部门行政性收费愈演愈烈，已成为民愤极大的一个祸害。有的政府部门的官员一上班，就凑在一起挖空心思找收费的理由。笔者曾经经历过两个政府机构官员为由谁负责发放林权证而撕破脸皮争吵的全过程，他们无非是看到了每发证一本有好几元钱的收费。笔者当时不以为然，后来一盘算，全省一千万农户每户一本，那就是好几千万元钱的收费啊！一块大大的肥肉，焉能不争?!

笔者敢打赌，有关部门肯定瞄准了农村资金互助社的行政性收费。审核要收费，注册登记要收费，发许可证要收费，办营业执照要收费，培训要收费，年检要收费，如此等等。当然，笔者可能错了，但愿笔者打赌打输了。到时候，大家看到，有关部门在"全心全意"为农村资金互助社服务的旗帜下，利用自己的正常办公经费，不向农村资金互助社收取任何的行政性收费，笔者将非常愿意作自我批评！

五是没有写明政府的扶持。

我国目前的社会，是一个"大政府，小社会"，政府的职能无处不在、无处不有。社会的潜规则很多，其中一个是离开政府，就什么事也办不成。发展农村资金互助社也是这样，政府的扶持非常重要。但是，"暂行规定"中却没有写明政府可以在哪些方面予以扶持。

笔者猜想，"暂行规定"的起草者可能是觉得不便写、不必写、不适合写。那么，我们就期盼着其他政府部门，尽快制定扶持农村资金互助社的优惠政策吧！从另外一个角度看，作为中央的部门不统一规定扶持的优惠政策，把权力下放，由各省、市、自治区政府自己制定优惠政策，很可能会形成一个优惠政策的竞争。如果真能形成优惠政策的竞争，那真是求之不得呀！现在，各地不是都在高喊重视"三农"吗？在扶持农村资金互助社这个真正为"三农"服务的新事物面前，将会得到检验。

注：本文曾在以下纸媒发表：《经济学消息报》2007年4月20日第1版。

曾在以下网站发布或转载：天益网2007年3月22日；中国选举与治理网2007年3月22日；学说连线网2007年3月22日；华中科技大学三农中国2007年3月22日；湖南省社会科学院中国乡村发现论坛2007年3月22日；中国研究生创新网2007年3月23日；辽宁省科学普及网2007年3月25日；中国农村研究网2007年3月26日；河北大学中国乡村建设研究网2007年3月26日；中国三农问题研究中心2007年3月27日；中国农娃籽讯网2007年3月31日；西部农村研究网2007年4月1日；中国农经信息网2007年4月3日；农村科技服务港2007年4月12日；中国社会科学院农村发展研究所2007年4月13日；云南诤言网2007年7月17日。

第三节　把村镇银行办成真正的农村小区域银行

2006年末，国家银监会发文，同意放宽农村地区银行业金融机构准入政策，并分别在四川、青海、甘肃、内蒙古、吉林和湖北六个省（区）初始试点村镇银行、贷款公司和农村资金互助社。2007年10月，银监会决定将试点范围扩大至全国31个省市区。到2008年5月末，全国已正式开业的新型农村金融机构41家，其中村镇银行28家，农村资金互助社9家，贷款公司4家；这三类机构累计发放农户贷款6.4亿元，农户小企业贷款3.7亿元，目前这两类贷款余额达到了7.6亿元。

在试点的三类机构中，村镇银行最受青睐，已成为主要的试点模式。但是综观村镇银行的试点，尚有一个职能定位问题，即把村镇银行办成什么样的银行问题。全国国资委控股的农业银行模式和邮储银行模式当然不可取，省一级的农村信用合作社模式也不可取。大家都说要创新，那么，到底选择什么模式？

目前，云南省已有曲靖市、文山壮族苗族自治州成为村镇银行试点州市。2008年6月27日，玉溪红塔区兴和村镇银行在红塔区研和镇举行开业，由玉溪市商业银行牵头，联合2户非银行企业法人和14户自然人组建，注册资本4750万元，由玉溪市商业银行（下称玉商行）发起，共由17名股东组成。其中3名法人股东，14名自然人股东。玉商行为控股股东，占总股本的31.57%。2008年6月28日，民丰村镇银行在文山三七工业园区旁挂牌成立。新成立的文山民丰村镇银行是由曲靖市商业银行为主发起人，属于股份制企业，注册资金3500万元，共有股东11家，其中法人股东7户，入股资金3250万元，占总股本的92.86%。

一、村镇银行试点中的多样化

自2007年3月1日国内第一家"村镇银行"在四川仪陇县诞生以来，作为试点的唯一操盘手，国家银监会和各省政府都是努力的，但是由于试点是垄断进行的，也就不能不出现垄断固有的缺陷和弊端，屡有诉词也就在所难免。

对于发起设立村镇银行，外资银行、中小中资银行及民营企业表现出较浓的兴趣，国有大银行则相对冷淡。令人欣慰的是，虽然试点的村镇银行不多，但是模式却出现了多样化：既有中资银行发起，也有外资银行发起；既有商业银行发起，也有合作制银行发起；既有股权多元化的股份公司模式，也有独资的有限责任公司模式。在已经出现的28家村镇银行试点中，人们不难发现，试点主体无一不是把村镇银行创办成即复制成"自己银行"的真实目的。

第一类是外资银行发起设立的村镇银行，表露出的是在为"三农"服务的商业银行。

与国内国有、二国有银行抱起铺盖卷回城相反，外资银行对于设立村镇银行，显示出非常积极的态度。有人形容它们是"挽起裤脚管下乡"办村镇银行。

在外资银行创办的村镇银行中，当数汇丰银行最为积极。2007年12月13日，汇丰银行出资的"湖北随州曾都汇丰村镇银行"开业，标志着外资进入农村金融市场的序幕由此拉开。随州的香菇出口在国内享有名气，2008年出口额将达8000万美元，将成为村镇银行的优质客户，怪不得汇丰银行那么积极。2008年8月14日，香港上海汇丰银行的全资子公司在重庆大足创办的汇丰村镇银行，注册资本4000万元人民币。

外资银行积极创办村镇银行，这与中资银行、中资机构形成了很大的反差。创办村镇银行的外资银行都有农村业务的成功经验。汇丰银行亚太区主席郑海泉曾对记者说，在随州设立全资村镇银行，是看好中国农村长期的经济增长潜力。汇丰银行在墨西哥、印度等发展中国家都有服务农村的经验，进入中国农村后，将会借助原有贸易融资、全球网络的专长为农村服务，并在为农村服务中收获可观的经济效益和社会效益。

第二类是本市、县、区组建的村镇银行，明显地带有辖区银行的性质。

由本市、县、区金融机构为主发起、当地实业机构联合出资组建，是当前村镇银行发起与组建的主要形式。例如，浙江省长兴联合村镇银行，就是由杭州联合农村合作银行为主发起，并联合了当地24家企业共同出资组建的，注册资本2亿元；浙江省玉环永兴村镇银行，也是萧山农村合作银行主发起，还邀集了玉环农村信用合作联社及玉环、萧山的29家企业法人入股，注册资本1.6亿元。浙江的两家村镇银行在注册资本上远远超过了银监会的门槛要求。

由本市、县、区组建明显带有辖区银行性质的村镇银行，是各地党政机关最期望的。原因在于本地区机构情况熟悉，易于领导、指导。而金融机构在本地区组建，也有情况熟悉、便于公关等优点。

第三类是跨地区组建的村镇银行，当然是地地道道的商业银行。

在跨地区组建的村镇银行中，有一批是省内的跨市、州组建的，还有一批是跨省区组建的。例如，2007年4月底，北京市农村商业银行在湖北省独资开设"仙桃北农商村镇银行"后，江苏省常熟农商行于2007年在湖北恩施地区出资组建的村镇银行，资本金规模约 1000 多万元人民币，常熟农商行占股 50%。常熟农村商业银行是全国首批农村金融改革试点单位之一，前身为常熟市农村信用合作社联合社，为股份制商业银行，由民营企业、股份公司、自然人等出资组成，2006 年末注册资本为 5.18 亿元人民币，总资产 244.26 亿元。再如，宁波市鄞州合作银行发起或参股了广西平果县国民村镇银行、新疆五家渠国民村镇银行、邛崃国民村镇银行等村镇银行。

商业银行之所以要跨地区组建村镇银行，主要是有实力的商业银行急于扩大业务，在本地区没有获得机会，只好跨省区组建。例如，常熟农商行相关人士接受记者采访时表示："如果苏北、苏中地区允许我们去投资入股，我们未必要到外面去，这样也可以缩短管理半径。"

上述三类试点模式，充分证明了只要政策放宽，就有许多机构、许多人才脱颖而出。如果银监会思想再解放一点，说不定会有更多的机构与人才出来，创新出更多的村镇银行的模式；如果银监会思想彻底解放，尽快地统一到中央 2004—2008 年连续五年五个一号文件精神上来，那么，中国农村金融的繁荣昌盛，也就来到了。

二、试点问题的暴露与解决恰恰是试点的初衷

作为一项新的事物，村镇银行组建试点中出现的问题，那是再正常不过了。如果没有问题，那至少说明没有创新，倒是不正常了。

一是主发起人资格限制。

据了解，各地要求创建村镇银行的积极性很高，但是能进入运作的很少。原因在于，银监会发布的《关于调整放宽农村地区银行业金融机构准入政策 更好支持社会主义新农村建设的若干意见》规定，村镇银行应采取发起方式设立，且应有一家以上（含一家）境内银行业金融机构作为发起人。在许多地方，找不到资质良好的发起银行愿意做发起人。原因在于，对于经营状况良好的银行来说，一方面，城市的存款量当然超过偏远的农村地区，为什么要到自己不了解、贫困的村镇去创办村镇银行呢？另一方面，相比较之下，那些经营良好的银行更倾向于在外地扩建分、支行，因为自己的分支行更容易控制。此外，产业资本虽然有强烈的冲动介入村镇银行这一金融领域，但由于没有银行资质而难以发起。

村镇银行主发起人仅仅限定为"银行"，一直为各方所诟病。按照《村镇银行管理暂行规定》，村镇银行最大股东或唯一股东必须是银行业金融机构。在此，明显地将民营资本排斥在外。一是仍然是过时的所有制歧视，不相信民营资本；二是不利于形成金融主体多元化，背离了改革的大方向。为此，建议修改"暂行规定"，放开民间资本准入的限制。在我国，民间资本

要求扩大到金融等实业机构，从而实现大多数人"职业银行家"的梦想，是正当的、合理的，积极性应该得到尊重和保护。此外，其他金融资本也要求主发起人资格突破"银行"的限制，扩大至非银行业金融机构乃至证券机构和保险机构，也是正当的、合理的，积极性也应该得到尊重和保护。因而，按照公平原则放宽主发起人准入限制，势在必行。

二是股东及持股比例限制。

《村镇银行管理暂行规定》还要求，单个自然人（或非银行金融机构，非金融机构企业法人）股东及关联方持股比例，不得超过村镇银行股本总额的10%。这种股权分散的形式虽然降低了资金来源的风险，但从治理结构上不利于村镇银行的长远发展。这是因为，持股比例限制的政策，模糊了股东的产权职能，最终将造成"所有者无力控制，控制者无须负责"，内部人控制、道德风险泛滥的现象。

农村中小金融机构的股权应相对集中，甚至可以允许具有良好信誉的优势企业控股或相对控股，真正形成股东控制、经营层向股东负责的良好法人治理结构。在加强监管的基础上，应当允许民间资本控制村镇银行，坚决取消最大股东须是现有正规金融机构的规定，使村镇银行成为真正的民营银行。

三是资金清算系统行号问题。

目前全国银行业均已实行通过人民银行支付系统进行资金清算，人民银行还将陆续上线全国支票影像交换系统现代化支付手段。目前，村镇银行规模普遍较小，数量不多，今后的大发展势必使数量增多。如何将村镇银行纳入支付结算体系，结算渠道是直接纳入当地人民银行还是通过其他金融机构代理，都需要进一步探讨并加以明确规定。

支付系统行号是各家银行跨行资金清算必备的条件，而村镇银行刚刚成立，没有行号，无法进行同城和异地资金清算，也无法进入人民银行账户管理系统，对公业务企业也无法在村镇银行开立账户。由于不能开办对公业务，无法和农村信用合作社在乡镇竞争，这不但对改善乡镇农村金融环境不利，而且也对村镇银行很不公平。

而且，按照目前的发行库管理制度规定，多数村镇银行明显不符合要求，需要对村镇银行能否直接在当地人民银行发行库存取款作出明确规定。

四是资金怎样保证投向"三农"？

成立"村镇银行"的目的是解决农村金融供给不足问题，由于《村镇银行管理暂行规定》中没有明确规定农村新金融机构吸收的存款应全部投向农村，这很可能导致新成立的"村镇银行"将资金投向利润更大的城市地区。

利率也是影响农村资金用于"三农"的一大制约因素。前些年，农村金融利率与城市一样，不但造成了农村资金"城市化"和"富人化"，即农民特别是穷人贷不着，而且使贷款成本高的农村金融机构利息不能覆盖成本的问题。在学界一而再、再而三的阐释下，农村小额贷款的利率普遍较高，已经达到了10%以上，与国家出台的一系列惠农政策初衷有一定差距。对于以"村镇银行"为代表的新型农村银行业金融机构，存贷款利率浮动区间是否放宽或放宽到何种程度等问题也没有明确规定。

此外，《村镇银行管理暂行规定》对村镇银行业务范围和服务对象作出了明确规定，主要是面向"三农"，服务"三农"，但涉及村镇银行会计科目如何设置、统计如何归属及统计代码编制等问题，还没有明确规定。村镇银行设立分支机构，扩大服务半径，也没有具体规定。

五是金融监管有待进一步完善。

严格的监管，是各国金融活动所不可缺少的。目前《意见》缺少更为具体的配套管理办法。首先，要明确金融监管主体，不能政出多门；其次，需要监管部门对村镇银行的业务范围、存贷目的、是否可在所辖村开设网点等，作出更具操作性的界定。在审批和监管这些村镇银行的过程中，要谨防一些以逐利为主要目标、吸储冲动强烈的大的民间资本拿到执照，进行异常资金交易，严防集资、诈骗案件的发生。

人民银行需在"村镇银行"的金融统计、利率浮动、存款准备金、支付结算、现金管理、反洗钱监测、异常情况应急预案等方面，作出明确细致的可行性规定，支持"村镇银行"稳步发展。同时，需要解决村镇银行金融稳定的问题。由于央行履行着金融稳定职能，承担着"最后贷款人"的角色，在我国存款保险制度尚未建立的情况下，对于这些新型农村银行业金融机构一旦出现支付危机，基层央行何时介入、以何种方式介入以化解金融危机，需要进一步明确。

六是政府扶持要落到实处。

目前，地方政府给予了现有农业银行、农信社许多优惠政策扶持。村镇银行成立后，当然需要享受与农业银行、农信社一样的优惠政策扶持。这在政策上需要加以明确。

就村镇银行来说，当前急需明确的，一是人民银行应给予村镇银行一定的支农再贷款支持，以扩大村镇银行的资金实力；二是人民银行应放松利率管制，允许村镇银行根据当地经济发展水平、资金供求状况、债务人可承受能力等，自主确立贷款利率；三是税务部门应对初创阶段的村镇银行减免营业税和所得税，支持其发展壮大；四是加快建立农业政策性保险机构，为村镇银行的资金安全提供切实保障；五是建立必要的风险补偿机制，建立村镇银行服务"三农"和支持新农村建设的正向激励机制；六是监管部门应出台政策，支持村镇银行与农村信用社进行适度的有序竞争，增强村镇银行和农村信用社的活力。

此外，村镇银行所在地的政府，在各类支农、扶贫资金的代管中，应照顾到村镇银行。

七是要有更加充分的信息披露制度。

过去的农信社常常出现信贷资金投向政府形象工程，或者被政府官员强贷、霸贷，或者经营不善却迟迟得不到暴露的现象。究其原因，缺乏透明度是最重要的一条。经营活动缺乏透明度、经营结果缺乏透明度、经营监管缺乏透明度，就使当事人不被监管，内部人控制越来越严重，以至于问题越积累越多。

在今后的村镇银行的监管上，要建立更为严格的信息披露制度。比如按季在当地主要媒体公布经营情况、主要客户名单、各项经营指标、各类监管要求等。由监管部门组织成立由监管者、专家和业内人士组成的经营评价机构，定期公布评价结果。将经营情况置于公开场所，使存款人方便查阅。借以增强市场对经营者、借款人、监管者的制约，向存款人提供充分的信息。

农村企业、个人信用信息还没有纳入征信管理体系，分散在人行、工商、税务、银监、环保、经贸等多个部门，且各自为政，封闭运行，缺乏必要的信用资源整合。

建立举报制度也很重要。事实证明，许多腐败分子、腐败现象都是知情人举报，才受到惩罚的。

三、不要把村镇银行视为"洪水猛兽"

发展包括村镇银行在内的农村金融，许多人存在着模糊认识，特别是20世纪90年代末期取消农村合作基金会后，有的人甚至于把农村金融视为"洪水猛兽"，出现害怕、恐惧、鄙视等心态。其实这些都是不对的。

一是不能把农村小区域的村镇银行与"扰乱国家金融秩序"画等号。

自90年代末期农村合作基金会被"一刀切"取缔后，一些人就患上了"农村金融发展恐惧症"，有的人甚至到了张口闭口"扰乱国家金融秩序"的地步。在他们看来，农村金融发展不发展无所谓，农民有没有获得金融贷款机会无所谓，重要的是不要"扰乱国家金融秩序"。

这种心态与观点的错误在于，把农村小区域的村镇银行等金融与扰乱国家金融秩序混同了起来。国家金融秩序当然不能扰乱。事实证明，扰乱国家金融秩序者，既有农村某些金融机构，也有城市金融机构，更有国有大型金融机构，而且城市金融机构、国有大型金融机构扰乱国家金融秩序，在手法、数额上都远远超过农村金融机构。

其实，农村小区域的村镇银行即使大发展了，假使每一个县、每一个乡镇都有一个村镇银行，只要监管到位，并不会"扰乱国家金融秩序"。这是因为，第一，村镇银行存款、贷款规模都不会太大，从总量上看难以影响全国信贷大局；第二，农民贷款都是发展种植业、养殖业、小商贸等，都是国家急需的，不会产生诸如通货膨胀等影响全局的问题；第三，农民利用好了村镇银行等农村金融，将大大改善生活水平，这对于增加消费、拉动经济增长，作用也是很大的。

其实，在中国，利用非法手段扰乱国家金融秩序、并造成重大影响的，主要是国有金融机构。如2004年3月至2006年7月，农业银行辽宁省锦州市分行副行长郑凤来、黑山县支行行长刘福德等人采取借款和虚假贴现等手段，累计挪用银行资金31亿元借给一些企业和个人使用，有1.89亿元未收回，郑凤来、刘福德等人涉嫌侵占国有资金。据官方媒体2008年8月27日报道，国家审计署发现中国农业银行总行对分支机构在风险控制、资金清算、财务管理等方面监督和控制不力，造成分支机构违法、违规问题不断出现，这次审计发现的243.06亿元违规经营问题绝大部分发生在基层分支机构，甚至有内部员工参与作案。另据国家审计署2008年对国家开发银行总行和19家分行的审计结果表明，开发银行贷款审查制度执行不严格，贷后监管不到位，共发现违规发放贷款91.04亿元，贷款被挪用245.72亿元，其中58.41亿元贷款违规进入股票市场、房地产市场，以及国家限制发展的产业和领域。

国有金融机构天大的问题，没有人"放屁"；包括村镇银行在内的农村金融还没有建起来，就有人指责、讨伐，中国的金融生态怎么这样不公平?!

二是农村特别是贫困地区的储蓄能力低。

有一种观点认为，村镇银行设立于我国广大的农村贫困地区，虽然是农民自己的银行，是"穷人的银行"，具有一定的本土优势，但由于这些地区受地域自然条件和开放程度等限制，居民收入水平不高，农民和乡镇企业闲置资金有限，客观上制约了村镇银行储蓄存款的增长。更有人认为，农村现在已有农业银行、农信社，邮政储蓄正在改成邮储银行，也就是说农村金融够多了，没有必要再新成立村镇银行。

这种观点的错误在于，完全脱离了事实根据。真实情况是，农村特别是贫困地区农民不但有储蓄能力，而且并不低。当然，如果用人均绝对数、人均增长速度等指标看，农村肯定没有城市高，西部农民肯定没有东部农民高；贫困地区肯定没有富裕地区高。但是我们如果用另外的指标研究，例如，人均收入与存款比率、储蓄与贷款的比率来看，情况就清楚了。

西部贫困地区内的钱花不完，这在全国是出了名的。例如，早在20世纪80年代，云南省内金融机构年末存款余额大于贷款余额，每年在十几亿元至数十亿元；进入90年代，已达到上百亿元，例如1995年为262.6亿元；1996年上升为345.1亿元；1999年登上400亿元台阶，达430.4亿元；2001年登上600亿元台阶，达606.3亿元；2002年登上900亿元台阶，达981亿元；2003年登上1000亿元台阶，达1146亿元；之后的2004年、2005年、2006年均在1000亿元以上。据1985—2006年21年统计资料，云南省现有金融机构的存差（存款余额－贷款余额），达到了9805.7亿元。位于小凉山核心区的宁蒗彝族自治县，2006年末金融机构的存款余额6.8267亿元，贷款余额1.7616亿元，存差5亿元以上。这些贷不出去的存款，当然不会躺在保险柜里，而是以实际行动支援了发达地区，形成了奇特的、很不合理的"西部贫困地区在金融方面支援着发达地区"怪现象。

三是农民信用意识不高。

有种观点认为，在我国经济欠发达的农村地区，金融生态环境还有不尽如人意之处，一些借款户信用意识、法律意识淡漠，欠账不还，签字不认，逃、废、赖债之风不同程度地存在，信贷资金安全面临很大挑战。

这种观点的典型案例在某些农村是存在的，但是并不反应大多数事实，更不代表全部农村，因而不能得出农民信用意识不高的结论。

四是村镇银行信贷资金"农转非"现象将不可避免。

有种观点认为，村镇银行由于是"自主经营，自担风险，自负盈亏，自我约束"的独立的企业法人，各发起人或出资人必然会把实现利润最大化作为自身最大的追求目标；而农民作为弱势群体，农业、农村经济作为风险高、效益低的弱势经济，受自然条件和市场条件的影响巨大。在农业政策性保险严重缺乏的情况下，村镇银行在利益的驱使下很难实现"从一而终"的既定经营理念，它们会逐渐偏离服务"三农"和支持新农村建设的办行宗旨，寻求新的市场定位。在此情况下，发生在农村地区的国有商业银行信贷资金"农转非"现象将不可避免地在村镇银行重现。

这种观点有一定的道理。长期以来，我国农村金融城市化即"非农化"、"农转非"问题非常突出，呈现出农村支援城市、西部支援东部、贫困地区支援发达地区的现象。这一现象在农业银行、农村信用合作社中更为严重。问题是，有关部门应该采取措施，避免这种现象的出现。最重要的是经济政策引导，例如在税收上，可考虑"三农"贷款优惠，"农转非"贷款不优惠等。

五是内控和安防能力相对薄弱。

相对于农业银行、农村信用社等农村金融机构，村镇银行由于新建，内控和安防能力相对薄弱，应对农村市场错综复杂的社会治安形势能力不够。为此，如何适应驻在地社会治安形势，创建出一套行之有效的内控和安防体系，无论如何都不能轻视。特别是，农村是熟人社会，而熟人就可能存在不讲原则、出了事互相包庇等陋习。这就需要有针对性地建立一套应对措施，以防患于未然。

六是规模过小经营成本相对较高。

村镇银行成立的时间较短，网点少，现代化手段缺乏，而且依据规定，在县（市）、在乡（镇）新设立，其注册资本分别为不低于人民币300万元、100万元。显然，村镇银行经营机构的小型化、分散化，这当然有利于一般农民、农业小企业对金融服务的需求，但是在应对储户提现和其他日常运营问题上，所需的高流动性资产（如现金）与总资产的比例相对较高，形成活期存款、各种汇兑头寸较少，资金成本相对较高。特别是，农村居民作为主要客户对其缺乏了解，与国有商业银行、邮政储蓄银行、农村信用社相比，对村镇银行的认可程度将会打折扣。因此，努力提高信誉度，逐步增加硬件设施，降低经营成本，当是当务之急。

参考文献

1. 周庆海、刘灿辉：《村镇银行发展存在的问题及对策建议》，《金融时报》2008年6月16日。

2. 温跃、王延伟：《村镇银行面临的问题亟需解决》，原载《金融时报》，转引自和讯网2007年4月3日。

3. 李体锋：《村镇银行遇到的问题亟待解决》，《金融时报》2007年4月17日。

4. 王镇江：《应允许民间资本控股村镇银行》，《21世纪经济报道》2008年5月14日。

5. 《审计发现国开行58亿贷款违规进入股市楼市》，新浪网2008年8月27日。

6. 《中国农业银行审计发现243亿违规经营问题》，新浪网2008年8月27日。

注：本文曾在以下纸媒发表：《经济学消息报》2008年9月26日。

本文曾在以下网站发布或转载：中国选举与治理网2008年8月28日；天益网2008年8月28日；中国新农村建设网2008年8月29日；中国农村研究网2008年8月31日；中国乡村发现2008年9月1日；中国社会科学院农村发展研究所网2008年9月2日；

中国改革论坛2008年9月2日；学说连线网2008年9月6日；湖南农促会2008年9月8日；中国农村发展网2008年9月21日；北京农学院学科导航平台2008年11月21日。

第四节　央行率先试点农村贷款公司的尴尬

应该说，中央对我国"三农"获得贷款的老大难问题是早有察觉的，并提出了解决的要求。2004年一号文件《中共中央 国务院关于促进农民增加收入若干政策的意见》提出："要从农村实际和农民需要出发，按照有利于增加农户和企业贷款，有利于改善农村金融服务的要求，加快改革和创新农村金融体制。""鼓励有条件的地方，在严格监管、有效防范金融风险的前提下，通过吸引社会资本和外资，积极兴办直接为'三农'服务的多种所有制的金融组织。"这一决定受到了广大农民、农村企业和"三农"研究者的热烈欢迎。

2004年一号文件是2004年2月8日通过中央媒体向全社会公布的。人们看到，在2004年整整一年里，有关部门对中央的这一决定，并无任何行动。当然，也有一种可能是他们有研究，但是未公布。后来，笔者曾在一篇文章里对此表示了遗憾，并评论是"政令出不了中南海"。在2005年的一次国际研讨会的大会上，笔者曾听到人民银行有关负责人回应代表质疑，说什么还是人民银行曾召集有关部门讨论过落实2004年一号文件提出的"积极兴办直接为'三农'服务的多种所有制的金融组织"等问题。

就在有关部门对中央2004年一号文件"不很积极"的情况下，2004年12月31日的官方媒体公开公布了2005年一号文件《中共中央国务院关于进一步加强农村工作提高农业综合生产能力若干政策的意见》。2005年一号文件明确提出："要针对农村金融需求的特点，加快构建功能完善、分工合理、产权明晰、监管有力的农村金融体系。"要求"培育竞争性的农村金融市场，有关部门要抓紧制定农村新办多种所有制金融机构的准入条件和监管办法，在有效防范金融风险的前提下，尽快启动试点工作。有条件的地方，可以探索建立更加贴近农民和农村需要、由自然人或企业发起的小额信贷组织。"

在此，笔者不厌其烦的大段引述中央文件的原话，显然很是啰唆，拉长了篇幅，犯了文章写作之大忌。不过，笔者的本意是在说明中央虽然有了好的政策，但是落实却是不容易的，是有个漫长的过程的。

一、央行试点出师还算顺利

2005年5月，人民银行确定在四川、陕西、山西、贵州和内蒙古进行

"农村小额信贷组织"——贷款公司的试点。经半年多的筹备,到2005年12月27日,山西省平遥县率先试点的日升隆贷款公司和晋源泰贷款公司挂牌。按照设计,两家公司分别由企业主刘维辉等3人出资1700万元和韩士恭等4人出资1600万元组建。试点规定,这两家小额贷款公司均是用自己的钱向"三农"贷款,而且不许吸收存款,叫做"只贷不存";投放于"三农"领域的资金比例不低于70%,原则上不能跨区域经营;单笔贷款总额一般不超过1万元,最高不超过2万元。

实践证明,央行在山西平遥县试点的两家公司是顺利的。据人民银行平遥县支行提供的数据,从2005年5月成立到2006年12月31日的半年多,日升隆和晋源泰两家公司共累计发放贷款6956万元,年终贷款余额为4487万元,贷户总数达到470户以上;晋源泰实现税后利润164.9万元,日升隆实现税后利润114万元;到期贷款收回率达100%,利息收回率达100%。其中投向农业、农户的贷款达到80%以上,超过了成立之初"三农"贷款不低于70%的要求。

至2007年12月底,山西平遥县试点的两家贷款公司累计发放贷款17923万元,累计收回贷款123万元,贷款余额为6799万元,贷款户数1028户,农户贷款率为78.6%。其中农业贷款余额5344万元,占全部贷款余额的79%。2007年1—12月底,两家小额贷款公司营业利润为895万元,资产利润率为16.89%。至2007年12月底,两家小额贷款公司正常贷款余额为6784万元,占比99.78%。

2008年8月,榆次县诚汇、平遥县蔚联昇等12家民营商业性小额贷款公司获准成立,加上2005年平遥县成立的日升隆和晋源泰两家公司,目前,山西省晋中市已有14家小额贷款公司正式挂牌运营。平遥蔚联昇公司注册资金5000万元,将坚持"只贷不存"原则,秉承"支持三农"宗旨,重点扶持养殖业、种植业、林果业、农副产品加工业等产业,并为涉农中小企业发展提供资金支持。年内,该公司将为50—100户农户提供贷款500万—1000万元,为10家涉农中小企业提供贷款金额1500万—2000万元。这就是说,该公司将把对涉农中小企业提供贷款放在重要位置。

二、央行试点提示出的深层次的问题

但是在运作过程中,央行试点的贷款公司也暴露出来一些深层次的问题,给人们以重要提示。

其一,试点的代表性有多大的问题。

央行试点选择的都是经济相对发达地区。而相对于东、西部欠发达地区来说,经济发达地区有不同的特点:一是资金需求巨大;二是潜在的资金来源多；三是金融人才也多，因而试点经验就不具有在广大农村推广应用的意义。例如，山西省平遥县可以说是中国金融业的发祥地，180多年前，当地建立的"票号"（以开展汇兑业务为主的私人金融机构）不仅遍布全国，而且扩展到了美国、俄罗斯、新加坡等大半个世界，特别是很早就与美国花旗银行、汇丰银行等世界知名金融机构有着业务往来。在央行试点的平遥县两家贷款公司的股东中，绝大多数是近年来在改制过程中快速致富的煤焦行业（当地支柱性产业）的老板，经商多年，有着丰富的市场历练经验。同时，这些人又都出生于农村，对农村经济非常熟悉。因此，试点的成功率极高。一方面，这些地区确实很需要一大批新的金融机构，来满足"三农"需求；另一方面，也正因为经济发达地区试点成功率极高，就有个试点经验的推广应用问题，即是否适合全国广大农村特别是更加需要资金的西部地区实际的问题。

其二，地方政府试点的积极性问题。

根据中国现行的体制，央行作为中央政府的一个部门，其基层试点必须依赖当地政府。实际情况是，地方政府对于农村金融试点，表现出了一定的积极性。就在央行试点之前，普遍被看好的地方是四川省广元市，并一度成为国内媒体和金融人士的关注焦点。但是，在试点方案公布、进入公开招标阶段后，广元市的民营老板却应者寥寥，主要原因是政策不太明朗，让投资人对贷款公司的性质、赢利模式和发展前途，不能不充满疑虑。这种情况还影响到了其他试点地区，很多地方随后也进入了观望状态。据报道，山西省平遥县之所以走在了前面，还在于平遥县政府动用多种手段推动了试点工作的继续进行。正如平遥县银行界一位不便透露姓名的资深人士对《北京周报》记者说："平遥是中国金融业发祥地，在这次试点地区中，我们有足够的理由去争取第一的位置，否则很没有脸面。另外，我认为这可能是平遥人重塑辉煌的一个机会。"他的这种看法，得到了当地众多政府官员的默许。像这种为了脸面、为了政绩的积极性，倒是值得注意的。

其三，贷款公司的盈利模式具有可持续性吗？

央行试点规定贷款公司"只贷不存"，也就是说用自己的钱向老百姓放贷。作为当地发了财的老板，为什么不依据合同法把自己的钱放高利贷，而用来兴办约束甚多的贷款公司？当然，办贷款公司是可以赚取高于当时农业银行、农村信用合作社的利率的利息。在此的问题有三：一是在"只贷不存"约束下，贷款公司的本钱是一个固定数，贷出去一个就会少一个，而且很快就会被贷完。二是如果农业银行、农村信用合作社的利率提高了，贷款公司的高利率也就没有了优势；后来的事实证明，农业银行、农村信用合作社的利率确实提高了，也就压缩了贷款公司的获利空间。三是成为正规农村金融机构可能是当地民营企业家的梦想，但是由于对"三农"贷款具有额度小、笔数多等特点，贷款公司要支付较正规农村金融机构更多的人力、时间、物力等成本，也就无法参与农村金融竞争，要想今后发展成正规农村金融机构的梦想，恐难实现。四是按照市场经济规则和国家法律，贷款公司有钱也是可以放高利贷的，只要他们高利贷利率在法定范围内，是受法律保护的，那么他们办这种出力不讨好的贷款公司还有积极性吗?!

其四，贷款公司的身份定位含糊。

至今，国内还没有一套制度框架来界定非政府组织信贷组织的法律地位。央行的试点方案，在对贷款公司的身份定位时，就显得很为难：定位为金融机构吧，没有法律依据；要突破现行法律定位为金融机构吧，又没有胆量；定位为慈善机构吧，没有民营企业家愿来试点。正是在这样情况下，央行试点方案把贷款公司的定位就有点"四不像"：不能吸收存款，不是正规金融机构；可以盈利，却不是慈善机构。由于没有正式名分，再加上贷款公司刚刚起步，急需的财税、金融、工商管理等方面的优惠政策尚未出台，贷款公司的身份定位就不能不处于半金融、半慈善的"四不像"含糊状态。

不过，笔者却觉得，在改革过程中，应该允许各种类型、各种模式的试验！这种半金融、半慈善的"四不像"，可能就是"三农"所需要的。

其五，贷款公司的监管主体不明。

央行试点时，确定的贷款公司的监管主体为平遥县小额贷款组织试点工作实施小组，具体操作则是由人民银行平遥县支行负责。由于县实施小组只是一个由县政府牵头的、各相关职能部门参与的临时性机构，不具有行政权力和监管职能，就有个和国家银监会（局）的关系问题。

其六，公司后续资金制约其发展。

在"只贷不存"下，央行试点的贷款公司就只能利用自有资金和有限的委托资金发放贷款，不能吸收公众存款，不具有银行的"信用扩张"能力，因此后续资金不足成为制约贷款公司发展的瓶颈。至2007年12月底，平遥县两家贷款公司贷款余额占到其可用资金的99%，就是例证。

此外，令人百思不得其解的是，作为金融监管部门的国家银监会好像始终没有承认央行的试点。

三、央行试点何去何从

我们看到，自2004年中央一号文件要求"积极兴办直接为'三农'服务的多种所有制的金融组织"之后三年有余、央行2005年5月试点之后近两年，国家银监会终于在2006年12月20日公布《关于调整放宽农村地区银行业金融机构准入政策 更好支持社会主义新农村建设的若干意见》，并决定在四川、内蒙古等六省（区）进行试点。随后的 2007 年，银监会陆续发布了六个行政许可实施细则文件，对村镇银行、贷款公司、农村资金互助社的这三种新的农村金融组织，有关设立与退出、组织机构、公司治理及经营行为、组建审批的工作程序进行规范。国家银监会的决定虽然晚了好几年，但是毕竟来了。对于"政令出了中南海"，总是应该高兴的。

2007 年 3 月 3 日，国家银监会的《贷款公司管理暂行规定》（银监发〔2007〕6 号）公开发布。对比国家银监会的决定与央行的试点，差别当然较大：一是发起人限制。国家银监会把贷款公司的发起人界定为境内商业银行或农村合作银行全额出资，显然把央行试点的民营企业排除在外。二是批准机关独占。国家银监会规定"贷款公司是指经中国银行业监督管理委员会依据有关法律、法规批准"，公开排除了央行和地方政府。三是投资人规模限制。国家银监会规定"资产规模不低于 50 亿元人民币"，这就把大批低于 50 亿元人民币的中小企业排除在外，而广大农村能有 50 亿元人民币的企业几乎是凤毛麟角。四是附加条件限制。国家银监会规定第八条"设立贷款公司应当符合下列条件"，第七款"中国银行业监督管理委员会规定的其他条件"、第九条"设立贷款公司，其投资人应符合下列条件"，第七款"中国银行业监督管理委员会规定的其他条件"，在此，人们都不知道还有哪些条件。五是用银行业条件要求非银行。国家银监会规定第二十七条要求："贷款公司执行国家统一的金融企业财务会计制度"，非金融机构执行国家统一的金融企业财务会计制度，是勉为其难。

在笔者看来，国家银监会的决定与央行试点的上述有较大差别，这是再正常不过了。笔者总觉得，农村金融组织多元化、诸如贷款公司一类的金融机构多样化，在为"三农"服务中，肯定要比清一色的组织优势多，优越性多。因此，央行试点仍然要理直气壮地坚持下去。

首先，是试点金融机构还是非金融机构，最好不要硬性规定。

首选当然是银行业金融机构，也可以是非银行业金融机构。到底选择哪种模式，完全由试点的贷款公司依据具体情况来定。无论选择哪种模式，当地政府、央行和银监会都要给予大力支持，并鼓励它们在为"三农"服务中展开有益的竞争。

其次，放开试点发起人的限制。

新中国成立以来，我国的金融机构绝大多数都是由政府机构来办，实践证明是利弊各有，总的看弊多一些；个别的民办金融机构，却显示出很大的优越性。特别是民办金融机构是自负盈亏的，根本不会躺在政府财政身上，不会成为政府的包袱,以至于不得不进行股份制改革,让出部分股权给非国有企业。央行一开始就优选民营企业老板来办贷款公司,是很有远见的。

国家银监会 2007 年 3 月 3 日《贷款公司管理暂行规定》（银监发〔2007〕6 号）规定只能由农业银行、农村信用合作社等商业银行来办贷款公司,有它的道理考虑。由农业银行、农村信用合作社等商业银行来办贷款公司,当然有许多优势,例如人才都是熟悉的、体制内经验多、便于管理等特点,但是却把积极性更高、活力更强、为"三农"服务更热心的民营企业和民营企业家,拒在了试点大门之外,很是遗憾。

再次,贷款公司的主要目标,是为"三农"服务,还是"收编"民间金融?

2008 年 5 月 28 日,国家银监会和央行联合下发《关于小额贷款公司试点的指导意见》（银监发〔2008〕23 号）,规定:"小额贷款公司是由自然人、企业法人与其他社会组织投资设立,不吸收公众存款,经营小额贷款业务的有限责任公司或股份有限公司。"从而比 2007 年 3 月 3 日国家银监督会的《贷款公司管理暂行规定》（银监发〔2007〕6 号）前进了一大步,受到了东部发达地区的热烈欢迎。文件公布仅两个月,浙江省便跟进响应。7 月 25 日,在浙江成为全国开展小额贷款公司试点省份之后,全国首部规范小额贷款公司成立条件及管理制度的《浙江省小额贷款公司试点登记管理暂行办法》正式出台。浙江中小企业多,"融资难"的困扰由来已久。2007 年以来,央行数次加息,调高存款准备金率,原材料成本上涨,美元汇率下跌……一系列内、外部因素的夹击使众多中小企业深陷资金困境。一边是中小企业"嗷嗷待哺",一边却是激荡四溢的民间资金四处寻找出路——据有关方面估计,浙江的民间资金达数千亿元之多。在这样的背景下,小额贷款公司的推出可谓生逢其时。按照浙江省政府的规划,允许每个县（市、区）设立 1 家小额贷款公司;列入省级综合配套改革试点的杭州市、温州市、嘉兴市、台州市可增加 5 家试点名额,义乌市可增加 1 家试点名额。这意味着浙江将诞生超过 100 家小额贷款公司。这是目前小额贷款公司在全国的最大规模试点。

浙江银监局有关人士认为,小额贷款公司在一定程度上能发挥"收编"民间借贷的意义。这是因为,进入小额贷款公司试点,不仅是民间借贷"合法化的唯一途径",关键是借这个"壳",就有了转道进入银行的可能性。因为,小额贷款公司不能吸储,村镇银行却是可以开展存款业务的。按照浙江省的部署,2009 年 1 月,将根据小额贷款公司试点情况逐步加大推广力度,信誉好的小额贷款公司可推荐改制为村镇银行。

在此，贷款公司的主要目标，就有个为"三农"服务，还是"收编"民间金融的问题。从现象上看，这好像是矛盾的、混乱的，有待于规范。其实，我国东、中、西部农村条件差别很大，一套方案、一个模式肯定不能满足各地不同的需求。承认多样化，追求多目标，鼓励多模式，这才是试点的初衷和宗旨。

参考文献

1. 邢毅、刘泽云、俞玮：《小额贷款公司，农村金融创新的榜样》，《当代金融家》，价值中国推荐2008年7月3日。
2. 冯建华：《农村金融严重贫血 我国试点民营小额贷款公司》，浙江在线新闻网2006年3月27日。
3. 新华网杭州7月23日电：开辟企业融资新路：浙江将有百余家小额贷款公司试运行。

注：本文曾在以下网站发布或转载：中国选举与治理网2008年9月5日；天益网2008年9月9日；中国乡村发现网2008年9月12日；经济学家2008年9月16日；中国社会科学院农村发展研究所2008年9月25日；中国农村信合2008年10月21日。

第七章

民间金融组织发展研究

第一节 让民间借贷在阳光下运作

在当前新的一轮解放思想的大讨论中,承认民间高利借贷的合理性和合法性,让它们从地下转入地上,在阳光下运作,并把它们纳入正在构建的农村金融新体系中,才是正确的做法。

一、民间借贷规模大得惊人

我国的民间借贷规模到底有多大?由于调查的难度非常之大,因而至今没有任何机构、任何人作过普查,因此给出确切的、权威的答案很是不容易。但是,研究民间借贷对这一问题又回避不了,笔者在此只能从正规农村金融机构对农户借贷数量反向推测。

据银监会2007年底初步统计,仅全国农村合作金融机构的农户贷款余额已经达到12260亿元。其中,农户小额信用贷款2038亿元,农户联保贷款余额达到1351亿元。获得贷款的农户达到7742万户,占全国农户总数的32.6%,占有合理需求并符合贷款条件农户数的近60%,受惠农民超过3亿人。

另据全国农村固定观察点对2万多农户的贷款结构调查,2003年,农户借款中银行信用社贷款占32.7%,私人借款占65.97%,其他借款占1.24%。这与1995年的借贷相比变化很小。

正规农村金融机构对农户借贷占全国农户总数的32.6%和32.7%,考虑到该机构主要采用信用村、信用户放贷,其中也就必然存在一定的农户两次以上贷款,32.6%和32.7%农户总数需要修正,笔者估计在20%左右,也就和周立先生的研究结论(中国2.4亿农户只有15%获得过正规金融机构的贷款,其余85%都是通过民间借贷融资)、温铁军先生的研究结论(2001年组织对中国东、中、西部共15个省24个市、县的一些村庄所作的个案调查,发现民间借贷的发生率高达95%,高利息的民间借贷发生率达到85%)大体相符。这也就是说,还有80%左右、约1.6亿户农户不能从正规农村金融机构贷到款。如果东、中、西部每个农户每年平均约需要 1 万元借贷，那么 1.6 亿农户 1 年共需要 1.6 万亿元。如果抛出大约 6000 户农户家庭富裕、不需要借贷，那么需要民间借贷的总数也就在 1 万亿元左右。

高发先生通过一些数据进行过推算。他的依据，一是有人根据民间经济占国民经济的比重，估计民间资金需求占社会货币总需求的 30% 以上，据此，可以得出，民间金融中的资金借贷余额在"八五"期末达数千亿元。二是有人推算 1995 年民间借贷的规模高达 1000 亿元。另据不完全统计，1992—1993 年第一季度，民间非法集资达 1000 亿元。三是据民间金融异常发达的福建泉州市计委副主任讲，泉州市民间资金用于炒股的有 80 亿元，购买国债的有 60 亿元，居民的储蓄存款有 446 亿元，这样，泉州的民间资金至少有 600 亿元。同时，泉州的民间资金占整个福建省的 1/4，所以福建的民间资金至少有 2400 亿元。当然，并非所有的民间资金都参与了民间金融活动，但是这一数据从供给层面反映了民间金融发展空间和潜力之巨大。通过上述数据，他初步估计，民间金融的规模当在 1 万亿元左右。

二、法律遭遇高利贷的尴尬

长期以来，我国对于民间高利借贷一直采取道德谴责、严厉禁止、坚决打击的态度。但是，只要进入法律程序，就立即陷入了司法困境，即我们的法律其实是保护人民群众之间自愿的高利借贷的。

新中国成立后，我国当时面临的是恢复国民经济，尚未进行所有制的不断变革，官办农村金融机构也还来不及建立，民间借贷特别是高利贷随之产生，因而也就有一个应对问题。1952 年 11 月 27 日，最高人民法院关于城市借贷超过几分为高利贷的解答，复最高人民法院东北分院的函件中指出："你院法总字第 1210 号函悉。关于城市借贷利息超过几分为高利贷的问题，经函询中央人民政府政务院财政经济委员会的意见，兹据复称：'关于城市借贷利率以多少为宜的问题，根据目前国家银行放款利率以及市场物价情况私人借贷利率一般不应超过三分。但降低利率目前主要应该依靠国家银行广泛开展信贷业务，在群众中大力组织与开展信用合作业务，非法令规定所能解决问题。为此人民间自由借贷利率即使超过三分，只要是双方自愿，无其他非法情况，似亦不宜干涉。'我们认为，中央财经委员会的意见是正确的。你区吉林、辽东等省院，可以结合当地的目前具体情况，参照办理。"

中央人民政府政务院财政经济委员会的意见是完全正确的，最高人民法院把这一意见作为司法解释很是高明。人民群众之间自由借贷、借贷利率高低"非法令规定所能解决问题"，因此规定了"人民间自由借贷利率即使超过三分，只要是双方自愿，无其他非法情况，似亦不宜干涉"。

后来，随着我国所有制改造的不断升级，阶级斗争"年年搞、月月搞、天天搞"，人民群众无法安心搞经济建设，借贷行为也就很少见了。至于到了人民公社、尤其是史无前例的"无产阶级文化大革命"期间，个人已经没有了自由的经济行动，也就没有了借贷。但是那时，以教育人民为己任的媒体、文艺、思想政治工作等，不但没有放松对高利贷的道德谴责，而且道德谴责的调门更高。如此而来，高利贷成了"人人喊打"的"过街老鼠"。不过，那时由于国家法制已遭遇劫难，也就不存在法律应对高利贷问题。

粉碎了万恶的"四人帮"，特别是改革开放以来，在商品经济、市场经济的发展过程中，个人、企业作为独立经营的主体，频频发生经济行为，而金融改革严重滞后，不能满足借贷要求，民间借贷随之产生。但是，由于我国法律建设滞后，一些借贷人借了贷赖账不还，引发的纠纷不断，也就有了司法介入、法律解释的问题。1991年8月13日最高人民法院以法（民）发（1991）21号通知印发的《关于人民法院审理借贷案件的若干意见》第六条规定："民间借贷的利率可以适当高于银行的利率，各地人民法院可根据本地区的实际情况具体掌握，但最高不得超过银行同类贷款利率的四倍（包含利率本数）。超出此限度的，超出部分的利息不予保护。"

但是，这一司法解释明显存在问题：一是最高不得超过银行同类贷款利率的四倍（包含利率本数），是怎么定出来的？依据是否可靠？二是实践中有没有比银行同类贷款利率的四倍（包含利率本数）还高的投资机会，如果有，这一规定还有什么意义？

2004年10月28日，中国人民银行决定，从2004年10月29日起上调金融机构存贷款基准利率，放宽人民币贷款利率浮动区间，允许人民币存款利率下浮。金融机构（不含城乡信用社）的贷款利率原则上不再设定上限。既然银行贷款利率没有了上限，那么，最高院"最高不得超过银行同类贷款利率的四倍"的指导性意见，也就失去了实际意义。

实践中，高利贷发放者也是会做法律规避的。据报道，一是在放贷主体方面，曾多次发现即使是在调剂行借的款，借条上署名的出借人不是调剂行，而是该调剂行业主或其家属个人，并以个人名义参加诉讼。二是证据内容方面，借条上普遍不会出现明显的高利率，一般都是在出具借条的时候直接扣除高额利息，然后再写上受法律保护的利率或不约定利率。如借条上载明借款10万元，期限一个月，月息1角5分，而实际付给借款人的只有8.5万元，其中1.5万元利息已被直接扣除。法院审理时，被告一般都"理直气壮"地口头辩解该借款不是高利贷，而原告提供的证据并未超过法定保护的利率限额，使法院在证据认定上存在很大困难。

法院受理此类高利率借贷纠纷以后，通常不会直接判决支持或驳回，而是建议"高利贷者"自己降低诉求，或者协调让双方达成调解协议。但是，据同安法院执行局局长许瑞敏说，由于现在并没有法律依据，可以驳回高利贷者的诉求，因此，如果高利贷者不听法院的"建议"或"调解"，那么法院就得判决支持"高利贷"。这样的判决，无异于让法院成为高利贷的维护者。

三、行政手段为什么禁绝不了高利借贷

长期以来，我们对于高利贷的应对，就是一股脑儿地进行两方面的行政干预：一是对利率设置行政界限；二是对放贷取息行为予以取缔。然而，实际上这两种手段的收效都是甚微的。

高利贷是指以取得高额利息为特征的一种信贷活动。人们之所以愿意借高利贷，无非是生产生活急需、而正规金融又没有供给。人们手里有了点钱之所以愿意借出去，无非是为了获得点利息，而且利息是越多越好，当然也不会高到借贷者承受不了的程度。就这个意义上看，高利借贷是符合经济学上的供求规律和人们社会交往规律的。

高利借贷之所以禁绝不了的第一个原因，是社会有需求，有人要求借贷。

我国农村、农民对于金融服务的要求特别巨大，而政府认可的正规金融机构只能满足大约20%，而不能满足的80%部分靠的是民间信贷。据国务院发展研究中心农村部曾经对近2000个农户作过问卷调查，发现目前大约只有1/5的农户能够从正规的农村金融机构获得贷款。据有的专家估计，我国农民贷款需求量大约在3万亿元，而现有正规金融机构放贷为1万亿元，每年缺口2万亿元。另据国际农业发展基金的研究报告，中国农民来自非金融机构的贷款数额是来自正规机构的四倍。又据2008年1月5日，由汇丰银行和清华大学合作的《中国农村金融发展研究2007年度报告》，在有过贷款经历的农户中，67%的借贷发生在亲友之间和其他非正规金融渠道。

令人不可理解的是，我们的农村金融不但没有随着国家改革开放的深入得到必要的发展，反而是在所谓的规范化的名义下异化：一是网点逐步萎缩。现有四大国有商业银行从县城撤退，逐步收缩网点，使城乡信贷出现了断层。二是金融产品数量减少。三是服务质量下降。银行和信用社为避免"坏账"，在放贷时往往倍加小心，再加上部分借贷者信用意识差或还贷能力差，为保险起见，他们一般都谨慎放贷。四是审贷标准提高。非国有经济是国民经济新的利润增长点，它们的迅速崛起需要金融支持，但是这些企业

处于起步或成长阶段，原始积累不足，收益具有不确定性，难以符合正规金融机构的审贷标准。2004年温州调查数据表明，68.4%的中小民企没有合格的抵押资产，36.8%的民企资信状况不符合银行要求。再加上国家信贷政策的限制、融资成本过高、手续烦琐和缺乏正规的财务会计记录等，农民和中小民企几乎被排挤在正规金融机构之外。比起银行贷款来，民间高利贷随借随到、条件灵活、手续简便快捷，时间不像银行卡得那么紧，还贷可以拖延几天或续贷。因此，农民和中小民企更倾向于高利贷借贷而不是银行贷款。

农村中小民企中旺盛的借贷需求，是民间借贷得以发展的基础。据许多学者的调查，借高利贷者一般有以下几种：

一是为了吃饱饭。我国是一个多灾害的国家。当有的人家遭遇天灾人祸，导致揭不开锅、吃不上饭时，为了活命，只好高利借贷，以应急。有人会说，我们不是有民政机构的救济吗？问题在于民政机构作为行政部门，也具有官僚机构固有的拖拉、寻租、腐败等问题，也有照顾不到的时候和地方，而人在饿肚子、亲朋好友无能为力、又找不着民政机构时候，也就只有求助于高利借贷。

二是为了医治疾病。农村地区一些农民由于经济条件差，营养不良，再加之长年的辛苦劳作，往往导致严重疾病的发生，而治疗所需费用又是一般家庭所不能负担的，此时就需要高利贷的支援。有人会说，我们不是在农村搞了新农合吗？从今年起政府补贴不是也由上年的20元，提高到40元。要知道，新农合为大病病人报销的医药费比例还很低。就算中央政府和地方政府补贴合起来有80元，但是面对飞涨的医疗费和药费，仍然是个非常微小的数目。不要说贫困户病不起、医不起，就是那些一般家庭，只要有人医病，很快就陷入贫困之中。

三是婚丧嫁娶。受传统观念和先富裕农户的影响，在婚丧礼仪方面，一般农户和贫苦的人们也一定要办得体体面面，而婚丧礼仪的花费又很高。借贷者往往在礼仪准备期间借贷，等礼仪完成收到礼钱后再还款。

四是子女学费。农民亲身体验到文化不高的苦处，意识到教育的重要，因此希望子女努力学习，而目前昂贵的学费、生活费实非农民所能承受，于是高利贷成为主要来源。笔者曾经调查过云南省一些贫困地区乡村，面对子女考上大中专学校的高额学费，一部分农村干部和农民是从农村信用合作社借贷。农村信用合作社之所以愿意借贷给他们，原因在于这些人的工资是他们在发，用他们的工资作担保。大部分农村干部和农民从农村信用合作社借不到款的，只有求助于高利贷。

五是偿还旧债。现实中，总有一些人有时没有能力偿还到期的债务。然而，出于信用考虑，借贷者一般采用的办法是借一笔新债以还旧债，因为如果借贷者赖账不还的话，他就再也难以获得任何借贷。实践中，借新债还旧债也广泛被农村信用合作社所采用。

六是维持简单再生产。作为生产与生活一体化的农村家庭，为了维持简单再生产，少不了农具、牲畜、化肥等农业必需的投入。但由于收入少，贷款又困难，只好求助高利贷。

七是为了体面生活。有的借贷者为了体面生活，借贷购买一些一般日常家用品。

另外，还有些人借高利贷是用于非法赌博等其他方面。

如果我们的金融机构能够完全满足农民贷款需求，而且在服务质量方面展开有效竞争，那还有高利贷的存在市场吗？

高利借贷之所以禁绝不了的第二个原因，是有供给，即有人愿意把自己的钱放出去。

近年来随着市场经济的逐步深入，很多有头脑、善捉机会的人先富起来了。但由于前几年银行利息的不断下调，有较长时间都是负利率，储蓄很不划算；证券市场风险太大，乡镇以下又不能炒股，因而这些人苦于没有其他的投资机会，转而采用传统的高利贷借贷方式，高息放贷，以获得资本增值。发放高利贷者主要有四大类群：

第一类是较为富裕、有一定积蓄的普通人家。这个族群比较分散，财力也不怎么雄厚，放贷指向主要针对经济困难的农户和个体工商业者，放贷期限一般在一年之内，年收益率大约为10%—20%。

第二类是国家公职人员，特别是有一定灰色收入者。这部分人在个人放贷族群中占有相当比重，放贷指向主要为效益较好的国营及民营企业，放贷期限较长，一般3—5年不等，往往随着工作调动的变化而变化。由于其所放贷款多以暗中投资、入股投资、联营投资等形式进行，收益具有明显的双重或多重性，既有利息收入，还有股红收入、贿赂收入。收益率在200%—500%，甚至更高。

第三类是专门从事投资和融资的民间机构。放贷指向为风险较小的单项工程和单个生产经营项目，期限不定。年收益率在60%—80%。

第四类是有些非法或者黑社会性质的中介机构，利用信用卡套现等形式取得资金去放高利贷，或以贷养贷。放贷对象一般为个人或个体商户。

综上所述，在农村客观存在着庞大的借贷需求，也存在着一定量的货币供给，民间借贷不繁荣才怪呢！

四、评几个对高利借贷谴责的论点

我们对高利贷的谴责，主要从批判放贷者入手，提出了三方面的指控：一是说"高利贷是资产阶级、地主阶级向无产阶级的猖狂进攻"，是"阶级斗争在经济领域里表现"。这种谴责主要发生在改革开放之前，是无产阶级专政下继续革命的学说观点，不值得一驳。二是说扰乱了国家金融秩序；三是说"受资产阶级腐朽思想的侵蚀"，收取利息是"剥削"、"不劳而获"、"食利者"、"寄生虫"，总之是"不创造价值"。这显然是斯大林版传统政治经济学的观点。

先看扰乱了国家金融秩序说。

什么是一个国家正常的金融秩序？按照大多数人的看法，借贷者能够顺利地借到所需要的款，有剩余钱者能够顺利把自己的钱找到投资机会，这样的金融秩序就是好的，正常的，健康的。如果不是这样，像我们国家长期以来农村金融压制，大部分农民特别是贫困户贷不到款，这样的金融秩序算好吗？！

许多人都会联想到20世纪80年代后期因农村基金会、东南沿海一带钱会和钱庄不能兑现，而出现的当事人上访、社会不稳定的案例。有的人还往往拿高利贷逼得借贷者家破人亡的典型例子，证明高利贷是一种扰乱社会秩序的活动。实际上，80年代后期农村基金会之所以出现挤兑并导致社会不稳定，主要是被我们有的政府机关里的掌权人行政干预所致，怪就怪在我们当初制度设计时没有排除行政干预。东南沿海一带钱会和钱庄不能兑现而出现的社会不稳定，原因之一在于我们的政府机关放松管理、信息不灵，有的还参与其中。至于高利贷逼得借贷者家破人亡的典型例子，这在现实生活中是不难找到的，问题在于它有多大比例，具不具有普遍性。革命年代，这类案例常常可以起到宣传鼓动作用。建设年代，我们就必须抛弃这种砸烂旧世界的革命斗争理论，转而运用理性的具体问题具体分析。只要我们不抱任何偏见，都会看到大量高利贷中的"聚财"、"携款逃跑"等现象，毕竟是极个别，我们不能因为出了败类而取缔，就好比我们的国有银行里也是不断出现贪污腐化、盗窃等问题，怎么就不见有取缔国有银行的言论，是一个道理。

再看"不创造价值"说。

高利贷创不创造价值，要从整个社会再生产的过程中分析。在一个具有分工的社会，人们所从事的各项分工中的劳动，包括第一、二、三产业的活动，第三产业中的金融活动，金融活动中的各种服务活动，都是社会所需要的，都在为社会作出不同的贡献，也就为社会创造着财富。

过去有种理论认为，只有第一、第二产业才创造价值，第三产业不创造价值。在这种理论指导下，社会舆论中拼命强调第一、第二产业重要，变着法贬低第三产业；实践中集中力量大力发展创造价值的第一、第二产业，不创造价值的第三产业可以不下力气。有相当长的一段时间，我们把金融界的所有活动都视为"不创造价值"，搞得只剩下一个"中国人民银行"；借款搞建设被说成是"资本主义"、"不自力更生"。由于不能获得金融支持，第一、二产业也发展不起来，极大地阻碍了国民经济的发展。显然，这种理论并不反映社会现实，是一种主观臆断。现实的情况，是随着社会的进步，工业化、电气化、信息化的普及，包括金融在内的第三产业在国民经济中的地位越来越重要，对社会的贡献越来越大，其价值与创造的价值越来越被人们所认识。

人们之所以认为高利借贷不创造价值的主要理论依据，除了服务业劳动不创造财富外，还有更重要一个理论，就是资本不创造价值，而只有活劳动才创造价值。这其实是斯大林式政治经济学的观点。据有的人说，这种观点是马克思的观点。其实，这不是马克思的观点，是曲解了的马克思的观点。我们只要通读《资本论》就不难发现两点：一是马克思研究、写作《资本论》，就是为无产阶级革命、推翻资产阶级统治做理论准备，寻找理论依据。如果马克思认定只有无产阶级的活劳动才创造价值，那么他就不要鼓动无产阶级起来"剥夺""剥夺者"了。二是综观马克思的本意，应该是活劳动和资本结合起来，才创造出来新的价值。在《资本论》中，马克思运用大量篇幅，论述了货币变成资本、"钱"能生"钱"、资本增值的道理，这在我国开放资本市场、证券市场以来，已经被广大老百姓所认知并运用。

如果我们用活劳动和资本结合创造新价值的命题，就可以轻而易举地解释许多社会现象。例如，人们把一时不急用的钱存入银行获得利息，过去叫"奖励"，而其实是存钱变成了资本，与被贷款者的活劳动结合起来，就可以创造新价值，利息不过是新价值的一部分。民间借贷也是这样。试想，借贷者空有一身力气，没有资本，怎么办都创造不出财富；而一旦和放贷者的资本结合了起来，或做生意，或购买良种、化肥、农药种植承包地，或搞养殖业，也就有了垫本，新增财富也就创造出来了。在这一过程中，放贷者起到了非常重要的作用，也付出了必要的劳动，据此获得新价值的一部分，也就是现在大家常说的资本回报，是完全合理的、合法的。

三看高利贷的历史地位。

长期以来，我国社会中对高利贷的历史地位，一直存在着小生产者分化说，认为残酷的高利盘剥使小生产者在极端困难的条件下维系简单再生产，从而使社会生产力发展受阻。考察一个社会生产力发展是促进还是受阻,应该有多种因素在起作用,而不能简单地归于某一种因素。当然,也有一种因素起着主要决定因素的情况,但是那必须是在其他因素都大致相同的情况下。此外,民间高利借贷盘剥的确使小生产者在极端困难的条件下维系简单再生产,但是,一方面小生产者如不借贷就连简单再生产也维持不下去;另一方面如果小生产者破产,被其他人收购或兼并,社会生产力发展并不一定受阻。这是因为,小地主收购或兼并成为了大地主,小业主收购或兼并成为了小老板、小资本家,在一定条件下还有利于社会生产力发展。

还有一个错误的观点,高利贷资本导致的高消费对社会无利说,也是不符合实际的。

传统观点认为高利贷具有资本的剥削方式,却不具有资本的生产方式,即货币在贷者手中作为资本使用,使货币增值,但借入者无法把它作为资本来使用,只能作为购买手段或支付手段解决燃眉之急。这一命题的论据,反映了一部分事实,并不反映全部事实,因而是不能成立的。因为按照经济学常识,资本有固定资本和流动资本的区别,对于再生产过程都是重要的,不存在哪个重要、哪个不重要的问题。购买手段或支付手段属于流动资本,怎么就不重要呢?

按照高利贷资本导致的高消费对社会无利说法,高利贷资本来源于商人、官吏、宗教机构,主要用于生活性的高消费,有的还是奢侈性消费,因而与社会生产没有直接的密切联系。其实,社会中所有人都要生活性消费,这应该是常识。其中有的收入高的人会高消费,甚至于会奢侈性消费,只要不违背国家法律,就不要横加干涉。因为这种消费,第一是消费者自己的行为,由他自己负责;第二是这种消费的对象需求,也可以为社会提供了需求,提供了就业机会;第三是随着社会的发展,人们认识水平的变化,过去不提倡的,今后可能就提倡,不存在一个价值不变的东西。

在历史上,高利贷在客观上促进了资本主义前提条件的形成,即高利贷者手中集中了大量货币资本,实现了资本的原始积累,而大批小生产者、封建主破产,成为无产者,又为雇佣劳动创造了条件。在我国现在的社会,民间高利借贷是农村经济发展的主要资本支持,对于解决一般农户和中小企业贷款难、帮助他们维持简单再生产和扩大再生产、繁荣农村经济,起着非常重要的作用。由于民间借贷的种种便利和在社会经济生活中所具有的地位,以及普遍发挥的现实作用,这一行为已在社会公众的思想观念上获得了广泛的认同,就像"臭豆腐"一样,闻着"臭",吃着香。

至于高利贷是吸尽农民脂膏的恶魔说,也要具体分析。

一些利率奇高的非法高利贷，确实使借款人的收入增长不足以支付贷款利息的情况出现。当贷款拖期或者还不上时，出借方经常会采用不合法的收债渠道，如雇佣讨债公司进行暴力催讨等。于是，因高利贷死亡、家破人散、远离他乡、无家可归的现象数不胜数。有的人已经被高利贷吸去了最后一滴血，往往都是身无分文，在外流浪，也成为了社会不安定的因素。这就是以往小说、电影常常描述的面目狰狞、充满血腥、吸尽农民脂膏的"黄世仁情景"。

　　在旧的封建社会，确实出现过因高利贷死亡、家破人散、远离他乡、无家可归的现象。对此我们首先应该批判的，是当时腐败政府的不管不问。第一，腐朽的封建社会没有发达的金融系统可供老百姓借贷；第二，腐朽的封建社会没有社会救济体系；第三，腐朽的封建社会没有司法部门可供老百姓讲理。

　　在现代社会，我们的首要任务，就是建立发达的金融系统，供老百姓自由地借贷；建立完善的社会救济体系，不管谁发生困难，都要随时给予救济；再加上公平的司法部门可供老百姓讲理，还怕民间高利借贷吗?！

　　五、怎样使民间高利借贷从地下到地上，在阳光下运作

　　目前，大家对于发展民间金融已经取得了共识，但是在如何发展上则存在着两种不同的路线：一种主张由一个政府机关垄断试点，并严格审批、严格管理；另一种主张在严格管理的同时，放开民间金融。

　　第一种主张显然是从稳定社会局势的角度考虑的，其内心指导思想是不相信老百姓的创造力，也不相信地方政府能够指导好民间金融。他们忘记了中国的农村改革首先是农民创造的历史事实，忘记了那时反对派也是举出相同的反对理由，有的甚至于比现在的反对理由还吓人、唬人；而正是由于当时任安徽省委书记的万里、任四川省委书记的赵紫阳的支持而没有被取缔，后来由于邓小平的支持才被中央采纳。实践证明，放开了土地承包，天没有塌下来，主义没有丢，反而一举解决了困扰中国几千年的吃饭问题，因而被载入史册。那么，现在我们的政府管理水平已经大大提高，人民群众的文化、信誉、金融素质更是大大提高，放开民间金融会出乱子的想法，是多余的，不足取的。

　　1. 认真学习资产阶级是怎样打败高利贷的经验

　　以取得高额利息为特征的民间高利借贷活动，是最原始的信用形态，有着很古老历史渊源，但是它最终还是被资产阶级打败了。在此，我们有必要学习新兴资产阶级打败高利贷的历史经验。

　　新兴资产阶级向高利贷斗争的中心，最初利用立法、宗教来限制高利盘

剥，但因许多官吏、宗教机构本身就是高利贷者，收效不大。后来新兴资产阶级主要通过建立新式银行制度，以低利率放款支持资本主义工商企业，是把利率降至平均利润率之下，使高利贷失去了活动领域和势力，没有了立足之地，这才击败了高利贷，迫使其有的转变为新式银行，有的歇业，有的破产。

2. 下决心放开农村金融

长期以来，我们对于高利贷所采取的不承认、不支持的默认态度，实践证明不但什么问题也没有解决，而且还带来了产生压抑问题的后果，是不足取的。

使民间高利借贷从地下转为地上，政府和社会只不过在口头上承认其存在的合法化就可以了。当然，问题也并不是一声宣布就解决了。要区分具体情况，对于个人与个人之间的私人借贷，可以不去干涉；对于地下钱庄，可以帮助其转变为村镇银行、农村基金会；对于以互助为目的的各类"摇会"、"抬会"、"和会"等，可以帮助其转变为农村基金会。当然，对于纯粹以诈骗手段牟取暴利的集资等，要坚决依法取缔。

放开农村金融并不是政府不管不问，而是有一个符合市场经济原则的正确管理。笔者的具体建议有三：一是建立申报备案制度，即借贷合同报一份给监管机构备案；二是监管机构接到备案合同后，没有问题不予答复，但是要汇总利率以便公布；三是发现问题，则按照有关规定处理。

3. 采取多种措施保护借贷人的利益

中外历史上，曾多次出现借款人的收入增长不足以支付贷款利息的情况。当贷款拖期或者还不上时，放贷方经常会采用不合法的收债渠道，甚至于进行暴力催讨等。于是，有的因还不起高利贷而被逼死、家破人散；有的家中牲畜被牵走、家具被变卖抵债；有的为躲债而远离他乡、无家可归；如此等等。

进入现代社会，西方发达国家与地区的放贷人总结了经验教训，弄明白了催逼借贷人是收不到预期效果的，转而与借贷人一起商量出了许多可行的变通的办法。例如，借新债还旧债、一定时期豁免、以劳工抵债、组建为借贷人担保服务的机构等。虽然有的办法看起来不是很人道，但是确实起到了一定的作用，保护了借贷人的利益，使他们不再为债而活不下去，维护了社会稳定。

4. 采取立法和司法措施保护债权人的利益

根据国家《物权法》、《民事诉讼法》保护私人财产的有关规定，建议有关部门制定并实施保护债权人利益的法规，而不是打击他们。

冯兴元曾建议不能把民间金融的良性发展看作为"扰乱金融管理秩序罪",是非常有道理的。金融秩序由两个部分组成,一部分是正式金融秩序,另一部分为非正式金融秩序。民间金融活动所形成的是非正式金融秩序,是一种自组织的金融秩序。迄今为止的民间金融活动从总体上表现出很高程度的流动性、安全性和广义上的收益性(包括互惠活动的非金钱收益)。

但是实践中往往把民间金融的发展,看做是"抢夺"了正规金融机构的生意。这种看法是不懂得竞争的必要性和优越性,仍是所有制歧视。

5. 建立一种有效的民间借贷利率信息的发布机制

对此,陈志武先生提出了一个很好的建议,即真正降低高利贷的办法不是打倒高利贷的放贷者,而是通过电视、报纸或互联网把每个乡、县、市和省的利率信息分别报道出来,这可大大加快民间金融的发展,给老百姓带来更好的致富和改善生活的机会,这才是长久有效的发展农村经济的途径。

6. 鼓励正规金融机构开展个人委托贷款业务

毛金明曾建议鼓励正规金融机构开展个人委托贷款业务,也是值得试验的好主意。发挥银行、农村信用合作社等正规金融机构信用中介的职能,为民间借贷的双方牵线搭桥,根据委托人确定的对象、用途、期限、利率等代为发放、监督使用并协助收回贷款,收取一定的手续费,不承担贷款风险。通过个人委托贷款业务,资金出借者不但风险更小,同时也可作为个人理财的渠道之一,为委托人提供更多的投资理财机会,最终有利于使民间融资由地下操作变为规范的市场融资行为。

参考文献

1. 温铁军:《我国农村普遍发生高利贷的问题、情况与政策建议》,载温铁军《三农问题与世纪反思》,三联书店 2005 年版。
2. 周立:《中国农村金融体系发展逻辑》,《农村经济导刊》2005 年第 12 期。
3. 郑金雄、许瑞敏:《民间"高利贷":让法院左右为难》,《人民法院报》2007 年 9 月 24 日。
4. 陈志武:《反思高利贷与民间金融》,《新财富》2005 年 8 月号。
5. 温铁军:《农户信用与民间借贷研究——农户信用与民间借贷课题主报告》,中经网(http://forum50.cei.gov.cn/newwork/cyfx_wtj_20010060702.htm)。
6. 毛金明:《民间融资市场研究——对山西省民间融资的典型调查与分析》,《金融研究》2005 年第 1 期。
7. 高发:《中国民间金融问题研究》,《金融教学与研究》2005 年第 4 期。

注:本文曾在以下纸媒发表:《改革内参(决策版)》2008 年 6 月 20 日出版的第 25

期（总第589期）第26—29页。

曾在以下期刊、网站发布或转载：北京大学天益学术网2008年3月3日；中国选举与治理网2008年3月4日；中国农村发展网2008年3月4日；银行信息港2008年3月4日；网易博客/湖北爱的日志2008年3月4日；学说连线网2008年3月21日；山东金鉴投资公司2008年3月19日；《中华经理》学刊2008年4月2日；凯迪社区/猫眼看人2008年8月18日；山东民间借贷2008年8月27日。

第二节 云南丽江纳西族"话丛"可以"改造"成农民资金互助社

在举国上下为农村金融发展滞后、改革难以推进、民间金融始终不能获得突破的情况下，根据中央、国务院自办2004年一号文件以来关于建立多种所有制农村金融体系的一贯要求，可以先放开一些民间现有的金融活动，赋予其发展空间，使其发展成为农村金融的主力军之一。例如，云南丽江民间的"话丛"，就可以"改造"成农民资金互助社。

一、什么是"话丛"

"话丛"，是云南省西北部丽江地区纳西语的音译，意为亲戚朋友之间的聚会。这种"话丛"聚会，是当地农村自发形成的、村民以资金为纽带的、互相帮助、共同行动的、松散的自治组织。近几年来，"话丛"已经从过去的经济互助，向社会交流和娱乐为主的方向转变。"话丛"所代表的经济联系、社会交往和娱乐方式，成为丽江地区纳西族人们日常生活不可分割的一部分。

"话丛"的最早的原意为互相帮助、接济。因为生产力水平很低，经济落后，大家生活都比较困难，一年劳作连饭都吃不饱，遇到哪家红白喜事没有足够的钱来采办时，于是各家凑钱以供该家急用的办法应运而生，很快形成一套固定的制度。再后来，丽江一带成为南方丝绸之路的要道，北上川蜀，西出青藏，南赴印缅，东去黔湘，人来人往，热闹非常，或做生意、或跑马帮运输、或开旅店饭馆，都需要本钱，但是谁也没有能力一下子拿出来一大笔钱，于是人们想出了大家互相帮助、聚小钱为大钱的办法，很快形成一套固定的制度：约定亲戚朋友若干个，每人每月拿出100元（或约定的数额），大部分交由（或抽签决定）其中一个人使用，少部分用于大家聚会的吃饭喝酒之用。这种经济互助的办法，与平原地区的"摇会"、"抬会"差不多。只是近几年来，丽江地区"话丛"的经济互助功能减弱，演变成以聚会、娱乐（打牌、打麻将）、打跳（一种舞蹈）、大吃大喝、联络感情为主，有的已经变成了纯粹的文化娱乐功能。

二、"话丛"是怎么运作的

作为一个农民自发的组织，首先要有一个领头人，有几个骨干分子。"话丛"也不例外。"话丛"的领头人，可以是群众推选，也可以自荐。领头人可以得到的好处，一是一般由他（她）第一个做服务者，即大家把会钱交给他（她）掌握使用，在他（她）家聚会；二是领头人可以获得做领袖的自豪感。

一个"话丛"的人数，并无定数。大一点的，有二十几人，三十几人，个别的有四五十人的。小一点的，几人，十几人。如果是不计算先用钱或后用钱，不计算利息，那么多少人无所谓；而如果计算先用钱或后用钱，计算利息，那么为了计算方便，往往就依12人即一年中每月一次活动，来选择"话丛"人数。

在一个"话丛"里，每人出的钱是平等的，一样多，不会出现你出的多我出的少的情况。一般的，都是一个整数。如10元、50元、100元、200元，高的有每人每月500元的。但是，每人出钱多少，一是根据当地的经济条件，一般来说，经济发达地区多一些，贫困地区少一些；二是具体数字都是由一个"话丛"里大家讨论决定的。

"话丛"的活动内容，一般来说有以下几类：一是吃一顿宴席。讲究的、排场的到城里宾馆饭店定一个包间，一般点的找一个街边餐馆，差一点的就在轮流承办人家里办。二是议事。有议本"话丛"事务的，有议村内事务的，有议红白喜事的，有议扶持别人的。三是信息交流。有交流生产经营信息的，有交流市场信息的，有交流国内外大事的，有交流十里八村趣闻逸事的。四是娱乐。有的打牌，有的打麻将，有的打跳，有的唱歌，等等，总之是随便。

"话丛"有一定的规矩，不能随便退出，如果有哪一个人想退出，必须至少把一轮轮完以后再退出。每个月的"话丛"，如果实在不能参与，可以不参与，但是，钱必须交。

三、"话丛"对当地农民有什么作用

作为人民群众自发组织的自治组织，"话丛"对当地农民具有非常大的作用。

一是资金互助的唯一形式。

自20世纪90年代以来，云南省丽江地区利用丽江古城、玉龙雪山、东巴文化等资源，大力发展旅游，赢得了当代世界很大的名声，一部分人很快富裕起来，但是绝大多数人却仍然处于低收入和贫困状态。

究其原因，人们提出了地处偏僻说、交通不便说、经济落后说、农民素质低下说、投资不足说、商品经济说，等等。但是，最重要的是社会并没有给当地农民创造平等的发展条件，其中农村金融落后就是突出的表现。

"话丛"弥补了一部分缺口。但是由于种种原因，这种"话丛"尚没有发展到自觉的农民资金互助的高度。

二是信息交流的主要场所。

随着市场经济的发展，人们对信息的渴求越来越大，以聚会、交流为内容之一的"话丛"应运而生。在市场经济环境中，人们对信息的需求是多方面的，但是我们现有的媒体并不能完全满足，这就为"话丛"的应运而生提供了需求。一方面，我们的主流媒体（包括报刊、广播、电视、文艺等）主要担负着"教化"的职能；另一方面，我们又在"严管"的名义下，没有开放媒体，不允许私人媒体作为主流媒体的补充，人们需要的休闲、生产经营等信息很少，满足不了人们的要求。而在"话丛"这种人们自发的聚会上，参与者都是亲朋好友，谁也不会对别人使坏心眼，更不会重复史无前例的十年"文化大革命"的那些"揭发"、"举报"等丧尽天良的勾当，特别是参与者交了钱，喝了几杯酒后，便不由自主地打开了话音，尽说些感兴趣的事儿，交流的信息也就更广、更宽。至于那些心里的苦闷、愁绪、怨气、愤怒，等等，也都发泄出来了，由此而来也就解了闷、消了愁、出了气，心情好受多了。这样看来，这对于保持社会稳定，也有一定的现实意义。至于"话丛"上参与者交流的生产经营、市场销售等方面的信息，更是大家所称道的。

三是文化娱乐的主要机会。

"话丛"时，除了吃饭，往往都要进行打跳、唱歌、打牌、打麻将等活动。

所谓打跳，是云南西北部地区老百姓喜闻乐见的一种载歌载舞的活动。打跳时，都由一名技巧高者领头，男女老少手拉手，围绕成一个圆圈（有时有篝火），按照领头人的步伐起舞，隔一段时间变换一次步伐、歌唱几句。参加打跳的人不嫌多，越多越热闹。

四是感情沟通的重要纽带。

我国农村实行家庭承包经营责任制以来，农户以及村干部都忙于自己家庭的经营，感情交流与沟通少了，有的同一个村甚至于一个月、几个月都不联系一次。市场经济改革深入发展后，城里人也都忙于自己的经营，除了离退休人员外，大家没有时间闲聊，联络也不多，无事连话也不说。时间一久，沟通少了，互助少了，感情也就淡漠了。

"话丛"正好弥补了这一缺陷。"话丛"时的吃饭、打跳、唱歌、打牌、打麻将等活动,已成为参与者进行感情交流、沟通的好时机、好纽带。

五是村民自治的崭新形式。

我国农村在行政村和自然村两级实行村民自治,始自1987年,至今已20多年,取得了举世公认的成就,但是也存在着乡镇指定候选人当选后只对乡镇负责、选举过程不规范、有的地方农村家族宗族操纵选举、有的选举出的负责人以权牟私等问题。特别是,由于只有村委会、村民小组这样一种村民组织,没有竞争,也就没有村民所需要的良好的服务。

云南省丽江地区的"话丛",正好弥补了现有村委会、村民小组之不足,在某种程度上还与其开展了友好竞争,因而也就成为村民自治的另一种崭新形式。

四、怎样把云南丽江"话丛""改造"成农民资金互助社

自2004年中共中央、国务院一号文件提出:"要从农村实际和农民需要出发,按照有利于增加农户和企业贷款,有利于改善农村金融服务的要求,加快改革和创新农村金融体制。""鼓励有条件的地方,在严格监管、有效防范金融风险的前提下,通过吸引社会资本和外资,积极兴办直接为'三农'服务的多种所有制的金融组织。"这里说的"积极兴办直接为'三农'服务的多种所有制的金融组织",当然包括农民自己的资金互助社。经过几年的理论讨论,人们对于农民自己的资金互助社的必要性、重要性,已达成了共识;但是,对于怎么样建立农民自己的资金互助组织,却是谁也说不清楚。2007年1月22日国家银监会发布的《农村资金互助社管理暂行规定》,终于宣告中国的农民可以发展属于自己的资金互助社,但是这种农村资金互助社的暂行办法的门槛过高,许多地方难以推行。

笔者认为,真正解决我国农村金融体系、体制和机制问题,应当确立这样的标准:一是绝对多数农村都可以设立,而不是只允许一部分村庄设立;二是绝对多数农民都要参与,都可以轻而易举地获得贷款等服务,而不是仅有一步登天的农民获得服务;三是针对贫困地区的农村金融,还必须把贫困户能贷的款作为唯一的标准。

参照上述标准,笔者觉得,适应农民需求和农村特别是西部地区实际的农民资金互助社,完全可以参考像云南丽江"话丛"的经验,或者说只要把"话丛"稍加"规范",就可以把"话丛""改造"成农民资金互助社。

第一,赋予"话丛"农民资金互助的职能。

第二,可以逐步加以规范,但是不能是国家银监会理解的那种农民资金

互助社。银监会理解的农民资金互助社，也是需要的，可以作为中国"多种所有制农村金融组织"中的一种，但是不能是唯一的一种。中国很大，各地农村的情况千差万别，各类农户、农业企业的需求五花八门，农村金融的组织、机构、金融产品、金融服务等，理应"百花齐放"。

第三，当然，政府的扶持是不能少的。谈起政府扶持，人们往往想起政府干预。20世纪90年代末期中国农村合作基金会，由于地方政府行政干预出现了呆、坏账，以及不能兑现而引起的危机。因此，地方政府一定要跳出行政干预的旧习惯，不能把干预当成扶持。此外，地方政府也不能包办、代替农民资金互助社的日常工作。政府扶持主要包括：与农业其他企业一样享受税收优惠，简化登记注册手续，允许融资、拆借以补充本金，免费提供培训等。

第三节　发展农村民间基层金融组织

我国全面建设小康社会，国民经济的持续稳定发展是前提，"三农"即农村发展、农业产业结构调整和农民增收是基础。而解决"三农"问题，金融是最大的制约瓶颈。

我国对金融业管制历来严格，对农村金融业管制更为严格，但是严格管制并没有也难以制约农村民间金融的存在与发展。凡是不抱有成见的人们都会发现这样的事实，正是民间金融的存在与发展，才保证了农村发展、农业产业结构调整和农民增收对金融的需求。

值得欣慰的是，2004年一号文件《中共中央　国务院关于促进农民增加收入若干政策的意见》中，明确提出要鼓励发展农村多种所有制形式金融。这一具有历史意义的重大决策，为农村民间金融组织及服务的发展，提供了依据，指明了方向。

一、农村民间金融组织与服务是农村发展中的基础性支撑之一

（一）农村金融组织与服务是农村发展中的核心

当前，中国解决"三农"问题乃至农村的发展，最重要的是要提高农业的综合生产力，这就需要改善农业生产基础条件、技术装备和农民的素质。舒尔茨的农村发展理论认为，"贫穷而理性"的农民摆脱贫困的唯一出路是新资源的输入，资本就属于最为稀缺的新资源之一；因为输入的新资源能够为农户带来最大的边际效益。根据交易成本的理论，改变当前的状态需要投入一些改变所需要的成本再加上重新发展的资本投入，包括扩大再生产所需要的成本和转移投资所需要的成本。如果按照等产量线原

理，生产同样的产量可以有多种不同资源的组合方式，农村的发展可以通过投入更多的其他资源来弥补资本的不足。一般来说，有土地、劳动力、适用技术和资本四个资源变量可以更多投入：一是土地，它是一个不能增加的量；二是劳动力，其投入基本上也接近饱和；三是适用技术，在此我们假定适用技术已经解决，那么剩下的就是资本了。农民只有获得必要的资本供给，才能购买到足够的化肥、农药、农机、薄膜等投入土地，才能有相应的产出和收益。然而，农村发展的瓶颈一直是对资本的需求，即农村金融贷款供给严重不足。

实践证明，目前农村大部分农民得不到现有农村信用合作社、农业银行等金融部门的贷款。我们在云南省大理白族自治州南涧县沙乐乡的调查中，发现该乡仅有4%多些的农户可以从金融部门得到发展所需要的贷款，因而经济状况一般相对较好，其余的96%仍处于贫困状态。正因为农户得不到发展所需要的资本，他们没有能力购买可以使得他们的粮食产量翻番的化肥和良种，不能够发展在当地条件下边际收益率最高的畜牧养殖业，更没有出外打工的路费；他们的下一代的教育仅是有限的小学阶段；他们必须以生态环境的破坏为代价来解决生存问题等。总之，在没有边际效益更高的资本使用的前提下，在仅仅依靠农民自己的原始积累而没有外界的新资源输入的环境下，农民的生存方式、生产技术水平、劳动方式不会发生任何改变，中国的"三农"问题也仍然会原地踏步，不会得到很好的解决。因此，中国的农村发展离开了金融组织的支撑是一句空话，无任何意义。

（二）现有农村金融组织无法满足农贷需求

全国人大常委会金融支农调研组的调研情况表明，全国金融支农存在信贷资金不足、农村资金外流严重、农户贷款难、贷款满足率不高、小额信用贷款不完全满足农户需要、金融机构提供的服务比较单一、尤其是农业保险严重滞后等多个方面的问题。现在的农村金融体系从整体上看，已经不适应农村信贷的特点和农民的金融需求。由此，为民间金融组织的存在与发展，提供了广阔的空间。

如果说上述是民间金融组织发展的必要条件，那么以下内容就是加快进入的催化剂。农村的金融组织在面临正规金融组织真空地带的条件下，政府政策的支持无疑是其发展的充分条件。2004年的国家一号文件已经表达出允许农村多种所有制金融的生存的政策规定。在国家放开农村金融的良好环境下，因利益驱动必然会有大量的供应者进入农民民间金融这片沃土。这些充分必要条件的具备必然给我国农村的金融组织创造更为广阔的发展空间，也为我国农民的增加收入创造了一个良好的氛围,这是解决"三农"问题的前提和基础。

(三) 现有农村基层金融组织何以满足不了农贷需求

一是农业银行已从乡村"下山回城"。1997 年以来,农业银行进行商业化改革,市场定位和经营策略发生了重大变化,企业化行为日益突出,出于追求效益的冲动,大规模收缩经营网点,压缩基层经营机构,竞争的视角也从农村转向城市,利润导向的结果是放弃现有的农村市场。据统计,目前农业贷款仅占农业银行各项贷款余额的 10%。与 1998 年相比,1999—2001 年农行的农业贷款分别减少 37 亿元、491 亿元和 508 亿元。

二是农村信用合作社商业化改革将背离为农服务的宗旨。农村信用社毕竟是官办色彩较浓的集体金融组织。1996 年,农村信用社从农行脱钩,意在恢复其一级法人合作性质和"三性"原则,但是,经过几年努力,并无实质性的进展。近年来,农村信用社正在进行改革,在省一级建立统一法人、改组为农村商业银行或农村合作银行,这当然可以减少其经营的风险性,并且大大提高其扩大业务的积极性,但是也必定会加大其向中小农户、中小私营企业以及乡镇企业提供贷款的交易成本,而且诱导其向非农业扩大业务的可能性,从而背离农民金融合作的本质。

三是农业发展银行业务范围狭窄,功能单一。早期农业发展银行还承担着以固定资产贷款为主体的各类农业开发和技术改造贷款等生产性贷款和扶贫贷款等功能,目的是改善农业生产条件和促进贫困地区经济发展。但后期由于政策调整,农业发展银行仅是在农产品收购方面发挥着政策性金融组织的作用,其业务功能单一地退化成"粮食银行"。

四是农村合作基金会被"一刀切"地取缔。20 世纪 80 年代中期,我国实行包括农村合作基金会在内的十大农村改革实验,试图解决农村贷款难的问题。到 1996 年,全国农村合作基金会的存款规模为农村信用合作社的 1/9。一项全国性的调查表明,农村合作基金会 45% 的贷款提供给了农户,24% 的贷款提供给了乡镇企业,两项合计占 69%。这不仅大大超过了农业银行的相应贷款比例,而且超过了农村信用合作社的贷款中投入农村经济的比例。由于农村合作基金会不受货币当局的利率管制,因此其贷款利率较农村信用合作社更为灵活,贷款的平均收益也更高,在乡镇企业发展、农民增收等方面作出了突出的贡献。遗憾的是,农村合作基金会发展不久,便被当地党、政干部所干预甚至于把持,由此而来产生了大批呆账、坏账。在不能取现的情况下,有的地方相继出现了重大的激烈冲突。为此,国务院 1998 年 7 月颁布的《非法金融机构和非法金融业务活动取缔办法》,要求全部地、"一刀切"地取缔农村合作基金会，农民建立自己金融服务组织就越来越困难。

五是邮政储蓄分流了农村金融资源，削弱了金融支持农业的应有力度。我国自 1999 年开办邮政储蓄以来，旨在方便农民特别是外出农民工汇兑款。但是，由于制度设计缺乏周密论证，考虑不周，邮政储蓄只存不贷，变成了农村金融资源的"抽水机"。邮政有近 3.2 万个营业网点吸收储蓄，储蓄规模发展很快。年吸纳存款储蓄额度从 1998 年的 557 亿元增长到 2002 年的 1465 亿元。2002 年底余额已达 7376 亿元，其中 65% 来自县及县以下地区，乡镇及其所辖地区农村占 34%。此外，由于邮政储蓄转存利率长期过高，计息方式不合理，邮政储蓄的资金价格与金融同业相比有较大的级差，竞争优势明显大于农村信用社。以周、月为例，2004 年以来邮政储蓄新增储蓄存款为农村信用社两倍。

此外，除了面向农业和农户贷款的金融机构不断减少外，农村金融资金还通过金融机构大量流出农村。据国务院发展研究中心课题组推算，1979—2000 年，通过农村信用社和邮政储蓄的金融资金净流出量为 10334 亿元。其中农村信用社净流出 8722 亿元，邮政储蓄净流出 1612 亿元。

（四）农村民间金融组织一直没有获得合法地位

新中国成立以来，除了仅在 50 年代初中期允许发展的农村信用合作社外，其他农村民间金融组织一直没有获得合法地位。改革开放后，为调解民事纠纷，司法部门允许并保护民间借贷利率在人民银行规定的同期、同档次贷款利率的四倍以内的利息。但是，法律及司法部门并不保护农村民间金融组织。

20 世纪中期试验的农村合作基金会，仅仅存在了十多年便被"一刀切"地取缔后，农民建立自己金融服务组织就越来越困难，包括一些以扶贫为目标的准金融机构（具有金融服务的功能，却没有合法的金融机构身份）也处于金融管理制度的灰色地带，农民金融的有组织状态到此走完了一段路程。

随后，我国相继出台了一些针对农村金融的政策，也都不允许民间金融存在。至于世界银行、联合国各组织援助的农村发展项目，中国政府一般都网开一面，默认其进行一些农村金融方面的活动，但其从事的所有农村金融活动都是不以盈利为目的，只有无偿地投入，而且他们自己几乎不要求任何经济收益回报。

由于对农村有益、对农民有利，我国民间金融始终客观存在并顽强发展。又由于完全处于非法的状态，却为高利贷的滋生创造了广阔的空间和肥沃的土壤，其结果是更不利于农村金融和农村经济发展。

二、农村民间金融组织始终扮演农村金融组织的主体

由于商业化的正规金融与高度分散、兼业化的小农经济之间交易费用过高，农业劳动力投入产出的连续负值使得资金连平均利润都不可能得到，因此，农业银行退出农业、农村信用社离开农户，民间借贷占领农村信用领域本属题中应有之意；现实中，农村的发展一直靠非法的民间金融来带动。据国际农业发展基金的研究报告，中国农民来自非正规市场（民间金融）的贷款大约为来自正规信贷机构的四倍。对于农民来说，民间金融市场的重要性要远远超过正规金融市场。实地调查也证实了这一点：例如，温铁军等人对中国东部、中部、西部共15个省份24个市、县的一些村庄进行了个案调查，发现民间借贷的发生率高达95%，高利息的民间借贷发生率达到了85%。据估计，仅在浙江温州市，地下金融的规模就已达到600亿元人民币之巨。民间金融组织扮演着不可缺少的角色，农村集体企业、乡镇企业、农民个体户以及一些处于贫困状态的农民都是从这些农村民间金融组织中得到了贷款，解决了生存问题，并有长足的发展。这些民间金融组织产生于农民存在巨大需求的时刻，并且几乎是农民唯一的贷款依靠，按照市场经济的供求关系的定价原理，在供给小于需求的情况下，这些金融组织可以获取足够的利润，这就是特殊情况下它们能够存在的理由。随着对民间金融组织政策性放活的调整，多样化的农村民间金融组织形式会逐步出现，农民也将会面对更多的金融产品，在到达供求均衡前的相当长时期内，先前已经存在的民间金融组织仍然会获得足够多的收益，虽然此时的收益率小于先前的收益率，但是这些组织会一直有收益，所以他们也仍然会继续为农民服务，并且扮演着"服务于农"的主角。

（一）民间借贷

1. 亲朋好友间互助借贷

亲朋好友间互助借贷一般不收利息，纯粹是互相帮助、救济、救助的性质，体现了人们之间的情谊。这一次你帮助了我，下一次你有困难我肯定要帮助你。据湖北省农调队对该省3300个农户调查，2003年农民向亲朋好友、左邻右舍相互借贷占借贷总额的比例高达54.3%，向信用社贷款只占11.2%。

为了更有成效地实现互助借贷，有的地方还成立了自愿性质的、松散的组织。一般是由一个村庄、一个大的家族、一个宗族内的德高望重、并有组织能力的领袖人物出面，组织大家凑钱，对一时陷入困境的农户进行帮助。但是，这些借贷到期必须归还本金，一般不收利息。

2. 仅收少量利息的民间借贷

在亲朋好友间互助借贷中，不收利息的为数较少，大多数是收利息的。这是因为，借贷者必须感谢亲友，同时也给予他们一定的借款还款压力。月利率一般在一分（年息一角二分），高于国有商业银行同期、同档次利率的一倍左右。

除了一部分借贷双方达成协议者外，这种少量利息的民间借贷的特点，一是大都发生在亲朋好友、熟人之间，有的需要亲朋好友和熟人介绍；二是一般贷款额度不太大，周期不太长；三是大都有一定的组织，当然这种组织是非常松散的；四是大都有一定的约定，虽然这种约定并不正规，但却是很有效的；五是借贷者都要承诺自己的信誉，因为他们知道一次不还，下次就难以再借，特别是他作为单个人难以对抗由多数人结成的这种组织。

对于农村特别是贫困地区而言，以民间借贷为典型形式的各种地下金融组织对调剂资金余缺，解决农户生产、生活中出现的暂时的资金困难，促进农村经济发展有着一定的积极作用，但其蕴藏的巨大风险不容忽视。首先，民间借贷大多以借款人的信誉为基础，借贷关系的缔结少有抵押担保，债权人对借款人的偿债行为缺乏足够的把握和制约能力。这不仅使债权人的权益难以保证，而且借贷双方极易发生纠纷，造成社会秩序混乱，引发社会矛盾。其次，民间借贷利率通常远高于正式金融市场的利率水平，这种情况加重了借款人还本付息的压力，一旦超过借款人的实际承受能力，容易导致整个信用链条的断裂。最后，民间借贷活动因其地下性而成为金融监管的真空地带，结果会助长一些不法分子利用各种形式的金融互助会进行非法集资等诈骗活动，对地方金融秩序和社会秩序的稳定构成了威胁。

3. 高利贷对"三农"的"双刃剑"作用

高利贷是指利率超过国家规定的国有商业银行同期同档次利率4倍以上的借贷款。据估计，我国农村高利贷有8000亿—1.4万亿元。仅浙东南地区就有3000亿元。高利贷在我国农村有着深厚的生存土壤和空间。最重要原因在于，农行和农村信用合作社在经历了一系列改革、调整之后，贷款的风险性成了其发放贷款的关键，由此抬高了普通农户贷款的门槛，使大多数农户在需要用款时，首先想到的是，官办金融机构贷款是没门的，在亲朋好友也借不到款的情况下，向高利贷借款就是唯一"理性"的选择。

据调查，在我国农村利率具有以下特点：一是利率高。一般高于银行同期、同档次利率四倍以上。二是利率一般由放贷者说了算，借贷者较少讨价还价的能力与余地。三是高利贷也遵循供求关系规律，即在借贷者多、放贷者少时，利率被抬高，反之利率被压低。四是由于高利贷存在的普遍性和长期性，在一定的区域内和一定的时期内，高利贷也存在着平均利率，即放贷者并不会无限制性地抬高利率。五是高利贷活动隐蔽性强，引起的纠纷查处难。在一般的情况下，利息都在借款时被放贷者扣除了，或者把利息直接反映在借款的总额中而写在借条上，从而使其由非法操作变成了合法的民间借贷。六是手续简便。金融机构办理一笔贷款业务要经过许多繁杂的手续，而高利借贷只要确定基本的信用后，写好借据即可拿到钱，极为便利。此外，在湖北省等地的借高利贷者中，村级组织占了大多数。村级组织借高利贷的用途，主要是上缴税收、提留、办学、架电、修路、筑渠、植树造林、办企业以及发放村干部工资。据湖北省农调队调查，该省南漳县刘家河、安乐堰两个村共有 146 户农民，高利借入资金 125.3 万元，占全村总农户的 17.7%，被调查的 10 户农户高利贷主要是贷给村级集体组织和企业，占 10 个农户借贷总额的 83.9%。

高利贷对农村经济发展、农业产业调整和农民收入增加，作用是双面的。就负面的影响看，它客观存在着严重剥削借贷者，有的使借贷者倾家荡产，影响社会稳定，扰乱金融秩序，等等。但是，人们很少看到它的正面作用，或者受义愤情感的支配而不愿意正视它的正面作用。如果我们理性地观察，都不难发现，高利贷解决了农户、农业企业发展生产经营中急需要的资金贷款问题，既救了急，又促进了发展；在官办的农业银行和农村信用合作社根本贷不到款的情况下，如果没有了高利贷，那将是"叫天不应，哭地不灵"，有的"急"救不了，有的赚钱机会将白白丧失。

温州是我国包括高利贷在内的民间借贷最活跃的地区。温州到底有多少民间借贷资金？各种说法不一。据报道，温州有关部门自测有 2600 亿元，除存在银行的 1800 亿元外，其余 800 亿元都在民间借贷市场。一些专业人士估计，民间借贷大于银行存款，流传最广的估计介于 250 亿—400 亿元。而当地银行官员认为，温州民间借贷资金实际数据要远远大于估计数。

社会各界对温州包括高利贷在内的民间借贷褒贬不一。然而，我们不得不承认，正是被社会广泛指责的民间借贷，才造就成了温州这个我国最繁荣的、最具活力的经济区域。

(二) 瞄准贫困农户的自然村基金组织

我国农村历来有村级基金组织。自 20 世纪 80 年代中期试验的农村合作基金组织，前期发展是顺利的、健康的，后来由于行政干预，出现了许多问题，被"一刀切"地取缔。

1. 贵州村寨发展信用基金

为保护草海自然资源，达到村寨与自然保护协调发展的目的，国际渐进组织、国际鹤类基金会资助，设立村寨发展基金，在 1994—1997 年的四年中完成 400 个"渐进小组"，成功率达 99%，产生基金数额为 62568 美元，合人民币 506800 元。

草海的基金以自然村寨为一个工作单位，由村民自由组合成 10—15 户的基金小组，选举产生组长和记账员，召开会议共同讨论小组基金使用的管理规定，规定包括每次借贷户数、借贷金额、借贷时间、借贷利息、超期罚金，不还钱怎么办以及怎样协助保护区管理等。经过草海保护区管理处对该小组参与性调查，如 80% 的组员能说出管理规定的内容，那么该基金小组成立的条件已基本成熟，小组成员必须在管理规定上签字或按手印，同时接受管理处的培训。基金运行状况通过银行账户反映，共启动了 37 个基金组。利息每月 1%—5% 不等，2% 较为普遍。实践证明，基金一是方便了村民的小额借款需求，帮助村民通过发挥自己的技能和劳动获得了收益。二是提供了村民之间相互合作的机会，促进了村民之间的团结协助，增加了社区的凝聚力。邓相勇小组内有一位成员家里死了人，急需用钱，小组立即召开紧急会议，将基金转借给该成员，解了燃眉之急。三是为村民提供了自己管理自己事务的机会，锻炼了村民的管理能力，提高了村民的参与热情。几乎每一个基金组，不论是小组、大组还是自然村基金组，都涉及如何协调组内的关系，如何做到公平合理，如何记账，如何与银行打交道等事务，这些事务都依靠基金成员共同协商解决，锻炼了村民主动决策、主动行动的能力，提高了村民的参与性。四是增强了村民的环境保护意识。每个基金组启动前都必须经过管理处的培训，保护草海自然资源是主要培训内容之一，除遵守国家的有关法律、法规外，每个成员必须为保护区做一些有益的事情。很多基金组经过讨论后作了一些规定，如有些小组规定每人每年种 20 棵树、200 株芦葱花（一种水土保护植物），以保护水源、草海湿地和鸟类等生物资源。在开展过基金的村寨，禁渔期到来时，听到管理处的禁渔宣传，就自觉地收起了自己的渔网，这是草海过去从未有过的。此外村寨发展基金还增加了草海自然保护区管理处和村民之间的相互理解，村民对草海保护与发展的许多方面都比过去更积极地发表自己的意见和建议，有的还直接向上级政府部门反映情况，提出建议，为保护好草海共同出谋划策。促进了自然保护与经济的协调发展。

遗憾的是，由于制度设计缺陷和人员变化，在国际上影响很大的草海村寨发展信用基金被村干部私分，而以失败告终。

2. 云南省 YUEP 社区保护与发展基金

云南省社会科学院在 GEF/UNDP 资助的"中国云南省山地生态系统生

物多样性保护示范项目"(YUEP)(2001年8月启动)中,试验成立村级社区森林、自然保护区和生物多样性共管组织,与此同时成立社区保护与发展基金组织。社区共管组织、社区保护与发展基金组织两个组织、一套人马,负责成员民主选举产生,并运作基金,基金按小额信贷模式运作。截至2004年8月,在云南省大理州南涧县沙乐乡和临沧地区云县后箐乡两个项目点的基金本金扩大到846432.4元,实际贷出本金669505元;共组建贷款小组176个(南涧项目点162个,云县项目点14个),累计贷款农户总数达1424户,累计贷款总额达到1097557元。已贷款农户入股股金达到11432.4元,利息收入29430.76元。经评估,基金产生了较高的经济效益、社会效益和生态效益,按期还贷率达到100%;基金利息的一部分成为社区共管组织的活动经费和可持续发展的保障。基金在项目实施村社的覆盖面和累计贷款总额已经超过了当地乡信用社,为中国农村金融改革提供了一个成功案例。为配合基金实施,还开展了技术培训、市场开发、矛盾调解、困难救助等活动,社区基金和共管组织已经成为了项目区的农业和政治的核心。

与其他基金、小额信贷模式不同的,一是云南YUEP社区保护与发展基金是社区村民自己的基金,所有权属于自然村全体村民,利息全部留在村内,省项目办与县、乡政府不要一分钱,因而大大提高了全体村民对基金的关注度;二是基金与小额信贷运作的重大决策由全体村民讨论决定,而不是由其他外部机构、组织或人士决定;三是具体事务由全体村民直接民主选举出的共管组织、基金组织实施,而不是由外部组织与人员包办代替;四是基金与小额信贷的运作实现了低成本;五是贷款还款均实现了公开化、透明化,并接受全体村民的监管,特别是禁止行政干预,从而回避了风险。

(三)直接借鉴与复制孟加拉"乡村银行"模式的小额信贷扶贫到户

1. 复制孟加拉"乡村银行"小额信贷扶贫到户

小额信贷扶贫到户,是由孟加拉国尤努斯教授于1973年创立的、以贫困农户中的妇女为承贷对象的扶贫组织与扶贫模式,由不设金库、不吸收社会存款的扶贫信贷机构——乡村银行(GrameenBank)运作,亦称GB模式。这一模式的主要特点是,一是只向贫穷人贷款;二是向贫穷人贷款无须担保和财产抵押;三是贷款必须小额度、短周期;四是以贫困农户中的妇女为承贷对象;五是整贷零还;六是在一个小组里按"2—2—1"顺序放贷;七是贷款者必须结成互助、互督、互保的小组与中心;八是较高利率;九是连续贷款;十是贷款、还款均在中心会议上进行,会议并进行培训、宣传、宣誓、互相帮助等活动;十一是对贷款者提供技术、市场等各类服务;十二是强制储蓄;十三是小组与中心均设立基金,以备急需。

为了保证小额信贷扶贫到户的顺利进行，乡村银行实行统一的资本金管理，即由总行统一向国家银行、国际机构贷款，然后分拨给各营业所，各营业所按规定直接向贫困农户发放贷款；各分行、各支行只是管理和服务机构。招聘的职员享受高于孟加拉国其他银行职员的工资与福利待遇，实行高薪养廉，造就了一支素质很高的员工队伍，并实行严格的纪律，例如不准在农民家里吃饭、喝水，等等。

1997年后，中国政府引进GB模式，由财政拿钱，扶贫办执行，乡村两级组成的非金融机构运作的小额信贷扶贫到户，被称为复制。

2. 中国社科院农发所的"扶贫经济合作社"

尤努斯教授创建的小额贷款扶贫模式的信息，早在1986年便传到中国。1993年9月，中国社会科学院农村发展所杜晓山教授等学者应邀赴孟加拉国考察小额贷款扶贫模式，回来后倡议在我国引进、试验并复制GB模式，先后选定河北易县、陕西丹凤县、河南虞城县与南召县、河北涞水县和四川金堂县等6个县进行试点，先后投入贷款资本金共1500万元，累计发放贷款1亿多元，目前正在获得贷款支持的贫苦户1600户，累计受益农户3万—4万户，覆盖贫困人口约15万人。

为保证小额信贷扶贫模式的顺利进行，中国社科院农发所设计并成立"扶贫经济合作社"，北京设总社，试点县设分社，均在政府部门登记注册，成为独立运行的法人。扶贫经济合作社主要借鉴的是孟加拉乡村银行小额信贷的方法（GB模式），也吸收了国际上其他扶贫方式的经验，在运行和研究过程中，结合中国的实际加以改进和完善，形成了自己系统的运行与管理制度。这一制度创新，解决了民间（NGO）、半民间组织运用小额信贷参与社会扶贫的难题，因而被称为"社科院模式"、或"易县模式"，受到中央和国务院领导的肯定，小额信贷扶贫已写入中央及有关部门的文件之中，全国一些省、市、区陆续引进与推广应用社科院模式。十几年来，已有国内外上万人次到易县扶贫社进行过学习、参观与考察。

在世行和福特基金会的资助下，中国社科院农发所从1997年起，专门出版了一种不定期的内部刊物《小额信贷扶贫》交流通讯，至今已出332期，发表各种文章100多万字，翻译印发了不少国外高水平的理论研究文章和实际案例介绍，起到了传播信息、交流经验和探讨问题的作用，推动了全国小额信贷扶贫的发展。1999年，成立了"中国小额信贷培训中心"，为全国各地特别是国际组织援华扶贫项目培训了大批管理干部和业务人员。与此同时，还组织或联合组织了多次小额信贷扶贫国际研讨会，为推动我国扶贫与农村金融改革作出了积极贡献。为此，社科院农发所"扶贫经济合作社"

先后获得美国乡村银行2000年度"先锋奖"、中央国家机关2004年"五一劳动奖状"、2004年"中国消除贫困奖"。

3. 国际组织在中国实施的小额贷款

联合国是我国小额信贷试验较早的一个国际合作伙伴。1981年与1982年,国际农发基金（IFAD）和联合国妇女发展基金会（UNIFEM）先后在我国实施信贷或滚动贷款基金项目,当然这些都还不是严格意义上的小额信贷。1995年后,为配合我国《八七扶贫攻坚计划》的实施,联合国开发计划署（UNDP）、联合国儿童基金会（UNICEF）、联合国人口基金会（UNFPA）、世界粮食计划署（WFP）等,开始援助我国微型即小额信贷试验项目。联合国系统在中国实施的小额贷款的特点,一是派出专家作指导,由我国县、乡两级政府组成的项目办公室负责实施；二是要求我国政府按比例配套资金,作为小额信贷的本金；三是把小额信贷作为包括农村基础设施建设、农村教育、农村医疗保健、妇女儿童权益保护等扶贫项目的重要部分；四是特别强调提高妇女的社会与经济地位；五是向当地金融机构提供抵押,以激励其向贫困农户特别是妇女提供小额信贷；六是重视对贷款者提供必要的培训。

在支持我国扶贫攻坚中,世界银行是援助资金最多、规模最大的国际组织。其中,世行援助的中国西南扶贫项目的资金援助规模为2.475亿美元软贷款、5000万美元硬贷款；援助我国秦巴山区扶贫项目资金规模为1.8亿美元软贷款、3000万美元硬贷款。前期,世行援助的项目重视直接增加农民收入的农业种植和劳务输出的项目,以农副产品为原料的加工业项目,为提高教育和卫生水平的社会服务项目、基础设施项目以及确保实现项目目标的机构能力建设。

此外,福特基金会、香港乐施会、世界宣明会等著名国际组织也资助实施了一批小额信贷项目,大都带有试验与示范性质。

（四）农户小额信用贷款

农户小额信用贷款是指经中国人民银行批准,由农村信用合作社运行的、针对普通农户贷款的农村金融活动。1999年7月21日,中国人民银行关于印发《农户农村信用社小额信用贷款管理暂行办法》的通知后,农户农村信用社开始了农户小额信用贷款业务。所谓农户小额信用贷款,是信用社以农户的信誉为保证,在核定的额度和期限内发放的小额信用贷款。农户小额信用贷款采取"一次核定、随用随贷、余额控制、周转使用"的管理办法。农户小额信用贷款使用农户贷款证。贷款证以农户为单位,一户一证,不得出租、出借或转让。

实践证明，农户小额信用贷款使农民、信用社实现"双赢"。一是小额信贷已成为农民增收的助推器。二是小额信贷已成为农村社会的稳定剂。三是农民的信用意识不断增强，逐渐培养成按时还贷的诚信意识，信用观念由"贷款、十年豁免"向"好借好还、再借不难"、"一人守信，全村光荣"转变。四是农村信用社知名度提高，信贷资金基本实现良性循环。

调查表明，大多数农民对信用社的支农服务比较满意，认为目前贷款手续比较简便，信贷员基本上做到了服务热情周到，以前存在的"门难进，脸难看，事难办"的情况极少存在，但在调查过程中也发现，小额信贷的推行仍存在一些问题。一是小额信贷找担保人难。根据有关规定，除已经具有信用等级的农户外，农户在办理小额信用贷款时，必须出具公职人员或有固定收入的人员担保，方能取得贷款。但是农村中具有信用等级的农户相对较少；同时，在农村中能够满足担保人要求的也只有公办教师或村委会人员，不但为数不多，且在这些人之中又有相当一部分人不愿意为此承担风险，寻找担保人成为农户贷款的第一道门槛。二是贷款额度难以满足农户需要，贷款期限与农业生产周期脱节。同时，由于现代农业已打破传统农业的春种秋收模式，向反季节、长周期发展，一些特色农业生产周期多在1—3年，因此，目前的贷款期限与农业生产周期形成脱节现象。三是信贷机制影响了向农民放贷的积极性。一方面，信用社实行贷款责任终身追究制，另一方面，农业经济效益和农民收入低下，新型农业虽能带来较高收益，但周期相对较长，市场风险也大，可以说投放越多风险越大，为此，信贷人员对发放小额贷款顾虑重重，宁可少放或不放，也不愿去"冒风险"。四是信用社资金严重不足。五是信贷业务员过少，使信用社对农户的跟踪调查和信用评定及年审、换证等工作难以有效实施，制约了农户贷款业务的拓展及小额贷款对农村经济的发展。

（五）资金互助合作社——"摇会"组织

标会，亦称摇会、抬会，是由组织者（会头、会首）发起的一种民间金融互助组织。一般是一年期，12人参加，每人每月缴纳100元、合计1200元，由按约定规则的一个人当月使用。如果按约定规则可以当月使用的那个人不愿意使用，那么他可以转让给那些急需用款的会员，当然急需用款的会员向他支付一定的使用费。显然，这种摇会组织与所有的农村金融乃至全部金融服务一样，在制度设计出现漏洞、监督不力的情况下，很容易被某些人利用，例如携款外逃等。

案例：轰动全国的福建省福安民间标会案。

福安市位于福建省东北部。近几年来，福安民间标会盛行。标会的发起人也就是组织者一般叫会头,其他人叫普通会员或叫会脚。一个标会成立时,由会头把会脚召集在一起,约定本标会的本金规模,一般是以百元、千元、万元等为基本单位,百元会就是每个会脚的本金是100元。千元会、万元会依此类推。每个标会会期按会脚多少而定,例如10人会,会期为10个月,每个会员有一个月可以得到一次中标机会,即使用一次全体会员交纳的100元总会费(扣除他本人,为900元)。在标会里,会头负责把全体会脚会费的筹集等工作,作为回报,会头不需要竞标,可以从所有会脚在第一次集会上一次性交纳的会费中领取其中的一次总会费进行支配,结束时不用付利息把本金归还给大家。而会脚得到的好处是,通过竞标,以付出每次的最高利息中标,即可以把本次会脚缴纳的总会费全部拿走。这叫做以小钱换大钱。以百元会为例,中标的会脚以一个最高利息(例如30元)标,便得到了其他9个人缴纳的900元的总会费。

福安市一个最有名的会头叫李住,2004年5月16日向当地公安局投案自首,以求自保。原来,由她组织的标会为20万元会,在一次开标后,中标的一个会脚从她手里拿走了其他会员缴纳的200万元,便逃之夭夭。按照标会规定,会员中标后卷款逃跑,造成的亏空需要会头用自己的钱来填补。李住先后作了十几个标会,累计亏空已在千万元以上,已经无力垫付,只好投案自首。据报道,福安市中标逃跑者卷款疑达2.5亿元。截至2004年6月7日,公安机关搜查到大小会头157个,刑事拘留了5个涉嫌犯罪的会头。

三、农村基层民间金融组织发展的共性问题与困境

当前,我国农村金融组织存在着人们的认识分歧太大、所有制歧视太严重、机构组织太少、金融产品太单一、服务太差劲、法律太滞后、政府监管太偏颇、风险规避太薄弱等"八个太"的问题。

(一)是官办还是农民自己办

包括农村金融在内的金融,属于具体的、带有竞争性的经济部门,应该逐步退出"官有官办"计划经济体制的经营模式。现有农业银行、农业政策银行属于国有金融机构,也应该根据社会主义市场经济体制改革的总要求,实行股份制改革,引入战略投资者,强化法人治理,使其成为依法独立经营的实体。农村信用合作社应该恢复其农民所有、合作经营的本质。新中国成立初期,曾允许并鼓励发展属于农民自己所有的农村信用合作社,许多农民用稻谷、小米、大豆等实物入股,成为股东。后来,这种靠农民入股发展起来的农村信用合作社,演变成被某些人称为"产权模糊"的农村国有金融组织。实际上,农村信用合作社的原始产权非常清楚。

除政府财政投资的农村金融组织外,其他投资者投资的农村金融组织,

都必须坚持"谁投资,谁所有,谁受益"和"民办、民管、民受益"的组织原则。中国改革开放取得巨大成就的一个重要因素,就是从中国的国情出发,放手发展非国有、国营的其他所有制经济。所以,发展民营农村金融也不能例外。各地应该根据当地实际,大胆进行多种所有制民营农村金融的尝试。考虑到各种因素,"官民结合型"比较适合成立初期需要政府大力扶持的实际。但是不管何种类型,坚持"民办、民管、民受益"的组织原则是必须的,是各种类型农村金融组织努力改进的方向,是保证农民利益的有效途径。民办是基础,民管是保证,民受益是目标,如果不能坚持三者的统一,就不能保证成立的多种所有制民营农村金融是真正的为农民服务的组织,不能实现农民增收的愿望。

(二) 管理的专业性和从业人员素质的差距

包括农村金融在内的金融业,是专业性、技术性很强的部门,这就需要从业人员对金融知识有清楚的认识,了解如何运作、风险管理、基金管理,并且要对农户的贷款行为和贷款用途及其预期的收益有高度的认识。但是,包括农村信用社在内的多数农村金融组织的从业人员的业务素质较差,经营人员多数是当地人,表现为文化层次低和专业素质差。在某市农村信用社的调查中,初中以下文化程度的占68%,没有专业技术职称的占55%(瞿绍生,1997)。绝大多数职工没有经过专业培训,各项业务工作多数满足于能上岗操作,金融业务理论人才的匮乏已经成为制约农村金融组织发展的障碍。在实践中,经常出现违规、违纪行为,有的职工私自挪用存款,有的擅自为他人提供信用证明和资金担保等,这些违反规定和纪律事件的发生与职工素质直接相关。所以,农村金融人员素质的制约使其很难有效开展在农村的正常运作,服务于农户的农村金融组织不能把更多的有限的金融资本用于农户的发展生产,以便带来更大的边际产出和收益,其根本原因是一些低素质职工的所导致的高额"交易成本",使得农户得不到贷款。从业素质不高的结果也是造成这些农村金融组织不良贷款形成的重要原因之一,致使不良资产保持很高的比例,经营环境会进一步恶化:资产结构不合理,形式单一;负债成本高、风险成本也很高等。

(三) 低成本运作一直是有待于解决的问题

低成本运作是一切经济组织赖以生存和持续稳定地发展的前提条件,农村金融组织也不例外。然而,目前我国公开的农村金融组织的运作成本都很高。农业银行、农村信用合作社、中国社科院农发所"扶贫经济合作社"作为我国农村当前重要的农户获得贷款资本的渠道,其运作成本也是非常高的。造成这种高成本的原因是多方面的,首先,由于农业投入资金分散,收益不稳定等农业本身的特点，以及农村金融部门受到贷款权限的限制，致使这些金融组织必须对繁多的农户贷款手续支付高昂的成本。其次，由于农村金融组织的网点分布松散、规模小、业务单一，达不到规模经济，致使组织资金的成本增加。加上农村地域广阔，发展又不平衡，大多数农村信用社资金规模小、业务范围窄，不利于费用分流，也不利于风险分散，从而进一步提高了单位资金成本。再次，农村金融组织中的一部分资金在运用中游离于农村之外，服务于城市的企业，而一些企业由于经营管理不善，造成资金不能追回成为呆账、坏账；另外，贷款给农业大户会带来风险的高度集中。这些大户一般是农村金融组织愿意发放的农户，他们一般贷款数量大，还款率高，但是由于这些农户占有贷款资金多，易形成风险集中，造成大量资金沉淀，是风险的又一来源。

实质上，造成农村金融组织高成本运作的原因来自两方面，一是组织设计方面的成本；另一方面由于不规范所造成的风险成本。要解决上述两问题，其一，可根据村民和金融组织的需要设置各种所需的机构，如果国有的农村金融组织由于利润原因需要退出，政府应该给予民间的金融组织更多的政策性支持，允许其更大限度的发展，并给予更好的监督，让这些民间金融组织根据市场的调控，发展金融业务，满足农户对金融产品的需求。其二，如果这些金融组织愿意继续留在农村给予农民更多金融支持，这些以利润为目的的金融组织必须规范其业务操作，以减少由于人为因素所造成的高风险；并且制定出适合我国农户的各种不同的针对性贷款的发放手续，使得这些程序不会成为阻碍农民得到贷款的障碍。

（四）运作效率亟待提高

效率是任何组织生存和发展的根本。高效率能够给组织带来更高的利润，是其继续存在和发展的保证。但是，中国农村金融组织运作效率低下，已到了令人难以忍受的地步：一是机构林立，官僚习气浓厚，遇事推诿扯皮；二是设计的贷款程序烦琐、复杂，许多时候不得不进行"公章游戏"；三是缺乏对员工的有效激励机制，多数员工没有积极性、主动性和负责精神；四是内部人控制问题始终难以有效解决，一旦控制人不在，什么问题也解决不了。

（五）许多机构的发展具有不可持续性

当前，现有农村金融组织不可回避的问题，是其发展具有不可持续性。农业银行、农业发展银行、农村信用合作社等国有金融组织，受到国家利率、贷款指标、呆账坏账冲销等政策的约束，不愿、也不能完全融会到竞争的行列中；一旦离开国家扶持，它们就难以生存。民间金融组织不但在性质和地位上亟待法律认可，而且在发展的空间上也急需解决国家政策的重重阻挠问题。随着我国加入 WTO 的进展，外资金融机构陆续进入我国并扩大占领市场，竞争力不强的现有农村金融组织能否生存将成为大问题。

四、发展农村民间基层金融组织的可能途径和策略

（一）提高对放开与发展农民金融组织的认识

中共中央、国务院 2004 年一号文件《中共中央国务院关于促进农民增加收入若干政策的意见》要求，从农村实际和农民需要出发，按照有利于增加农户和企业贷款，有利于改善农村金融服务的要求，加快改革和创新农村金融体制。鼓励有条件的地方，在严格监管、有效防范金融风险的前提下，通过吸引社会资本和外资，积极兴办直接为"三农"服务的多种所有制的金融组织。

当前，需要针对社会在农民金融组织方面的模糊认识，广泛开展农民金融知识与政策的大普及，使大家明白这样一个道理，即农村民间金融组织在新的历史条件下的再生与发展，已经成为促进农村经济发展和社会进步的核心。要明白，民以食为天，食靠农提供；农业兴，百业兴；农民富，国家富；农村稳，天下稳；没有农民的小康，就没有全国人民的小康；农民的增收离不开贷款，离开贷款的农民增收是一句空话。因此，千道理、万道理，按照中央规定发展多种所有制农村金融、为农民提供优质的金融服务、保证农民增收有充足的贷款供给，是第一道理；其他道理都应该服从于、服务于这个第一道理。

一谈起金融特别是农村金融，许多人的观点是，为避免风险，农村金融只能由农业银行、农村信用社垄断经营。这是完全不符合市场经济的原则。要明白，实现垄断及获取垄断利润的一个必要条件是存在着生产要素或商品进入市场的障碍，而按照市场经济原则开放资金市场后，任何一个资金所有者，无论其持有资金量大小，都可作为一个放贷人随时进入市场，不应该存在市场的障碍。同时在当前国家和城市资金供大于求的情况下，农村却是典型的资金卖方市场。所以在资金市场开放的前提下，具有不同经济成分的、多元化的金融组织将会应运而生，不可能出现由一种金融组织垄断资金市场的局面，这也就决定了农村的金融体系必然是多元化的。

（二）预测农村民间金融组织将会有一个加快发展过程

市场经济的规律是供给和需求寻求均衡的过程，当前存在广大农民强烈的、大规模金融需求，而现有农村信用合作社和农业银行的供给者却极少，按照价格原理，必然存在大量的利润能够吸引更多的供应者的加入，直到双

方的边际收益等于边际成本时达到平衡状态。事实上，过去长期内存在的民间金融组织的高收益率驱动着大量的民间资本的流动是非公开化的，这些属于需要承担巨大风险的资本，市场上也存在着大量随时进入的资本，只是由于国家的禁止所造成的高风险而驻步。如果说上述是民间金融组织发展的必要条件，那么以下内容就是加快进入的催化剂。农村的金融组织在面临正规金融组织真空地带的条件下，政府政策的支持无疑是其发展的充分条件。2004年的国家一号文件已经表达出允许农村多种所有制金融生存的政策规定。在国家放开农村金融的良好环境下，因利益驱动必然会有大量的供应者进入农民民间金融这片沃土。这些充分必要条件的具备必然给我国农村的金融组织创造更为广阔的发展空间，也为我国农民的增加收入创造了一个良好的氛围，这是解决"三农"问题的前提和基础。

（三）明确规定农村民间基层金融组织的法律地位

我国宪法明确规定公民有结社的自由，其中结社就包括农民自己的基层金融组织。然而我国至今尚无一部具体贯彻落实宪法明确规定，解释农民自己的基层金融组织的具体法律。而且，我国是亚洲除朝鲜外唯一的一个没有包括农村基层金融组织在内的农村合作组织立法的国家，仅浙江省制定、颁布实施了《农村合作经济组织条例》。在全国农村基层金融组织的性质还没有明确的法律定位的情况下，其健康、顺利和快速发展，是不可能的。由于农村金融是在农村改革中再次以实践先于理论，先于政策法律支持的情况下产生的，所以发展还缺乏良好的环境氛围：首先，农村多种金融的性质缺乏法律定位，随之带来的是注册难题。现有的注册部门是谁？是人民银行或是银监局、农业部、工商局、民政局？并没有明确规定，因此有相当大数量民间金融根本就没有注册。因为注册不成，法人地位就不能确立，在市场运营中难以取得信任，交易难以向有利于自己的方向顺利进行，而且合法权益也难以得到有效保证，直接影响业务的开展。其次，多种农村所有制金融作为一个"弱势"的组织，自身的生存发展不可避免面临困境，急需要国家政策方面的支持。国际上的惯例是国家从立法上就对农村金融较多的给予税收减免、政策保护方面的支持，而在我国，农村多种所有制金融的运营还不成熟，基础比较薄弱。由于缺乏法律支持和政府的扶持，在许多地区，人们对农村多种所有制金融的认识存在误区，客观上限制了它们的生存、发展与壮大。要把中共中央、国务院2004年一号文件明确提出的发展多种农村所有制金融落在实处，就必须加快立法进程。

全国人大常委会农村金融调研组建议，解决"三农"问题，是一项长期而艰巨的任务，必须加强农业法制建设，建立长效机制，把"三农"工作纳入法制轨道。要加快农业和农村方面的立法，认真研究农业和农村公益事业投入、农村金融、农业保险等方面的立法问题，及时修改与当前"三农"形势发展不相适应的法律法规。为此，建议全国人大在进一步深入实际调查研究的基础上，尽快起草、审议、通过《农村金融组织法（或条例）》。明确规定各类农村金融组织的性质、地位、名称、发起人、设立、经营地点、业务范围、享有权利、应尽义务、执法主体，等等。当前，要尽快允许在农村多种金融组织的出现与发展，实现农村金融市场参与者的多样性，逐步建立起以现有农业金融部门为主、其他金融组织为辅的农村金融体制，形成覆盖乡村、辐射农户的金融机构网点，使国家的政策性金融业务和商业性金融业务服务能够在农村较好地衔接起来，并产生较大的货币政策效应和经济效益。

（四）尽快恢复与大力扶持真正的农村民间合作金融

现代社会规范的农村金融体系，都是政府从政策和资金上大力扶持合作金融，使其能够与商业金融展开竞争，共同为农业、农村融资服务。

当前，要真正恢复、大力发展与切实扶持农村合作金融。马克思主义经典作家早就告诉我们，合作社制度需要一定阶级的财政支持才会产生。这是因为，合作金融不以自身盈利为宗旨，不等于不要自求平衡。据世界银行资料，在非洲农村，2500个农户的存贷业务量才能负担起一个信用机构职员的费用。无利可图的事业却又为全局所需，那么，动力何在？国际合作运动的历史表明，存在着两种动力。一是决心为大众谋利益的道德高尚的先驱者，著名的空想社会主义者欧文早为大家熟知，当今发展中国家的典型是孟加拉国的年青的经济学家尤努斯，他自1976年用自己的30美元贷给42名农妇起，开始了乡村银行小额信贷扶贫的事业。更为普遍的推动力是市场经济发达的国家政府，欧美、日国家均以国家财力为依托，通过政策金融资助合作金融。它们或者以极优惠条件贷出农民信用合作组织的全部初始股本资金，让农民在存贷业务过程中按"惠顾者与出资者合一"原则，逐渐以自有股本替出政府资金，达到资金良性循环；或者让合作金融机构办理政策优惠贷款，对农民进行诸如兴修水利、平整土地、购建农业设施、扩大经营规模、调整产业结构等符合国家政策导向的行为，经由合作金融给予财政资助；或者自任农民信用合作系统的中央机构，对合作金融营运作最后保证。在这里，是政府充当了"道德高尚的先驱者"。

扶持作为农村经济核心的农村合作金融，是世界各国的成功经验。为此，不能把希望寄托于仅有偶然意义的道德高尚的个人。这是因为，农业作为一个受自然环境影响很大、周期长的弱质产业，不能与第二、第三产业的发展相提并论。即便是农业高度发达的美国、欧盟等国家,政府无一例外地都给予农村金融以极大扶持。仍处于工业化资本原始积累阶段的穷国,在农业剩余净流出时,是不可能有真正的国家对农村的经济资助,从而也不可能有真正的农村合作金融的。(我国传统体制时期的农村合作,只是以合作为名的集体化措施,其实质,是为国家工业化原始积累提供农业剩余;也因此,在运行中很快成为国有体制金融的基层组织;而在市场经济体制新时期,它们又很快自发演变成商业金融)在这种情况下,国际金融机构的"政策金融"可以作为替代。孟加拉国尤努斯的乡村银行就是得到了世界银行等国际多边组织的大量低成本资金供应,才负担起了由于大量深入基层的小额贷款导致的高达18%的贷款费用率,才创造出了按时偿还率98%、业务扩展到全国一半农村的200万穷人的良好业绩。

(五) 政府财政应对农村民间金融实施补贴政策

世界各国的经验表明,对农业、农村经济和农民实行特殊的、优惠的政府财政扶持政策,是一个国家经济发展的客观过程与规律。遵循这一客观规律,国民经济将得到健康、顺利发展;违背这一客观规律,国民经济的发展将出现大的波动,甚至于产生社会动荡、政局不稳。而对农业、农村经济和农民实行特殊的、优惠的扶持,就包括了对农村民间基层金融组织发展的扶持和优惠政策。

长期以来,我国财政对农业投入数量过少,无法保障农业健康快速发展和农民持续增收。据不完全统计,新中国成立50多年来,我国财政对农业投入的总量约5000亿元,仅占财政总支出的6.5%左右。虽然《农业法》规定每年对农业总投入的增长幅度应高于国家财政经常性投入的增长幅度,但实际执行情况却大相径庭,除个别年份外,财政对农业总投入的增长幅度均低于其经常性收入的增长幅度。这显然有悖于公共财政的发展要求。

据统计,发展中国家财政对农业的投入占财政总支出,一般保持在10%左右,像印度、泰国、巴基斯坦等国,财政对农业的投入要占到财政总支出15%以上,大大高于我国的水平。

为此,政府必须采取有效措施,加大财政的投入力度。首先,确立并加大财政支持补贴的力度,要确保新增财力向农业倾斜,确保国债资金分配向农业倾斜;其次,发挥农业财政支持政策的导向功能。农业财政支持政策的运用,其意义不仅仅在于直接增加农业投入,还在于有利于吸引和带动全社会的农业投入。通过发挥农业财政支持的导向功能,建立农业投入的激励机制,吸引和带动全社会的农业投入。

（六）实行减、免、缓的税收优惠政策

对包括农村基层金融组织在内的农业税收实行减、免、缓优惠，这是世界各国普遍采取的政策。在西欧的法国、英国、德国、瑞典、意大利等主要国家，农产品与工业品一样征收增值税，其基本税率从 15%—25% 不等。但由于农业的退出障碍、生产周期过长及自然因素影响过多的原因，各国在实际征收中，都普遍采取了对农业优惠的政策。有实行免税的，有实行特别税率，有给予农民财政补贴的，农民真正负担的税率保持在 2%—7% 的范围内，大大低于增值税的基本税率。另外，在对农业实施税收优惠措施时，充分尊重农民的自主权和选择权，优惠措施并不是非要农民去执行，而是规定农业纳税人有权选择有利于自己的征收方式。美国的农业税同样不仅被纳入了与其他产业一样的统一的税收制度下征收，而且还给予农民尽可能多的税收优惠。长期以来，许多发展中国家在农业征税方面与发达国家的做法基本相同，除实行与工商业大体一致的所得税政策外，对农业也都实行税收优惠政策和财政扶持政策。

（七）培训农村民间基层金融组织的成员

目前，我国农村民间基层金融组织成员存在着水平、素质不适应基层金融大发展的状况。只有通过并加强培训，才能使他们胜任农村民间基层金融工作。各地区、各部门、各行业的实践证明，不怕素质差，就怕不培训。培训是提高农村基层金融组织成员水平、素质，使其尽快提高能力、适应工作的唯一必走之路。

我国已经具有了从事培训的丰富经验。根据农村民间基层金融组织发展的实际，培训要从以下方面着手，一是加强思想观念更新，破除不适应市场经济的一切条条框框和陈旧观念，教育受训者解放思想、勇于创新、冲破教条牢笼的束缚，大胆试验各种所有制农村基层金融；二是抓好文化技术基础知识的培训，逐步使从业者学会并熟悉起码的金融知识和文化常识；三是能力培养要下大工夫，千方百计使从业者具有必需的思维能力、政策能力、组织能力、创新能力、开拓能力、规避风险能力。

（八）把邮政吸储额作为贷款指标留给农村民间合作金融组织

解决邮政储蓄对农村金融的"抽水机"的负面影响问题，一个最简便、最具操作性的办法，是把邮政吸储额作为贷款指标留给县级农村信用社和农村民间合作金融组织，作为其当年新增的农村农业贷款指标。这一方案也体现了相对公平的原则，实施起来将不会有什么阻力，但对当地县、乡农村经济发展和农民增收将具有重大意义。

（九）农业保险要尽快提到议事日程

我国保险体制的设计宗旨，主要是服务于城市与工业，基本上不考虑农村、农业和农民。国外农村保险、农业保险和农民保险非常发达，创造了对农村民间合作金融组织提供的多种多样的保险产品和优良的保险服务，积累了丰富的保险经验，很值得我国保险业界老老实实、认认真真学习。在此，对外开放国内农村保险业，既可以给我国保险业界提供学习的榜样，又可以为我国保险业界提供一个竞争对手，有利于我国保险业界改变保险服务，是一举多得的措施。

参考文献

1.《中共中央国务院关于促进农民增加收入若干政策的意见》，《人民日报》2004年1月9日。

2.《国务院关于农村金融体制改革的决定》，《人民日报》1996年8月22日。

3. 吴晓灵：《农信社改革基础要扎实》，中国金融网（www.zgjrw.com）2004年11月24日。

4.《新一轮农信社改革试点暴露出诸多问题》，中国金融网（www.zgjrw.com）2004年12月9日。

5.《民间金融的出路在哪!》中国金融网（www.zgjrw.com）2004年7月13日。

6. 赵俊臣：《谁是生物多样性保护的主体？——森林、自然保护区与生物多样性的社区共管》，云南大学出版社2004年版。

7. 赵俊臣、宋媛：《评云南自然村村民基金试验——兼议中国农村的金融创新》，《经济学消息报》2004年10月1日第3版。

8. 周欣宇：《农村高利贷约1.4万亿元，农业投融资为何难?》新华网（www.xinhuanet.com）2003年11月13日。

9. 中国社科院农发所：《创新奖候选者"小额信贷扶贫课题"申报材料》，中国扶贫基金会网站（www.sina.com.cn）2004年9月14日。

10.《全国人大常委会审读"三农"报告》，中国三农网（www.nnn.net.cn）2004年6月25日。

11. 程漱兰：《农村金融体系设计别忘了农民才是主角》，中国金融网（www.zgjrw.com）。

12. 赵晓峰：《为农村合作经济组织把脉》，中国农村研究网（http://www.ccrs.org.cn）2004年12月8日。

13. 李兆能：《农村资金融通情况简析》，浙江省师大乡村建设与县域发展论坛（www.rcc.zjnu.net.cn）2004年11月9日。

14. 河北农业大学农村发展学院（Tch.Hebau.edu.cn）文章：《试论中国农村金融组织机构的多元化》。

注：本文原载仝志辉主编《农村民间组织与中国农村发展：来自个案的经验》，社科文献出版社 2005 年 10 月版。

曾在以下网站发布或转载：长城在线 2005 年 7 月 26 日；三农中国 2005 年 7 月 29 日；支农网 2005 年 7 月 30 日；金农网 2005 年 7 月 31 日；中国农经信息网 2005 年 8 月 3 日；中国农村研究网 2005 年 8 月 6 日；学说连线网 2006 年 8 月 7 日；德农经网 2006 年 8 月 7 日；精英网 2005 年 8 月 7 日；浙江大学 card 中心 2005 年 8 月 10 日；三农论谈 2005 年 8 月 24 日；中国农业网 2005 年 9 月 2 日；河北农业信息网 2005 年 11 月 3 日；新知动力 2005 年 10 月 5 日；政策金融网 2005 年 10 月 11 日；政策金融网 2005 年 11 月 10 日；短裤网 2006 年 8 月 17 日；免费论文网 2005 年 9 月 23 日；仕狐论文 2006 年 11 月 30 日；闽西论坛 2006 年 11 月 3 日；毕业论文网 2007 年 8 月 31 日。

第八章

农村合作基金会反思

第一节 "一刀切"地取缔农村合作基金会留下哪些教训

1999年1月，国务院发布第3号文件，正式宣布全国统一取缔农村合作基金会，否则将按照国务院1998年7月13日发布的《非法金融机构和非法金融业务活动取缔办法》和1998年8月11日颁发的《转发中国人民银行整顿乱集资乱批设金融机构和乱办金融业务实施方案的通知》（国办发〔1998〕126号）的有关规定进行处理，并追究主要负责人及有关责任人的责任。各省、市区闻风而动，纷纷下文，严令辖区内农村合作基金会进行清盘工作，逐个下文予以关闭，收取印章，摘取牌子，今后一律不允许再有农村合作基金会。据资料，到正式提出整顿关闭之前的1996年底，全国已有的2.1万个乡级和2.4万个村级农村合作基金会（融资规模大约为1500亿元），全部被"一刀切"地取缔，由此结束了在中国十年左右的存在历史。

改革开放以前，我国农村实行集体化，基本上都是简单再生产，社会没有剩余，对金融服务也就没有什么需求。改革开放后，农民有了生产经营自主权，积极性被调动起来，社会产品开始有了剩余，扩大再生产被提到议事日程，也就有了金融服务的需求。为解决这一问题，农村合作基金会于20世纪80年代中期被列入全国十大农村改革试验之一。由于大家都没有经验，在"摸着石头过河"中艰难前进，也就不能不出现一些问题，这些问题，主要是产权不清晰、管理不善、政府过多干预、缺少有效监管、出现大面积的兑付风险，甚至在局部地区出现了挤兑风波。对于出现的问题，包括学界在内的人们有截然不同的两种态度：一是全盘否定、一棍子打死；二是区分对待，肯定成绩，纠正错误，以利发展。令人费解的是，决策层并没有采取多数人赞同的第二种做法，而是采取的少数人主张的第一种做法。至1999年1月，农村合作基金会被国务院严令全国统一取缔后，农村金融便陷入萎缩之中。

改革开放以来，我们恢复了实事求是的工作方针，强调科学决策、民主决策，大家开始敢于讲话，理论界研究问题的风气也逐步浓厚，除了几小段时间的舆论严管外，真正出现了"百家争鸣"的新气象。那么，在当前贯彻落实中共中央关于农村金融的一系列新政策的时候，我们应该认真总结、吸取"一刀切"地取缔农村合作基金会的教训。

一、有什么问题就解决什么问题，不能够不分好坏、不管"三七二十一"地一起取缔

实事求是、按照实际情况决定工作方针，这是我们党、政府所一贯倡导的原则。我国农村情况千差万别，农村合作基金会也并不是一个情况、一个模式、一样的有问题。恰恰相反，实际情况是有办得差的，也有办得好的。对办得好的，应该帮助它总结经验，使之好上加好，并且把他们的经验推广应用到其他地方；对办得差的，帮助他们总结教训，改正缺点、缺陷和错误，使之由差变好；对问题严重的，该清理的清理，该整顿的整顿，该取缔的取缔。然而，当时却不是采取这样的方针，而是不分好坏、不管"三七二十一"地一起清理整顿，"一刀切"地全部取缔了。

实际上，由于"摸着石头过河"，当时的农村合作基金会有办得好的，也有办得不好的。如果对办得好的帮助总结经验，对办得不好的帮助总结教训，相信一定能把这个利民、利国的农村合作基金会引入健康的发展轨道。据著名学者李静教授曾经选取我国农村合作基金会发展史上两类有代表性的农村合作基金会，进行了深入研究。一类是四川省乐山市农村合作基金会，主要由政府控制和经营；另一类是浙江省温州市农村合作基金会，主要由个人控制和经营。她在实地调查研究的基础上，将这两种类型的基金会进行对比，并用制度经济学中的一些理论工具分析和解释两者差异的原因，给予了人们应该怎样宏观指导改革的意见。一是基金会的成立的出发点不同：乐山市基金会成立初衷是管好、用好集体资金，将这些资金借给专业户、重点户有偿使用，使集体资金"保值增值"；温州市基金会成立目的是为了解决乡镇企业贷款难的问题。二是基金会的定位不同：乐山基金会是非营利性的集体资金管理组织；温州市基金会是一个产权明晰的盈利性的经济组织。三是两者的主管部门和管理体制的不同：乐山市基金会统一由农业局的农经站管理和经营，实际上形成了农业部门对农村合作基金会组建权和管理权的垄断，强化了农业部门的部门利益；温州市基金会的主管部门是温州市体改委和温州市人民银行，少数的是农业局。四是制度创新不同：乐山基金会的成立是一种诱致性的制度创新；温州市基金会是一种供给型的制度创新。五是制度推广的路径不同：乐山市是通过行政命令推广方式按一个模式成立的，

在分布上是一乡（镇）一个，由农经站管理和经营，附属于政府部门，全省统称农村合作基金会；温州市基金会是按申请—审批方式成立的，类似于企业的登记注册，谁都可以申请，只要符合所要求的条件，就可以成立和营业，名称也可自定。六是经营决策不同：乐山基金会是"在党委和政府领导下"的，乡镇级的基金会拥有决策权的理事长和监事长是乡镇长和乡镇党委书记；温州市基金会的最高决策者是股东大会，重大决策是董事会，董事会推举董事长，董事长聘请总经理主持日常工作。七是两者在竞争行为和竞争环境上的差别：乐山市基金会直接动用行政手段为基金会揽储，温州市的基金会是用经济手段揽储。八是经营业绩的不同：乐山市基金会基本上是资不抵债，而温州市的基金会资产远大于负债，不良资产的比率也很低。九是不良资产处置的原则不同：乐山市基金会的原则是对冲销实际形成的呆账后资产大于负债的合作基金会，整体并入农村信用社；对资产质量不良的，将质量差的资产剥离出来，然后由地方政府注入资金并入农村信用社，或将农村合作基金会的有效资产和与之等额的股金划转给农村信用社；对资产质量太差的，全部清盘关闭，地方政府承担全部债务，承诺分期连本带息兑付给会员。温州市的原则是：基金会的债务按"谁组建，谁负责；谁借钱，谁归还；谁担保，谁负相应责任"的原则处理。

　　李静教授的研究表明，无论从设立的指导思想、原则、章程、组成，或者是具体运行，温州市的多数农村合作基金会都比较规范，找不到理由不让它们存在。实际上，当时全国各省、市、区都有一大批农村合作基金会像温州市比较规范的农村合作基金会一样，运行比较正常，本来政府应该继续给予扶持，让它们在为"三农"服务中再作贡献，在农村金融改革中继续探索，遗憾的是被"一刀切"地取缔了。

　　二、从总体指导思想上来看，"一刀切"地取缔更多考虑的是金融稳定，但是却没有考虑农村建设、农业发展和农民增收对金融的巨大需求

　　在我国，农村建设滞后于城市建设，农业的国民经济基础的地位一直有待提升，农民作为公民中的弱势群体状况亟待扶持。因此，虽然有不少年份政府财政支出中"三农"得到的比例少些，但是从口号、文件和表态等方面看，我们真还没有轻视过、更没有忽视过"三农"。而且，大家都建立了这样的共识，在考虑问题的时候，要把"三农"放在第一位；在制定政策的时候，要考虑给"三农"以优惠；在财政拨款的时候，首先要满足"三农"的需要。从这个总体指导思想的角度上看，"一刀切"地取缔农村合作基金会，确实没有考虑农村建设、农业发展和农民增收对金融的巨大和旺盛需求，应该是一个失误。

那么，是不是当时考虑的是农村已经有了农业银行和农村信用合作社，依靠这两家金融机构，就完全可以满足农村建设、农业发展和农民增收对金融的巨大和旺盛需求了。后来的实践证明，这一判断是不正确的。事实是，农业银行在商业化改革过程中，为追求经济效益，纷纷从乡村撤离回县城，掀起了一股不小的"下乡回城"热潮，很少对农民特别是经济状况一般化的农户贷款；农村信用合作社在乡镇一级区域"独此一家，别无分店"、没有竞争机制的情况下，很难独立担当起完全满足"三农"金融需求的重任。

其实，就市场经济的竞争出效率的一般原则来看，我们是应该预料到农业银行、农村信用合作社并不能"完全包办"农村金融，尚需要诸如农村合作基金会这样的农民自己的金融组织的。再就农村千差万别的具体情况来看，也需要一大批不太正规、非正规的金融机构，来填补农业银行、农村信用合作社服务的空缺。然而，当时恰恰没有想到这一层，更没有设计出符合"三农"需要的农村金融组织，也没有具有长远性的、战略性的农村金融体系方面的发展规划。这一教训，值得认真吸取。

三、从操作程序上看，"一刀切"地取缔主要是听取了金融等部门意见，但是却没有广泛听取各方面的意见，特别是没有让学者们广泛讨论

政策的制定，本来是各方面、各个利益集团博弈、互相妥协、求得认同的过程。在改革开放过程中，这一特点表现得更为明显。多数时候，还表现为各个政府部门之间的协商、争执、妥协。主要领导人于是就要考虑、照顾到各个政府部门的意见、利益的平衡。遗憾的是，"一刀切"地全部取缔农村合作基金会，当时主要听取了人民银行、农行、农村信用合作社的意见，并没有充分听取农业行政主管部门的意见。因为，农村合作基金会的主管部门是国家农业部，各省、市、区农业厅（局）。据笔者所知，农业行政主管部门的意见并不主张"一刀切"地全部取缔农村合作基金会，曾提出区分对待的意见，但是却没有被采纳，一直到现在有的还有意见呢！

学者们的广泛讨论，可以从更广泛、更深入、更专业的角度，对某一政策进行讨论、争论。特别是，有的学者能够深入研究对象之中，采用科学的调查方法，从而得出接近真实的结论。而决策者要能够听到不同的意见，唯有让学者们广泛讨论。学者们的广泛讨论的方式，一是利用国家社会科学基金项目、国家自然科学基金管理学项目、高校研究基金项目、各省的各项政府基金项目等，立项资助，而进行研究；二是那些自由研究者、自由撰稿人，可以进行自发的研究，利用报刊、网站发表；三是通过座谈会、协商会、研讨会、经济形势分析会等形式，面对面地听取意见。然而我们看到，"一刀切"地全部取缔农村合作基金会，并没有让学者们广泛讨论。这确实

是不正常的。

四、从考虑的重点看,"一刀切"地取缔农村合作基金会并没有看到用作参照的农行、农村信用合作社的问题也很严重

在"一刀切"取缔农村合作基金会的决策时,主要依据就是农村合作基金会问题多,而农行、农村信用合作社经营状况好,可以接替农村合作基金会的业务,填补农村合作基金会的空白。然而,这一判断被事实证明是不对的。第一,农行、农村信用合作社虽然当时接过了农村合作基金会的正常业务,但是却没有发扬光大。第二,当时农村中存在并被保留下来的农行、农村信用合作社,显然是农村合作基金会的参照,如果他们经营得很好也罢了,但是被保护下来的农行、农村信用合作社的问题也很严重,呆账、坏账极其惊人。据《21世纪》报道,银监会发布的《2007年报告》显示,农行2007年末不良贷款余额8065.1亿元,需要计提的贷款损失准备高达6539.95亿元,即使将资本金转为拨备,缺口仍将达5186亿元。据此分析,今年一季度内,农行的不良贷款状况并未出现明显好转迹象。这就很奇怪了!同是农村金融组织,同样问题很严重,为什么偏偏不喜欢农村合作基金会、要"一刀切"地将其取缔?为什么对于农行、农村信用合作社却过于喜爱、偏袒有加?特别是,我们正处于改革开放的试验之中,大家都没有经验,都在"摸着石头过河",为什么就不能允许农村合作基金会有个"犯错误、改正错误"的机会呢?!

由于当事人并没有申明理由,笔者这里猜想,他们可能有四个理由支撑:一是农行、农村信用合作社的严重问题当时尚没有被揭发、暴露出来,他们不知道,误以为农行、农村信用合作社机制良好,不存在大的问题;二是农行、农村信用合作社毕竟在自己的领导之下,自己好领导、好调遣;三是农行、农村信用合作社毕竟是公有制,在全国普遍存在所有制歧视的大环境下,保留谁、不保留谁是要冒政治风险的;四是在政府机构的博弈中,农业行政主管部门主要管理粮食安全问题,把他们管理的农村合作基金会取缔,是帮他们甩掉了包袱,容易让他们同意。

五、从新生事物的发生发展过程来看,"一刀切"地取缔农村合作基金会违背了尊重人民群众的需求、欢迎人民群众创新的发展规律

综观古今中外新生事物的发生、发展过程,人们不难发现一个基本规律,即许多新的行为规范,新的习俗约定,新的制度安排,新的法律、法规,新的社会变革,一开始都是源于人民群众在生产生活中有了需求,这种需求可以是生存需求、发展需求、享受需求,也可以是自我价值实现需求等;某些"敢吃螃蟹"的人起来满足这种需求(变革);大家纷起响应(支

持、模仿、推而广之）；领袖人物支持；社会主流认可；官方使用行政的和法律的手段加以保护。这里有几个要点：一是人民群众有需求，这是最基本的前提；二是某些"敢吃螃蟹"的人起来变革；三是大家纷起响应；四是领袖人物支持；五是官方使用行政的和法律的手段加以保护。

我国的改革开放，就是农民群众和社会、国家都有需求，因为在农村集体经济制度下，土地里少打粮食，大家都没有饱饭吃。这就有了安徽省小岗村、小井村里的农民，首先起来抛弃人民公社的集体生产制度，实行"包产到户"、"包干到户"的经营承包责任制。当然，由于在当时"包产到户"、"包干到户"被认定为是"万恶的"和"腐朽的""资本主义"，是"反社会主义"的"修正主义"，理所当然地遭到了"左"派卫道人士和坚持"两个凡是"的当局的严厉打击和围追堵截，遭到了主流媒体和意识形态的横加指责和百般刁难。但是，由于这一创新毕竟符合最广大人民群众的利益，地里多打了粮食对国家、对集体、对农民都有好处而无害处，特别是得到了邓小平、胡耀邦、赵紫阳、万里等领导人的肯定，"左"派人士和当局才不得不"败"下阵来，不得不容忍家庭经营责任制的继续存在。

由此，人们总结出了我国的改革开放进程的一个基本特征是自下而上，即人民群众因自己需求而大胆创新的新事物，只有被开明的领导者承认、肯定与支持，才能在全国推广应用。如果没有像邓小平、胡耀邦、赵紫阳、万里等开明领导人的承认、肯定与支持，那么也就很可能像20世纪60年代初"包产到户"那样被迅速腰斩，与此同时不知有多少改革派，支持者被批判、迫害。

六、从试验方式看，一个部门用一个方案的"垄断试验"所得到的经验，肯定不如多部门、多区域、多方案、多人群试验的经验多

综观我国的改革开放进程的另一个常见做法是自上而下，即由有关部门拟订方案、进行试点，成功后向全国推广应用。这一做法的好处是，强大的政府机关运用掌握的行政、经济和法律资源，推行起来具有雷厉风行、见效较快、阻力较小等特点，而且很容易显示推行者的政绩，因而普遍受到重视，经常被运用。但是，我们也遗憾地看到这样一个令人深思的现象，即随着我国政府的机构越来越多、越来越大、越来越强，部门权限分割和利益争夺也越来越多、越来越大，以至于形成了一个个的分管"地盘"。具体表现在金融改革上，最早只有人民银行一家在管，后来陆续设立了银监会、证监会、保监会等，业务分工细化了，地盘意识出现了。以农村合作基金会为例，原来是由中央农村工作领导小组办公室设计的改革方案运作，后来多数是由国家农业部在基层下属的农经管理站具体运作。

既然是改革试验，那应当是多方案、多区域、多部门、多人群的试验，以便"八仙过海，各显神通"，并且开展有益竞争，摸索出适合于各地不同情况的经验来。事实上，当时的一大部分农村合作基金会都是由农业行政管理部门基层的农经管理站管理、运作的，有的确实成为了农业行政管理部门的势力范围、利益后园、自留地、"提款机"，如此等等。这就不能不引起别人眼红和非议。另一方面，作为新生事物，农村合作基金会当然存在不少问题。而取缔农村合作基金会，集中扶持农业银行和农村信用合作社，也有归口管理的意思在里面。

时隔若干年，2007年初，国家银监会出台《村镇银行管理暂行规定》、《贷款公司管理暂行规定》、《农村资金互助社管理暂行规定》，就毫不犹豫地把试验权紧紧抓在自己手里。据媒体报道，国家银监会决定内蒙古、吉林等6个试点省（区）为试点区域，将分两个阶段进行：第一阶段，从2月上旬开始，到9月末结束，6个省（区）原则上可按机构类别选择3—6个地方进行试点，共36个县（市）、乡（镇）作为首批试点；第二阶段，从10月初开始至年底结束，根据第一阶段试点情况适当扩大试点机构数量。明年试点范围再扩大到15个省（区）左右。

在农村，合作基金会乃至于农村其他金融组织的变革，广大农村和农民是有巨大需求的，那么为什么不放手让各地特别是农民们大胆试验呢！？

参考文献

1. 李静：《农村合作基金会的行为与政府干预》，载中国社会科学院农村发展研究所编《中国农村发展报告（No.4）》，社会科学文献出版社2004年9月版。

2. 温铁军：《农村合作基金会的兴衰史》，国学网——中国经济史论坛2007年12月6日。

3. 方会磊：《数据显示农行股改前不良贷款超过8000亿》，《21世纪经济报道》2008年5月15日。

注：本文曾在以下纸媒发表：《经济学消息报》2008年8月15日出版的第33期（总第81期）头版二条。

曾在以下网组发布或转载：中国选举与治理网2008年7月11日；北京大学天益支农网2008年7月12日；中国改革论坛2008年7月13日；中国农村研究网2008年7月14日；中国农经信息网2008年7月15日；学说连线网2008年7月16日；中国农村发展网2008年7月17日；中国社会科学院农村发展研究所2008年7月18日；中国乡村发现2008年8月12日。

第二节　破除发展农村非国有金融机构的法制障碍

早在 2003 年 8 月 18 日，杜兆勇、胡星斗、张星水、孙达等中华人民共和国公民，就曾依照国家宪法赋予公民的权利，上书全国人民代表大会常务委员会，建议审查修订或废止国务院 1998 年 7 月第 247 号令《非法金融机构和非法金融业务活动取缔办法》，给市场经济的中国奠定一块永久的基石。2008 年 4 月 26 日，胡星斗教授在"非法吸收公众存款罪与融资问题研讨会"上发言，再一次就关于打破金融垄断、尽快废止《非法金融机构和非法金融业务活动取缔办法》提出了建议，请求改革银监会和中国人民银行的职能，利用现代化技术加强金融监管，疏导而不是堵塞民间金融，扩大私人银行试点，将规范的地下钱庄合法化，发展企业债券、创业板市场，进一步发展股份制银行、股份合作性质的金融机构，允许企业在一定条件下自主集资融资。

胡星斗教授等人的理由，主要在于国务院《非法金融机构和非法金融业务活动取缔办法》存在着严重不足：一是从立法思想来看，带有明显的计划经济和政府本位色彩。二是从技术上来看，带有明显的操作不便色彩。三是从立法立场来看，旨在保护国有金融垄断，但是实践中国有金融效率低下，腐败猖獗，浪费了中国巨额的资本财富，而且靠国有金融也无法解决农村金融问题。四是对我国百年来商业传统的漠视。即使在被认为是腐败的清王朝，人们开设钱庄也是臣民的一般权利，而没有像现在这样强调金融特殊化，强调得过了头。五是此法规的严格实施将给众多民营企业、部分中小国有企业带来灾难，进而可能毁掉中国经济持续增长的势头。

我钦佩胡星斗教授等人忧国忧民、实事求是、敢于直言的精神，赞同胡星斗教授等人的建议。在此，也就国务院 1998 年 7 月第 247 号令《非法金融机构和非法金融业务活动取缔办法》（以下简称"取缔办法"），补充几条看法。总的看法是，"取缔办法"早已经变成为发展非国有农村金融机构的法制障碍。

第一，"取缔办法"影响中央有关农村金融新决策的贯彻执行。

近几年来，中共中央、国务院体察广大农村农民的要求，顺应形势发展，制定了若干有关金融、特别是农村金融改革的好政策。例如，从 2004—2008 年，中共中央、国务院连续颁发五个一号文件，分别对发展农村金融体系提出了思想非常解放、操作性很强的要求，让我们把有关条文引述如下：2004年一号文件指出："鼓励有条件的地方，在严格监管、有效防范金融风险的前提下，通过吸引社会资本和外资，积极兴办直接为'三农'服务的多种所有制的金融组织。"2005年一号文件要求："有条件的地方，可以探索建立更加贴近农民和农村需要、由自然人或企业发起的小额信贷组织。"2006年一号文件要求："大力培育由自然人、企业法人或社团法人发起的小额贷款组织。"2007年一号文件要求："在贫困地区先行开展发育农村多种所有制金融组织的试点。"2008年一号文件要求："积极培育小额信贷组织，鼓励发展信用贷款和联保贷款。通过批发或转贷等方式，解决部分农村信用社及新型农村金融机构资金来源不足的问题。"

为贯彻落实中央精神，中国银监会2006年12月20日发布《关于调整放宽农村地区银行业金融机构准入政策 更好支持社会主义新农村建设的若干意见》，决定允许建立村镇银行、（对农民）贷款公司和农村资金互助社。

然而，中共中央、国务院的农村金融的好政策的贯彻落实却不能令人满意，试点进度非常缓慢，现在带有官办色彩的金融机构并不积极，许多地方心有余悸，究其原因，就在于一个拦路虎挡道。这个挡道的拦路虎，就是国务院1998年7月第247号令《非法金融机构和非法金融业务活动取缔办法》。许多地方要求创办村镇银行和农村资金互助社，一方面受到不是试点地区的限制，有关当局不予批准，另一方面，不少地方不敢支持，生怕"踏着"了"取缔办法"这个"地雷"；如果有人试图染指，对不起，就按"取缔办法"治罪，决不手软。在许多地方，搞活农村金融市场的办法一点也没有，按"取缔办法"治别人罪的态度非常坚决！

其二，"取缔办法"的出台是为"一刀切"地取缔农村合作基金会提供法规依据。

中国的农村合作基金会，是在邓小平、胡耀邦、赵紫阳等支持下，由德高望重的农村改革家杜润生先生等设计、组织实施的，被称为中国十大农村改革试验之一。农村合作基金会的建立和发展，在一定程度上弥补了"官办"的农业银行、"二官办"的农村信用合作社不能满足农民、特别是乡镇企业贷款需求的缺陷，对于进一步深化农村改革，完善农村经营体制，调动和激发农民的生产积极性，促进农村经济持续、稳定、健康地发展，都具有现实和深远的意义，功劳很大，功不可没！然而，在发展过程中，为数不少的农村合作基金会都被县、乡党政部门及其官员所把持，把从农民、农民企业家、乡镇企业那里吸收来的存款，绝大多数都放贷给了县、乡党政部门及其官员的亲朋好友，一般老百姓根本贷不到，有的地方更成为了县、乡党政部门及其官员的"提款机"。问题是，县、乡党政部门及其官员的亲朋好友贷了款，一开始就不打算归还，也就造成了存款户不能在农村合作基金会提现，从而酿成了多起"群体性事件"。在这样的情况下，当时的国务院总理朱镕基决策"一刀切"地取缔了农村合作基金会。这就是国务院1998年7月第247号令《非法金融机构和非法金融业务活动取缔办法》的来历。

应该指出，清理、整顿和取缔农村合作基金会，这在当时亚洲金融危机的"恐惧"大环境下，是一种无奈的选择，有其必要性。但是，不分青红皂白地"一刀切"地取缔，就不是科学态度了，当时就有一些发展比较平稳的地方要求不搞"一刀切"、建议采取"区别对待"的政策。另有不少学者通过深入研究，也提出了实事求是处理的异议。综合起来，有以下几种：一是"不能无视农民需求说"，即农村合作基金会缘起于农村发展、农业结构调整和农民增收对生产资金的旺盛需求，及现行农村金融系统不能予以充分满足的合力；二是"行政干预说"，即农村合作基金会在运行中的失误曾造成农村金融体系的振荡，但其主要原因并非源于该制度设计本身，反而恰恰是其运行背离该制度设计，被当地县、乡党政部门及其官员行政干预的结果，因此解决问题不是简单地取缔，而要排除行政干预；三是"内部治理机制不规范说"，即农村合作基金会自诞生之日起，由于大家都没有检验，又没有参考借鉴，带有明显的试验性质，没有找到规范的内部治理机制，因此解决问题就应当在规范内部治理机制方面下工夫，而不是简单地取缔。

遗憾的是，一些发展比较平稳的地方要求不"一刀切"、建议"区别对待"的要求，学者们的研究成果与建议，并没有被采纳，持续十多年的农村合作基金会顷刻便夭折了。从此，中国农村金融改革试验进入了"冰冻期"。

其三，"取缔办法"违背了社会主义市场经济的原则。

大家知道，作为市场经济的一种，社会主义市场经济也同样具有市场经济"金融是核心"的一般特征，也需要遵循市场经济关于包括繁荣的农村金融在内的发达金融服务的所有原则、所有标志。这些特征、原则、标志，据多数人的共识：一是供大于求的农村金融机构，在为农村发展、农业增产和农民增收服务中开展有益竞争；二是琳琅满目的农村金融产品任由农民、农民企业家选择；三是金融担保、金融保险分散了风险；四是以政府监管、金融界自律、社会监督相结合的监管到位，等等。2003年10月14日中国共产党第十六届中央委员会第三次全体会议通过的《中共中央关于完善社会主义市场经济体制若干问题的决定》，曾明确要求："在加强监管和保持资本金充足的前提下，稳步发展各种所有制金融企业。""完善农村金融服务体系，国家给予适当政策支持。"

然而，国务院《非法金融机构和非法金融业务活动取缔办法》，完全抹杀了作为市场经济的这些特征、标志与原则，名义上是经有关部门批准就可以成立农村金融机构，实际上全国没有批准一家农村金融机构；名义上是未经有关部门批准的农村金融机构就是非法，实际上当时经有关部门批准的农村金融机构都是非法，都要取缔，一个不剩。在这样的情况下，一是不允许农村合作基金会等民间金融生存，更不用说允许农民们举办属于自己的合作金融组织，使农村金融基本没有体系，长期处于供不应求的"萧条"、"荒芜"状态；二是适合农民需要的农村金融产品严重匮乏，农民贷款比"登天还难"；三是金融担保、金融保险至今还是一片空白；四是政府监管只是一味地"卡、压、堵"，直到管死，这哪里还有社会主义市场经济的气息?!

其四，"取缔办法"的结果之一是保留和保护国有金融垄断。

按照国际、国内司法惯例，凡是犯罪总要有一个侵犯的客体。据此，我们可以看看"取缔办法"中规定的非法金融机构和非法金融业务活动侵犯的客体。第一，它并不侵犯借贷人或非法金融机构和非法金融业务活动的主体，这当然是没有疑问的；第二，它并不侵犯出资人的财产所有权，出资人都是自觉自愿的；第三，按照司法解释，它侵犯的是单一客体，即国家的金融管理秩序。当然在有些情况下，非法吸收公众存款的行为人由于经营不善造成亏损，无法兑现其在吸收公众存款时的承诺，甚至给投资人、存款人造成了重大经济损失，但是，这种损失与行为人的目的就是侵犯公私财物的所有权是不同的。

在此，司法解释的理由是，所谓的国家金融管理秩序，是指国有银行的秩序。非法吸收公众存款，虽然没有对集资户、存款户造成损失，但是却出现了这样的后果：公众的款原本会存到国有银行、"二国有"农村信用合作社，如果不是因为非法集资，就自然而然地成为国有银行的存款；而现在被非法吸收公众存款者吸收去了，国有银行也就吸收不了了，也就是说国有银行的生意被"抢"走了，给国有银行造成了损失，或者说国有银行和"二国有"农村信用合作社的独霸天下的垄断秩序，被打破了，这本来是天大的好事，但是在"取缔办法"看来却是犯罪。这种很霸道的逻辑，查遍国内外法律都找不到根据，只有中国的司法能作出这种解释。所谓危害不是对非法集资行为所涉及的公众的利益的危害，而是对国有银行的垄断利益构成了危害。这就把损害国有银行垄断者的利润和危害金融管理秩序混为一谈了。

其五，"取缔办法"规定的许多条文很不严密。

由于出台匆忙，"取缔办法"规定的许多条文很不严密，也没有与合同法相衔接，这就不能不出现法规、法律之间的矛盾冲突。

"取缔办法"有关非法吸收公众存款罪的规定，既没有顾及犯罪的构成要件，也没有顾及世人关于"善与恶"、"好与坏"的普世价值观念，更没有顾及大家都同意的邓小平"三个有利于"中"有利于生产力发展"的标准。第一，犯罪的目的，并不是非法占有所募集的资金，而是企图通过吸收公众存款的方式，进行盈利，在主观上并不具有非法占有公众存款的目的。第二，犯罪行为的具体实施方法，并不以行为人是否使用了诈骗方法作为构成犯罪的要件之一，尤其是在吸收存款或募集资金的目的行为上并没有遮掩赢利的意图。第三，侵犯的客体，并不侵犯出资人的财产所有权，而是单一客体，即国家的金融管理秩序。

《取缔办法》对非法吸收存款的界定混淆了民间借贷与作为金融业务存款的界限。民间借贷是任何国家都不可能禁止、取缔的行为，而且法律必须保护合法的民间借贷。我国《中华人民共和国合同法》第12章规定，建立在真实意思基础上的民间借款合同受法律保护；1991年7月2日发布的《最高人民法院关于人民法院审理借贷案件的若干意见》第6条规定，民间借贷的利率可以在超过银行同类贷款利率的四倍以下的范围内适当高于银行的利率；1999年1月26日发布的《最高人民法院关于如何确认公民与企业之间借贷行为效力问题的批复》规定，公民与非金融企业之间的借贷属于民间借贷，只要双方当事人意思表示真实即可认定有效。因此，从民法意思自治的基本原则出发，一个企业向一个公民或者多个公民借贷都属于合法民间借贷。2004年10月28日，中国人民银行决定，从2004年10月29日起上调金融机构存贷款基准利率，放宽人民币贷款利率浮动区间，允许人民币存款利率下浮。金融机构（不含城乡信用社）的贷款利率原则上不再设定上限。既然银行贷款利率没有了上限，那么，最高院"最高不得超过银行同类贷款利率的四倍"的指导性意见，也就失去了实际意义。换句话说，从法律上看，民间借贷也就没有了利率高低的限制。

合法的民间借贷在《取缔办法》中地位不明，法律之间存在冲突。著名的法学家江平在一次学术讨论会上曾质疑："非法吸收公众存款罪和正常的民间借贷有什么区别？我向20个人借行不行？有没有一个界限？现在看没有。如果我向50个村民借贷是不是就变成了非法吸收公众存款？"的确，民间借贷到底在什么条件下触犯《刑法》，法律并没有明确的规定；向多少个公民借贷或者借贷多少属于合法范围，也没有明确的规定。更何况，《取缔办法》中"未经中国人民银行批准，向社会不特定对象吸收资金，出具凭证，承诺在一定期限内还本付息的活动"，并没有真正反映出行为人吸收资金的非法性;"未经中国人民银行批准,向社会不特定对象吸收资金,出具凭证,承诺在一定期限内还本付息的活动"也并非是非法吸收公众存款罪的法律特征;《取缔办法》将非法吸收公众存款界定为"未经中国人民银行批准,向社会不特定对象吸收资金,出具凭证,承诺在一定期限内还本付息的活动",显然是不合适的。

其六,依据"取缔办法"新造成了一批冤假错案。

依据"取缔办法"新造成的一批冤假错案中,当数河北省徐水县孙大午案最为典型、影响最大。

1985年,孙大午和妻子承包了家乡一块被称为"憋闷疙瘩"的荒地,靠养殖1000只鸡、50头猪起家,后来发展成集养殖业、种植业、加工业、工业、教育业为一体的大型科技民营企业——河北大午农牧集团有限公司,固定资产过亿。公司发展急需资金,但作为民营企业,从银行很难贷到款。1993年以来,大午公司开始集资,对象主要是内部员工和附近乡镇的居民。起初是职工自愿把钱存在公司,后来周围村庄的群众也都来存钱。

徐水县有关部门介绍,大午公司未经中国人民银行批准,以高于同期银行利率、不收利息税等手段,在周边村镇非法吸收公众存款累计达18116.7万元,违反了国务院关于非法金融机构和非法金融业务活动取缔办法的有关规定,因而被批捕。根据指控,大午集团在集资时使用自己印制的有"数额、利率、期限及双方不得违约,到期保证偿还"等字样的借据,并在借据中加盖大午集团财务专用章,由财务处及该处综合业务科下设代办点。

但出乎意料的是,当地村民和存款户不但不认为大午公司集资和他们将钱存入大午公司的行为有什么错误,而且认为是对个人和大午公司双方都有利的好事。大午公司的内部职工卢清才总共存了1000元的定期,3厘的利息。他说:"我不觉得这事违法。我在这儿上班,把钱放在这里,用着方便,花着也方便,还给我打借条,他愿借,我愿存,两相情愿的事,怎么违法了呢?"大午公司的所在地朗五庄村的大多数村民也都在大午公司存了钱。村民杨桂林存1万元定期,也是3厘利息,比银行稍高。他说:"我根本就没想要多少利息,就是为了方便,随时用随时取,有时急需了半夜都能取。"在丁庄,一位儿子在大午公司上班的老太对记者说:"这钱都是孙大午开给我们的工资积攒下来的,我们再借给他发展生产,有什么错呢?"

孙大午的辩护律师认为,大午公司的行为属于民间借贷,不适应于国务院《非法金融机构和非法金融业务活动取缔办法》。依照我国民法规定的意思自治原则和诚实信用原则，大午公司的工人及其他借款户与大午公司已建立起相互信任的关系，他们出于多年的信赖而把钱借给大午公司，属于合法的民事借贷行为。一是从行为的目的上看，大午公司的借款行为不是以非法占有为目的的，没有挥霍浪费、吃喝嫖赌的动机，没有盲目投资、疏于管理从而使借款人产生危机的事实；二从行为的对象、范围看，大午公司的借款行为主要限于与公司有相互信赖关系的工人和周围的乡亲，具有特定的范围，而不是针对不特定的一般社会大众；三从行为的结果看，大午公司的借款在大午公司的优化运作下，获得了很大的增值，带动了地方就业和其他产业的发展。

显然，律师的辩护是有说服力的、有道理的、符合全国全体人民利益的。遗憾的是，河北省有关执法部门仍然判决孙大午罪名成立，依据的当然是《取缔办法》。而合理的、正当的民间金融活动，在我们国家却没有任何的法律、法规保护，农村金融也就只有被搞死了。

令人欣慰的是，自2004年中共中央、国务院一号文件决定大力发展农村"多种所有制的金融组织"起，农村金融才又得以从决策层面承认，虽然要把中共中央、国务院这些规定贯彻落实还要走好多年的路！

最后，废止国务院《非法金融机构和非法金融业务活动取缔办法》，将体现了我们党历来强调的实事求是的科学精神，不但不会降低威信，反而有利于提高威信。

参考文献

1. 胡星斗：《关于打破金融垄断、尽快〈废止非法金融机构和非法金融业务活动取缔办法〉的建议——在非法吸收公众存款罪与融资问题研讨会上的发言》，天益网2008年4月26日。

2. 杜兆勇、胡星斗、张星水、孙达：《关于提请全国人大常委会审查国务院〈非法金融机构和非法金融业务活动取缔办法〉（1998年7月）的建议书》，中国选举与治理网2003年11月4日。

3. 朱永才、朱晓东：《试析非法吸收公众存款罪与民间借贷》，《经济论坛》2006年第14期。

注：本文曾在以下纸媒发表：《经济学消息报》2006年6月20日出版的第25期（总第806期）头版头条。

曾在以下网站发布或转载：中国选举与治理网2008年5月11日；中国改革论坛2008年5月11日；天益网2008年5月12日；中国三农研究中心2008年5月12日；学

说连线网 2008 年 5 月 19 日；中国农村金融改革网 2008 年 5 月 23 日；高攀网 2008 年 6 月 1 日；*经济学家*——发展经济学 2008 年 6 月 11 日；中国农村研究网 2008 年 7 月 1 日；邯郸市农业农业信息网 2009 年 7 月 4 日；冀州农业信息网 2008 年 7 月 7 日；北京农学院学科导航平台 2008 年 11 月 27 日。

第九章

小额信贷发展研究

第一节 小额信贷是怎样"真扶贫、扶真贫"的

小额信贷扶贫到户,最早是由孟加拉国的尤努斯教授创办的乡村银行实施的,被称为"GB"模式,目前已在世界70多个国家地区推广。通过福特基金会的介绍,1994年由中国社会科学院农村发展所杜晓山教授等引入,并以"扶贫社"的形式在河北易县、河南南召等地试验,取得了成功。1997年后,云南、陕西等省区较大规模试行。温家宝总理1999年6月8日的一次讲话中曾经给予高度的评价:"扶贫信贷资金怎么到户,怎样管好,是扶贫开发中一个长期没有解决好的问题。一些地方采取小额信贷的办法较好地解决了这个问题。这种形式,资金到户率高,项目成功率高,贷款回收率高,受到贫困地区广大干部群众的欢迎,要在总结经验,规范运作的基础上稳妥地推广。"之后,温总理又指出:"农村小额信贷扶贫是帮助农民脱贫的一个有效途径,一定要把这件事办好。"然而,遗憾的是,有关部门和一些地方对小额信贷一直"耿耿于怀",一而再、再而三地散布小额信贷"存在着风险"、"有个地位定位问题";特别是,有个部门在对小额信贷进行所谓的"规范"名义下,取消了小额信贷较高利率、贷款小组互助、互保、互督等实质性的制度安排,因而异化成了传统的农村信贷,而传统的农村信贷是"扶富不扶贫"。之后,小额信贷交由农业银行运作,而农业银行商业化改革后对小额信贷不感兴趣,积极性不高,况且农行在乡一级已经没有分支机构,无法运作小额信贷;继续让政府扶贫办、妇联等系统代为运作,却不给它们运作经费;此外,一些有地位的人对小额信贷扶贫到户的性质定位问题不断提出质疑,使全国自2000年后小额信贷处于低潮。

2005年中央一号文件明确指出:"有条件的地方,可以探索建立更加贴近农民和农村需要、由自然人或企业发起的小额信贷组织。"这一要求,可以认为是党中央、国务院对小额信贷长期争论的一个总结。

在此,国际社会和我国现有从事小额信贷的人士一致认为,只有小额信

贷才做到了"真扶贫、扶真贫"。由笔者向全球环境基金（GEF）申请成功、并主持的"中国云南山地生态系统生物多样性保护示范项目"（YUEP）小额信贷的实践，也证明了这一判断。那么，小额信贷的制度安排，是怎么样做到了"真扶贫、扶真贫"呢？

一、小额度、短周期贷款

小额信贷的第一个制度安排，是坚持小额度、短周期贷款。凡申请贷款，每笔一般在几百元至1000元人民币之间，期限一般在三个月至一年，最长不能超过两年。

之所以规定小额度短期贷款，这是由小额信贷服务的都是贫困地区，村民绝大部分都处于贫困状态，家庭底子薄，过去几乎没有信贷经验，难以从事大规模的经营活动，只适宜从事那些无风险或小风险、易操作、周期短、见效快的小型项目的实际，所决定的。例如，贫困户一般都是用于家庭养殖业、购买化肥等的垫本，有的做点小本买卖等。这些小型项目一般所需贷款数额不大、期限不长，特别是村民都有一定的技术和经验，成功率大，失败率小。只有贷款项目成功了，贷款村民的自信心才会增强，示范效应随之显现出来。

YUEP项目曾发现县、乡、村干部打着反映农民意见的旗号，一而再、再而三地要求大额度、长周期的贷款。很明显，这些干部代表的不是贫困户的意见，而是农村富裕农户的要求。因为，第一，富人才用得起大额度、长周期的贷款；第二，富人还不起贷款时就赖账，因为他们是强势人群，别人奈何不得。这和国有企业赖账差不多。这就是一些地方小额信贷乃至传统农业贷款失败的根本原因。

二、贷款无须抵押与担保

小额信贷的第二个制度安排，是贷款无须抵押与担保。其理由是：穷人由于贫困，一是自己没有财产可以抵押，二是富裕者普遍不愿为其担保，因而在现行的金融制度下无法得到贷款。为此，小额信贷扶贫到户的贷款，不需要财产抵押和他人担保。

现实社会中，有的人认为不能向贫困农户贷款，因为没有财产抵押。这种主张的荒谬性在于，他们不明白贫困农户之所以贫穷，重要原因之一在于他们不能获得贷款，也就没有改善其贫穷状况的公平机会。正是由于不少金融机构不让贫困农户获得无须抵押与担保的贷款，所以小额信贷就是迄今能够找到的保障贫困农户获得信贷这一基本人权的唯一选择。

同世界上所有的商业银行一样，我国现有的农业银行、农村信用合作社，还有农村实际存在的民间借贷乃至高利贷等，在放贷时都需要抵押和担保，以确保贷款的安全。贫困农户由于家中没有值钱的财产可作抵押，也找不到富人、企业或机构为其担保，因而贷不到发展生产与经营所需要的贷款。

富人、企业及其他机构一般都不愿意为贫困农户贷款进行担保，在他们看来贫困户没有还贷的信誉，以至于这一看法成为现实社会的"公论"。其实这种"公论"是不符合实际的。孟加拉国和我国的实践都证明，贫困农户使用小额信贷的还贷率在99%以上，而地方行政机构、公司、富人使用扶贫贷款的还贷率仅在50%左右。再从信誉发展史来看：在大家都贫困的情况下，社会信誉普遍较好；当社会经济获得一定的发展，先富裕起来的一部分人的信誉变坏；而当社会继续发展，法制逐步健全以后，信誉变坏的那部分先富裕者迫于法制，而不得不从坏变好。因此，指责贫困农户还贷信誉差，是不符合事实的。

三、小组互助、互督、互保

小额信贷的第三个制度安排，是村民申请贷款者小组互助、互督、互保，即申请贷款者必须结成五人（户）的互助、互督、互保小组，这是很重要的制度保证。小组成员在选择贷款项目、按时还本付息、实施监督等方面，承担相应的连带责任。虽然借款是个人行为，最终由个人决定，但小组中的五人有相互依存的关系，从而起到连保的作用。为此，有直系亲属关系的不能在同一小组，以防止因直系亲属关系而影响连保作用。

YUEP项目的哲学思想是充分相信农民，特别是组织起来的贫困农民。村民自己建立的小组完全采用自愿的形式，并由他们自己选举产生负责人。一方面，他们对小组中的人都非常了解，共同的利益把他们联结了起来，那些"情不投、意不合"的人是不会自愿组成小组的；另一方面，组合在一个小组中的各个农户，还具有互助、互督、互保的义务和责任。这就保证了他们在酝酿组建这种组织时，都进行了认真的掂量，有的还要进行几次或十几次的串联和反复讨论。如此形成的小组，基本上做到了"情投意合"。

成立五人（户）的贷款小组，并使之互助、互督与互保，从而把小额信贷不需要抵押与担保的成本外化给了小组。我们知道，在通常的情况下，以银行为代表的金融机构需要较高的运作成本，从而使其利润相应减少。为了降低运作成本，他们普遍采用鼓励储蓄、大额度贷款、中长期贷款等方式，而对贫困者所需要的小额度、短期贷款不感兴趣，因为这些贷款运作成本很高，而利润却少得多。

YUEP项目充分吸取小额信贷扶贫到户的经验，在制度设计时，已充分考虑到了运作成本问题。一个流域的社区共管委员小额信贷业务，要把贷款送到分散的社区村民尤其是贫困者的门上，并到贫困者居住的村社收回贷款；而且每人次的贷款数额不大，一般只是几百元至1000元，特别是每人次的还款连本带息不过几十元。这和大多数银行一次贷款数十万元、数百万元、数千万元甚至上亿元的整借整还相比，显然在人力、时间、物力上付出的成本要多得多。为了解决高成本运作问题，除了提高利息外，还采用了小组这种贷款者自我组织、自我管理和自我约束的自治形式，既提高了贷款的还款率，又成功地实现了信贷经营机构的成本转移。

通过贷款者小组形式实现的成本转移，具有十分重大的意义：一是充分发挥了贷款者参与金融信贷活动的积极性和聪明才智。项目社区村民尤其是贫困者之所以贫困的重要原因之一，是他们没有机会、没有能力利用金融信贷发展生产经营活动而赚钱，现行的扶贫及农村金融对贫困者的要求及呼声不予重视，往往把他们排斥在贷款对象之外，出现"贷富不贷贫"。为了有效解决这一问题，一个重要措施就是社区村民尤其是贫困者组织起来，把运作成本外化给贫困者自治组织，并使贫困者自治组织在金融活动中强有力地面对贫困与社会，显示了贫困者的力量。二是在降低运作成本的同时，也使小额信贷在财务和经济上具有了经济合理性和持续性。一个小额信贷的工作人员之所以能负责数十个贫困者的贷款，主要是因为这些单个贫困者的贷款、还款活动，都是通过贫困者自治组织进行的。贷和还均由小组长统一办理，即小组统一从小额信贷组织贷出，再分给各个贷款贫困者；还款时也由小组长统一收齐后交给小额信贷工作人员。这样，贷款和还款的大部分工作都由自治组织代理了。

YUEP项目的贷款村民尤其是贫困者小组之所以能被广大贷款贫困者接受，原因主要有二：一是贫困者隐蔽性失业严重，非工作时间的机会成本为零或接近于零。由于没有参与信贷和劳动就业的机会，在干完农活后他们不得不在家闲着，从而出现许多人责难的所谓"懒"、"白天在家烤太阳"等现象。通过小组将贫困者组织起来，这对于贫困者来说不但不会占用工作时间，不会影响他们及其家庭的生产、经营，而且使他们获得了信贷权利与机会，他们当然乐意接受。二是贷款贫困者的小组及其活动，给他们及其家庭带来了较高的社会评价和心理收益，在某种程度上说是大长了他们的志气，培养了他们的团队精神，增强了他们团结起来向贫困抗争的自信心和能力，因而受到他们的衷心欢迎。

四、较高利率

小额信贷的第四个制度安排，是较高利率，即一定高于金融机构的利率。这是因为，小额信贷不是无偿的救济款，而是一种村民互助的信贷，因此就不但要还本付息，而且利息率一般比农业银行、农村信用社的利率略高一些，但却低于高利贷利率。

其一，较高利率才能使宝贵的社区保护与发展基金真正到达村民特别是贫困者手中。这是因为，贷款利率如果不高或者零利率，贫困社区中各类农户都会出来争夺这份"廉价午餐"，许多人头脑里存在着"不要白不要"、"白拣便宜"、"捞一把"、"搭便车"等思想，特别是使那些强势人群、先富裕起来的人群，利用自己的地位与势力"霸占"这类贷款，而一般的村民尤其是真正贫困农户往往难以沾边。这正是我国现有农业银行、农村信用社多年来大量贷款到不了一般村民的体制原因，也是我国自80年代中期以来大规模扶贫十几年来"真正的贫困农户难以得到贴息贷款"的深刻原因。

其二，较高利率才能使贷款者产生精心经营的压力与动力。这是因为，低利率将给借款者一个错觉，即小额信贷是无偿扶贫款，是一种很不"严肃"的贷款，因而可以马马虎虎使用，或者说用好、用坏无所谓。只有在较高利率的压力下，贷款者不但要还本，而且要付高利息，因而就必须精心使用，如无特殊"天灾"、"人祸"，就必须成功，不许失败。

其三，较高利率才能解决高违约率问题。实践证明，低利率是导致高违约的重要原因之一。在低利率下，借贷者和放贷者都认为小额信贷是一种"白送"的礼品，既使贷款者产生"等、靠、要"的依赖思想，又使其形成赖账不还的恶劣习惯。我国农业银行和农村信用社长期以来存在的大量呆账、坏账，以及巨额扶贫贴息贷款不到50%的低还贷率，一而再、再而三地证明了这种危险的存在。

其四，较高利率才能覆盖小额信贷的成本。小额信贷的设立，除了支持贫困村民使用贷款发展家庭生产经营增加收入外，还要提供它自己的组织本身运作所需要的成本，包括办公用品、人员服务费、通信、交通等的支出。如果小额信贷不能通过利息收入覆盖它与社区共管组织的成本，那么它本身也就不能生存下来。

在此的问题是，社区村民尤其是贫困农户愿意使用较高利率贷款吗？他们付得起较高利息吗？按照人们通常的看法，社区村民尤其是贫困农户既不愿使用较高利率的贷款，也付不起较高利率；特别是，低利率甚至零利率不是对贫困村民更有利吗！这种看法是很幼稚的，也是站不住脚的。国内外小额信贷扶贫到户的实践证明，不要说没有低利率和零利率的信贷供贫困农户使用，就是法定利率或高利率的商业银行贷款也轮不到社区村民尤其是贫困农户使用。那么，面对农村民间高利贷，社区村民尤其是贫困农户是眼巴巴、望眼欲穿地盼望着较高利率的、村民自己的小额信贷。这是因为，一方面，贷款的社区村民精心使用利率较高的小额信贷普遍产生了预期收益，付得起利息的效果；另一方面，正是因为较高利率，才使非贫困户不乐意、不耐烦使用，才最终"轮"到一般村民和贫困者使用。毕竟，非贫困农户若要发展家庭生产经营，可以到我国国有商业银行或农村信用社去贷款。

据笔者对云南省1997年至今已经在全省113个县实施的小额信贷扶贫到户总放贷50多亿元的面上调查，并具体解剖师宗县5个乡、105户使用小额信贷的贫困农户的情况，贫困农户之所以愿意使用高利率的小额信贷，其经济方面的理由如下：一是扶贫贴息贷款只还本，而没利息，但从中央政府责成有关部门拨出到实际到基层后出现较大比例的"渗漏"，贫困农户根本看不到、贷不着；二是包括农业银行、农村信用社、农村合作基金会（后被全国"一刀切"地取缔）的金融信贷，执行的是央行规定的统一利率，在20世纪90年代中期由于通货膨胀还是负利率，但贫困者由于没有抵押和担保，也贷不着；三是农村社区亲朋好友间的贷款在许多贫困地区是不收利息的，但贫困者的亲朋好友也处于贫困状态，无款可借；四是农村中较普遍存在的自发性的、互助性质的储金、摇会、地下钱庄等，贫困农户要么无力参加，要么参加了自己入会的资金也不多，入会者越多"轮到"每户头上的时间也越长，往往是远水解不了近渴；五是贫困农户急需要用钱时，只有向民间高利贷者借贷，结果往往是借高利贷救了一时之急，待高利贷主逼债时往往倾家荡产。而小额信贷的利率虽然高于同期同档次商业银行的利率，但是一是毕竟比高利贷低多了，二是只要在国家法定的同期同档商业银行利率的倍数之内，贫困农户发展家庭生产经营，当然是求之不得了。

五、妇女担任主承贷人

小额信贷的第五个制度安排，是以贫困农户中的妇女为主要承贷对象，这是国内外小额信贷扶贫到户从实践中总结出来的成功经验。在贫困者家庭成员中，妇女具有节俭、顾家、不乱花钱、能按时还钱等品德。她们一心用于为家庭谋利益的生产经营活动，而且相对于男子来说外出较少，便于从事家庭养殖、手工业生产，也便于开会和参加小额信贷组织的各种活动。实践证明，社区保护与发展基金通过小额度短期贷款，对贫困农户妇女比对贫困农户男子的作用更大。这是由贫困农户妇女的自身条件及其经济、社会地位所决定的。

首先，贫困农户的贫困，在某种程度上看是妇女的贫困；而消除了妇女的贫困，农户贫困便随之消除。世界各发展中国家贫困农村的一个共同特征是，妇女承担着繁重的家务劳动、田间劳动，但她们的社会地位和家庭地位却很低。中国贫困地区也是如此。处于社会最底层的妇女无论在社区还是家庭中，一般情况下只有辛勤劳作的责任，而无发表意见和作出决策的权力，她们的聪明才智被压抑乃至湮灭了。凡是到贫困农村调查的人都可以发现这样一个事实：除了天灾人祸等不可抗拒的情况外，贫困农户生活相对安排得较好者，可以断定该家庭有一个称职的女主人，或者说女主人在家庭中有发言权和决策权；反之，则说明该家庭女主人没有发言权和决策权。如果一个贫困农户家庭中没有女主人，那么这个家庭的生活肯定是乱了套的。因此，人们常说，一个家庭可以没有男主人，但绝对不能没有女主人，否则这个家庭便不成其为家庭。

其次，贫困妇女特有的母爱、责任感和自我牺牲精神，决定了她们承贷的成功率。贫困妇女作为家务劳动的主要承担者，她们总是把照料、维持家庭的生存时时刻刻放在心上，并为此而拼命劳作、精打细算。在家庭生活极端困难时，男子可以逃离家庭，最有力的借口是外出打工，但是他们外出的目的首先是自己要吃饱饭；然而妇女则不能，她们要留在家里，维系着这个家庭。相对而言，饥饿与贫困更多的是妇女而不是男子所面临的问题。如果家庭成员中必须有一个挨饿，不成文的规矩是这个人必然是母亲。在缺衣少食的日子里，母亲大都有过那种不能喂养子女而心灵有创伤的悲惨经历。如果有同饥饿和贫困抗争的机会，贫困妇女往往比男人更能本能地挺身而出成为能干的斗士。

母爱，这一母性的天职在贫困农户妇女身上体现得更为充分。她们忧虑子女的现在与将来；为了孩子的利益，她们心甘情愿地作出一切牺牲。而且，贫困妇女还常常把这种人类最伟大的爱，无私地奉献给自己的丈夫、儿女和丈夫的父母。她们活着的神圣使命之一，就是使她所在的家庭能够生存下去和生存得更体面些，这已成为她们拼命劳作的动力与目标。为了饥饿的孩子和家庭，贫困农户妇女必须作出最大限度的努力，直到最后的时刻。

贫困农户妇女在操持繁重的家务劳动中，自觉不自觉地学会或养成了积累和再生产的本领。在中国和其他国家的贫困地区都可以看到这样一种情况：贫困农户妇女在通过参与项目获得一笔收入后，首先想到的是一家人的吃饭问题；若吃饭问题解决了，则考虑一家人的穿衣问题、住房问题、子女读书问题，特别是积累和再生产问题；而男子则往往优先考虑的是自己喝酒等问题。由此可见，在捕捉和利用机会对付贫困方面，一般说来，没有一个贫困男子可以与热心的贫困妇女相比。因此，贫困农户依靠妇女的努力，是能够缓解乃至根除贫困的。

然而，人们不得不面对这样的现实，虽然贫困农户妇女具有这么多的优点、美德和能力，但是她们在与贫困抗争中却处于不利的地位：第一，她们没有表达自己的意见、愿望和要求的场合与机会；第二，在一些社区特别是传统的扶贫开发项目里，她们很少参与，有的地方甚至出现了这样的情形；男子开会和受培训，而由妇女去劳作；第三，除了城里人雇请女保姆、服务行业招聘女工等情况以外，贫困农户妇女极少有在城市找到像男子打零工那样的机会。

因此 YUEP 项目实行小额信贷主要由妇女承贷，这对于发掘妇女的潜在才能，发挥她们的作用，无疑具有十分重要的意义。

注：本文曾在以下纸媒发表：《经济学消息报》2006 年 6 月 2 日。

曾在以下网站发布或转载：支农网 2006 年 6 月 6 日；三农中国网 2006 年 6 月 8 日；中国三农问题研究中心 2006 年 6 月 7 日；中国农村研究网 2006 年 6 月 10 日；中国·沈阳农村经济信息网 2006 年 6 月 12 日；中宏网开一面 2006 年 6 月 13 日；泉州农村信息网 2006 年 6 月 14 日；中国经济 50 人论坛 2006 年 6 月 23 日；小额信贷—MBA 智库搜索 2006 年 6 月 23 日。

第二节　小额信贷扶贫的效果为什么出奇的好

就目前我国扶贫攻坚的所有模式的实践来看，小额信贷是扶贫到户的最有效的模式。它的试验与推广，已经在消除农村贫困户和城市低收入居民的贫困，发挥着其他模式与措施所不可替代的重大作用，扶贫效果出奇的好。

那么，小额信贷扶贫到户的效果为什么出奇的好？

一、它排除非贫困者，把宝贵的资金真正送达贫困者

我们知道，由于市场经济的发展，在一个农村村庄或城市社区，居民的收入呈现出很大的不平衡性，既有先富裕起来的人群，也有相对不富裕乃至贫困者。因此，政府与社会不能把贫困村庄中的所有农户都作为扶持对象，而应该瞄准贫困户特别是最贫困户。

那么，小额信贷是怎样排除相对富裕户、而瞄准了贫困户特别是最贫困户呢？

首先，它设计了一套简明扼要、十分有效的界定贫困户的办法。在孟加拉国乡村银行小额信贷 GB 模式中，办法是先从直观上排除那些房屋好、家具多、有余粮、无外债的农户。笔者在实践中，摸索出村民贫富排序表法，即把出席村民大会的村民分成若干小组，让他们分别在大白纸上经讨论并写出本村农户从最富到最贫的排序表，即可一目了然分出贫困户。

其次，小额信贷的高利率，使相对富裕户觉得使用小额信贷不划算，不如到农村信用合作社、农业银行去贷那些利率低的贷款。

再次，小额信贷的整贷零还，使相对富裕户觉得使用小额信贷整贷零还所花费的时间太多，不如到农村信用合作社、农业银行去贷那些整贷整还的贷款。所谓整贷零还，是贷入的一笔款，在约定的还款期限内，分若干次归还。孟加拉国乡村银行小额信贷 GB 模式规定，一笔一年期贷款，把本金和利息计算后平均分摊，每一个星期还一次。我们为云南省政府设计的小额信贷的整贷零还，是每半个月还一次。

小额信贷通过以上办法，自然而然地排除了相对富裕户，从而真正地把这一宝贵的扶贫资金，送到贫困户手上。

二、投入小，见效快

小额信贷扶贫到户的信贷机制，是向本社区进行小额信贷贷款，在量上是很小的，一般为 1000 元，有的只是几百元。这种小额信贷曾被联合国开放计划署称为微型信贷。

就贫困农户来说，先使用数额小的金融信贷，是符合他们实际的选择。相反，让贫困户一开始就从事大规模贷款的开发型项目，是脱离实际的。这是因为，第一，所有的贫困地区市场的开拓都有个过程，而在市场容量不是很大的情况下，贫困农户从事大规模开发项目，市场销售是较大的制约因素；第二，贫困农户特别是绝对贫困农户不具备从事大数额信贷的内在条件和需求，而小额信贷可以从事的家庭种植、养殖、手工加工、贩运等，则非常适合贫困农户的现有条件和需求，因而深受他们的欢迎；第三，小额信贷便于贷款贫困者筹措归还的本息，也便于他们自我监测和社区保护与发展基金组织的外部监测。

三、快借快还，滚动使用

社区保护与发展基金发放的小额信贷实行快借快还、滚动使用的办法，有效地提高了基金的周转利用率。

首先，小额度短期信贷减轻了一次筹措大笔还款资金的压力，做到了快借快还。这是因为，在一个农村社区内组建的社区发展基金，筹措的本金一般都不太大，无法满足本社区所有农户发展家庭生产经营的需求，只能满足一少部分农户的需求。为此，一方面为了使其他农户也有使用权力的公平需要，先借贷农户必须快借快还；另一方面，小额度短期信贷也只能选择那些短、平、快项目，集中精力使其成功见效，从而做到快借快还。

其次，由于快借快还，小额信贷机构可以将收回的贷款再放给别的贫困者，实现了宝贵的信贷资金滚动使用，提高了资金利用率，扩大了贷款的受益面。据典型试验，一个总贷款100万元的乡级流域区社区保护与发展基金的本金发放，从放贷后的第6个月开始计算，放贷资金的使用效果为1∶1.5,即有150万元的放贷；第12个月使用效果1∶2.1,即210万元左右的放贷效果。就基金信贷的工作人员来说，可以采用"坐收坐支"的方式，即在贷款的自然村社区共管小组里，一边收取还款的本息，一边将收取的本息及时地贷给急需贷款的其他贫困者，使信贷使用面越来越大，同时减少从贫困者小组所在地到基金驻地携带大量现金的危险。

四、妇女承贷，惠及全家

以社区村民家庭特别是贫困者家庭中的妇女为基金信贷的目标主体，在使贫困妇女直接获得持续稳定的生产经营性信贷的同时，使其走上了自我生存与发展的道路，也改变了妇女的家庭与社会地位。

五、激发出村民的聪明才智

项目区贫困者之所以贫困，之所以有时候显得脱贫无信心、致富无门路，其重要原因之一在于社会没有给他们提供信贷这一发展的权利和机会。现在，小额信贷给了他们这个机会，加上小额信贷特有的机制，把潜藏在他们身上的聪明才智和勤奋本性，像"火山爆发"一样激发出来了。

首先，由贷款的社区村民自己确定发展项目，不但使贷款项目更加符合实际，也激发出贫困者善于计划的本性。按照传统的社区发展项目及开发项目的做法，其项目计划是由上级政府和外来的技术人员制定的，虽然在制定过程中也征求过社区少数人的意见，但是从来没有也不可能听到当地多数人的意见和要求，项目社区的人成了按上级政府和外来技术人员制订的计划而动作的工具。这种被动执行的角色地位，要么使当地人不了解项目计划的目的、目标和要求，行动陷入盲目；要么使当地人产生一种逆反心理，不愿意积极地动脑筋思考问题，不愿意积极地参与，甚至还可能与项目计划对着干。例如一些地方出现的吃掉配给项目的优良品种种子等。基金信贷却不同，贷款社区村民要自己选定自己的贷款项目，并且对项目的可行性进行一次又一次的论证，一旦项目选定后还需要制订出切实可行的实施计划。可以说，基金信贷是"逼"着贷款者开动脑筋想办法的。中外小额信贷的实践证明，贷款的贫困者既不笨，也不"愚昧"，他们同先富裕起来的"聪明人"、"精明人"一样，也具有实事求是地发展家庭生产经营的聪明才智。

其次，由于强制性还贷，不仅强化了贷款贫困者的还贷意识，而且从某种程度上说是强制性地推动他们精心谋划，精打细算，开源节流，提高了生产和经营能力。传统的农村金融信贷活动，贷款合约当然具有严肃性，但是借贷当事人一旦在归还期即将到来或已经到来时筹措不到还本付息的钱时，往往产生一种"要钱没有、要命有一条"的赖账心理和行为。特别是对于多数贫困者，他们家里什么值钱的东西也没有，你让他们拿什么还本付息呢？其结果必然是他们从此再也别想获得贷款了。正是吸取了这个教训，基金信贷设计了必须还贷和小组互保的制度，尤其是分期还贷，每一次归还的数量不多。对于贷款贫困者来说，他们只要家里养一群鸡，每次还款时卖一二只鸡的钱就够了；做几天小买卖也就有了还款的钱；再不然，他们在还款前出去打几天工，也可以攒够还款的钱。从这个意义上说，小额信贷是"逼"着贷款贫困者开动脑筋想办法，千方百计去寻找赚钱的门路，从而使"笨人"变聪明了，"懒人"变勤快了。

再次，在基金还贷的实践中，不少贷款贫困者在实施贷款项目的同时，自己决定、自己寻找，不需另外贷款，又实施了一批规模虽小但是成功率很高的项目。在这个过程中，不需要别人批准，也不需要外界恩赐，更不需要政府扶持，贷款贫困者奇迹般地决定和完成了一些自我发展项目，并且都意外地获得了成功。在将贷款还清的同时，社区村民特别是贫困者自我发展的能力也得到了提高。

六、打退农村高利贷的猖獗活动

民间高利贷是一种古老的经济现象。新中国成立后，高利贷被政府明令禁止，高利贷现象已长时间销声匿迹。进入20世纪80年代以来，我国多元化经济逐渐活跃起来，民间高利贷死灰复燃，而且呈不断上升趋势。据有关资料显示：1996年民间借贷额已高达1000多亿元，1997年比1996年上升5.5个百分点，近几年来稳定在7000亿—8000亿元，而且多是高出银行贷款利率三倍以上的高利借贷。特别是随着国家多次大幅度降低贷款利率，民间高利贷呈现更加猖獗的发展势头：一是由农村向城镇蔓延。以前，高利贷行为多发生在农村。现在不但农村有，连城镇也有了。城镇虽然有比较发达、健全的金融机构，但许多个体私营企业、民营小企业要想得到一笔金融机构的贷款难度增大。二是借贷规模增大。以前由于经济不发达，高利借贷规模金额一般都比较小。随着民间经济的发展，借贷规模越来越大。三是借贷利率普遍很高。据云南、贵州、四川三省的调查，高利借贷利率一般为月利率3%—5%，有的甚至达到10%—20%。借贷时间越短，利率越高。四是高利贷主的借贷风险保护意识增强，普遍从过去的口头协议、"打白条"等，向手续比较完善，具有担保约束力的放贷形式发展。五是由传统的私人行为向团体化方向发展。以盈利为目的的民间地下钱庄和名目繁多的民间标会、搭会、月零会、基金会、股金会，在许多地方日趋活跃。这些民间高利贷活动不挂牌，不记账，高息吸收社会资金，并以高利贷形式发放，不仅严重扰乱了正常的金融秩序，还往往使大多数储户的血汗钱付诸东流。

猖獗的高利贷成为吮吸、盘剥借贷贫困者的吸血鬼，使贫困者陷入"贫困—高利借贷—更加贫困"的恶性循环之中而不能自拔。据云南省社科院经济所课题组对云南省昭通市大山包乡调查，借高利贷的农户95%是贫困户，由于无财产抵押和富人担保，有的长期拖欠信用社贷款而无法得到新的贷款，春耕大忙季节不得不借高利贷作生产垫本来买化肥、良种、薄膜。但是一旦发生自然灾害，他们的生产收入就会大大减少，甚至为零，而高利贷主不会可怜借贷贫困者，往往采取以下办法：一是由担保者的财产抵还；二是上门讨债，一般是拿东西、拉牲畜，自己作价，比如一头猪如果当时的市场价是300元，那么高利贷主往往只作价250元，另外的50元作为他讨债的辛苦费；三是如果借贷者家里没有东西可拿，没有牲畜可拉，就雇人拆借贷者的房子，用拆下的木料、砖瓦抵债；四是当场典当或拍卖借贷者的家具、牲畜或拆房木料等，及时把实物变成现金。比如一台电视机，实际价值1500元，典当或拍卖时只定800元左右，以使典当或拍卖可以尽快成交。如果本村有的人考虑与借贷者的关系，那么他可以用800元把电视机买走，等借贷者有钱后再赎回来。从云南省的情况看，那些借高利贷的贫困者，有的借了几十年，不但没有一家改变贫困面貌，而且陷入了更贫困的境地，不少的农户倾家荡产。

凡是实施小额信贷扶贫到户的区域，贫困农户发展家庭生产经营可以顺利地使用小额信贷，再也不用光顾高利贷，从而从需求方面消除了高利贷存在的根源，有效地遏制了高利贷在农村的猖獗活动。

七、促进基层民主的健康发展

我国农村自20世纪80年代初实行家庭联产承包经营责任制以来，基层的民主建设出现了新的情况，主要是基层组织建设受到了一定程度的削弱。其主要表现为：一是村级行政组织功能弱化。村社干部由于自家生产和经营活动的利益驱动，忙自家的事多了，顾及村社建设的少了，村级组织活动少了，有的村社甚至一年都难得开一次村民大会。二是村级干部不代表村民的意愿。"目前在农村民主选举中还存在着少数县干部指选、派送，影响选举甚至选举后任意更换、调整村干部，压制不同意者等现象。"三是村级财务管理混乱。据对一些乡镇的情况调查，农村财务管理中存在的问题，主要是多头审批，书记、村长、文书、会计都有审批权，使有的干部养成贪占便宜的恶习；现金管理不规范，有的会计、出纳一人兼，权、钱一把抓；干部离任不审计，交接手续不严格，有的干部自收、自管、自用，以致挪用公款；白条子抵库，跨年度报销；生产性开支过多，特别是吃喝招待费剧增；有的长期不公布账目；不少地方乱摊派、提留、罚款，屡禁不止，加重了农民特别是贫困农民的负担。

针对我国农村基层民主建设存在的问题，中共中央办公厅、国务院办公厅于1998年6月10日发出了在农村普遍实行村务公开和民主管理制度的通知。通知指出："扩大基层民主，保证人民群众直接行使民主权利，依法实行民主管理，是健全社会主义民主制度的重要内容。农民是我党在农村的依靠力量，也是我们国家政权最广泛、最深厚的群众基础。保护和发挥农民的积极性，历来是我们党取得革命和建设胜利的重要保证，也是推进社会主义现代化建设事业顺利进行的必要条件。实行村务公开和民主管理，使农村工作逐步走上规范化和制度化轨道，有利于发展农村基层民主，活跃农村基层民主生活，保障农民群众直接行使民主权利，进一步扩大人民民主；有利于充分调动广大农民群众建设社会主义现代化的积极性和创造性；有利于加强农村基层组织和党风廉政建设，强化党员和群众对于干部的监督，密切党群干群关系；有利于引导农村干部依法建村、治村，正确执行党的群众路线和党的政策，按章办事，做好工作。"

实践证明，在中国贫困地区试验并推行的社区基金信贷到户，为农村普遍实行村务公开和民主管理制度，提供了良好的条件和组织形式。

一是贷款贫困者小组组织的负责人，都是社区村民民主推选产生的，特别是这些负责人只有为大伙服务的义务，而没有任何经济利益方面的特权。

二是所有的贷款行为，包括所需贷款项目的申请、审批、放贷、还款等，都是在社区共管小组会议上公开进行的，充分的透明度保证了任何谋私行为不能发生。

三是由贷款者自愿组成的小组，各成员间相互承担互助、互督、互保的责任，不但对各户贷款项目进行认真的互相咨询讨论，而且要承担连保义务，如一户不能按时还贷，其他几户有义务和责任帮其偿还，从而密切了农户间的联系。它的进一步发展，必将形成以经济利益为纽带的新型农村互助组织。

八、促进农村社区的精神文明建设

我国广大农村实行家庭联产承包生产责任制以来，农村精神文明建设出现了新的情况。其主要表现，一是党和国家政策传播渠道不畅，致使一些村民不完全了解党在农村的各项方针、政策，也为某些村社干部不执行党的农村政策提供了方便条件。二是各类经济纠纷增多，而调解这些纠纷、化解矛盾的工作跟不上，致使有的矛盾激化，造成严重的后果。三是在一些党员和干部中讲党性、讲理想、讲奉献、讲文明的风气淡漠了，有的甚至发生腐败现象。四是村民之间、邻里之间、家庭成员之间讲谅解、讲助人、讲道德的风尚不浓；特别是适应社会主义市场经济、商品经济的新道德价值观念的建立有一个过程，某些腐朽的风气在一些地方死灰复燃，毒害着人们的灵魂。五是重视教育、科技的意识和行为有个艰巨的建设过程，有的地方老文盲尚未扫除，新文盲不断产生，不讲科学的行为时有发生，不同程度地影响了脱贫致富、社区发展的步伐。

小额信贷通过贷款组织及其会议，有效地不断强化着农村精神文明建设。一方面，自愿组合的社区村民尤其是贫困者贷款小组成员之间，不但对各户贷款项目进行咨询讨论，而且要承担担保、监督和互相帮助的义务，既密切了村民之间的关系，又为农村行政组织工作的改进提供了经验、借鉴；另一方面，定期的贷款组织会议，制定与实施严格的纪律，除按规定进行放款、收款外，还要交流致富门路与经验，表彰致富典型，进行扫盲和技术培训，传播科技、文化、法律、卫生等常识，有的还调解农户矛盾，从而办成了"成人学校"，办成了加强农村物质文明和精神文明建设的坚强阵地。

为此，我们觉得小额信贷完全应该成为"社会主义新农村建设"的主要方式之一。

注：本文曾在以下网站发布或转载：中国经济学教育科研网2006年6月8日；中国农村研究网2006年6月10日；中国三农问题研究中心网2006年6月7日；泉州农村信息网2006年6月14日；NGOCN发展交流网2006年6月21日；中国经济50人论坛2006年6月23日；小额信贷—MBA智库搜索2006年6月23日；NGO发展交流网2006年7月11日；中国小额信贷发展促进网络2006年11月29日。

第三节　小额信贷扶贫到户也适应偏僻地区

2006年，小额信贷扶贫到户的创始人尤努斯教授与他领导的孟加拉国乡村银行荣获诺贝尔和平奖后，在中国掀起了一股不算小的小额信贷的热潮。我们看到，往日里以种种理由反对小额信贷的人纷纷改口，有关部门也一反常态地为"严得出奇"的小额信贷政策"松"了一点"绑"。看来，国内小额信贷的春天似乎就要来了。

在这个过程中，自己掏钱在山西进行小额信贷实验的著名经济学家茅于轼老先生连续写文章、作报告、接受记者采访，满腔热情地宣传小额信贷，实事求是地指出国内小额信贷遭遇的政策障碍，高瞻远瞩地提出了一系列发展的对策建议。这对于我国小额信贷的快速、健康发展，无疑是很大的促进。

然而，也有一种观点认为，小额信贷扶贫到户并不适应偏僻地区。例如，茅于轼老先生就在最新一期《学习时报》（第367期）上发表文章《推广小额贷款的若干问题》说："小额贷款要能够成功，必须有一定的主客观环境。比如家庭有劳动力；附近有市场，能出售产品；有起码的资源，如土地或其他自然资源；还有相应的技术，不论是养殖，是副业，等等。所以小额贷款不适用偏僻地区，不能接近市场的农村。"

对此，笔者持不同看法，觉得小额信贷扶贫到户也适应偏僻地区。

一、笔者是从自己的实践中，得出小额信贷扶贫到户也适应偏僻地区这一认识的

2001年8月，全球环境基金（GEF）/联合国开发计划署（UNDP）资助、由笔者主持的"中国云南省多部门协作与地方参与山地生态系统生物多样性保护试验示范项目"（YUEP）正式启动。在由村民民主选举产生属于自己的社区共同管理自然资源组织的基础上，2002年初，笔者在YUEP两个项目点——云南省大理白族自治州南涧彝族自治县沙乐乡（后并入公郎镇）和临沧市云县后箐彝族乡，试验社区基金，基金按小额信贷扶贫到户的模式运作，获得了成功。截至2005年底统计，先后在48个村，累计对2211户贫困农户贷款168万元，贷款贫困农户项目成功率95%，按期还款率100%。据我的同事张体伟副研究员、乔召旗硕士的随机抽样调查定量研究，每100元小额信贷贷款产生的效益为207元，其中，直接经济效益114元，生态及社会收益93元。这证明了YUEP项目所设计与实践的社区基金和小额信贷是成功的，不仅实现了社区贫困村民创收发展、经济收入大幅度增加，而且更为重要的是它促进了自然保护区周边社区村民减少对森林的依赖性、减缓周边社区对保护区的压力，达到了对当地社区森林、自然保护区及生物多样性保护的目的。

实际上，这两个项目点都位于非常偏僻的贫困地区。

沙乐乡位于南涧无量山国家级自然保护区的东南周边，距离昆明市约需一整天的汽车路程。由于偏僻，在云南省乡镇机构改革中被撤销、并入了公郎镇。由于沙乐距公郎镇的乡村道路30多公里，无交通汽车营运，当地人到一趟镇里办事很不容易。

后箐彝族乡就更偏僻了。乡政府位于距云县县城90多公里的一个公路"死角"地带；乡内经济极其落后，没有一家国有企业；乡政府所在地除机关、学校、医院外，只有几家为机关服务的个体小杂货店和小餐馆；乘越野汽车从昆明市出发要走两天。1999年初笔者去选点调研时，从外部进入乡

政府所在地的公路，尚是晴通雨阻的土路。由于我们要来做国际项目，才破例修通了弹石路。我们选的项目村——勤山村委会距乡政府约25公里，只有一条乡村小道，没有公交汽车。该村与乡政府所在地之间隔着一座大山，老百姓要到乡政府办事、赶农贸市场，一般步行爬山约需4.5小时，一来一回就得一天。就是这样偏僻的村庄，小额信贷也成功了。

二、小额信贷带动了偏僻贫困地区村级范围内的消费市场发展

我们知道，偏僻地区经济落后，市场很不发达，特别是偏僻贫困地区的村庄，几乎没有市场。而小额信贷扶贫到户的一个典型特征，就是贷款要还，而且是高利率和整贷零还。一方面，在高利率情况下，相对富裕户和村干部就觉得不划算；在整贷零还情况下，相对富裕户和村干部就觉得不耐烦。因为他们作为当地"强势人群"，如发展家庭经营，可以到农村信用合作社贷款；而贫困户作为当地"弱势人群"，根本不能到农村信用合作社贷款。只有富裕户和村干部不耐烦使用小额信贷这一宝贵的扶贫资源，才真正地、不折不扣地、毫无争议地"留给"了贫穷人。这也就是说，只有小额信贷扶贫到户的这一制度设计，才真正地"瞄准"了贫穷人，排除了相对富裕户和村干部。而我国现有的扶贫制度设计与实践，例如扶贫贴息贷款、大额度贷款等，基本上都偏离了目标，贫穷人一般是得不到，甚至连信息都不知道。另一方面，贷款的贫困户要还款，就必须到当地的市场里变卖自己的产品，换成货币。在此，一定的市场是必需的。

偏僻贫困地区村庄里的穷人，连温饱都成问题，当然不会产生以交换为特征的市场了。这就是人们常常批评的"小农生产"、"自给不能自足"的经济原因；也是茅于轼老先生强调的偏僻地区没有市场而不能发展小额信贷的原因。

偏僻贫困地区村庄的市场问题终究是要解决的。解决的方案有几种：一是等待经济发展了，当然自动会产生市场。但这是一个漫长的过程，是等不得的。二是外界例如政府帮助建设市场。但案例早已证明，经济不发达，人为的市场是不会有作为的。三是通过村庄内部包括贫穷农户在内的所有农户的共同努力。而小额信贷就是一个唯一的选择。

那么，小额信贷是怎么样培育了偏僻贫困地区村庄的市场呢？

首先，小额信贷直接创造了市场消费品的供给。项目村的贫困户，有的用小额信贷办起了小杂货店，从此村民日常所需的食用盐、酱油、针线、火柴、夜晚点灯的煤油、小学生用品等，在村里有了供给，不用花一天时间翻山越岭到乡政府所在地采购了。更使笔者意想不到的是，有的农户利用小额信贷办起了豆腐坊，生起了豆芽，由此村民们有了豆腐、豆芽吃。有的村民

还把本村卖不出去的豆腐、豆芽挑到外村去卖。豆腐、豆芽的营养成分很高，对于改善贫穷人的体质大有好处，特别是使贫困山村出现和形成了豆制品加工、销售、消费的市场。这种市场初看起来很原始，但是对于偏僻贫困地区的村庄、村民来说，却是"惊险的一跳"，具有里程碑式的意义。

其次，小额信贷直接创造了市场消费品的需求。这里讲的需求有两个含义：一是按照作为一个有尊严的人的生产与生活的需求。二是指有支付能力的需求。在偏僻贫困地区的村庄，村民们基本上没有支付能力，其需求也就不得不压缩到最低限度。我们的项目实施后，村民们利用小额信贷引入良种、扩大经济作物种植、老茶园改造、牲畜饲养、豆制品加工、贩运、小生意等，在原材料、工具、人手、销售等方面，便产生了需求。例如，请人帮工，就必须招待像样的饭菜、烟酒，从而出现了一个村内的需求市场。

市场需求就是人的需求。根据马斯洛的人的需求理论，生存需求是最基本的需求，生存需求满足了，人就会产生其他更高层次的需求，例如发展需求、享受需求、价值实现需求等。偏僻贫困地区农民生存需求当然是第一需求，但是他们在强烈要求满足生存需求的同时，也产生了和城市人一样的其他更高层次的需求。这一系列需求，是偏僻贫困地区小额信贷扶贫项目得以存在和发展的基础。

在此，笔者举一个例子。笔者曾陪同联合国开发计划署（UNDP）北京办事处官员邓永峥先生到我们沙乐项目点大歇厂自然村视察。邓先生慷慨资助一个家里供不起学费的女学生小吴香。于是我们询问小吴香的理想，她回答说长大了的理想是做"国家主席"。我们告诉她，想当国家主席的理想太高了，难度很大，请她再说一个理想，她说想当新闻记者。这说明，偏僻贫困地区村民的需求，并不亚于城市里的人、富裕起来的人。满足他们的需求，这是一个多么大的市场啊！林毅夫等学者提出开拓农村消费市场，确实是一个具有多重意义的见解。小额信贷，将是开拓农村消费市场的可行渠道，而且更是我们这个社会努力为贫穷人创造公平、透明的发展机会的可行渠道。

三、小额信贷是贫困户自己给自己当"老板"

小额信贷扶贫把目标瞄准贫困农户，专门设计了一整套排除富人的制度，特别是由贷款贫困户自己寻找、设计、论证和确定项目，从而为自己提供了一个自我发展的机会与平台。这一个自我发展的机会与平台，是自我就业、自己给自己当老板，而非受雇就业。

我们知道，一个人在获得劳动权这一重要人权的时候，有两条可供选择的道路：或是受雇就业，或是自我就业。受雇就业一直是政府、扶贫者所推崇的道路与目标。例如人们津津乐道的"公司+农户"、"项目带动千家万户"等，至今仍然作为反贫困的首要选择。但是，受雇就业对于缓解贫困并非是一件完美的事。这是因为，一方面，创造受雇就业的资金成本通常都是很高的。前些年，我国国有企业每吸收一个职工就业，所需投资一般在1.5万—3万元，农业项目也在1万元以上。面对庞大的贫困者劳动队伍和日益增长的城乡劳动力供给，不要说是偏僻贫困地区难以招架，即使是一些发达国家与地区，也不大可能为吸收这些劳动力创造受雇就业机会而达到足够的投资水平，而不得不长期为失业问题困扰。另一方面，即使是投入了一定的资金而提供了部分就业机会，贫困者由于是社会的"弱势人群"，也往往被排除在受雇就业的大门之外。

然而，在自我就业、自己给自己当老板的小额信贷扶贫中，获得贷款的贫困户自选项目，自主经营，自我受益，自担风险，从而达到了令人难以想象的效果：一是极大地提高了贷款农户的经营自豪感、成就感；二是给贷款农户一个极大的压力，激发了他们生产经营的责任心、积极性；三是贫困户贷款发展项目的过程中，获得了"企业家"才干的培训。

改革开放以来，人们看到浙江省的经济发展得很快很好，其中一个重要原因，就是浙江农村差不多家家户户都办企业，几乎人人都是老板。我们相信，西部特别是贫困地区、偏僻地区，先通过小额信贷脱贫，再通过大额信贷致富，可能是一条唯一可行的道路。

注：本文曾在以下纸媒发表：《经济学消息报》2007年2月16日第4版。
曾在以下网站发布或转载：支农网2007年1月7日；学说连线2007年1月8日；中国改革论坛网2007年1月8日；奇酷论坛2007年1月8日；中国经济50人论坛2007年2月6日；决策支持网2007年2月26日；北京农学院学科导航平台2008年11月21日。

第四节　小额信贷为什么需要吸储

作为一个以扶贫为宗旨的金融组织，小额信贷的生存需要两个方面的条件：一是成功的放贷，有足够的利润；二是顺利的筹资，有雄厚的本钱。小额信贷筹资有多种形式，例如贷款者先存（当然存的不多）、吸收股金、村内吸储，等等。而吸储却是一个最常用的制度安排。这本来是一个最基本的常识，也是各国小额信贷的共同做法。

然而，就是这样一个最基本的、世界各国不成问题的问题，在中国却成为了一个极其严重的问题，搞成了一个谁都碰不得的禁区、踩不得的雷区。

一、国际上小额信贷吸储的通常做法

在国际上，那些搞得好的小额信贷组织，大都采用以下四种吸储方式：一是公开向社会吸储，二是基金储蓄，三是代扣罚金，四是吸收入股。

公开向社会吸储，这一般是金融机构进行的小额信贷得以生存与发展的形式。印度尼西亚拉基亚特银行（BRI）和印度的合作银行（SEWA），都主要依赖储蓄动员。印度尼西亚拉基亚特银行（BRI）中最早达到持续发展的小额信贷项目中，存款账户与贷款账户相比超过了30∶1。出现这种情况的主要原因是，大多数小额信贷项目的贫困者客户一直都要储蓄，而多数人只想在某一时候借贷。印度尼西亚拉基亚特银行（BRI）地方金融体系（KUPEDES）则采用灵活的吸收储蓄方式，受到客户的欢迎，储蓄额急剧上升，在1973—1983年第一个十年中共动员了1760万美元的储蓄，而在1983—1993年第二个十年中则在相同的客户中共动员了27亿美元的储蓄。

强制性储蓄，主要表现在以孟加拉国乡村银行（GB）小额信贷项目以及世界上其他引进、复制GB模式的项目与组织中。孟加拉国乡村银行（GB）的强制性储蓄主要表现为贷款客户缴纳的基金，这种基金分为中心基金和小组基金两大部分，均为强制性。不缴纳基金就不能参加贷款小组，也就不能得到小额信贷。

小组基金由五部分组成：一是个人储蓄，每人每周交1塔卡（相当于人民币0.22元）；二是贷款提成，每人每次贷款时，提取贷款金额的5%；三是借用提成，小组成员向小组基金借款时，每次提取借款金额的5%；四是违纪罚款，如迟到一次会议罚1塔卡，缺席一次会议罚2塔卡，丢失账本罚2塔卡，不按协议使用贷款罚5塔卡；五是个人储蓄的年息等，均存入小组基金。

中心基金由三部分组成：一是集体基金，每人每周1塔卡；二是儿童教育基金，每人每周1塔卡；三是保险基金，也叫风险基金，凡贷款超过2000塔卡时交5塔卡，依次类推。

当然，乡村银行的强制性的小组基金和中心基金，在性质上属于贷款客户互助金，除个人储蓄归个人所有外，其余均归小组和中心集体所有。这两种基金积少成多，从1983年成立至1993年12月31日，乡村银行全部储蓄已达1.17亿美元（包括从资产负债表上消去的7500万美元）。小组与中心基金，除成员家庭出现天灾人祸时借用、集体经营活动时使用外，还用于购买乡村银行的股票。前面讲到的借款贫困农民已拥有乡村银行88%的股份（1.32亿塔卡），就全部是用小组基金购买的。

印度尼西亚拉基亚特银行的地方金融体系，也有一种对借贷贫困者的强制储蓄，即要求借贷者每月多付利息的25%。如果借贷者每次都能按时还清所有应付款，则这笔多收的钱，将在六个月或者贷款期满时归还给借贷者，借贷者十分乐意。许多人说他们喜欢在贷款期满时能一次拿回银行多收的钱。对银行来说，这笔钱有两个作用：一是强制性储蓄。虽然这种强制性与贷款有关，与真正的或纯粹的储蓄有别。二是保证借出的钱有一个高还贷率，因为它激励借款者及时还贷。

上述国际上的小额信贷吸储，已经取得了成功经验，可以为我国小额信贷吸储参考。

二、贫困者愿意并能够储蓄吗

在许多人看来，贫困者是不愿意储蓄的，而且他们也没有能力储蓄。国内外小额信贷的实践证明，这种认识是不符合实际的，因而是错误的。

事实上，除了一无所有的绝对贫困者外，大多数贫困者是相对贫困者。这些相对贫困者，家里或多或少都有一些钱财；而且贫困者都知道，自己的钱财若不急用，与其放在家里，不如用作储蓄。这是因为，放在家里不会升值，用作储蓄可以获得利息收入。只有我国封建社会里的老财主，才会把钱财放到地窖里，因为封建社会的金融业很不发达；中国当今的那些腐败党政官员，有的也把贪占的钱放到家里，例如有个腐败官员就把贪占的钱装入席梦思床垫里，天天晚上睡在上面，那是因为不敢存入银行，怕发现了。

大家看到，我国居民储蓄率长期以来居高不下，其中就包括贫困地区农村的储蓄率。2006年8月，笔者曾调查了国家扶贫开发重点县——云南省宁蒗彝族自治县战河乡，发现该乡辖7个村委会，105个村民小组，4900多户、2.15万余人；彝族人口占98%。2005年全乡农民人均纯收入仅为790元，比全省2041.79元低1251.79元，仅相当于全国3255元的25%；人均生产粮食196公斤，多数农户平均每年缺粮两个月。目前还有1.8万人口（占总人口的86%）没有解决温饱问题，处于极度贫困状况。然而，就是这样一个贫困乡，2005年底，唯一的一个农村信用合作社吸收存款达500多万元，另一个邮政储蓄吸收存款将近600多万元。在两家合计吸收存款1100多万元中，包括贫困户在内的农户存款约占30%。这就是说，贫困户虽然贫困，但也是有能力储蓄的，也是愿意储蓄的。遗憾的是，该乡农村信用合作社和邮政储蓄这两个单位却从不对贫困农户贷款。农村信用合作社的理由是，贫困户没有抵押和担保，贷给他们怕还不起；邮政储蓄的理由是，全国邮政总局的政策规定，不允许对当地贫困农户贷款。

笔者在云南省大理白族自治州南涧彝族自治县沙乐乡（后并入公郎镇）和临沧市云县后箐彝族乡主持的一个国际援助项目中，试验社区保护与发展基金，基金按照小额信贷的模式运作，规定贷款农户必须向基金存款，村民们表示认可和支持。从 2002 年 4 月开始至 2005 年底，贷款农户总数累计达2211 户，贷款总额累计达到 1686250 元。已贷款农户向基金存入股金达到11432 元，利息收入 92506.2 元。笔者曾多次向农户请教愿意向基金存款的原因，他们说，基金是为我们服务的，所有权、使用权和受益权都属于我们，我们当然愿意存款啦！

三、小额信贷吸储的风险及其规避

多年来，有关部门之所以不承认小额信贷，不给小额信贷"开绿灯"，不愿意让小额信贷加入到扶贫的行列，更不愿意让小额信贷吸储，开出的理由，就是小额信贷及其吸储有风险。

同任何金融活动乃至经济活动客观存在着风险一样，小额信贷及其吸储也是客观存在着风险的。没有风险的金融活动乃至经济活动，在现实世界中是不存在的。问题在于，政府机构应该和小额信贷组织一起，承认风险，揭示风险，规避风险，让小额信贷这个大家已经取得共识的扶贫金融活动，在中国农村特别是贫困地区发挥它应有的作用。

就笔者掌握的不完全情况看，按照相对规范化的标准衡量，而且已经加入中国小额信贷发展促进网络并成为会员的小额信贷组织，当前全国大约有130 多个。在这 130 多个小额信贷组织中，目前吸储的也仅有著名经济学家茅于轼老先生自己掏钱在山西进行实验的那个小额信贷组织，其他的都没有吸储。因此，笔者在这里探讨小额信贷吸储的风险及其规避问题，就不能不是一种研究假设、主观猜测和逻辑推断。实际上，那些反对小额信贷吸储的理由，并不是依据小额信贷吸储的实践得出的，也不过是一种研究假设、主观猜测和逻辑推断。他们正是从这种假设、猜测和推断出发，至今不准小额信贷吸储，使小额信贷这个国际上公认的扶贫模式，在中国不能获得大范围内的推广应用。

那么，小额信贷吸储到底会出现那些风险呢？这些风险能不能规避呢？怎样有效规避呢？

一是小额信贷组织破产，吸储资金不能清偿，引起社会动荡。要明白，小额信贷组织同任何金融机构、经济机构一样，经营不好也是存在着破产风险的；在有风险时处理应对不及时、不正确，肯定会引起社会动荡。在此的应对，一方面是加强监管，发现苗头，及时处理；另一方面是建立社会保险体系，对小额信贷进行必要保险；再一方面，即便是破产了，那就严格按照国家的《破产法》处理。

二是小额信贷组织吸储，扰乱社会金融秩序。这种理由是前些年为了保护国有金融机构的垄断,而炮制出来的错误观点,是不值得一驳的。从世界各国的实践来看,并不存在国有金融机构能够稳定社会金融秩序的先例,也不存在民营的、股份制的、跨国公司的金融机构不能够稳定社会金融秩序的先例。大家都知道,亚洲金融危机时,印度尼西亚经营小额信贷业务的银行顶住了风暴,而其他国有的、民营的银行都受到严重冲击,这说明,小额信贷具有强大的抗风险能力,不但不会扰乱社会金融秩序,而且是维持社会金融秩序的"顶梁柱"。

三是小额信贷组织吸储后,内部管理人员有可能卷款逃跑。这种情况是可能存在的。例如,著名经济学家茅于轼老先生自己掏钱在山西进行实验的那个小额信贷组织,就曾经出现一个信贷员拿着茅老先生交给他的几千元钱,跑到一个城市做生意去了,一年后才找着他把款追回。而在中国国有金融机构中,内部管理人员利用职权卷款、贪污、挪用的问题,可以说是随时随地发生着,比比皆是,防不胜防。在此的应对,应该是强化内部监管。我们总不能因为国有金融机构中内部管理人员利用职权卷款、贪污、挪用的问题,就不准国有金融机构继续开下去吧?同样道理,我们也不能因为小额信贷组织中内部管理人员利用职权卷款、贪污、挪用的问题,就不准小额信贷组织吸储和继续开下去。

应该指出,前些年我国曾发生过两类值得警惕的涉农金融风险:一是改革开放后试验的农村合作基金曾经出现的风险。由于我们不能正确认识与处理这一风险,就因噎废食,把辛辛苦苦试验的农村合作基金,不管坏的、好的,"一刀切"取缔了。二是以东南部一些省份出现的民间金融活动为代表的风险。在这些风险中,基本上全是因政府有关部门没有监管,民间金融活动的组织者卷款、贪污、挪用,从而使储蓄农民的钱不能提现。

国内外的实践一再表明,小额信贷乃至所有的金融活动,都需要有科学的、可操作的规章法律,来规范参与者的活动。因此,摆在我国面前的重要工作,不是喊叫小额信贷的风险,而且扎扎实实、认认真真地研究、制定和实施规范小额信贷包括吸储在内的科学的、可操作的规章法律。

注:本文曾在以下网站发表:天益网 2007 年 1 月 12 日;学说连线网 2007 年 1 月 13 日;决策支持网 2007 年 2 月 26 日;中国农村研究网 2008 年 12 月 27 日。

第五节 小额信贷扶贫到户为什么贷款要小额度

小额信贷扶贫到户坚持贷款户一次获贷只能是小额度,这是国内外小额信贷扶贫到户的重要原则和成功经验之一。自小额信贷扶贫到户被中国社会科学院杜晓山等人引入中国以来，凡是坚持小额度放贷这一原则的，无一例外地都取得了扶贫到贫困农户的目的。但是，我们也不得不指出，其他的特别是地方政府运作的小额信贷，早已不坚持这一原则，转而热衷于相对来说的大额度放贷。而抛弃了这一原则，以"中国特色"为借口的那些大额度放贷，真正受益的变成了非贫困农户，也就背离了"真扶贫、扶真贫"的宗旨。

一、小额度对贫困户的意义

（一）小额度适应了贫困户的家庭经济实力

大家知道，贫困农户之所以贫困，一个重要原因是家庭经济实力太弱，其中绝对贫困农户被称为"食不果腹，衣不蔽体，住不避风雨"。就多数贫困户来说，普遍具有以下特征：一是人均纯收入太少，没有多余的钱发展家庭经营。中国自1985年开始进行大规模扶贫时，贫困标准为200元，比当年全国农民人均纯收入379.6元低179.6元。之后，随着社会经济发展水平的提高和物价指数上涨，贫困标准也逐年提高，到2006年，国家贫困标准上升到935元，但是比全国农民人均纯收入3587元，仍然低2652元。二是多数贫困地区农户耕地面积太少，加上贫瘠，有的连吃饭尚未解决，被称为"没有解决温饱"的绝对贫困户。三是有的住房太差，茅草作顶、泥巴糊墙是典型写照。四是饮不上清洁的水，有的地方甚至于一年有几个月连泥坑水也很缺。五是村内至今不通公路、不通电、不通电话、不通广播电视、不通邮递等的村庄，仍有不少。在这样的贫困村里，希望贫困农户使用大额度贷款，当然是超过了他们的家庭经济实力。

贫困农户使用几百元、不超过1000元的小额度贷款，从事适应自己家庭经济实力的种植业、养殖业以及小买卖，数额虽少，但是使用起来比较容易把握，不容易失败。

（二）小额度适应了贫困户的家庭经营能力

对于贫困户来说，他们之所以贫困，至少证明了他们尚没有从事较大规模经营的实践，当然也就没有较大规模经营的经验。他们熟悉的，是自己家庭经营中的那几亩地的种植业，几头牛、几头猪、十几只羊、一群鸡式的养殖业，几百元、上千元的小本买卖，如此等等。因此，小额信贷扶贫到户坚持贫困农户贷款小额度，让他们从事这些小规模经营，一方面适应了他们家庭经营的实力，另一方面也适应了他们自己家庭经营的能力。

实践中，常常听到一些人不赞同小额信贷扶贫到户坚持贫困农户贷款小额度，埋怨额度小了满足不了农户的需求。其实，这种论调只说对了一半：

小额度确实满足不了农村中相对富裕农户的需求，但是它实实在在地满足了贫困农户的需求。

（三）小额度排除了富人和强势人群，从而才把宝贵的扶贫资源送达真正的贫困户

那么，小额度是怎样排除了富人和强势人群呢？这里的道理在于：由于额度小，农村里的富人和强势人群也就看不上。这是因为，在农村，富人和强势人群已经经过了小额度创业阶段，有了一定的资本、经验和人才，进入了资本投入较多、规模经营稍大、收入水平较多的家庭经营阶段。特别是，富人和强势人群已经具有了一定的社会关系网，他们如若发展家庭经营，可以到农村信用合作社、农业银行贷款，一方面他们自己家庭有财产抵押，另一方面不愁没有人替他们担保。正是在这样的情况下，农村里的富人和强势人群看不上小额度贷款，这才轮到了贫困农户使用。

有的社会精英并不明白这一道理，他们就此提出了两个质疑：一是认为国家多拨点扶贫款，不就解决了贫困地区各类农户的贷款需求问题了吗？二是强制要求贫困农户小额度贷款不是歧视贫困户吗？问题并没有这么简单。先看第一个质疑。国家的扶贫款当然应该多拨，但是中央财政每年"分蛋糕"，是一个多部门、多个利益集团"博弈"的过程。在这一过程中，扶贫系统一般是不会得到足够多的扶贫款的，究其原因，一是在我国穷人是弱势群体，没有发言权；二是在我国发言权大的是国有垄断企业，每年他们都可以从中央财政得到"锦上添花"、"肥肉加膘"的补贴。试想，财政"蛋糕"大头被别人占了，怎么多拨扶贫款？！

再说第二个质疑。正如前述，贫困户正是由于贫困，才经营不起大额度信贷的项目，而只能从小型的家庭经营项目做起；而一开始就要求大额度贷款、做大项目的，肯定不是贫困户，而是相对富裕户、大户、村中的强势者，因而是背离了扶贫的宗旨。

（四）小额度可以让村里更多的贫困户得到贷款

在小额信贷扶贫到户的本金总额是一个定数的前提下，坚持每一个借贷贫困户都是小额度，也就意味着可以让较多的贫困户获得贷款。这对于扩大贫困户受益面，体现对于各个贫困户的公正性扶持，无疑具有特别重要的意义。

二、额度多小才合适

在确立对于贫困农户放贷只能小额度的前提下，接下来的问题是，额度多小才合适？在此，我们依据国内外小额信贷扶贫到户的成功做法，参考中国贫困地区的实际，提出如下原则：

（一）家庭财产的 20%

我们知道，在一个贫困农户家庭里，财产主要包括三大类：一是生产类财产，如承包土地、山林、鱼塘等的使用权，农具、牛、马等牲畜；二是生活类财产，如住宅、床上用品、炊具、交通工具；三是享受类财产，如电视机、手机等。

在我国，由于极左意识形态的影响，人们对于农户特别是贫困户家庭中的承包土地、山林、鱼塘、宅基地等的使用权，至今不承认为私有物权，实践中人们不允许以私人财产的形态被抵押、处置，影响到农户特别强调贫困农户用此抵押到农村信用合作社贷款，失去了一个发展家庭经营的机会，实在是太遗憾！在此，本书并不是讨论、也并不纠缠这些理论与法律问题。

以贫困户家庭财产的 20% 作为贷款的额度参考，这虽然是一个经验数据，但是也有实际上的考虑。试想，如果一个贫困户家庭财产全部算进去，那么就会出现当其贷款经营失败时，承包土地、山林、鱼塘、宅基地等的使用权被抵押（虽然小额信贷一般不通行财产抵押，而实行小组联保）后，他们靠什么生产？住房被抵押了，住到哪里？云南省东北部一带曾屡屡出现高利贷者把还不起款的借贷人的房屋变卖抵债的案例，就造成了社会不稳定。

（二）当地农户家庭人均纯收入

以当地贫困户上一年人均纯收入作为贷款的额度参考，这当然也是一个经验数据。实践上的考虑是，人均纯收入反映了贫困农户的经济活动实力，以此作为小额信贷扶贫到户的贷款额度，符合贫困户的家庭实际。

（三）1000 元是中国贫困地区的经验数

许多小额信贷扶贫到户的贷款额度，定在 1000 元人民币。那么，1000 元是怎么定出来的？其实，1000 元只是一个经验数。这是因为，小额信贷由于要执行整贷零还的原则而出现计算利息复杂化的问题，而一笔贷款的本金是整数，显然有利于记忆、计算和公布。

三、大额度说明了什么

国内外小额信贷扶贫到户的实践证明，坚持大额度的机构和个人肯定不是真心帮助贫困户，而是帮助非贫困户。

坚持大额度贷款的，一般有两种情况：一是在多数地方政府运作的小额信贷中，人们常常听到官员们始终坚持农民需要的是大额度贷款的"高论"，几乎毫无例外对他们的贷款对象发放大额度贷款。二是在有的小额信贷组织中，信贷员坚持大额度地对他们的贷款对象发放贷款。这里的原因，一是相对富裕户和村干部们需要的是大额度贷款，囿于他们的压力，也就不得不偏向于农村中的相对富裕户、村干部；二是这些组织内部的激励机制出了问题，多发放小额和少发放大额贷款，在责任、报酬等方面没有区别，而小额信贷扶贫到户的小额贷款当然太复杂、烦琐，因而就懒得多花费时间与精力了。因此，我们可以断定，凡是发放大额度贷款的机构和个人肯定不是真心帮助贫困户，而是帮助非贫困户。

笔者还发现这样一个现象，地方政府官员和有的小额信贷扶贫到户组织的工作人员，因业务需要进村后，要在村里吃饭，有的要在村里住宿。那些贫困农户家庭由于贫穷，没有好的饭菜招待，没有像样的房子和床铺供其住宿，从而也就不能不与地方政府官员、小额信贷扶贫到户组织的工作人员保持了一个距离。而村中相对富裕户、村干部和强势人群，由于家庭相对富裕，地方政府官员、小额信贷扶贫到户组织的工作人员一进村，他们就抢先把他们包围了，献茶水、递香烟，介绍情况，热情得不得了。于是，他们也就自然而然成为了进村者喜欢的"积极分子"、"依靠对象"、"项目骨干"。而他们在自然而然地成为小额信贷的"贷款对象"后，当然就要求大额度贷款，不会喜欢小额度贷款。

必须声明，笔者不是反对农村中的相对富裕户、村干部和强势人群获得贷款，而且笔者认为农村中这个阶层应该获得更多的贷款和更好的金融服务，以促进我国农村经济的发展和社会的繁荣，因为我国的农村金融毕竟太差了，离农民的金融需求相差太远了。但是，笔者这里讨论的是小额信贷扶贫到户，小额信贷的本金资源本来就不多，应该研究怎样真正送达到贫困农户，不要被非贫困户抢夺了。而农村中的相对富裕户、村干部和强势人群要获得贷款，那是农村信用合作社、农业银行、农村发展银行、中国邮储银行通过改革，完善机制，予以满足的问题。

第六节 贫困户为什么愿意接受小额信贷扶贫的高利率

自1994年前后小额信贷扶贫由中国社会科学院杜晓山等人引入中国以后，人们对于小额信贷扶贫实行高利率一直表示不理解，有的甚至把高利率当成了"罪过"，提出了许多质疑、责难。包括笔者在内的一些学者曾先后发表文章，反复论述了小额信贷扶贫之所以采用高利率，原因在于低利率贷款很容易被农村中的强势人群"抢夺"、作为农村中弱势人群的贫困户轮不上低利率贷款、高利率才排除了非贫困户、高利率才能弥补小额信贷机构的成本等道理。然而，人们的思想转弯并不是轻而易举的。直到2006年6月，亚行高级小额信贷专家费尔南多撰写的报告《小额信贷高利率的理解及处理办法》发表；2006年底，中国人民银行行长助理易纲博士发表谈话指出，农村金融机构贷款利率应当比市场贷款利率稍高一些；2007年3月1日，亚行驻中国代表处副代表兼首席经济学家汤敏博士在《中国青年报》发表《小额信贷为什么要有高利率》后，许多人才不持反对态度。

近年来，坚持反对小额信贷高利率的人又提出了以下反对理由：一是农民不愿意贷高利率的小额信贷款，因为贷款只够给银行作贡献；二是高利率最有可能产生农民还不起款，成为"贷奴"，进而被迫丧失信誉；三是高利率其实是高利贷盘剥贫困户。

作为小额信贷扶贫到户的实践者和研究者之一，笔者认为有必要用试点村的实践和贫困户的要求，来说明问题。

一、贫困户为什么愿意接受并欢迎高利率

笔者在农村调查时，曾多次听到贫困户要求小额信贷服务的强烈呼声。至于利率，笔者听到的有两种声音：一种是地方政府官员、村干部和富裕户的声音，他们要求利率越低越好；另一种是贫困户的声音，他们当然也希望利率越低越好，但是当他们弄明白低利率轮不着他们使用的时候，也就一致同意高利率了。

在此，举一个笔者亲历的事件。2006年7月2日—5日，联合国大学高级官员梁洛辉博士、泰国清迈大学卡诺科（Kanok）教授来华，对笔者主持的全球环境基金（GEF）/联合国开发计划署（UNDP）援助的"中国云南省山地生态系统生物多样性保护试验示范项目"（YUEP）进行终期评估，当评估到小额信贷子项目时，项目村村民在村民大会上一致称赞小额信贷对他们的帮助；一致要求小额信贷项目继续下去，并扩大规模；而对于项目小额信贷高于当地农村信用合作社的利率（年利率9.6%—12%），没有一个村民认为高了；由于村民们不认为小额信贷利率高，村干部和富裕户也就不便持否定意见。

那么，贫困户为什么愿意接受并欢迎高利率呢？其中的最主要原因在于，低利率轮不到他们。

低利率当然意味着贫困贷款者的收入增加。如果一个社会或者说一个村庄里中没有贫富之分，大家都处于同等的贫困之中，那么，政府和社会从扶贫出发的小额信贷，就完全可以采用低利率贷款、乃至于贴息贷款。但是在一个贫困地区的村庄里，总是有一些农户由于文化水平较高、会经营、关系广、家庭劳动力多等种种原因而相对富裕些，另一些农户相对贫困些。在出现贫富差距的村庄，相对富裕些的农户作为村里的强势人群，往往掌握着资源、机会等的决策权、分配权乃至于话语权。当国家、社会有了诸如低利率贷款、贴息贷款等某种优惠政策时，村里的强势人群就一定是自己、自己的亲朋好友优先占有、垄断享受。这种优先占有、垄断享受，可以是明目张胆式的、巧取豪夺式的，也可以是事出有因式的、理直气壮式的。而贫困户由于是弱势人群，在村里没有势力，没有话语权、决策权，当然就轮不上了。

我国自 20 世纪 80 年代中期大规模扶贫以来，曾经实行过的低利率扶贫贷款和贴息扶贫贷款等大量事实证明，低利率扶贫贷款和贴息扶贫贷款先是被地方政府用于大办工业项目，而工业项目极少成功，即使个别成功者，提供的就业机会还不够党政干部的子女们就业呢！在此，笔者不但不反对党政干部的子女们就业，而且认为社会应当提供更多岗位让他们就业。问题在于，贫困地区用低利率扶贫贷款和贴息扶贫贷款搞的扶贫工业项目，名义上是扶贫，实际上是"扶富"，真正的贫困户根本就不沾边。尔后，我们纠正了工业扶贫的思路，转而推行农业开发扶贫，而农业开发中的低利率贷款和贴息贷款，大部分也被农村中的大户、相对富裕户和村干部们等强势人群使用了。我们当然可以用贫困户没有能力来解释。这种解释认为，只有大户、相对富裕户和村干部们才有能力，让他们用低利率扶贫贷款和贴息扶贫贷款办农业扶贫开发"公司"，让"公司"带动贫困农户就业，从而实现"双赢"。但是，人们都可以看到，不少地方的"公司＋贫困农户"的结果，最终公司赚钱了，却没有带动多少贫困户。至于那些大户、相对富裕户和村干部们采用种种欺诈、瞒骗等非法手段，侵吞低利率扶贫贷款、贴息扶贫贷款，各地都屡屡发生，禁而不绝，更是说明这种低利率扶贫贷款、贴息扶贫贷款的制度设计出了问题，也可以说并不是一种好的扶贫制度。

研究到这里，有的社会精英提出了两个质疑：一是为什么不对地方官员、村干部、农村中富裕户进行道德教育？二是为什么财政不多拨些低利率扶贫贷款、贴息扶贫贷款，满足农村中的各类农户需求？笔者觉得，这两个质疑问得好。先看道德教育。道德教育对于人们的行为是有一定的约束作用的，但是总的看制度的作用更为重要、更为根本。邓小平曾经说过，制度好，可以防止人犯错误，制度不好，连毛泽东那样的伟人也会犯错误。低利率扶贫贷款和贴息扶贫贷款，就是不好的制度设计，因此我们不能怪罪农村中的村干部、相对富裕户的道德不好。再看财政拨款，低利率扶贫贷款和贴息扶贫贷款当然是拨得越多越好，但是财政拨款是一个不同利益集团的博弈过程。在我国现实条件下，我们至今尚没有找到让财政多拨些扶贫贷款的体制与机制。

经济学、社会学乃至于所有的科学，研究的第一个前提是弄清楚研究的约束条件。研究问题离开了现实的环境条件，那不叫科学研究，不过是空想主义者的"乌托邦"和"愤青"式发发牢骚而已！笔者先后调查过数十个小额信贷项目，从没有听到过贫困户不顾现实条件而提出过分低利率的、不切实际的要求的。笔者为此常常感叹，贫困农民怎么就比城市里精英还明白事理呢？！

二、高利率是怎样把富人和强势人群排除在扶贫活动之外的

高利率把富人和强势人群排除在扶贫活动之外，这是中外小额信贷扶贫到户的一个基本原则和普遍经验。这是因为，大户、村干部和富人等强势人群，当然也是要发展家庭经营的，他们需要的贷款可以轻而易举地从农村信用合作社、农业银行等金融机构获得，而且利率没有小额信贷的高；反过来说，小额信贷实行高利率，他们如果大脑思维正常，也就不会看上眼了。由此而来，大户、村干部和富人等强势人群看不上了，那么，高利率的小额信贷也就留给了贫困户使用。

当然，小额信贷还有其他的制度设计，共同防止了大户、村干部和富人等强势人群与贫困户"抢夺"：例如，小额度，他们看不上；短周期，他们不屑于使用；整贷零还，他们不耐烦使用；贷款者会议，他们觉得使用不划算，如此等等。

三、高利率在适应贫困户家庭经济实力和经营能力的同时，还赋予其作为人的尊严

贫困户在使用高利率的小额信贷的过程中，还自然而然地养成了一种与先富裕起来的人群一样的尊严。在没有小额信贷时，他们在村庄里是贫困户，不但家庭收入少，生活质量不高，而且心情受到压抑。这主要是我国社会环境不正常，例如贫困者被排在了曾被各级政府官员和我国主流媒体所谓"治穷先治愚"和"治穷先治懒"的"愚昧"、"懒惰"之另册，久而久之，往往滋生了一种矮人一截、低人一等的心理，在村庄里、特别是先富裕起来的人群面前抬不起头来。

奇怪的是，我们的各级政府官员和主流媒体利用所谓的"治穷先治愚"和"治穷先治懒"等完全错误的理论和口号，把贫困户打入"愚昧"、"懒惰"之另册，另一方面又装模作样地提出"扶贫先扶志"、"扶贫先扶智"等模棱两可的理论与口号，真有点不把贫困户折腾成"精神错乱"不罢休的味道！在这样的社会舆论环境条件下，贫困户哪里还能抬

得起头来?!

令人欣慰和鼓舞的是，在那些小额信贷扶贫到户的地方，贫困户中的女主人、男主人共同使用高于当地农村信用合作社利率的小额贷款创业，而不是吃救济，腰杆子一开始就直了起来，或做种植业、养殖业，或做小买卖，都是靠自己的本领赚钱。当他们拿到自己一笔久盼的创收收入时，这怎么不令他们分外地高兴!? 虽然是小额信贷，本钱不多，赚的钱有限，有的还不够城里的富人一包香烟钱，更不够酒店的一顿饭钱，但是对于贫困户来说，却是他们的劳动报酬，更是一种希望。这种希望能让他们全家振作精神，能让家中主人公重拾信心，可以使他们在村里、在社会上获得作为人的尊严和一定的话语权。在与人平等交往的欢乐中，他们理直气壮起来！

四、贫困户付得起高利率吗

贫困户之所以付得起小额信贷的高利率，原因在于他们原有的家庭经营起点太低，发展的空间太少，赚钱的空间很大。例如，他们的家庭种植业，由于贫困，他们原来就很少采用良种，很少施用化肥，因此产量不高，一年的收获不够温饱。他们不是不想采用良种，也更不是不想施用化肥，而是他们没有现金收入，买不起。如果他们能够从小额信贷组织贷到几百元钱，那么就可以购买良种和化肥，就可以使产量大幅度增加。而在种植业产量大幅度增加的情况下，一方面就可以"填饱肚子"，解决温饱问题；另一方面也就可以归还小额信贷的高利息。

五、利率多高才合适

那么，小额信贷的利率，究竟多高才合适？总的说，小额信贷的利率一定要高于官方利率。之所以要高于官方利率，是从排除农村中的大户、富裕户和村干部等强势人群、让他们到现有"官办"的农村信用合作社、农业银行去贷低一些的、以官方利率为准的贷款。

在国外，小额信贷的利率普遍较高。小额信贷的发源地——孟加拉国乡村银行 GB 模式在 1991 年前，一年期的年利率为 16%，1991 年上升到 20%。汤敏先生指出："小额贷款的利率高与不高，要看跟谁比。小额贷款是给贫困人群的贷款。他们很难拿到商业贷款。虽然商业利率较低，但对他们来说是可望而不可即的。高利贷才是他们唯一有可能借到的钱。如果与农村的高利贷相比，小额贷款的利率并不高。表 2-2 也列出了各国高利贷的利率。例如，在印度尼西亚，高利贷的利率要高达 120% 以上，远远高于 28% 的小额贷款利率。"

表 2-2　　商业银行、高利贷、小额贷款机构的年利率（2003 年）　　（单位:%）

国家	商业银行年利率	小额贷款机构年利率	非正规资源（如高利贷）年利率
印度尼西亚	18	28—63	120
柬埔寨	18	45	120—180
尼泊尔	11.5	18—24	60—120
印度	12—15	20—40	24—120
菲律宾	24—29	60—80	120
孟加拉国	10—13	20—35	180—240

资料来源：汤敏：《小额信贷为什么要有高利率》，新浪财经 2007 年 3 月 1 日。

汤敏先生的论述，也回答了有的人关于小额信贷利率有可能变成农村中新高利贷的疑问。其实，如果我们用经济学的供求定律来观察，就可以发现，当农村中"官办"金融、正规金融比较繁荣，能够满足各类农民贷款需求的情况时，高利贷也就没有存在的条件。高利贷之所以能够在我国农村各地普遍存在，而且禁而不绝，恰恰说明我国的农村金融太落后、太萧条了。而改革农村金融、繁荣农村金融，至今尚看不出有什么真正的举措。在这样的情况下，允许并大力发展小额信贷，给贫困户一个贷款的机会，这对于遏制农村高利贷，显然也是具有特别重要的意义。让贫困户在小额信贷和高利贷之间作个选择，贫困户难道不会选择小额信贷吗?!

有种议论认为，高利贷残酷剥削获贷者，只要严厉打击、坚决取缔，就可以天下太平，也就没有必要允许小额信贷高利率的存在。这种议论的主观愿望是好的。但是这种议论忘记了我国社会的现实情况是，有关部门从来就是对高利贷严厉打击、坚决取缔的，不过从来就没有消灭过。这是因为，一是农村社会有很大的贷款需求，贫困户有很大的贷款需求；二是我们的所谓"农村金融主力军"根本就满足不了社会对贷款的需求，更满足不了贫困户对贷款的需求。

值得庆幸的是，我国的法律还是实事求是的。最高法院曾对农村高利贷作过司法解释，规定法律保护国家所定利率四倍以内的民间借贷。这也就是说，小额信贷的高利率不能、也不会高于最高法院规定的官方利率的四倍。

六、社会上对高利率的指责说明了什么

笔者在农村调查时，曾经看到过三类要求小额信贷低利率的机构和个人：一类是农村中的大户、富人和村干部等强势人群，他们要求低利率，当然是出于自己"抢夺"小额信贷这块扶贫资源"蛋糕"之目的；二是各级政府官员，他们主要是对于小额信贷的宗旨、特征和运作不熟悉，怕高利率被人指责为"不是扶贫";三是社会精英,他们主要是对于中国的国情、社情、村情不了解,凡事从自以为"良好"的愿望出发,至于有什么效果则是不管的。对于这些朋友,笔者的判断是他们肯定不是真心帮助贫困户,而是帮助非贫困户。当然,非贫困户也是需要得到帮助的,因为我国的农村金融毕竟离农民的需求有一定距离,机构太少、产品太单一、服务太差、监督太薄弱、内部治理太糟糕了!

特别是,我国地方政府自 20 世纪 90 年代后期运作的小额信贷,后来在所谓"规范"的旗号下,普遍放弃了高利率以及其他小额信贷的特征,从而也就被"异化"为传统的农村信贷,贫困户普遍贷不着,也就不再是扶贫了。中国社会科学院农村发展研究所扶贫经济社先后在河北省易县、涞水、河南省虞城、南召和陕西丹凤县建立了扶贫分社,进行小额信贷试验。陕西丹凤试验点后来演变成了当地政府主导的小额信贷扶贫项目,利率由 8% 降到了 3%。政府的主观意图是好的,就是通过低利率贷款帮助农民脱贫,但这混淆了信贷与救济的区别,扶贫社长期的亏空就难以弥补。杜晓山教授回答记者提问时曾指出,经验表明,政府干预程度越大,经营效果往往越差。如果是短期项目,还可以依靠政府,但如果是长期运作,则一定要与政府脱钩。正是出于这方面的考虑,他们最后关闭了在丹凤县的试点。如今,河北易县、涞水、河南南召、虞城等四个试点项目都已经与政府脱钩。

七、农村信用合作社迅速调高利率说明了什么

令人啼笑皆非的是,小额信贷高利率被我国有关部门接受后,很快便在农村信用合作社推广应用。2001 年 12 月 7 日,中国人民银行印发《农村信用社农户小额信用贷款管理指导意见》中明确提出,农户小额信用贷款利率在现行利率基础上,可以适当优惠,实际上就是放开上浮的限制。这样一来,由于缺乏竞争,农信社在贷款利率定价方面完全处于"强势"地位,特别是放宽利率限制后,针对农户的贷款利率定价偏高,部分农信社的贷款利率更是一浮到顶。

例如,广西壮族自治区百色市全辖农信社实行基准利率及下浮的贷款额只占总贷款的 1.6%,利率定价在 (1, 1.3)、(1.3, 1.5)、(1.5, 2) 三个区间的占比分别为 29.80%、41.64%、26.93%,一年期贷款加权平均利率达 8.3592%,实行贷款上浮定价的比例明显偏高。"三农"贷款利率浮动幅度普遍在上浮 20%—50% 的水平,其中小额信贷利率普通上浮 30%—40%,个别县小额信贷最高上浮达 100%。其他地区的农村信用合作社的情况大同小异,也都趁机提高了利率,但是其他方面的服务,并不见有什么改

进。其结果，高利率的小额贷款与低收益水平的农业生产矛盾十分突出，小额贷款体现不出缓解农户贷款难和促进农民增收的作用，反而增加了农民贷款的利息支出，影响了农户申请信贷的积极性。特别是，农村信用合作社这样高的利率，还压制了以扶贫为目的的小额信贷的发展空间。

八、小额信贷的利息怎样分配

小额信贷的利息分配原则，主要是弥补组织的成本以及保障可持续发展。在孟加拉国乡村银行 GB 模式中，利息主要用于工作人员的报酬。因为他们工作人员的待遇高于其他正规金融机构，这是因为小额信贷组织是"送贷上门"，工作量远远大于其他正规金融机构，同时也有一个使其热爱小额信贷工作、激励并稳定人心的作用。

中国的小额信贷经历了曲折的发展历程，目前仍在维持的，主要是两个方面的组织：一是国际组织援助的组织，包括中国社会科学院杜晓山等人的扶贫经济社等，大约有三百多家，特点是有国际背景，规模不是很大，运作相对规范，利息主要用于补充机构的成本；另一是中国政府出资、或政府给予特殊优惠政策背景的、后来由农业银行或农村信用合作社运作的、并不特别以扶贫为对象的、实际上的传统的农业贷款中的小额度贷款，运作虽然早已背离小额信贷规范，但是毕竟面对着的是农村中的一批低收入户，利息主要转化为金融机构的利润。

这样一来，政府应该出于扶贫的目的，对于小额信贷组织免征营业税、减征个人所得税，也就是情理中的事。但是，在我国尚不见政府有此方面的规定。

由笔者主持的全球环境基金（GEF）/联合国开发计划署（UNDP）援助的"中国云南省山地生态系统生物多样性保护试验示范项目"（YUEP）——小额信贷子项目，由于小额信贷的性质是"村民所有，村民运作，村民监督，村民受益"，不允许项目村外的乡镇和县的任何组织和个人分享利息，因此村民讨论决定的利息分配采用"三三三制"，即 1/3 用于运作者（新成立的村保护与发展组织）的误工补贴；1/3 用于自然保护区保护；1/3 用于扩大小额信贷基金的本金。这样，就使项目实现了扶贫、保护区保护和村民民主的"三赢"，也使项目具有了可持续性。由于是国际性的保护与扶贫项目，也就没有交税的事。

参考文献

1. 汤敏：《小额信贷为什么要有高利率》，新浪财经 2007 年 3 月 1 日。
2. 周善葆：《西部山区农村小额信贷发展问题探析》，《南方金融》2007 年第 8 期。

3. 袁蓉君：《降低小额贷款利率关键是减少成本》，搜狐财经2006年6月13日。

注：本文曾在以下网站纸媒发表：天益网2008年2月20日；中国小额信贷网2008年2月20日；中国选举与治理网2008年2月21日；学说连线网2008年3月7日；凤凰周刊2008年10月3日。

第七节　小额信贷扶贫到户为什么要以妇女为主承贷人

以妇女作为主承贷人，这是国内外小额信贷扶贫到户的重要原则和成功经验之一。自小额信贷扶贫到户被中国社会科学院杜晓山等人引入中国以来，仅有杜晓山等人主持的扶贫经济社和国际组织实施的小额信贷扶贫到户，仍在坚持这一原则，无一例外地都达到了扶贫到户的目的。但是，我们也不得不指出，其他的特别是地方政府运作的小额信贷，早已不坚持这一原则。而抛弃了妇女作为主承贷人的原则，以"中国特色"为借口的这些小额信贷，也就不但背离了"真扶贫、扶真贫"的宗旨，而且效益也很不理想。

一、小额信贷扶贫到户为什么要以妇女为主承贷人

国内外小额信贷扶贫到户的实践证明，小额信贷扶贫到户对于贫困妇女比对于贫困男子的作用更大，因此，小额信贷扶贫到户要以妇女为主承贷人。在孟加拉国乡村银行GB模式中，更是仅以妇女为贷款对象。

之所以由妇女作为主承贷人，这是由贫困妇女的自身条件及其经济、社会地位所决定的。

（一）贫困农户的贫困，在某种程度上看是妇女的贫困；而消除了妇女的贫困，农户贫困便随之消除

世界各发展中国家贫困农村的一个共同特征是，妇女承担着繁重的家务劳动、田间劳动，但是她们的社会地位和家庭地位却很低。中国贫困地区的妇女更是这样。处于社会最底层的妇女，无论在家庭中，或者说在社区，一般情况下只有辛勤劳作的义务和责任，而无发表意见和作出决策的权利。长久以往，妇女的聪明才智被湮灭了。凡是到农村调研的人都可以看到这样一个事实：除了天灾人祸等不可抗拒的情况外，贫困农户家庭生活相对安排得较好者，可以断定该家庭有一个称职的女主人，或者说女主人在家庭中有发言权和决策权；反之，则说明该家庭中女主人没有发言权和决策权。如果一个贫困农户家庭中没有女主人，那么这个家庭的生活肯定是乱了套的。因

此，人们常说，一个家庭可以没有男主人，但是绝对不能没有女主人，否则这个家庭便不称其为家庭。

在贫困者家庭里，妇女具有节俭、顾家、不乱花钱、能按时还钱等美德。以帮助贫困妇女发展家庭经营的国内外小额信贷扶贫到户的事实证明，贫困妇女使用贷款发展家庭经营，取得成功的机会很大，对贫困农户脱贫致富作用也很大。

（二）贫困妇女特有的母爱、责任感和自我牺牲精神，决定了她们承贷的高成功率

贫困妇女作为家务劳动的主要承担者，她们总是把照料、维持家庭的生存，时时刻刻放在心上，并为此而精打细算、拼命劳作、无私奉献。在家庭生活极端困难时，男子常常逃离家庭，最有力的借口是出外打工挣钱，但是他们外出的目的首先是自己要吃饱饭。然而，妇女则不能，她们要留在家里，维系着这个家庭。相对而言，饥饿与贫困更多的是妇女面临的问题，而不是男子面临的问题。如果家庭成员中必须有一个挨饿，那么不成文的规定是这个人必定是母亲。在缺衣少食的日子里，母亲大都有过那种不能喂养子女而心灵留有创伤的悲惨记忆。如果有与饥饿和贫困抗争的机会，贫困妇女往往比男子更能本能地挺身而出，成为能干的"斗士"。

母爱，这一母性的天职，在贫困妇女身上体现得更为充分。她们忧患子女的现在与将来；为了孩子的利益，她们心甘情愿地作出一切牺牲。而且，贫困妇女还常常把这种人类最伟大的爱，无私地奉献给自己的丈夫、儿女和丈夫的父母。她们活着的神圣使命之一，就是使她所在的家庭能够生存下去和生存得更体面些，这已成为她们拼命工作的动力与目标。为了饥饿的孩子和家庭，贫困妇女往往能够作出最大的努力，直到她们生命的最后时刻。

贫困农户妇女在操持繁重的家务劳动中，自觉不自觉地学会了或养成了积累与再生产的本领。在中国和其他国家的贫困地区都可以看到这样一个情况：贫困农户妇女在通过参与项目获得一笔收入后，首先想到的是一家人的吃饭问题；若吃饭问题解决了，则考虑穿衣问题、住房问题、子女读书问题，特别是积累与再生产问题。然而，男子则不同，他们往往优先考虑自己的喝酒问题。由此可见，在捕捉和利用机会对付贫困方面，一般来说，没有一个贫困男子可以与热心的贫困妇女相比。因此，贫困农户依靠妇女的努力，是能够缓解乃至于消除贫困的。

（三）贫困农户妇女太低的社会地位决定了她们非常珍惜贷款机会

在现实中，人们不得不面对这样的现实，虽然贫困妇女具有这么多的优

点、美德和能力,但是她们在与贫困抗争中却处于不利地位:第一,她们没有表达自己的意见、愿望和要求的场合与机会;第二,在一些社区特别是传统的扶贫开发项目里,她们很少有机会参与,有的地方甚至出现了这样的情况:男子参加开会和受培训,而由妇女去劳作;第三,除了城市里的人雇请保姆、服务行业招聘女工等情况外,贫困妇女极少有在城市找到像男子打零工那样的机会。

为此,小额信贷扶贫到户主要由妇女承贷,这对于发掘妇女的潜在才能,发挥她们在家庭脱贫致富中的作用,无疑具有十分重要的意义。对此,中国社会科学院扶贫经济社和国际组织实施的小额信贷扶贫到户的实践,笔者主持的全球环境基金(GEF)/联合国开发计划署(UNDP)援助的"中国云南省山地生态系统生物多样性保护试验示范项目"(YUEP)——小额信贷子项目的实践,都发现了以下事实:

第一,以农村贫困妇女为贷款目标的小额信贷扶贫到户项目,对于提高广大农村妇女地位和增加她们的家庭生活水平,有很大帮助。

第二,只要给农村贫困妇女创造条件,她们就有能力自我就业,更有改变目前生活困难状况的愿望。

第三,农村贫困妇女通过小额信贷而从事生产经营项目,可以使其自身和家庭的生存和发展条件,有所改善。贫困妇女得到了就业机会,自身才具备了发展的可能。

第四,小额信贷扶贫到户组织的定期会议,增加了妇女参与社会活动和施展自己才华的机会,可以增加贫困妇女的自信心,使她们互相了解生活和生产中的困难以及克服这些困难的办法与途径。这既是农村贫困妇女实现发展权利的一种途径,也是她们提高自我生产经营水平的唯一的一条路子。

(四)妇女为主承贷人是由妇女的家庭分工决定的

在一个贫困地区的农户家庭中,妇女由于要直接生育、带养孩子,相对男子来说外出较少,这对于小额信贷扶贫到户的成功,具有决定性的意义。一方面,她们一心一意用于家庭谋利益的生产经营活动,便于从事小额信贷扶持的家庭种植、养殖和手工业生产;另一方面,也便于小额信贷组织开会和组织的其他活动。

二、正确对待男子的贷款需求

(一)贫困地区农户男子也是有家庭责任感的

在充分肯定妇女的节俭、顾家、不乱花钱、会经营、能按时还钱等美德的同时,我们当然也得承认贫困地区农户男子也具有勤劳勇敢、聪明能干、可以使用有偿贷款、富有家庭责任感的美德,只不过要比妇女稍逊一筹。

如果从宏观方面观察，我们不难发现，贫困地区农户男子与妇女一样，都是没有从我们的社会中获得发展的机会，特别是不能从现有的扶贫机构、援助项目和金融机构中，贷到发展家庭经营所需的有偿贷款，至于无偿赠款、贴息贷款等，他们连想都不要想。这就是我国现在扶贫乃至于农村金融的现状。被某些媒体赞誉为"支农"、"扶贫"的金融的"巨大成就"，受益者主要是农村中的相对富裕者、村干部、强势人群，而贫困农户很少、甚至于没有得到。因此，如果一味指责贫困地区农户男子，严格说来是不公平的。

但是，我们的扶贫资源毕竟太少了（如果要增加扶贫资源，则是另外一个重要的研究课题），在分配如此之少的扶贫资源时，我们不得不从贫困地区农户男子与妇女的对比上，很不情愿地得出妇女优于男子的结论。

（二）"男子酗酒致贫说"并不符合中国贫困农村真正酗酒者的实际

饮酒，是人类特别是男子饮食文化中的一个重要组成部分。饮酒过度称为酗酒，是一种招致众人恨的行为，贫困农户中男主人没有钱还要酗酒就更招人恨了。为此，人们把贫困农户致穷的原因归于酗酒，有的人还形容贫困农户中爱酗酒的男主人是"哪里喝哪里醉，哪里喝醉哪里睡，有酒醉一天，无酒睡一天"；"救济款到手，马上去喝酒，醉完这一天，明天又没有"。

我们是坚决反对酗酒的，当然更反对贫困农户中男主人酗酒。因为酗酒确是一种极不文明的行为，它不但浪费大量钱财，而且还很伤害身体，甚至致人死命。在社会交际场合适量喝酒，可以联络感情，加深关系；如果喝酒不能自控，以至于醉酒，或呕吐，或耍酒疯，或昏睡，都是为人所不齿的伤大雅行为。但是，我们不同意把贫困农户致穷的原因归于男主人酗酒。

我们曾经在云南省云县后箐彝族乡、南涧彝族自治县沙乐乡（后撤销）、宁蒗彝族自治县战河乡等地从事调查研究，结论发现，贫困农户中男主人并不是经常喝酒的，更不要说酗酒了，仅有个别人偶尔喝酒致醉。调查村中的农民饮酒，除过年买酒外，平时饮酒主要发生在亲属间举办红白喜事时。此外，还发现不少贫困农户一年中都没有饮酒的记录，表明他们由于太贫穷了，不但过年买不起酒，而且也没有参加过亲属间的红白喜事饮酒。

与贫困农户极少饮酒形成鲜明对照的是，我国贫困县、乡、村社干部特别是城市，饮酒却非常频繁，许多人做到了天天饮酒。当然，干部们饮的是公款可以报销的酒，有别人请饮的，有自己请别人饮的，大量的是陪饮的。云南省泸西县曾经出现公款饮酒时将陪饮女郎灌酒致死的典型案例。在全国老百姓中流行很广的一首和毛泽东《七律·长征》相似的民谣曰："当官不怕吃喝难，千杯万盏只等闲，鸳鸯火锅腾细浪，生猛海鲜走泥丸，桑拿按摩三身暖，舞到三更不觉寒，更喜小姐白如雪，三陪过后尽开颜"，就是腐败官员们饮酒的生动写照。对此，早在1996年9月23日召开的中央扶贫开发工作会议上，江泽民就曾经严厉批评道："现在社会上有一种很不好的风气，就是大吃大喝，挥霍浪费，一桌饭吃掉的就相当于一个贫困农户一年的口粮。这种奢侈之风，是社会主义事业的腐蚀剂。"前总理李鹏在会上也严肃指出："有的贫困地区财政困难，照样购买小轿车，照样盖楼堂馆所，吃喝招待，公费旅游，现在又时兴配大哥大，与贫困群众的反差太大了。要坚决刹住这几股风。"江泽民、李鹏在这里讲的显然指的不是贫穷农民，而是有职权的地方政府官员。

再就文化深层次分析，贫穷农户中的男主人与先富裕起来的男子一样，都具有一种当家立业、掌管全家、让全家人都过上体面生活的责任感，但是由于多方面的原因使他的家庭处于贫穷状态；他已经作出了自己的努力，但是仍然寻找不到可以发挥能力的机会、场所和除承包农田外的其他有收入的工作，因而在内心里产生一种必然的烦闷、失望、忧郁和颓废，在社会大吃大喝风气的诱导下，自然而然地希望通过饮酒、醉酒获得一时的解脱。当然，他们家里穷，手头空，拿不出买酒的钱，于是就出现了人们经常指责的"上山砍一背柴挑到城里卖后买酒喝"的现象。酗酒人"借酒浇愁愁更愁"，不但不能解决贫穷问题，反而白白浪费了本来要买油盐酱醋等日用品的钱，结果使家庭更加贫穷。

调查中我们看到，穷人也是知道饮酒、酗酒并不是好的习惯，而且也是愿意接受少饮、不饮的教育规劝的。

三、理想的做法是男女主人共同做承贷人

其实，小额定信贷扶贫到户以贫困农户家庭中男女主人公做承贷人，让他们同时在贷款合同上签字，将是一个比较好的选择。笔者在主持全球环境基金（GEF）/联合国开发计划署（UNDP）资助的"中国云南省山地生态系统生物多样性保护试验示范项目"（YUEP）——小额信贷子项目时，就根据项目区村民的要求，请借贷农户男女主人公同承贷人、同时在贷款合同上签字，实践证明是可行的，收到了预期效果。

（一）男女平等的要求

男女平等，这是近代、现代特别是当代社会的基本要求、基本共识。我国人民为了男女平等进行过不屈不挠的斗争。然而，由于社会陋习、传统儒家反人权观念等的顽强表现，男女不平等现象在我国仍然根深蒂固，贫困地区尤其严重。

改革开放以来，我国一些地方却出现了反常的现象，例如有的城镇妇女地位高于男子。这当然也是一种不正常的现象，对构建和谐社会并不有利。

（二）轻视男子也有一定的副作用

20世纪90年代中期，笔者曾受云南省政府领导的安排，组织起草《云南省小额信贷扶贫管理办法》，并参与几个县的试点，初期也曾坚持以妇女作为小额信贷的唯一借贷人。实践中发现，妇女作为唯一借贷人后，地位确实是提高了，但是身上的担子却更加重了。后来，我曾调查过一些纯粹以妇女为贷款对象的小额信贷组织的情况，更是发现妇女地位确实是提高了，但是男子们由于感到"失落"、不受信任，而出现了消极、怨气。在这些家庭中，贷款妇女在原有繁重的家务劳动、田间劳动的基础上，又增加了借款、用款、还款等责任，真有点不把妇女累垮不罢休的味道，而有的男子还在说风凉话，其结果并不利于妇女地位的真正提高。

注：本文曾在以下网站发表：天益网2008年1月31日；中国选举与治理网2008年2月1日；中国乡村发现网2008年2月1日；360DOC2008年2月5日。

第十章

我国的农业保险为什么迟迟发展不起来

在耕地、气候和农民素质设定为既定条件下，农业科技、农村金融和农业保险是市场经济条件下现代农业发展的三大支柱。在三大支柱中，我国的农业科技从引进、研发、推广应用到人才、投入等，已经形成了相对来说比较完善的体系；但是农村金融和农业保险，至今仍是一片"荒芜"、"萧条"、"破败"景象。特别是我国的农业保险至今尚未破题。三大支柱缺了两个，现代农业的发展和农村金融健康发展不但是不可能的，而且终将使农业基础地位动摇，届时悔之晚矣！

农业保险，既是现代农业发展的一大支柱，也是农村金融健康发展的重要条件之一。应该指出，中央决策层早已看到了这一问题，并且作出了决策。2004—2007年，连续四年的中央一号文件都对政策性农业保险的发展提出了具体要求，特别是2007年中央一号文件明确要求："积极发展农业保险，按照政府引导、政策支持、市场运作、农民自愿的原则，建立完善农业保险体系。"问题在于，落实中央这一决策，尚有较长的路要走。

一、我国农业保险的"荒芜"、"萧条"和"破败"景象

我国是世界上农业自然灾害较严重的国家之一，灾害种类多，受灾面积广，成灾比例高。近几年农业每年因自然灾害导致的损失约为125亿美元，占世界平均每年损失（500亿美元左右）的1/4左右。从国内来看，我国每年约有0.3亿公顷农作物受灾，占全国农作物播种面积的1/4，成灾面积占受灾面积的比重在40%以上。频繁而巨大的自然灾害不仅造成农产品供给的减少，而且造成了农业生产的物质条件的破坏。2004年，全国农作物洪涝受灾面积11590万亩，成灾面积6280万亩，受灾人口1.17亿人，直接经济损失600多亿元。2008年初的雪灾，导致电力瘫痪、高速公路和铁路中断，引起世人震惊，农业种植业、养殖业的损失至今尚未统计公布，但是肯定不会小。广大农民抗御自然灾害的能力很脆弱，急需提供风险保障。

长期以来，人们谈到我国农业保险的问题，无一例外地归结为农民缺乏

经济实力,买不起;农民缺乏保险意识,不愿买;农民缺乏信用,常骗保。这些判断并不符合实际,因而是非常错误的。

(一) 农业保险的覆盖面太小

我国农业保险的覆盖面十分狭窄。有资料显示,目前全国粮食作物的承保比重只有 0.01%,棉花 0.02%,大牲畜 1.1%,奶牛 3.6%,生猪 0.8%,家禽 1.3%,水产养殖 2.5%。另据测算,1998—2000 年需要补偿的农业损失平均每年为 1681.59 亿元,通过农业保险平均年补偿为 4.5 亿元,仅占 0.27%。而且,即使这么低的保险,基本上全是农业龙头企业投保并受益,广大农民几乎没有参与,无法通过农业保险得到任何补偿,影响了农业生产的良性循环与健康发展。

我国的农业风险的保障水平,同发达国家相比十分落后。加拿大农作物投保面积占总耕地面积的 65% 左右;日本的农作物投保率高达 90%;美国 2000 年农作物保险承保面积 2 亿英亩,占可保面积的 76%。

(二) 农业保险的供给主体太单一

2003 年以前,我国只有中国人民保险公司和中华联合财产保险公司,经营农业保险业务,其中业务量最大的中国人民保险公司,2002 年农业保险保费收入也仅占公司保费总收入的 0.6%。2003 年以来,我国先后成立了安信、安华、阳光、安盟等几家专业性的农业保险公司,在江苏、四川、辽宁等地开展了一系列农业保险的试点。纵观这些农业保险,普遍存在两大困惑:一是经营机制不活,业务拓展不顺;二是受道德风险、逆向选择等的困扰,骗保现象时有发生,农险业务经营困难重重,进而限制了其他商业性保险公司对农险业务的开展。由于农业保险的供给主体缺位,现有的业务仅仅属于另类性质,当然远远不能满足市场对农业保险的需求。

(三) 商业保险业务萎缩得太快

商业性农业保险模式并不适应农业保险的特点。一是商业保险的高收费与农民的低收入存在矛盾,农民没有交费能力;二是农业保险存在高风险率、高费用率、高赔付率的特征,追逐利益的商业性保险公司对农业保险的规避也就不难理解。因此,农业保险自身的特点使其具有准公共产品的性质,即农业保险缺乏竞争性,存在非排他性和利益外溢现象。正因为此,对农业保险采取商业性经营模式会导致市场失灵。

自 20 世纪 90 年代中期,中国人民保险公司逐步转换为规范的商业保险公司以后,我国农业保险经营的性质也发生了根本性变化。从保费收入来看,1982 年我国开始开办农业保险业务,1992 年农业保险保费收入增加到 8.17 亿元,达到历史最高。随后农险业务迅速减少。1993 年为 5.61 亿元,

2000年为5.2亿元，2002年为3.41亿元，2003年为2.36亿元，2004年为3.77亿元。其中，2004年农业保险费收入同比减少0.83亿元，下降幅度达到18.04%，农险保费收入仅占财产保险业务保费收入的0.35%。按全国2.3亿户农户计算，户均保费不足2元。再从保险的险种数目来看，也由农业保险开展较快时期的60多个下降到目前的不足30个。

（四）农业保险法规建设太滞后

农业保险作为一项农业发展和保护制度，对法律、法规的依赖性很强。而我国于1995年颁布、2002年修订的《中华人民共和国保险法》不适用于农业保险；2002年修订的《中华人民共和国农业法》也只是"鼓励商业性保险公司开展农业保险业务"，并没有新的条文来进一步规范和促进农业保险业务的开展。

在国外，农业保险都具有一定的强制性。日本的有关法律规定，对具有一定经营规模的农户实行强制保险。美国虽对农业保险实行自愿的原则，但美国的《农业保险修正案》又明确规定，不参加政府农作物保险计划的农户得不到政府的其他福利计划，这实际上也是一种强制保险。相比之下，我国农业保险的正规制约仍是一片空白，这与我国农业大国的地位极不相称。

在国家法律缺乏农业保险的基础上，地方性法规对此也是一片空白，农业保险业务的开展仍处于法律盲区。

（五）政府行为缺位太离谱

农业保险的发展需政府履行弥补市场失灵的职责，而我国政府却长期处于缺位状态，对农业保险的补贴和扶持非常少，也在很大程度上造成了农业保险的举步维艰。

由于农业保险具有非常强的正外部性特点与准公共产品的性质，世界上大多数国家都建立了较完善的政府支持农业保险系统。如对农业风险实行强制保险，以保障农业生产的稳定发展；对投保人和承保农业保险的保险公司进行补贴，以增加农业保险的供给；实行农业风险再保险制度；建立农业巨灾风险专项基金等。例如，日本政府对农业保险给予15%的补贴，遇有特大灾害，政府承担80%—100%的保险补偿；菲律宾的农险保费大部分由政府补贴，行政开支全部由政府负担；美国对参加保险的作物提供30%的补贴。而在我国，除了对经营农业风险的保险机构减免营业税之外，到目前为止还没有专门支持农业保险的财政政策和金融政策，并没有其他有力的措施来支持农业保险的发展。这也是我国农业保险发展缓慢的一个重要因素。

（六）现有试验收效太微小

为了改变农业保险落后局面，近年来我国逐步组建了一些专业性农业保险公司，并开展了多种形式的试点工作。2004年，保监会在上海、吉林、黑龙江分别批设了安信、安华和阳光农业相互保险公司等三家不同经营模式的专业性农险公司；在江苏、四川、辽宁、新疆等省（自治区），依靠地方政府支持开展了保险公司与政府联办、为政府代办以及保险公司自营等多种形式的农业保险试点工作，开发了多种农业保险品种。然而，以上措施收效并不明显。2006年，尽管全国农险保费收入达8.5亿元，较2005年增长16.2%，但在总保费中的占比仅为0.15%，对农业发展、农民增收的贡献仍然微不足道。

二、我国的农业政策性保险迟迟发展不起来的原因

我们年年都在说农业重要，而且用了"重中之重"以加强语气，从没有听到过不同的声音。但是，在实践中却不是那么回事，农村金融和农业保险至今仍是一片"荒芜"、"萧条"景象，便是最有力的证明。问题在于，我国的农业保险为什么迟迟发展不起来？

长期以来，人们谈到我国农业保险的问题，无一例外地归结为农民缺乏经济实力，买不起保险；农民缺乏保险意识，不愿买保险；农民缺乏信用，常骗取保险。

早在改革开放之初，在解放思想的大环境下，主要由农民和基层地方政府为主要角色的农村改革轰轰烈烈，农业保险与农户家庭经营责任制、农村金融、农民经济组织等，都被提到了议事日程，在各地区热火朝天地试验着、探索着。虽然有个别"左"派精英时不时地发出几句质疑之声，但是总的看来改革是持续发展的。中国人民保险公司从1982—2003年21年间使出浑身解数发展商业农业保险，最后却是赔得一塌糊涂，现在除了一些零星的试验项目外，基本上已经不开展农业保险。还有现在的中华联合保险公司，也只能把它的业务范围控制在新疆建设兵团。这些事实都说明，单纯依靠商业保险公司的力量是没法做农业保险的，必须要运用政策性的手段来推动。

应该指出，国家最高决策层对于农业保险、特别是政策性农业保险，是重视的，早就提出了要求，并且写进了法律。1993年7月2日，第八届全国人民代表大会常务委员会第二次会议通过、2002年12月28日，第九届全国人民代表大会常务委员会第三十一次会议修订的《中华人民共和国农业法》第四十六条，就明确要求："国家建立和完善农业保险制度。国家逐步建立和完善政策性农业保险制度。鼓励和扶持农民和农业生产经营组织建立为农业生产经营活动服务的互助合作保险组织，鼓励商业性保险公司开展农

业保险业务。农业保险实行自愿原则。任何组织和个人不得强制农民和农业生产经营组织参加农业保险。"到 2006 年 6 月 15 日，国务院颁布《国务院关于保险业改革发展的若干意见》，更明确要求"探索建立适合我国国情的农业保险发展模式，将农业保险作为支农方式的创新，纳入农业支持保护体系"。

问题在于，在我国至今尚未建立中央决策、法律规定的督导制度。因此，没有机构落实和执行中央的好决策、法律的好规定，也就是人们见多不怪的事情了。

那么，有关部门为什么对于农业保险、特别是政策性农业保险，不持积极态度呢？

原因之一，在于涉及拿钱的问题时，谁都往后躲。大凡政策性规定，实际上就是政府财政要拿钱，政府财政不拿钱当然好办了。而政府是由一个个的机关组成，每年的财政预算是一个大体上规定的数目，如果一项支农的项目有了钱，各个政府机关都会出来争着负责；反之，如果一项支农的项目没有钱，各个政府机关都会推脱，谁也不会负责。政策性农业保险就是一项没有说好政府拿多少钱的项目，当然也就没有政府机关会积极了。

原因之二，在于政府机关太多，难以协调。据了解，目前政策性农业保险一般采取的是政府支持、保险公司参与的操作方式。以能繁母猪保险为例，就涉及畜牧、兽医、防疫、保险、财政以及基层乡镇政府和村委会等多个部门和组织。由于其中大多机构都属于平级行政或事业性单位，谁也不服谁，而在缺乏一个统一的领导协调时，在工作中往往不好调度，在执行政策中也经常出现衔接不上的问题。例如，安徽省能繁母猪保险在推行中，就曾出现在给母猪打耳码和建立档案方面各部门的衔接不畅，造成保单迟迟无法出来，给养殖户参保带来了影响。

三、农业政策性保险新模式是什么样子

（一）充分借鉴国外的成功经验

根据世界各国发展农业保险的历史、特点、操作方式和法律制度的不同，农业保险大致可以分为五种不同的模式：一是政府垄断经营模式，如苏联模式，政府设立专门经营农业保险的机构，并提供部分基金以及大量的管理费用。这种模式的特点是官僚习性严重，效率低，而且容易产生腐败，实践中利少弊多，是不足取的；二是政府主导模式，如美国、加拿大模式，是国家和私营、政府和民间相互联系的双轨制农业保险保障体系模式；三是政府支持下的相互会社模式，如日本模式，民间非营利团体经营而政府补贴和再保险扶持；四是民办互助模式，如西欧模式，是相互竞争的互助保险社和商业性保险公司承办农业保险，政府不直接参与农业保险的经营，但给农业保险以税收等政策优惠；五是国家重点选择性扶持模式，如亚洲发展中国家模式。

在以上五种模式中，我国学者大都赞赏美国农业保险的经营模式，认为对我国具有一定的借鉴意义。美国的农业保险由联邦农作物保险公司管理，负责对全国性农险险种的费率厘定，对经营农险的商业性保险公司进行指导和检查，提供管理费补贴，国家对农险给予免税和法律支持。2004年，美国各家经营农险业务的保险公司共收入保费41.9亿美元，其中政府对农险的补贴为24.8亿美元。美国这种在政府支持下商业保险公司办理农业保险的模式，在许多国家得到推广和使用。但是，这种模式也存在一定的局限性，主要是从公平角度上看，受益的只有少部分人，如美国有300万农民，仅有约三十多万人参加了政府支持的农业保险计划。政府不仅补贴保费，还要补贴管理费，业务规模越大，补贴费用越高。

（二）设计中国农业保险模式的原则

我国是农业大国，农业产业化、区域化、现代化、标准化发展很不平衡，农业保险不可能完全照抄照搬国外农业保险做法，完全套用一种模式，但也不宜过于多元化、分散化。如果完全由各地分散决策，自行选择农险模式，今后全国整合和统一将是一个大问题。因此，设计中国农业保险模式，应坚持以下原则：

一是农民买得起的原则。如果农民买不起，那还有什么保险而言？！

二是保险机构微利的原则。如果保险机构一点利也没有，也就没有了积极性、可持续性；如果保险机构像现在这样追求高利，农民就会将其拒之门外。

三是政府合理补贴的原则。近几年来，我国财政收入大幅度增加，为政策性农业保险的建立奠定了雄厚的经济基础。因而在此之前，政府官员和学者们不厌其烦地鼓噪所谓的政府不要多补贴农业保险的理由，已经不存在了。

四是适度竞争的原则。在政府主导下，在一个地区里，应鼓励多个保险机构开展竞争，以利改善服务。

（三）中国农业保险新模式的要点

中国农业保险的新模式，有五个互相联系的方面：一是政府主导，但不包办；二是由若干专业性保险公司办理，但不垄断；三是农民自治组织中介；四是农户和农业企业自愿投保，但不放任；五是商业性保险公司和外资保险公司积极参与，但给予优惠。

四、中国农业保险新模式的具体内容

(一) 农业保险的法律、法规比较健全

我国 1995 年颁布的《中华人民共和国保险法》第 155 条规定:"国家支持发展为农业生产服务的保险事业,农业保险由法律、行政法规另行规定。"但这只是一部规范商业保险的主要法律,并不适用于农业保险,对农业保险也并未有具体的规定。特别是规定的"农业保险由法律、行政法规另行规定",至今已经 14 年了,未见配套的法律、法规出台。

在农业保险上,几乎所有农业发达国家和不少不发达国家都制定了专门的法律制度,就政府对农业保险的优惠政策以及具体补贴比例进行规定。如美国和日本分别于 1938 年颁布了《农作物保险法》,美国于 1994 年又制定了《克林顿农作物保险改革法》。2000 年 6 月,美国国会通过了《农业风险保护法》,计划在此后 5 年内提供总计 82 亿美元财政支出,补贴农业保险。2002 年,美国又通过了新的农业法,进一步加强了对农业的补贴力度,决定在未来 10 年内给农业拨款 1910 亿美元,较目前实行的补贴增加了 80%,在价格支持和收入政策、农产品储备计划、出口支持、农业基础设施建设和信息服务、国内农业安全、教育研究和农业保险等方面推出了一系列新的举措。正是由于有了这些政府补贴政策和相关的法律制度支持,各国的保险经营机构的农业保险业务才得以蓬勃发展。

学者们一致建议,《农业保险法》应明确规定政策性保险的政策性和非商业性特征、农业保险的经营目标、经营原则及组织形式等;规范农业保险的资金筹集方式、资金管理原则、政府支持方式等,并用存款比例、负债比例、流动性比例等经济指标调控其运行;还应对政府行为予以约束,对政府的管理职能、支持方式、作用和农民的参与方式进行规范,避免由于地方政府的随意性或财政困难而忽视对农业保险的支持;明确农业保险的经营主体应该享受的具体优惠政策,保险双方权利义务,业务经营范围,业务运作(包括保险金额确定、费率形成机制、赔偿办法、会计核算制度、精算制度),财政补贴险种、补贴标准及计算方法,农业再保险办法等,形成发展政策性农业保险完备的法律、制度保证。

(二) 政府要切实担负行政指导责任,缺位问题已经解决

政府在推行农业保险时,应该设立一个由各部门参与组成的政策性农业保险领导协调机构,负责统筹协调农业保险涉及单位的矛盾和问题,如:研究农业的风险有多大、各地农作物的风险有多大,研究相关险种,设计保险单,参与费率制定,管理政府补贴资金和大灾准备金,制定农业保险规划、政策等。

新设立的政策性农业保险领导协调机构,最好作为国家保监会下属的一个机构。

(三) 新设专门保险公司运作

有的学者建议利用现有保险公司,运作农业保险,这是有一定道理的。但是,现有保险公司在乡镇服务的网点少、人员少,有的县支公司一共才十几个人;同时农民又多,且住得分散,如果参保农民到乡镇找不到赔付的地方或找不到相关的责任人,肯定会有怨言,也会影响农业保险的宣传和推广。

因此,新设立专门政策性农业保险公司势在必行。由于我国农民收入低和保险意识有待提高,因此由政府成立专业农业政策性保险公司,引导农业保险发展是比较切合我国实际的。政府支付政策性农业保险公司一切经营管理费用,采取自愿与强制相结合的农业保险,并享有免税待遇。

(四) 组建政策性农业再保险公司

通过再保险机制,最大限度地分散农业风险,分摊损失,消除第一次性保险公司对农业保险的畏难情绪,才能促进农业保险的发展。也可允许其他保险公司经营农业再保险业务,超额赔付部分由政府负担,减少原保险经营者的风险。

再保险具有天然的分散风险的能力,通过再保险,可以将灾害区域内的累计的风险责任,向区域外分散和部分转移。例如,美国通过联邦农作物保险公司对参与农业保险的各种私营保险公司、联营保险公司和再保险公司,提供再保险支持。日本则由都、道、府、县的共济组合联合会和中央政府为市、町、村的农业共济组合,提供两级再保险。这些经验,都很值得我国借鉴。

(五) 依托农民组织中介

我国农民居住具有相对分散、交往不便的特点,这就给办理业务的政策性农业保险公司和商业性农业保险公司,带来人员、时间和业务经费等成本过高的问题。在此,一个可行的办法,是充分利用农村中的农民自治组织联结农民的优势,依托、委托他们办理相应业务。例如,请他们代收保费并参与保险的协调、灾害的查勘、定损理赔等,利用他们对农民相关产品产量、品质的熟识程度,分担一部分工作。

农民自治组织可以是现有村民委员会、村民小组,也可以是农民专业经济组织,还可以根据农民意见而新成立农民组织。这些农民自治组织,都是本乡本土人,"熟人社会"的优点是道德约束力强,农民对他们有一种天然的信任感,而且他们的时间相对较多、时间成本相对较低。让他们作为中介，对于保险公司来说，也就弱化了成本，分散了风险。据报道，许多地方的农民组织都很乐意与政府、保险公司合作，组织农民会员购买保险，提供产前、产中、产后的相关服务，并对保费、费率等认真核算，这样也有利于最大程度保证参保会员利益。

(六) 财政资金支持

对农业保险予以财政支持，是 WTO 对农业扶持的重要绿色通道。我国应充分利用这一规则，加快建立对农业保险的财政金融支持机制。

一是对投保农民提供保险费补贴，提高农民对农业保险的购买力，鼓励其参加农业保险。以美国为例，对不同险种给予不同比例的保费补贴政策，其中，巨灾保险补贴全部保费；多种风险农作物保险、收入保险等保费补贴率为40%。日本保费补贴比例则依费率不同而高低有别，费率越高，补贴越高：水稻补贴70%，旱稻最高补贴80%，小麦最高补贴80%。我国政府也应根据不同地区的农业生产情况和政府的财政负担能力，提供不同程度的保险费补贴。但保费补贴比例不能太低，太低则调动不了农民参保的积极性，更会在国际对比上体现不了社会主义的优越性；太高则会加大政府的固定补贴支出，国内其他利益集团有意见。根据我国目前的财力状况，可将补贴的范围限定在关系国计民生的农产品如水稻、小麦、大豆、油菜、棉花、生猪、奶牛、羊等的保费补贴上，平均补贴额为保费的50%—60%为宜。

二是对保险公司提供费用补贴，减轻专业保险公司和商业保险公司的费用压力，鼓励其经营农业保险。美国政府承担联邦农作物保险公司的各项费用以及农作物保险推广和教育费用，向承办政府农作物保险的私营保险公司提供20%—25%的业务费用（包括定损费）补贴。日本政府承担共济组合联合会的全部费用和农业共济组合的部分费用。借鉴发达国家的做法，我国政府也应给专业保险公司和商业性保险公司以适当的管理费用补贴，以鼓励其经营农业保险。

三是建立农业风险准备金，用于发生巨灾时的大额保险赔付。上述资金来源可以从涉农的国家转移支付中调剂，具体可以研究通过调剂部分农业直接补贴资金、农业税减免份额、农业灾害救济金、财政专项支出等渠道筹集。具体补贴标准、实施办法应由财政、税务部门负责研究。由于自然灾害伴有偶然性和周期性特征，农业保险当年核算所形成的利润可作为风险准备金封闭式管理，以丰补歉，专款专用。

(七) 减免农业保险一切税费

在我国，农业保险只免缴营业税，其他方面同商业性保险一样，国家尚无配套政策予以扶持。这就造成了仅仅依靠商业性保险机构独立经营农业保险，而我国政府补贴和扶持缺位的情况。

税收减免，是各国扶持农业保险的通常做法。美国《联邦农作物保险法》就明确规定：联邦政府、州政府及其他地方政府对农作物保险免征一切税负。目前，我国除《营业税暂行条例实施细则》第二十六条第四款规定"为种植业、养殖业、牧业种植和饲养的动植物提供保险业务免征营业税"以外，没有其他税收优惠。为了增加准备金积累，降低保险机构经营成本，提高其抗风险能力，同时降低保险费率，减轻农民支付保险费的负担，我国应该在税收方面，给予保险机构更优惠的措施，如：免除经营种植业、养殖业保险业务的全部营业税、城市维护建设税、教育附加和所得税；而且，在税收减免的某些具体问题上，还要注意对强制保险和自愿保险、对政策性保险机构和商业性保险机构有所区别，以通过税收杠杆实现一定程度上的宏观调控。

（八）金融政策支持

金融政策支持，也是农业保险得以顺利发展必不可少的。我国应当规定如下金融政策支持的方式：农业保险机构因赔付率高经营亏损时，应在政策上允许其申请一定额度的银行无息或低息贷款，或者争取国外政府和国际金融组织的优惠贷款，用于支付赔款；应建立多样化资金运用机制，允许农业保险经营机构公共性、政策性、低利性的放款等。

（九）放宽农业保险经营机构业务范围

允许农业保险机构在经营农业保险的同时，经营人身保险，实行以险养险。如：墨西哥农业保险的承保范围除种植业保险和畜牧业保险外，还经营农业生产设备的保险和农民人身保险。我国应在允许农业保险机构经营农业保险的同时，放开其经营农民人身意外伤害保险、农民短期健康保险等。特别是，农业保险在农村站住脚后，可以允许其利用人力、设备等资源，开展一部分农村金融业务等，既增加收入，又方便农民。

（十）农业巨灾风险专项基金建立并健全

农业巨灾风险专项基金，是专门用于应付特大自然灾害而积累的专项基金，主要用于巨大灾害发生时的大额保险赔付。目前，发达国家大都设立了农业巨灾风险基金，一旦大的自然灾害出现，由国家农业巨灾风险基金赔付。在法国，农业巨灾风险基金由财政部的资金和农业保险保单的一部分税收共同组成。我国目前可根据政府的财力，由中央和地方政府、经营农业保险业务的保险公司共同出资，也可以向社会募捐，设立农业巨灾风险专项基金，确保巨灾发生时的巨额保险赔付。

（十一）与农业信贷衔接

建立农业保险和农村信贷相结合的保险制度，是美国和法国开展农业保险的重要经验。我国可在农村金融组织不断健全和发展的基础上，将农业保险纳入农村金融体系，即将农业贷款与农业保险相结合。在初期阶段，可对参加农业保险的农户在贷款额度和利率等方面给予一定的优惠，鼓励农民参加农业保险。待条件成熟时，可进一步将是否参加保险作为贷款发放的条件之一。这一方面有利于分散银行的信贷风险，提高银行信贷资金质量；另一方面，保险公司也可以借此扩大承保范围，实现农业保险的良性发展。

参考文献

1. 王平生：《论现阶段政策性农业保险发展可行性》，《保险研究》2005 年第 3 期。
2. 施维：《政策性农业保险：政府比农民更需要》，中金在线 2007 年 4 月 16 日。
3. 温蓓：《我国政策性农业保险的制度安排探析》，《保险研究》2006 年第 12 期。
4. 庹国柱、李军：《我国农业保险试验的矛盾及出路》，《首都经济贸易大学学报》2003 年第 4 期。
5. 常兴华：《我国农业保险需要国家政策扶持》，《中央财经大学学报》2007 年第 5 期。
6. 楚汴英：《我国农业保险现状与农业保险制度供给》，《河南财政税务高等专科学校学报》2006 年第 6 期。
7. 高彦彬：《农业保险市场失灵的经济学分析》，《金融与保险》2007 年第 2 期。
8. 张东风、傅强：《发展农业保险服务社会主义新农村建设》，《保险研究》2007 年第 11 期。
9. 田贺丰、许尚伟：《国外农业保险发展经验对我国的启示》，《金融理论与实践》2007 年第 10 期。
10. 刘红、高海：《农业保险经营原则之立法探讨》，《北方经贸》2006 年第 1 期。

注：本文曾在以下纸媒发表：《中国信息报》答记者问：《农业保险是现代农业发展的重要保障》。

曾在以下网站发布与转载：中国选举与治理 2008 年 3 月 12 日；北京大学天益学术网 2008 年 3 月 12 日；中国农村研究网 2008 年 3 月 13 日；中国论文下载中心 2008 年 3 月 13 日；中国社会科学院农村发展研究所网 2008 年 3 月 14 日；酷文网—论文范文网 2008 年 3 月 14 日；论文我行 2008 年 3 月 14 日；中国三农研究中心 2008 年 3 月 14 日；大旗网 2008 年 3 月 16 日；庞智网 2008 年 3 月 18 日；IT 粉丝网—范文教室 2008 年 3 月 23 日；牡丹江大学生联盟 2008 年 3 月 30 日；点滴论文 2008 年 3 月 31 日；论文下载网 2008 年 4 月 15 日；久久爱国网 2008 年 4 月 18 日；论文阅读网 2008 年 4 月 22 日；金融网 2008 年 4 月 25 日；中国三农研究中心 2008 年 5 月 1 日；中国农村研究网 2008 年 5

月4日；FTA自由贸易区2008年5月4日；中国改革论坛2008年5月5日；三农中国2008年5月6日；建阳市农业信息网2008年5月6日；中国乡村发现2008年5月7日；中国农户网2008年5月9日；无忧免费论文网2008年6月1日；中国发展经济学网2008年6月6日；中国论文联盟2008年6月25日；中国食品产业网2008年6月30日；糖酒快讯2008年6月30日；中国金融网2008年7月8日；农业信息网2008年10月28日；国研网2008年7月1日；中国兽医网2008年7月4日；西部资料网2008年7月28日；速当下载2008年11月29日；医疗保险概论论文2008年12月12日。

第十一章

国际经验借鉴

第一节 我们向美国农村金融学习些什么

美国不但是世界上经济最发达的国家,而且也是经济理论研究远远领先的国家。美国的金融,虽然也不乏缺陷、漏洞与危机,最近美国金融危机就是证明,但是从总体上看,作为成熟的金融总有应对的方略。对此,大家都没有异议。

美国的农业金融机构在20世纪初才开始建立。经过几十年的发展,已经形成了比较完备的农业金融体系。这一世界上最完备的体系,主要由政府农业信贷机构、农场主合作金融的农业信贷系统、商业金融机构及私人信贷组成。这些金融机构分工协作,互相配合,共同为美国农业的发展提供资金支持及其他服务。至目前,美国农业金融无论从体系完善、服务周到、贷款方便、风险防范等来看,还是理论研究、机制创新等来看,以及对外援助等,都做得比较出色,不仅推进了农业生产的集约化、社会化,提高了农工商一体化的程度,而且还提高了农业劳动生产率,促进了农产品的流通,加速了农业市场化进程。

在中国农村金融刚刚开始重建的关键时刻,学习与借鉴美国农村金融经验,可以收到提高起点、少走弯路之功效,因而是非常必要的。

一、学习美国农村金融成熟的理论创新

美国农村金融的理论很多,许多具有创新意义,而对中国影响最大的,当属农村金融抑制理论。

金融抑制是由美国经济学家麦金农和 E. S. 肖提出的。20世纪70年代,麦金农和 E. S. 肖提出了具有开创性的观点——发展中国家的贫困,不仅在于资本稀缺,更重要的是资本利用效率低下,抑制了经济增长,而政府政策过度干预导致金融体系的抑制和非效率。具体来讲,"金融抑制"是指中央银行或货币管理当局对各种金融机构的市场准入、市场经营流程和市场退出,按照法律和货币政策实施严格管理,通过行政手段严格控制各金融机构设置及其资金运营的方式、方向、结构及空间布局。这一观点认为，如果政府过分干预金融市场，坚持实行管制的金融政策，不但不能有效地控制通货膨胀，而且会使金融市场特别是国内资本市场发生扭曲，利率和汇率不足以反映资本的稀缺程度，从而发生"金融抑制"现象。在金融抑制下，由于银行不能根据风险程度决定利率，其结果必然是低的实际贷款利率吸引那些低收益和低风险项目，对生产性项目或高风险项目来说，要么得不到贷款，要么借助于信贷配给，而银行只能选择安全项目，从而使风险降低。

许多美国学者认为发展中国家存在着"金融抑制"，反映为政府过分地干预金融，实行信用配给，人为地压低利率、汇率，使两者不能真实地反映资金和外汇的供求，而政府又不能有效地控制通货膨胀，结果造成金融与经济发展的恶性循环：金融制度的落后阻碍经济发展，而经济停滞或落后又制约着金融制度的发展。

金融抑制理论被引入后，很快得到了中国学界的认同与共鸣。几乎所有的学者都以此分析中国农村的金融现状，发现金融抑制不但存在，而且很严重：一是严格的市场准入。不经国家银监会批准，任何组织和个人都不准举办、创办农村金融机构，不准开展农村金融业务。二是严格的贷款指标控制。任何农村金融机构对外放贷，都必须有配发的贷款指标，只能在贷款指标之内放贷，超出者严惩不贷。三是凡存款、贷款，都必须执行人民银行规定的利率，不遵守者将受到严厉惩处。四是"一刀切"的宏观调控与管制。凡是宏观调控措施，例如存款准备金率、利率等，农村和城市并无区分，农村金融并无照顾。显然，我国执行这样严格的政策，使农村金融抑制达到了当代世界上最严厉的程度。

中国农村金融的这种抑制，已经产生了严重的结果。这种严重的结果，就是使农村金融长期处于茅于轼先生说的"衰败"、易宪容教授说的"农村金融萎缩早就是不争的事实"、党国英教授说的"几乎是一片荒芜"、李昌平先生说的"既有金融体系的崩溃"、深蓝先生说的"几乎还没有开放"、徐小青说的"农村金融改革到目前为止尚未取得突破性进展"等状态。如果再进一步具体分析，大家都可以看到如下的景象：农村金融体系尚未形成、农村金融组织太少、农村金融产品奇缺、农村金融服务水平太差，农村金融市场几乎没有竞争，单一管理模式难以满足多样化的需求，特别是农村资金的大量外流和贷款难同时存在。所有这些问题都是很严重的，其中农村资金大量外流则是一个非常严重的问题。2007年末，中国县域金融机构存款余额达到9.11万亿元人民币，全部金融机构涉农贷款余额为6.12亿元，存差近万亿元。正所谓农村资金支援城市、农业资金支援工业、西部落后地区支援东、中部发达地区。这样一来，中央要求的城市支援农村，工业支援农业，东、中部发达地区支援西部落后地区，在实际上变成了一句空话。

如何消除农村金融抑制，麦金农等人提出了"金融深化"理论，或者说"金融自由化"理论。其主要思想，就是通过改革金融制度，改变政府对金融的过度干预，放松对金融机构和金融市场的限制，增强国内的筹资功能以改变对外资的过分依赖，放松对利率和汇率的管制使之市场化，从而使利率反映资金供求，使汇率反映外汇供求，最终达到充分动员金融资源，推进经济增长的目的。总之，金融深化——金融自由化一着棋活，整个经济全盘皆活，发展中国家才能跳出金融抑制的怪圈，便会驶入经济增长的快车道。

囿于前些年我国政治生活中反对资产阶级自由化运动的后怕，学者们在介绍美国农村金融理论特别是麦金农等人的农村金融抑制理论时，往往回避他们的金融自由化理论。在此笔者觉得，麦金农等人的农村金融抑制理论和金融自由化理论，是同等重要的，金融抑制理论描述的是发展中国家农村金融的现象和问题，金融自由化理论是开出的治疗药方。应该说明的是，金融自由化理论的实质和要害，是政府放松对农村金融的严格控制，并不是我们中国反自由化那些人想象的不要控制，更不是不要管理，而要的是科学化的管理，该控制的坚决控制着，该放开的就一定不能再控制。

在我国，虽然仍然有个别坚持封闭的、极左的人，时不时地喊几声反对农村金融开放等口号外，学者们对美国学者开出的这些药方，还是赞同的，实践部门也在逐步开放。

二、学习美国农村金融的完整体系

美国有一个按照农业和农民需求合理分工的、强有力的农村金融服务体系。这个体系主要由以下方面组成：政府主导的农村政策性金融机构（政府信贷机构）、农村合作金融机构（农场主合作金融信贷系统）以及农村商业性金融机构（私营机构和个人信贷）。

有的人以为我国已经建立了农村金融体系，这主要是不了解美国的农村金融体系的缘故，很有点夜郎自大的味道。实际上，美国的农村金融体系，是非常完善的：一是银行多，如牛毛。美国现有4万多银行，小型的多。我们只几千个（含农信社），我们不缺大银行，缺的是服务中、低端客户的好的小银行。二是服务好，能上门。不像我们这里，现有的银行纷纷"下乡进城"，截至2007年末，中国逾2800多个乡（镇）没有任何金融机构，约占全国乡镇总数的7%。三是扶持弱势群体，有爱心。不像我们这里，几乎没有以弱势群体为服务对象的，现有的农行、农村信用合作社等几家金融都是"嫌贫爱富"。四是风险控制，较有成效。不像我们这里，动不动就是群体事件。

那么，美国的农村金融具体有哪些值得学习呢？

一是商业金融体系。

美国的农村金融中，商业银行约占40%。为什么美国的商业银行愿意从事农业贷款？原因是有利可图。美国联邦储备银行规定，凡农业贷款占贷款总额的25%以上的商业银行，可以在税收方面享受优惠；美国农业信贷管理局为防止商业银行出于营利目的而将农贷资金移到其他领域，联邦法律规定对部分商业银行的农贷利率提供利率补贴。

在我国，农业贷款如果有像美国那样的政策优惠，商业银行能不产生进入的积极性？！

二是政策性农村金融体系。

美国政策性农村金融机构，是根据《农业信贷法》，由美国联邦政府主导创建的，专门针对本国农业发展和农村发展提供融资的、分工合理、相互配合的政策性金融体系，这个体系由农民家计局、农村电气化管理局、商品信贷公司和小企业管理局组成。其主要功能是为农业生产和与农业生产有关的活动提供信贷资金和服务，并通过信贷活动调节农业生产规模和发展方向，贯彻实施农村金融政策，控制农业发展规模等。此外，联邦银行贷款体系、美国进出口银行、小企业管理局也分别在相应领域构建农村政策性业务的补充。

在我国，至今政策性农村金融仅有农业发展银行，业务又是单一的粮棉收购，扶贫贴息贷款又是临时性的，像美国那样完整性的政策性农村金融体系，还差得远呢！

三是农村合作金融体系。

美国的合作金融是在20世纪初经济大萧条时期由政府倡导建立的。目前，美国农村合作金融由联邦中期信用银行、合作银行、联邦土地银行及土地银行合作社三大系统组成，这三个农村合作金融机构都是在政府领导和出资扶持下，采用自上而下的方式建立起来的。

美国的农村金融中，农村信用合作系统占31%。美国以法律形式规定对信用社的优惠政策，大的方面有四个：（1）免征各种税负；（2）建立信用社存款保险；（3）信用社不交存款准备金；（4）信用社可以参照市场利率自主决定存贷款利率。

在我国，至今合作金融仅有农村信用合作社一家，而且农村信用合作社的改革任务还很艰巨。至于近年来试点的村镇银行、小额贷款公司、农村资金互助社等，仍然是试点阶段，什么时候能推广，还是一个未知数。

四是农业保险体系。

至目前，我国的农业保险的开展，少得几乎可以忽略不计，商业保险前些年有一点，后来停了，政策性保险据说还在试点。

而美国农业保险早已建立，并完善，在支持农业发展方面发挥着重要作用。2004年，美国从事农业保险的保险企业共收到保费为41.9亿美元，承保面积2.21亿英亩，赔偿责任金额446.2亿美元，其中，政府对农业保险的补贴达到24.8亿美元，占美国农业增加值的1%以上。

现行的美国农业保险完全由商业保险公司经营和代理，当然，商业保险公司会得到政府在经营管理费和保险费补贴等方面的有力支持。美国农作物保险的运行主要分三个层次：第一层为联邦农作物保险公司（风险管理局），主要负责全国性险种条款的制定、风险的控制、向私营保险公司提供再保险支持等；第二层为有经营农险资格的私营保险公司，它们与风险管理局签订协议，并承诺执行风险管理局的各项规定；第三层是农作物保险的代理人和查勘核损人，美国农作物保险主要通过代理人销售，它们负责具体业务的实施。

美国联邦农作物保险公司从1996年后，逐步退出了农作物保险直接业务的经营，将其交给私营公司经营或代理，联邦农作物保险公司只负责制定规则，履行稽核和监督职能，并投资再保险。私营保险公司一般乐意承担农作物保险业务，因为它们开展农作物保险，一般会得到政府提供保费补贴、费用补贴以及其他方面的支持。保险代理人分为独立代理人和私营公司自设的代理人。前者可为多家公司代理业务，而后者只为一家公司服务。查勘核损人负责农业保险的查勘核损工作，跟代理人一样，也是既有独立的查勘核损人，也有私营保险公司的职员，他们都需要经过培训、考试取得资格后才能从业。

对比美国的农村金融体系，中国的农村金融的确是差得远呢！

三、学习美国农村金融的管理体系

（一）制定、执行和监督政策的机关要分开

美国农业信贷系统的全部方针政策，由该系统的一个兼职的联邦农业信贷委员会负责（1985年以后是由总统指定的三人董事会）。在全国的12个农业信贷区各设有一个农业信贷委员会，根据联邦农业信贷委员会制定的方针政策，结合本区实际情况制定具体的方针政策，而执行政策、监督政策另有机构负责。这种政策的制定、执行和监督的机构分设的做法，好处是大大的多呀！

综观我国的农业信贷政策，并不是像美国这样的制定、执行和监督的机构分设的做法，而是由银监会作为方针政策的制定者，又是方针政策的执行主体，更是方针政策的监督主体、评估主体，省以下都没有结合本省、市、区实际情况制定具体的方针政策的权力。这显然与现代科学管理的理论相违背。

（二）"双线多头"的管理体系

美国的金融机构注册管理，执行的是"双线多头"的管理体系。所谓"双线"是指美国联邦和州级政府当局都有权分别接受银行注册登记并对注册银行机构进行管理监督。在州注册登记的银行为州银行，由州有关机构对其进行监督管理。在联邦注册的银行为国民银行，由联邦级有关机构对其进行监督管理。所谓"多头"是指金融管理由若干个机构实施，每个州都有银行立法和银行监督管理机构；联邦级共有八个银行监督管理机构，多家机构共同对金融机构行使监督管理职能。其中主要有财政部通货监理局、联邦储备体系和联邦存款保险公司。通货监理局负责对国民银行实施监督和管理；联邦储备体系是美国中央银行，它由联邦储备委员会、联邦公开市场委员会和12个联邦储备银行组成。它对参加联邦储备体系的成员银行实施管理和监督。联邦储备体系是依据《联邦储备法》成立的，根据《联邦储备法》把全国划分为12个联邦储备区，每个区在指定的城市设立一个联邦储备银行，有的还设有若干分行。它与其他西方国家央行在职能上无大差异，主要是发行货币，代理国库，监督管理会员银行，制定实施货币政策和金融法规，维护金融体系健康与稳定。根据联邦储备法规定，凡是根据联邦法律而向联邦注册的银行必须参加该体系，成为其成员银行。根据州法向各州当局注册的银行，自愿申请加入该体系。联邦储备体系运用存款准备率、贴现率和公开市场业务等政策工具，对国民经济进行调节和控制。

美国农业信贷管理局管理监督美国农业信贷机构，具体执行农业信贷政策和全面协调。政府农贷机构直属于美国农业部，这种组织制度较好地保证了农村资金用于农村和农业，并根据不同阶段农业的不同发展目标，调节农业信贷方向和规模。再看我国的国家农业部，却没有这样的职权，也就不能像美国那样保证农村资金用于农村和农业，并根据不同阶段农业的不同发展目标，调节农业信贷方向和规模。

（三）以完备的法律体系作保证

美国的法律体系健全、执法严格、不受党派等人干预、经得起历史的检验等，是世界公认的。美国农村金融的法律体系，既有专门的法律，比如《联邦农业贷款案》、《农业信用法案》等，更多的是融合到其他的相关法律体系中，从而使农村金融运作有章可循、有法可依，避免了行政干预和领导人更换等造成的不规范、不合理现象。

美国农村金融法律最值得我们借鉴的，笔者以为当属农村资金相对独立运作，防止农村资金流出农村。美国为规范农业信贷，按照农作物生产把全国划分为 12 个农业信贷区，各农业信贷区内设立农贷专业银行，在农业信贷管理局的监督管理下独立经营，从而有效地保证了农村信贷相对独立性。同时为了防止商业银行可能将农贷资金转移到其他领域的问题，联邦法律规定对部分银行的农业贷款利率提供利率补贴，制定农贷利率的有关标准，减缓了农贷资金转移的局面。

我国农村金融大量支援城市的事实，大家都看到了，但是如何解决，至今没有一个有效办法。美国农村金融在解决类似问题时，既从法律条文上严禁，又在法律上规定给予农业贷款利率提供利率补贴，这很值得我们在探索中参考借鉴。

四、学习美国农村金融的国际主义精神

美国农村金融的国际主义精神，主要表现在输出先进的理念和工作方法、不带附加条件的资金援助。对此观点，"左"派学者、民粹主义者和冷战分子肯定不同意，他们肯定抱着传统的对外资本输出是侵略、是渗透等老调，把美国看做是一成不变的帝国主义。

在此，笔者并不想评述"左"派学者、民粹主义者和冷战分子的观点，而是仅从笔者知道的美国花旗银行及其乡村基金会对中国的援助，说说看法。花旗集团（Citigroup）是当今世界资产规模最大、利润最多、全球连锁性最高、业务门类最齐全的金融服务集团，在全世界 100 多个国家为超过两亿的个人、企业、政府与机构客户提供服务。在开展城市业务的同时，花旗银行还是世界小额信贷的最大捐款人。如花旗基金会捐款 5000 万美元，通过花旗银行网络，为很多国家小额信贷提供本地货币直接贷款或市场融资。如依据孟加拉国贷款证券法，花旗和荷兰的金融发展公司，帮助孟加拉的 IRC 开发 1800 万美元小额信贷项目，使 120 万贫困家庭得到金融服务。又如印度花旗银行利用高科技技术使小额信贷客户得到银行的服务；另外，通过印度职业女性论坛组织合作，花旗为 3500 名职业女性论坛组织者提供 5000 元的贷款，帮助开发创新产品和分销机构，为小额信贷企业家买保险产品。目前，花旗在亚洲、非洲、拉丁美洲，为上百万小额信贷客户提供着服务。

花旗集团在中国的历史可追溯至 1902 年 5 月，是首家在中国开业的美国银行。如今，花旗银行已是中国顶尖外资银行，分别在北京、上海浦东、广州、深圳和天津、成都设立分行。现把花旗援华的农村发展主要项目，描述如下：

一是资助教育、金融教育等。自 1993 年以来，花旗集团一直支持中国的高等教育，在中国主要大学设立"花旗银行奖学金和奖教金"，致力于培养中国未来的金融业专业人才。成立"复旦—花旗管理研究中心"，提供网络远程教学的必要设施，聘用海内外教授任"花旗座教授"。

二是资助在中国进行小额信贷试验。2001 年，花旗基金会捐赠 130 万美元，通过孟加拉乡村托拉斯（Grameen Trust），并由中国社会科学院农村发展研究所、商务部经济技术交流中心、中国妇联等实施小额信贷，帮助中国中、西部地区的贫困妇女脱贫。

三是输出管理经验。小额信贷发展除了投资也离不开合理的管理。为推动小额信贷机构能力建设，提高效率，改善服务，花旗基金会在 2004 年捐赠 150 万美元，支持在中国社会科学院农村发展研究所，建立中国小额信贷培训中心，对中国的小额信贷机构，进行小额信贷经营、财务等培训。

四是资助建立中国全国小额信贷发展网络。花旗基金会出资，支持中国社会科学院农村发展研究所、商务部经济技术交流中心、中国妇联发起组建中国小额信贷促进发展网络。网络的宗旨是：通过为会员机构提供服务和支持，提高小额信贷机构的覆盖面和可持续性以及行业的整体能力和水平，为没有充分享受金融服务的群体（特别是贫困和低收入人口）提供普惠金融服务，促进和谐社会建设。

五是资助在中国评选微型创业奖活动。为配合 2005 年联合国小额信贷年，花旗基金会捐赠 10 万美元，2006 年增加捐赠为 20 万美元，在中国和联合国共同启动微型创业奖活动，并已成为年度活动。花旗希望通过该活动，向世人展示弱势群体不是社会的负担，只要给予他们适当帮助，他们也是社会经济的贡献者。同时，花旗还在人民中进行金融教育，让政府机构、金融机构、非营利机构和各种促进社会发展组织，汇集在一起探讨如何普及和提高公众，尤其穷人的金融知识，普及小额信贷是帮助弱势群体改变地位的强有力的工具的观念。

六是资助中国召开国际性学术研讨会。这些研讨会的召开，无疑为学者们提供了一个学术交流的平台。2006 年 3 月 21 日—24 日，笔者曾应邀参加由花旗银行、福特基金、UNDP 等资助，穷人银行网络和孟加拉社会进步协会主办，中国小额信贷促进会、中国人民银行金融研究所和商务部国际经济技术交流中心承办的"亚洲小额信贷论坛"。在笔者受大会委托主持的一节大会发言讨论中，花旗乡村基金会某负责人气喘吁吁地要求发言，声明他刚刚从机场来，因为他乘坐的飞机在汉城转机时遇到麻烦，很对不起大家，因为来自亚洲国家的专家学者还等着他给报销飞机票呢！令大家很是感动。

　　写到这里，笔者突然觉得很是遗憾。中国的银行，例如中国农业银行、工商银行、建设银行、中国银行等四个国有特大型银行，也在号称世界排名第几，但是从不见它们像花旗这样，慷慨解囊资助与农村发展有关的学术交流、培训等活动。更使笔者迷惘的是，只见它们争先恐后地从县、乡撤退回城，远离农村，而不见它们像花旗那样主动为农村金融服务。它们怎么就不向美国花旗学学呢？！

参考文献

1. 康书生、鲍静海、李巧：《外国农业发展的金融支持经验及启示》，中国论文下载中心 2006 年 8 月 17 日。
2. 张扬：《美国农村金融体系构建的经验及其启示》，中国农村研究网 2008 年 7 月 29 日。
3. 陈柳钦：《金融自由化在发展中国家的实践及中国的金融开放》，论文网 2005 年 11 月 14 日。
4. 严太华、沈韦林：《我国农村金融改革的国际借鉴》，财经视线 2007 年第 15 期。

　　注：本文曾在以下网站发表：天益网 2008 年 9 月 23 日；中国选举与治理网 2008 年 9 月 24 日；中国改革论坛 2009 年 9 月 24 日；中国乡村发现 2008 年 9 月 24 日；中国新农村建设网 2008 年 9 月 24 日；学说连线网 2008 年 9 月 26 日；中国农经信息网 2008 年 9 月 28 日；伯君视界 2009 年 10 月 5 日；价值中国网 2008 年 10 月 21 日；新闻搜索系统 2008 年 10 月 21 日；中国共产党新闻网 2009 年 10 月 24 日；中国领导干部学习网 2008 年 11 月 3 日；中国社会问题研究院 2008 年 11 月 3 日；中国农村研究网 2008 年 11 月 22 日；温州农村经济网 2008 年 11 月 24 日；剑宏评论网 2008 年 12 月 7 日；中国决策咨询网 2008 年 12 月 9 日；学说连线网 2008 年 12 月 16 日；剑宏评论网 2009 年 1 月 27 日。

第二节　印度的农村金融体系值得中国学习的有哪些

　　印度是中国邻邦，与中国同是发展中的大国，各有优势与劣势。但是，由于儒家思想等影响，中国人特别是学者以及主流媒体总有一种高出印度一头的优越感，表现在对人家的优势、长处、经验往往视而不见，总拿自己好的与人家的缺点相比。这显然是弱国阿 Q 精神的遗风。

　　其实，印度的农村金融体系优势、长处、经验很多，许多都是中国所不具备、不具有的，很值得中国人老老实实地学习、借鉴。2006 年，银监会为借鉴印度农村金融改革发展经验，加快推进我国农村金融改革，改善农村金融服务，着力解决"农村金融服务不到位，农村金融竞争不充分"问题，切实提高我国银行业金融机构对新农村建设的支持水平，曾派团对印度农村金融服务及发展情况进行了深入考察。两年多过去了，不见他们在学习印度农村金融中有什么新的举动出来。

一、覆盖率很高的农村金融服务网点

印度的农村金融，可以毫不夸张地说，已经形成了一个比较完整、比较完善的体系，而不像中国至今尚未形成体系，即使勉强称得上所谓的体系，那也是残缺不全的。

印度的农村金融形成了一个完整体系的重要标志，一是体系中印度储备银行（央行）、印度商业银行、农业信贷协会、地区农村银行、土地发展银行、国家农业和农村开发银行、存款保险和信贷保险公司等，具有鲜明的多层次性，各金融机构之间既分工明确，又相互合作。二是网点多，覆盖率高。截至2005年3月末，印度银行业在农村的机构网点达到15.3万个，平均每万名农村人口服务网点数2个，而同期中国平均每万名农村人口服务网点数仅为0.36个。经过一系列的变迁，印度农民有了更多从正式金融机构获得资金的渠道。1986年的一份印度农村信贷调查的数据表明，在所有被调查的农民中，只有2.9%的农民由于当地缺乏银行分支机构而没能获得正式渠道的贷款支持，而同期中国农户中有70%—80%的农民没能获得正式渠道的贷款支持。

中国的农村金融网点少，就连中国人民银行前不久发布的《中国农村金融服务报告》也没有隐瞒。在此不妨让我们原文照录如下："近年来，在市场化改革过程中，四家大型商业银行的网点陆续从县域撤并，从业人员逐渐精简，部分农村金融机构也将信贷业务转向城市，致使部分农村地区出现了金融服务空白。2007年末，全国县域金融机构的网点数为12.4万个，比2004年减少9811个。县域四家大型商业银行机构的网点数为2.6万个，比2004年减少6743个；金融从业人员43.8万人，比2004年减少3.8万人。其中农业银行县域网点数为1.31万个，比2004年减少3784个，占县域金融机构网点数的比重为10.6%，比2004年下降了2个百分点。在四家大型商业银行收缩县域营业网点的同时，其他县域金融机构的网点也在减少。2007年末，农村信用社县域网点数为5.2万个，分别比2004年、2005年和2006年减少9087个、4351个和487个。2004—2006年，除四家大型商业银行以外的县域金融机构网点数年均下降3.7%，其中经济发达的东部地区县域金融机构网点数年均下降9.29%。由于县域金融机构网点和从业人员的减少，县域经济获得的金融服务力度不足。县域企业金融覆盖水平近年来虽有提高，但总体水平仍然较低。截至2007年末，全国有2868个乡（镇）没有任何金融机构，约占全国乡镇总数的7%。与此同时，一些农村信用社在改革过程中热衷于推动以省、市为单位组建农村信用社法人，试图取消县一级农村信用社的法人地位。"

那么，中国的农村金融为什么不在农村多建一些网点呢？原因当然很多，最重要的，是在指导思想和方针上，认为农村金融需求不足，不需要那么多的网点，因而四大国有银行纷纷从县乡撤并网点，而"下乡进城"。认为农村金融需求不足，其实这是睁着眼睛说瞎话。在笔者看来，中国农村农民的金融需求非常大、非常旺盛。我们只要从三百多个国际组织援助中国的农村小额信贷项目区反映出的贫困户的嗷嗷叫借贷需求，便可证明。

问题在于，农村特别是贫困地区农村，农民有嗷嗷叫的借贷需求，但是我们的有关部门和国有银行、二国有的农村信用合作社不但视而不见，反而还讲假话说农村农民没有大的借贷需求，原因在哪里呢？笔者想，除了他们的道德品质有问题外，还在于以下几点：一是农村金融具有农户分散、每次贷款额度小、成本高、营利少的特点，商业银行从自己的营利出发，当然不大愿意做；二是在我国现有的国情下，中央要求大力发展农村金融（例如从2004年起的每年的一号文件中都可以找到叙述），而有关部门、有关单位又不能反对，只好寻找点理由来搪塞，把农民嗷嗷叫的借贷需求说成是没有需求，或者说需求小；三是更为恶劣的是，有的人还诬蔑说农民不愿意借贷、不会使用借贷。300多个国际组织援助中国的农村小额信贷项目90%以上的项目成功率和95%的还款率，不但证明了农民特别是穷人愿意借贷、会使用借贷，而且金融信誉度很高。对于农民特别是穷人很高的金融信誉度，就连温家宝总理也都曾给予了高度评价。

二、成立支持农村弱势群体的地区农村银行体系

至今，中国尚没有一家专门针对农村弱势群体的银行，因而农村中的贫困农户和农村小手工业者、小商贩等，无法获得金融贷款支持。至于20世纪80年代中期大规模扶贫以来的扶贫贴息贷款，在"公司+贫困户"、"大户+贫困户"的指导思想下，贫困户参与的不多，早已异化为贫困地区的相对富裕农户的专利信贷。在此，笔者并不反对向贫困地区的相对富裕的人贷款，因为他们的确也很需要贷款，他们的贷款需求在现有农村金融下也不能满足。笔者强调的是，我们忘记了、忽视了农村弱势群体即贫困户的贷款需求，至今仍然没有得到满足。令人欣慰的是，至今仍然存在的300多家国际组织援助的小额信贷项目，仍然在对贫困户贷款，但是这些国际组织援助

的小额信贷都是以项目的名义出现的，并没有得到中国主管金融的官方认可，更没有登记注册，带有一定的临时性和"非法"色彩。

在印度，政府认为有必要建立一个专门针对农村贫苦农民业务的银行网络体系，于是在1975年成立了地区农村银行，共有196家，11944个农村网点。地区农村银行的经营目的是"满足农村地区到目前为止受到忽视的那部分人的专门需要"。地区农村银行的营业机构主要建立在农村信贷机构薄弱的地区，贷款对象主要是小农、无地农民和农村小手工业者等贫穷农民，还给贫苦农民提供维持生活的消费贷款，贷款利率一般低于当地农业信用合作机构。每个地区农村银行均由一家商业银行主办，核准资本1000万卢比，中央政府、邦政府和主办银行分别认缴50%、35%和15%，还可通过发行债券筹措资金。

印度农村银行不按商业原则经营，只在一个邦的特定区域内开展活动，有特定的贷款对象，贷款利率不高于当地农业信用合作机构。地区农村银行大量机构的设立，大大提高了印度农村地区金融机构的覆盖率。正是由于政府的直接支持，即使在业绩不太好的情况下，这些地区农村银行仍得以维持它们在农村信贷体系中的地位。

三、农村金融合作社的管理不在中央而在邦政府

在我国，由于长期以来计划经济的影响，包括农村金融在内的金融管理，一直是集中于中央，具体由人民银行来管，银监会成立后，具体制定政策、审批、监督等，则由银监会大权独揽。近几年来，由于农村金融中农村信用合作社坏账太多，中央财政实在背不起沉重的包袱，才不得不把农村信用合作社交由各省、市、区管理。而各省、市、区接手农村信用合作社管理后，不是在规划、政策、法规、服务、监管等方面下工夫，而是热衷于建立省市区联社，省、市、区一级法人。这也就是说，该做的不去做，不该做的抢着做。究其原因，无非是建省、市、区一级法人，就有了人权、财权。因为毕竟有了人权可以安排自己的人，有了财权用着方便，还可以谋取私利。

对此，我们可以看看印度。早在1919年，印度的农村信用合作社的管理就开始转移至邦政府。邦政府可以自行制定合作社法案。1955年，印度许多邦引入了"邦合作"的概念，将合作社置于政府干预之下。在当时印度计划经济的意识形态下，更多的管理权力被赋予邦政府。如总经理的任命、选举产生的董事的停职、强制性的合作银行的分立与合并、银行经营决策的投票权、决议的签发、监督等等。邦合作金融管理机构负责合作社的登记、牌照发放、检查、审计等。邦甚至参与到合作机构的所有权中，直至最基层的合作银行。当然，权力到的地方越多、权力越大，问题也就越多，主

要是官僚主义、政府管制与贷款分配完全取代了自我管理、自我依靠的合作精神。

四、准许银行贷款给自助团体，再由自助团体贷给村民

面对广大农村农户居住分散、缺少抵押品的现实，中国农村金融的做法是减少贷款的数额。到2001年，中国央行推行信用村，即经宣传教育、评估，确定一些村为信用村，农村金融机构可以放心地对信用村的农户放贷，但是仍没有解决农户贷款需要抵押品的问题。而穷人没有抵押品，仍然不能获得贷款。

应当说，广大农村农户居住分散、缺少贷款抵押品，这是世界通例，印度也不例外。1992年，印度国家农业和农村开发银行宣布了一项与自助团体（Self Help Groups，SHGs）合作的银行联系计划。国家农业和农村开发银行通过其员工和合作伙伴（亦称互助促进机构，如基层商业银行，信用社、农户合作组织、NGO、准政府机构等），对由若干名农户组成的农户自助团体进行社会动员和建组培训，自助团体内部先进行储蓄和贷款活动，国家农业和农村开发银行验收后直接或通过基层商业银行间接向自助团体发放贷款。国家农业和农村开发银行对提供社会中介和金融中介服务的合作伙伴提供能力建设和员工培训支持，并对基层商业银行提供的小额贷款提供再贷款支持。印度农业和农村发展银行与非正规农户自助团体的结合，体现了正规金融机构加农户自助团体模式的特征。

印度的经验确实是个创举。成立农户贷款自助团体，由农户贷款自助团体向商业银行贷款，再转贷给农户，从而使商业银行面对的是团体，这就有效地分散了风险。印度储备银行（央行）准许银行贷款给自助团体，自助团体也可接受其成员的存款。印度储备银行还解除了对农户贷款自助团体的利率限制。参加银行及非政府组织对自助团体的贷款利率为年利率5.5%，自助团体对最终用户的贷款利率则为月利率2%（年利率24%），低于民间的3%—4%的月利率。利息差价收入充作自助团体的还款基金。自助团体提高了农村储蓄，降低交易成本达40%，还款率高达97%。试点阶段，参加的自助团体从1992/1993年度的225个，增加到1993/1994年度的620个；到1994/1995年度的2112个；全国铺开后，到1995/1996年度的4757个；到1996/1997年度的8598个。

由于印度很多非政府机构大力推广这种自助团体，这项方案迄今为止实施得较为成功。Puhazhendhi（1995）在总结印度小额信贷机构采用团体贷款模式的优点时指出，团体贷款模式一个重要特征是采用团体担保代替抵押，用来自团体内其他成员的同等压力作为激励还贷的因素；团体贷款模式的另

一个优点是可以减少一些机构交易成本，通过把筛选和监控的成本转移到团体身上，一个小额信贷机构能够服务大量的客户。

但组建自助团体是件困难和高成本的事，需要以很大的努力去找到有共同利益诉求的人，并且要花精力培训他们。孟加拉国乡村银行的经验告诉我们，该银行曾组建15个自助团体，其中的6个已经结束营业；基本上没有银行职员有过组建自助团体的实践经验，他们关于组建的理念和方法完全来自于总部发布的文件以及在总部的定期研讨。就这个意义上来看，印度通过组建农户贷款自助团体，确实是一个创举。

笔者常想，如果中国推广印度农户贷款自助团体的经验，一方面将可以解决农村金融机构的放贷成本高的问题、风险大的问题，而且还可以解决中国人口多、就业难的问题，真是一举多得的大好事呀！对此，有关部门再也找不出反对的理由吧！

五、印度专对穷人的小额信贷一路顺风，不像中国处处受掣

发源于孟加拉国的格拉米乡村银行（Grameen Bank）的小额信贷（或微额信贷、微型信贷）到村到户 GB 模式，被世界公认是扶贫到户的最有效模式。所谓微额信贷（Microfinance），一般指通过向低收入客户、个体经营者提供金融服务（主要是信贷、储蓄服务，也包括保险、支付服务等）和社会服务等，借以帮助贫困者增加收入、摆脱贫困的活动，具有金融含义和社会含义双重属性。

后来，GB 模式被很快推广应用到许多发展中国家。中国是 1993 年后由中国社会科学院农村发展研究所杜晓山等人，从孟加拉国直接引入的，先后在六个省的六个县试验，获得了成功。后来，联合国开发计划署（UNDP）、世界银行等国际组织陆续在全国资助了三百多个小额信贷项目，也获得了成功。在杜晓山等人引入 GB 模式稍后，中国云南省、陕西省、四川省等地方政府也引入 GB 模式试验，被称为政府主导性小额信贷。遗憾的是，1990 年代末，在所谓"规范小额信贷"的名义下，把小额信贷中专门针对贫困户的小额度变成大额度，把高利率变成低利率、把分期还贷变成一次性还贷，如此等等，也就变成了地地道道的传统的农村信贷，扶贫的意义也就消失了。而且，更加令人不能理解的，是在长达二十几年里，有关部门至今不承认国际组织陆续在全国资助了三百多个小额信贷项目，不给登记注册，更不给贷款指标支持，拟有任其自生自灭之势。

然而，印度却不是这样。孟加拉国小额信贷传入印度后，印度政府和社会各界高度重视，想方设法帮助发展。世界上最大的微额信贷体系是印度政府通过其一系列扶贫计划构建的，其中最为显著的是农村综合发展计划

(Integrated Rural Development Programme，IRDP)。最近十几年，互助合作团体法案的颁布促进了互助合作团体的发展，微额信贷正通过银行——自助团体联系计划，在政府及非政府组织的大力推动下迅速发展。

印度微额信贷比较成功的例子是 GB 模式。这种模式的信贷到村到户，贷放金额小，平均每笔 65 美元，还贷率高。主要的经验有两条：第一条是联户担保。在向穷人贷款时，不要财产担保，而是贷款者结成五人小组，互为担保，一人遇到困难不能还款，其他四人要代为偿还。这既保证穷人可以借到钱，又保证了银行资金的安全，保证了高还款率。第二条是组织培训。在向穷人特别是贫困妇女提供贷款的同时，也提供一定的技术培训，为穷人提供发展的机会。

印度政府一直在鼓励发展小额信贷，并将其作为对"农村综合发展项目"（IRDP）类型的扶贫项目的一种替代，因为小额信贷活动的特点和优点是可持续性。印度财政部已经在国家预算中增加对小额信贷机构的投入。印度储备银行在 1999 年 4 月宣布的信贷政策中专门提到鼓励发展小额信贷，而且现已建立小额信贷业务部门。国家农业和农村发展银行建立了小额信贷改革部，计划到 2008 年使 2000 万贫困家庭或全国贫困群体的 1/3 获得小额信贷服务。目前，印度每年小额信贷的资金额达到 150 亿卢比（1 美元约合 43 卢比），全国有 560 多家商业合作银行的 3.5 万家分支机构参与了小额信贷业务，2200 万个贫困家庭从中受益。

印度与国际规范接轨的非政府小额信贷机构和中国的类似项目起步的时间大体都在 20 世纪 90 年代初，然而到目前为止，印度的规模和发展水平从总体上，已超过中国的项目。中国借贷户超过万户的民营或半民营项目不超过三四家，而且资产质量并不十分理想。而印度的 Share Microfin 公司、ASA 等都在 5 万户以上。它们的基本经验是，政府政策环境的支持，允许注册为金融公司或小额信贷机构；资金融通方面的便利，可获得金融机构的融资；内部业务水平和管理机制的提升，有效地运作金融资产。

六、以立法和行政手段提升机构覆盖面和信贷投放水平

由于长期以阶级斗争为纲、无产阶级专政下继续革命等错误理论和行动的影响，包括农村金融在内的我国法律理论建设滞后；又由于政治体制改革的难度，特别是我国人大代表素质有待提高等，很少有独立提出法律文本建议者，也就不能不由有关部门自己起草法律、自己把自己封为执法主体、自己监督自己的荒唐现象。由此来看，我国农村金融法律的不健全，也就不难理解了。

然而，印度的农村金融法律却是比较健全与完善。为确保农村金融服务

的覆盖面，印度在《印度储备银行法案》、《银行国有化法案》、《地区农村银行法案》、《国家农业农村发展银行法案》等有关法律中，都对金融机构在农村金融地区设立机构网点提出了一定要求。如《银行国有化法案》明确规定，商业银行必须在农村地区设立一定数量的分支机构，将其放款的一定比例用于支持农业和农村发展。《地区农村银行法案》规定地区农村银行营业机构要设立在农村信贷服务薄弱的地区。印度储备银行规定，商业银行在城市开设一家分支机构，必须同时在边远地区开设2—3家分支机构。

同时，为确保农村地区的信贷投放，印度储备银行确定了"优先发展行业贷款"制度，要求商业银行必须将全部贷款的40%投向包括农业、中小企业、出口等国家优先发展行业，其中贷款的18%必须投向农业及农业相关产业。如果达不到规定比例，差额部分的资金以低于市场利率的资金价格存放到国家农业农村发展银行，由国家农业农村发展银行对地区农村银行和邦农村合作银行进行再融资，也可以购买印度农业农村发展银行的债券。

健全的农村金融体系还包括完善的农业保险。众所周知，中国的农业保险非常落后，可以说是刚刚开始考虑。而印度的农业保险却比较健全和完善，形成了完整的体系。在这一体系中，由国家设立农业（政策性）保险公司，专为农作物生产、经营、加工等提供保险，农民无论是否拥有土地或是否负债，都可以申请加入农业保险。农业保险的普遍开展，降低了农村地区信贷风险，对鼓励和促进金融机构参与农村金融市场发挥了积极作用。

除了直接为农村提供金融支持的金融机构外，印度还建立了相对完善的监管、保险和间接支持体系，为农村金融市场的高效运作打下了坚实的基础。1982年，印度的国家农业和农村开发银行正式成立，这一银行的主要职能是为信用合作机构、地区农村银行以及从事农村信贷工作的商业银行提供再融资服务。而在中国，至今还没有一家这样的银行，也没有听说有组建这样的银行的规划。笔者不禁要问，为什么就不向印度学呢？！

由于农村信贷的高风险性，因此，为了鼓励和促进金融机构参与农村金融市场，印度还建立了存款保险和信贷保险公司。该公司为由正规金融机构提供的农村贷款提供保险。

七、为农民提供创业资本

在当代社会，包括农民在内的社会成员要过体面的生活，就必须有较高的收入，而较高的收入就包括一定的财产性收入。中共十七大报告在国内首次提出"创造条件让更多群众拥有财产性收入"，是一个突破性的进步。据专家研究，"财产性收入"一般是指家庭拥有的动产（如银行存款、有价证券等）、不动产（如房屋、车辆、土地、收藏品等）所获得的收入。它包括出让财产使用权所获得的利息、租金、专利收入等；财产营运所获得的红利收入、财产增值收益等。但是，由于左的意识形态的影响，不少人动不动就挥舞起反对私有化等大棒，反对中央定的"赋予农民长期而有保障的土地经营权"，吹嘘早已破产的"集体化"，从而使我国农民土地的权力还处于残缺不全的状态，农民贷款而获得增值收益还处于缺少支持困境。

然而，印度农民比中国农民幸运些！在印度，政府和农村金融机构都为农民提供创业资本。印度政府积极鼓励农民自主创业，对农民提出的创业要求由政府无偿提供25%的原始资本，商业银行提供75%的配套贷款；对创业贷款形成的损失，政府还给予一定补偿。印度各金融机构都对农户简化和放宽贷款条件。对农户的农作物贷款或小额贷款，采用信用贷款形式发放；对信用农户短期贷款需求，通过核定、调整信用卡透支额度的方式解决；根据合理需要确定贷款期限，遇有自然灾害，贷款可以连续展期两次。

印度各金融机构还对农户提供信息咨询和技术培训。银行在农村机构网点中，招收一部分农业技术专家，专门为农户和小企业生产与经营提供农业技术和市场开发服务，为农户、小企业提供必要的免费或低收费培训，以降低信贷风险，提高农民收入，让农民知道怎样更有效地利用金融资源。遗憾的是，至今笔者还没有发现中国的农业银行、农村信用合作社，像印度的农村金融机构那样为农民提供必要的免费或低收费培训的，是不是应该向人家虚心学习一下呢？！

参考文献

1. 朱超：《印度农村建设中的金融支持及对中国的启示》，《金融与保险》2006年第11期。

2. 白广玉：《印度农村金融体系和运行绩效评介》，《农业经济问题》2005年第11期。

3. 中国银监会赴印度农村金融服务考察团臧景范、湛东升（中农办）、王晓光、安宁、潘光伟、刘晓勇、朱秀杰、何璇：《印度农村金融改革发展的经验与启示》，中国金融网2007年1月19日。

4. 杜晓山：《印度小额信贷经验给我们的启示》，中国社会组织网2008年7月8日。

注：本文曾在以下网站发布或转载：中国选举与治理网2008年10月2日；中国改革论坛2008年10月3日；中国农村研究网2008年10月4日；中国乡村发现网2008年10月6日；中国农经信息网2008年10月6日；学说连线网2009年10月7日；孙冶方公共政策研究网2008年10月7日；山西省城乡经济发展促进会2008年10月10日；中国社会科学院农村发展研究所2008年10月31日；天益网2008年11月6日；北京大学中国

社会与发展研究中心社会学人类学中国网 2008 年 11 月 6 日；中国农村研究网 2008 年 11 月 17 日；温州农村经济网 2008 年 11 月 17 日；三农搜索网 2008 年 12 月 4 日；剑宏评论网 2009 年 1 月 27 日；社会学人类学中国网。

第三节　我们为何不愿意学习日、韩和中国台湾农协办金融的经验

为解决农村金融服务具有的客户分散、贷款数额小、贷期短、成本高、风险大等世界性难题，日本、韩国和我国台湾省推行农协办金融的模式，实践证明是一条行之有效的好经验。但是在我国内地，有关部门对我国台湾地区以及日、韩农协办金融的好经验不屑一顾，借口中国国情特殊，宁可让嗷嗷叫等待贷款的农户一年又一年地失望，也不让农民群众在农村金融改革实践中创新。

那么，中国台湾地区以及日、韩农协办金融到底有哪些好经验？内地有关部门为何不愿意学习中国台湾地区以及日、韩农协办金融的经验？本文试图进行解读，以求教于关心农民金融权问题的朋友。

一、日、韩农协办金融是一个成功的模式

所谓中国台湾地区以及日、韩农协办金融，指的是日本、韩国以及我国台湾省的农村都有农民自己的组织——农协（农民协会），这个农协是独立于政府的自治组织，不是政府指派的，也不是政府提名候选人让农民选上的，特别是这个农协还起着监督当地政府的职能。此外，这个农协还创办、经营着农村金融，使加入农协的会员享受着应该有的农村金融服务。这可是中国农民想都不能想的事情呀！

日本农协全称"农业协同组合"，"协同组合"在日文里就是合作社的意思。农民可自愿加入农协，住在农村的非农户也可参加农协。农协的职责，一是将农民的钱集中起来，成立了中央农林金库，目前各类存款和组合员资金达 73 兆亿日元，为日本第二大银行。50 年前，农民贷不到款，贷到了利息也很高，现在他们有了自己的银行。中央农林金库可从事任何金融增值业务，增值后的利润分给农民。二是从事保险事业。日本政府对其他保险公司的险种有限制，农协所办的保险机构则可以从事所有业务，可以从事保险资金的增值业务，主要是投资股票、债券和发放贷款。目前，农协共济联持有保险金 400 兆亿日元，在日本仅次于生命保险公司，处于第二位。三是从事经济事业。主要是帮助农民共同销售农产品、购买生产资料和部分生活用品，是日本最大的经营共同体。四是从事厚生事业。主要是办医院，从事

防病、治病等解困事业。五是从事指导事业。主要是代表农民给政府和政治家（主要是议员）提建议和意见，在生产经营、社会生活等方面对农民给予指导。

韩国 1961 年修订的《农协法》规定将农业银行并入农协后，农协便开始了信用与银行业务。根据 1994 年再次修订的《农协法》，韩国农协的银行业务部门与非银行业部门逐渐区分开来，成为实行 CEO 负责制的拥有自主权的独立业务部门。1999 年再次修订的《农协法》（又被称为"一体化农协法"），将全国畜协中央会和全国人参协中央会于 2000 年与农协合并，组成新的韩国农协。农协的独立业务管理部门相应增加到三个，分别为：流通与供应业务部、牲畜业务部、银行业与金融业务部。2000 年底，农协银行在储蓄方面成为韩国第二大商业银行。农协及其成员组合银行部门的总存款额达 127 万亿韩元，相当于 1010 亿美元。这一年，农协银行的不良贷款率为 3.4%，远低于同期韩国银行平均 8.0% 的不良贷款率。

台湾农会是我国台湾地区的人民团体中，会员最多、体系最完整、组织最健全、最主要、最重要也是影响力最大的农民组织。除了有省、县（市）、乡（镇市）三级外，基层各村里都有农事小组。农会设信用、供销、保险、推广等四大部门，具有政治、经济、社会、教育四大功能，百年来担负着政府和农民之间的桥梁工作，在发展农业、建设农村中，功不可没。

我国台湾地区的农业金融，主要由两大部分组成：一是三家农业专业行库台湾土地银行、台湾合作金库和"中国农民银行"，二是合作性质的基层金融组织（农会信用部和渔会信用部）。农会信用部（包括渔会信用部）为台湾地区农村金融的基层机构，由农会会员集资组成。我国台湾地区农村一直是农会办信用社，也就是农信部，主要业务是：（1）收受会员及会员家属的活期及定期存款。（2）办理会员各种放款。（3）承办农贷及土地金融贷款的转贷。（4）农民从事农业产销所需设备的租赁。（5）省内汇兑。（6）受托代理收付款项。（7）代理乡镇（市）公库。（8）其他经财政部核准办理的业务。每个乡的农信部贷款规模都十分大，利息收益很可观，用来推广技术、营销、加工农产品、支持农业策略联盟的建设、提高农民素质等。可以说没有农村农信部就没有农会，因为农信部提供了农会组织所需的运作成本。

二、中国台湾地区以及日、韩农协办金融有哪些好的经验

中国台湾地区以及日、韩农协办金融的经验很多，这里择其要列几点：

（一）坚持民办、民管、民受益的原则

中国台湾地区以及日、韩的农协，是真正的农协，是农民自己的组织，

始终坚持民办、民管、民受益的原则。农协既不依附于任何一个党派，也不臣属于任一政府机关，从而保证了相对独立性的地位。依附于某一党派或臣属于政府机关，就有可能受其影响、左右或操纵，从而难以实现代表入会会员利益的目的。

为保证农协组织及其负责干部真正代表入会会员利益，就必须真正实行民主投票选举，而不能由农民组织外的某个组织或某个人用"伯乐相马"的方法选择。事实证明，"伯乐""相"的"马"，好马特别是千里马不太多，反而是赖马、差马、坏马不少，特别是"千里马常有，而伯乐不常有"。让不常有的"伯乐"去指派农协组织及其负责干部候选人，实践证明不是一个好的制度安排。

韩国农协根据1987年底修订后的《农协法》，农协要员的任命制改成了直选制：以前任命农协董事会成员的法律规定被废除；按照新法，成员农户可以直接选举基层组合的领导人，以前单位组合干部须经农协中央会总裁审批的规定被废除；农协中央会的总裁，也从以前由国家总统根据农林部推荐而任命，改为直接由基层组合的领导人选举产生。

我国台湾地区的农协以行政区域设立，各级农会数合计305个。台湾农会以三级为主，共293个。院辖市农会以两级为主，共有12个。其中乡镇、县辖市、地区等基层农会269个，县农协23个，省农协1个。台湾基层农协的组织系统包括：会员代表大会、理事会、监事会、总干事、农事小组等。农事小组选举会员代表组成会员代表大会，是最高权力机关，决定会务、事业计划、预决算、各种章程及其他与会员权利有关的重大事项，并选举理事、监事以及出席上级农会之代表。理事会聘任、解聘总干事，提送会员代表大会审议各案，按照决议策划、监督总干事执行，并向大会及监事会作出报告。监事会依据会员代表大会的决议，监督理事会执行情况，并建议改进的意见。总干事是由理事会聘任，并向理事会负责执行业务，根据业务需要聘雇员工，执行任务。如果有违反法令章程造成农协损失的情况，应负赔偿责任。农事小组是由基层农协以一村或合并几村组成，是基层业务推行单位，设小组长、副小组长，由会员选举产生，协助推行农协业务，反映小组会员意见。

日本各级农协始终坚持民主管理的原则，定期召开组合员代表大会，向组合员报告农协的工作，听取组合员的意见和要求，讨论和决议农协的重大事宜。农协的干部实行选举制，从农协组合员中产生，职员实行雇佣制。采用一人一票制的管理方式，以便充分发挥组合员的民主权利。对于选举农协干部，决定农协事业的方针等事项，则不因组合员出资的多少，或其他条件的不同，而导致组合员之间所享有的权利不同，而是每位组合员一人一票，大家都享有同等的选举权和表决权。当然，农协的民主经营原则，并不是都要以全体组合员大会的形式，一人一票，用多数票决制来决定农协的经营活动，也可采用征求意见和协商等办法加以运作。为确保组合员的主体地位和经济利益，日本每一个综合农协、每一个联合会甚至农协中的一个部会都有一套章程、规约、规程。虽然农协也吸引一些准组合员，但是"准组合员"只有参与权，没有选举权和被选举权，并且其利用农协的各种业务设施的总额原则上不得超过社员利用总额的20%。

日本农协在业务经营上，与农民不是一买一卖、讨价还价的关系，而是合作关系。如农协为农民推销农副产品，供应农业生产资料，基本上是采取代理形式，农协只收取手续费，手续费的比例是由组合员代表大会讨论决定的。据统计，日本70%以上的基层农协经营上述业务是赔本的，而是用经营保险、信用业务的盈余来补贴这方面的支出。同时，农协不经营有损于农民利益的业务。农协还利用自己的技术推广网络，无偿向农民推广农业科学技术。

（二）有充足的资金来源

日本农协办的金融机构的资金来源有两个途径：一是自有资金；二是外来资金。自有资金包括组合员的股金及按法律规定将部分利润转为的法定准备金或任意准备金。而这部分利润的来源则源于农协的业务收入。二是外来资金，包括：组合员存入农协金融部门的活期或定期存款；农协从县级农协组织或其他金融机构获得的贷款；农协由县级农协组织及有关客户接受的开展业务用的预付款；负债性准备金，如退休准备金、价格波动准备金等。

韩国"农协"和"水协"为合作金融的专门机构，专门解决农业发展过程中的信贷资金的需要和金融服务的供给，其资金来源主要是依靠中央财政提供。随着韩国经济的高速增长，农村居民收入水平的提高，吸收存款和发行债券也成为资金来源的重要组成部分。

（三）成为农户存款贷款的主要渠道

日本的法律规定农协可以自办信用事业。日本农协从组建后就紧抓自己的金融系统，以独立于商业银行的方式，组织农协会员手中的剩余资金，开展以农协会员为对象的信贷业务。日本农协金融活动的主要特点是：不以营利为目的，旨在为农协全体成员服务；资金主要用于发展农业生产，提高农民生活水平；同国家的农业政策和金融政策密切配合。日本农协对资金的组织和信贷非常重视，要求农协会员将闲置资金存入自己的信用组合，如存入商业银行则视为背叛行为。为保证资金的顺利组织，农协狠抓资金的投放和信誉，坚持服务的宗旨，保证将资金充分用在农业生产和农民生活两大领域，确保信用工作真正成为会员办事的金融组织。

日本农协办的信用事业在组织农业生产资金方面承担着重任。农户一旦发生资金短缺，农协是他们获得帮助的主要资金来源。农协面向农村的贷款主要是农协通过自己的金融系统吸收的大量流动资金。例如，农协信用系统通常以略高于私人银行利率的优惠利率吸引农户存款，并以优惠条件面向农户发放贷款。因此，农协集中了日本农户的大量闲散资金。并且农协在积极吸收存款的同时，也积极地向农户发放贷款。农协所办的信用业务使以家庭为单位、分散经营的日本农户能以较低的利息互相融资，从而促进了生产的发展。

（四）广泛的存款保险和贷款担保等制度

日本为了保证合作金融安全、健康地运行，设立农村信用保险制度、临时性资金调剂的相互援助制度以及存款保险制度、贷款担保制度等制度措施。这种体制将合作金融机构与国家的产业发展和产业政策紧紧联系在一起，服务领域相对固定，信息资源较为充分，贷款决策成功率较高，同时也易于政府对基础行业的扶持，而且各级信用社独立性较强，经营自主权较大。

韩国农协信用与银行业务的另一重要领域是从事合作保险业务，向成员农户和客户提供合作保险。韩国农协的保险业务历史可追溯到1961年农协组建时期。韩国农协面向成员农户的保险业务不同于其他保险公司，有许多合作原则应用于其中，是一种共济事业。韩国农协的保险产品有两大类：储存型保险和担保型保险。储存型保险是通过提供一种长期储蓄的方式来为客户提供不可预料的损失保险。农协更多从事的是担保型保险，关注重点在流通方面，致力于为改进业务结构质量的项目提供担保。2005年，农协保险产品的保险费增长了20.5%。此外，韩国农协还通过媒体广告等手段扩大公众对农协保险的认知。与其他保险公司不同的是，韩国农协的保险业务还致力于将其收入返还成员农户和改善他们的福利。2005年，农协在有关的国立医院为5万农户提供免费或优惠的健康检查服务，另有1.1万位保险购买者接受了免费的综合性健康治疗服务。

（五）加入与退出自由的原则

日本对于凡是想利用农协事业，并愿意参加农协的任何人，都不拒绝，也不强制参加。组合员退出农协，任何人无权阻止，只要在事业年度前两个月提出申请，便可退出，并退还全部股金。达到《农业协同组合法》规定要求的农民，自愿向农协入股，利用农协事业都可成为所在地区农协的正组合员。准组合员不一定是农民，但必须是住在当地农协管辖地区内，自愿向农协入股，利用农协事业。准组合员有非农业户，也有事业团体单位。

（六）各金融机构独立运作，以保证效率

日本的农村金融体系由基层农协的信用组织、都道府县的信用联合会、中央的农林中央金库和全国信联协会三级构成。三级组织均独立核算、自主经营，各级之间也不存在领导与被领导的关系。日本信用合作体系资金来源主要是吸收农村存款，服务对象主要针对在农协系统内部作为会员的农户和农业团体，不以营利为目的。三级组织之间并无行政隶属关系，上级组织主要运用经济手段对下级组织进行指导，整个体系内形成了独立的资金运行系统，保证了合作金融体系的运行效率。

三、中国台湾地区以及日、韩农协办金融的经验适用于内地吗

一是内地东、中、西部各类地区总有适合的区域。

我国是一个地域辽阔、人口众多的国家，各地区差异很大，总有适合中国台湾地区以及日、韩农协办金融的经验的区域。这应该是再自然不过的了。笔者于2001年主持全球环境基金（GEF）/联合国开发计划署援助的"中国云南省山地生态系统生物多样性保护试验示范项目（YUEP）"，由村民选举社区共同管理生物多样性的组织、由这一组织运作村级基金、基金按照小额信贷的模式向村民贷款，帮助村民发展家庭经营，结果村民贷款项目成功率95%、按期还款率100%。2008年1月，受国务院扶贫办和美国大自然保护协会的聘请，笔者又将这一模式推广应用到广西壮族自治区金秀县，也进展顺利。这说明，农民可以成立自己的组织，农民自己的组织可以运作自己的基金。那种中国台湾地区以及日、韩农协办金融的经验不适用于内地农村的论点，是不成立的。

二是农协与党、政府保持既联系又相对独立的关系。

日本农协既是农村合作经济团体，又与执政党、与政府保持千丝万缕的联系。它是执政党在农村的社会基础，也是日本政府农业政策在农村的执行者和协作者，在相当程度上也是日本政府在农村的统治工具。从组织上，三级农协各与本级行政组织相对应，组成了完备的组织体系。农协通过与政府的联系争取自身利益的同时，也成为政府实施农业政策、组织和控制农民的重要工具。诸如粮食统购统销时期的大米销售政策、政府对农业的各项扶持政策及各项优惠贷款等，均通过农协的协助得到贯彻落实。正因如此，不少人把农协称为一个"半政府"的组织。

三是充分发挥农协的作用。

日本农协不仅在农业生产领域发挥重要作用，也一直被日本农民视为其

利益的代言人。20世纪60年代以后的高速工业化时期，农协通过其政治力量促使政府不断提高对粮食（主要是大米）的收购价格，还促进了政府对农田基本建设、农村的基础设施等方面的投入，这些都有利于农民收入的提高。由于各个农协都有众多的会员，代表农民的利益，反映农民的呼声，因此在日本政党选举中有时起到很大的作用，对于日本政府一些统筹城乡发展的涉农政策的出台和维护也起到了不可替代的作用。

四是把农民金融合作制原则与商业化经营有机结合起来。

实践表明：合作金融在市场经济发展过程中具有旺盛的生命力，而且合作制原则与商业化经营不是对立的，而是有机结合的。坚持合作制原则是对合作金融组织结构、管理方式和服务对象的要求，实行商业化经营是合作金融组织作为金融企业的基本要求。国家要对合作金融进行宏观指导与支持，以建立自下而上、自成体系的合作金融组织体系。

五是国家扶持一些合作性金融机构。

对于支持农业来说，莫过于让农民自己解决自己的问题成本最低，这样国家可以只出政策，而不出财力，或少出财力。显然，建立合作性金融机构是最佳选择，因为合作性金融机构可大可小，不与商业性金融机构竞争，其服务面向特定的群体，所以业务一般都比较稳定，同时由于一些小型合作性金融机构无法实现规模收益，只能保本经营，所以国家就必须在税收等方面给予优惠。在西方国家，一般的农村信用社是免缴各种税费的。这极大地促进了合作性金融机构的发展，所以我们看到西方都有大型的合作性金融机构，这些机构都是建立在小型合作性金融机构基础之上的。如日本对农村金融的扶持表现在三个方面，一是减免税；二是国家出资设立政策性金融机构，这些机构把合作性金融机构作为自己的贷款对象和服务对象，为它们提供资金支持和技术支持；三是国家制定特殊的政策鼓励商业性金融机构对合作性金融机构提供资金支持。

四、我们为什么不愿意学习中国台湾地区以及日、韩农协办金融的经验

内地有关部门之所以不愿意学习中国台湾地区以及日、韩农协办金融的经验，据称是有理由的。据推测，这些理由归纳起来有以下几个：

（一）如果允许农民成立农会、允许农会办金融，就会搞乱农村

改革开放初期，决策层曾有过成立农协的议题。笔者曾在一次国际研讨会的内部小型座谈会上，听中国农村改革早期的设计师杜润生老先生说过，1980年代中期为研究成立农会，他曾率团考察日本的农协，回来后向中央领导同志汇报过，但是中央没有就成立农会作出决策。此后，成立农会便被搁置至今。

一些人不赞成农民成立农会、不同意农会办金融的理由之一，是所谓的允许农民成立农会、允许农会办金融，就会搞乱农村。这一命题的错误显然是三个不明白：一是不明白农民成立农会后，就可以通过自己的组织代表自己的利益、保障自己的权益，而这不正是共产党和人民政府所追求的吗？如果有共产党和人民政府保护农民利益，又有农民自己的组织保护农民自己的利益，不是有双重保障吗？！而现在，只有一个保障，也就不能不造成大量的被地方政府官员侵害利益的农民像现在这样成效极低地单个上访，上访受阻往往形成群体事件。二是不明白政府可以从过去面对广大的分散农户、转变成面对个别的农民的组织的代表，也就不但信息畅通，而且也好与其进行一对一的谈判，便于解决问题。有学者曾调侃说："政府如若收买农民代表，不是更好地达到自己的目标?!"三是不明白农民成立了自己的组织，就可以让自己的组织代表自己，从而维权也就能够规范化、理性化、法制化，恰恰是有利于农村稳定。

应该承认，我国个别农村的确出现过因农村金融而闹事的群体性事件。那是20世纪90年代中后期，一些地方试点的农村合作基金会（当时被称为中央农村政策研究部门抓的全国农村十大改革试验之一），由于不能兑现而导致多起农民群众上访事件。在此我们讨论的问题是，这些为数不多的农村合作基金会为什么就不能兑现呢？原来，这些农村合作基金会都被当地县、乡干部把持，现款都被县、乡干部及其亲朋好友挪用而不归还。这一问题，用我们金融系统的规范说法是"党政干部干预"。这一问题症结本来清清楚楚，但是大家知道，当时尚未确立"以人为本"、"科学发展观"等理论指导思想，一些地方政府都是很怕农民群众上访的。于是，当时就宣布"一刀切"地把农村合作基金会取缔了，特别是不允许各地继续试验。

（二）如果让农协办金融，就不利于共产党和政府的领导

一些人不赞成农民成立农会、不同意农会办金融的另一个理由，是所谓的允许农民成立农会、允许农会办金融，就不利于共产党和人民政府的领导。这一命题的荒谬在于，把农会和农会办金融，与共产党和政府的领导，这两个不同的概念混淆了起来。农会是农民自己的自治组织，农会办金融是农会的一项业务，当然这项业务很重要。政府是国家机器，是包括农民在内的国家公民授权的统治者。过去，在所谓"一元化"的理论下，党和政府不分，党、政府和群众组织不分，实践证明弊多利少，不是一个好的制度设计。因此，中国改革总设计师邓小平才作出了党政分开的战略部署，但是遗憾的是：时代没有给予邓小平有关党、政府和群众组织分开的机会和舞台。

其实，允许农民成立农会、允许农会办金融，恰恰有利于共产党和人民政府的领导。特别是，中国共产党在没有夺得政权时，就是靠发动农民、组织农会，通过暴动、造反，走的是"农村包围城市"的道路。夺取政权后，怎么能像国民党那样害怕农民成立农会呢?! 在过去的政治高压下，人民群体特别是农民群众没有说话的自由。现在进入了信息化、国际化时代，再坚持过去那一套显然是不行了，再也回不到史无前例的"无产阶级文化大革命"状态，也就不能不允许人民讲话，也就不能不允许农民成立自己的组织。

有种观点认为，既然党提出了"三个代表"的理论，也就是说党和政府已经代表了农民，农民也就没有必要再成立自己的组织、也就没有必要由自己的组织来代表自己了。党提出"三个代表"的理论，这是对全党每一个党员的崇高要求、期望与努力方向，并不表示已经完完全全做到了。各地屡屡发生的群体性事件，恰恰说明我们的基层党组织、政府及其官员不但不代表农民，而且还异化为侵犯农民利益的主体、帮凶。正如中共云南省委副书记李纪恒在干部会上痛斥侵犯农民利益的孟连事件中的县、乡官员，是所谓的"讲话没有人听、办事没有人跟，百姓用刀砍"，"还不如跳河算了"。

（三）农民没有能力办农协，更没有能力办金融

认为农民没有能力办农协，更没有能力办金融，因此不能让农民成立自己的组织，更不能让农民办金融，这就是有关部门的思维逻辑。这一思维的直白说法，则是现代发展经济学所批判的农民素质低、愚昧落后等完全不符合实际的传统观点的翻版。现代发展经济学认为，全世界的农民都与城市里的专家一样聪明能干，他们之所以没有城市人富裕，原因在于社会没有为他们提供与城市人一样的环境与服务。

实际上，只要不抱有偏见，任何人都会承认以下事实：一是城里人在大大好于农村人的环境和服务条件下，也有不少人抓不住机会，收入低下，生活过得不是很好的；农村里也有一些人率先富裕起来。二是中国历史上有不少农民起义的领袖，被"官逼民反"后，很有组织能力，有的打败官军，建立了新王朝，自己当了皇帝，这怎么能说农民没有能力?! 三是一些地方农村至今仍然保留的宗族、家族、乡绅势力，也充分证明了农民很有组织能力。四是改革开放以来国际组织援助中国农村的三百多个农村小额信贷扶贫到户项目，向农民特别是向贫困户贷款，农户项目成功率90%以上，按期还款率90%以上，充分证明了农民金融意识非常强，农民信用很高。因此，那种认为农民没有能力办农协，更没有能力办金融的理论指导思想，完全是

不正确的。

参考文献

1. 《日本现代农业发展考察报告》，中科软件园网 2008 年 2 月 17 日。
2. 蔡杨：《农民协会的功能与限度——对日本农协组织的考察和分析》，中国农经信息网 2008 年 9 月 1 日。
3. 许欣欣：《韩国农协的形成与发展及其对中国的启示》，中国行业协会商会网 2008 年 8 月 15 日。
4. 张志元、肖东平：《和谐农村金融体制构建：国际经验及中国的路径选择》，《济南金融》2006 年第 6 期。
5. 谢启标：《农村金融发展的国际经验及对策探讨》，《厦门特区党校学报》2007 年第 1 期。

注：本文曾在以下网站发布或转载：中国选举与治理网 2008 年 10 月 25 日；瑞安市农民专业合作社联合会 2008 年 10 月 31 日；天益网 2008 年 11 月 6 日；中国乡村发现 2008 年 11 月 10 日；家里蹲大学 2008 年 12 月 6 日；中国农村研究网 2008 年 12 月 6 日；剑宏评论网 2009 年 1 月 17 日。

第三编 案例分析

第十二章

这个国际援助项目为何具有可持续性

——中国云南省 YUEP 项目结束后的可持续性调查

通常,一个国际援助项目结束后,虽然项目配备的电脑、复印机、汽车等设备还在使用,项目创造的模式、经验还在起作用,但是由于项目经费花完了,项目组织解散了,从总的方面看,这个国际援助项目也就中止了。

然而,全球环境基金(GEF)/联合国开发计划署(UNDP)资助的"中国云南省山地生态系统生物多样性保护示范项目"(YUEP 项目),于 2001 年 8 月在云南省大理白族自治州南涧彝族自治县沙乐乡无量山自然保护区和临沧地区云县后箐彝族乡两个项目点启动,实施期三年,于 2004 年 8 月结束后,项目区的各个组织并没有解散,项目活动并没有结束,而且在进一步开展,并且运作十分顺利。是什么因素能够使项目具有可持续性呢?本文试进行初步分析。

一、由农民民主选举出的社区共管组织,真正代表着农民的利益

YUEP 项目一开始便确立了这样的指导思想,一是承认社区村民是当地森林等自然资源(属于国家的除外)的主人;二是充分相信村民愿意保护当地自然资源;三是相信当地村民具有管理好本社区自然资源的能力;四是依靠当地村民管理与保护自然资源。

(一)现行的村民委员会并不能完全代表村民利益

实践中,单个的村民既无法实现全面保护,又无法协调各个农户之间有关保护的关系。为解决这一问题,成立农民组织就是唯一的选择。

那么,由我国现有的村民自治组织——村民委员会行使社区共管森林等自然资源的职能,不是一个很现实的选择吗?从法律上看,《中华人民共和国村民委员会组织法》规定,现行村民委员会是村民自治组织。但是,由于村民委员会的工作人员候选人是乡镇指定的,根据"谁赋权对谁负责"的政治学原理,他们就不能不主要对乡镇负责,不能不从属于乡镇政府的一级机构,其工作的核心是围绕着乡镇政府的指令行事,难以真正代表农民利益,为数不少的甚至站在了农民群众的对立面。实际上,村委会已经演化为

政府的最低一层行政单位，其工作性质主要是转达县、乡政府的指示，协助县、乡政府收取农业税，抓好计划生育等工作外，其他工作很少。特别是在我国全面取消农业税的今天，对于贫困地区来讲，由于没有村级经济基础，村民委员会的功能已进一步消失，多数处于瘫痪状态，因而已成为名副其实的"空壳"。特别是，由于没有必须的活动经费，西部多数村民委员会已在村民中淡化成可有可无的"摆设"。

为此，随着我国自然保护区的建设与发展，在连片森林和自然保护区周边，建立以村民为主体的社区共管组织的需求和渴望，便越来越强烈。

（二）社区共管是对现有政府部门独家管理体制、机制的一种反思和改进

所谓社区共管，是指社区内以村民为主体的所有的利益相关者，经协商结成的组织。该组织按照达成的协议，对社区内自然资源采取有效保护、合理使用、利益共享、风险共担的管理方式。显然，社区共管是对现有政府部门独家管理保护区、森林和生物多样性体制、机制的一种反思和改进。

YUEP项目实践的社区共管组织，首先从理念上相信村民，依靠村民对自然资源的管护。其次是各个共管组织都组织村民制定了共管章程和共管公约，划定管理森林和自然保护区的边界，规定管理责任、权限、履约奖励与违约处罚等。章程与公约发至项目村各家各户张贴，要求共同遵守。再次是当地县、乡政府林业局、保护局等机构官员参与到社区自然资源共管组织中，以平等身份与村民委员共同讨论管理好本社区内的自然资源，并协调好社区内的各种关系，及时解决各种矛盾、冲突，成为村民与政府部门交流、沟通的平台及机会。

社区共管组织，将政府与村民在自然资源管理中的角色发生了根本性的转变，村民由被动参与森林资源管理，转变为森林资源管理的主体，提高了村民的积极性，体现了社区共管中的主人公地位。

（三）组合竞选保证了社区共管组织选举的民主性

为了保证新成立的社区共管组织真正代表全体村民利益，YUEP项目设计并实施了民主选举的程序和办法，在探索农村基层民主方面进行了大胆尝试：在普遍、平等、直接、秘密、自由和竞争的原则下，按照提名、竞选和投票选举程序产生社区自然资源共管组织，其中候选者必须组成候选班子，即组合竞选；候选班子必须在村民大会上发表竞选演讲，表明自己如果当选如何履行职责；村民投票时采用秘密写票方式，不会写字者，可由自己的子孙代写，不搞"豆选"；履职期内，绝大多数村民不满意者可以罢免。通过这样的程序，村民的主人翁意识及地位得到体现、提升，自主行动得以加

强，群体精神得以恢复。

（四）"五共同"保证了全体村民的参与

社区共管的职责可以概括为五共同，即共同作出决策，共同制行规划，共同开发利用，共同实施管理，共同进行保护。

所谓共同作出决策，是指在社区共管中，重大的事情是由社区共管委员会在征求全体村民和各个利益相关者意见的基础上，经民主讨论、表决而作出的。这就是共同作出决策的真正含义。共同作出决策，并不是指社区内每一个人都可以说了算，因为这样就变成了无政府主义。共同作出决策是指：（1）社区内全体村民及其他利益相关者经民主程序，选举出社区共管委员会；（2）社区共管委员会按照一定的议事规则，对社区内重大事项进行民主讨论和民主表决而作出；（3）社区共管委员会已经作出的决策如不符合实际，例如与法律、政府政策相抵触，违背社区内多数人的利益，社区内部、外部情况发生了重大变化等，则需要按民主程序，进行民主讨论和民主表决，而作出修改或废止。因此，共同作出决策也可以称作民主决策。

所谓共同制行规划，是指在一个社区内，除集体土地通过承包，已经将使用权转交给各农户，集体林地和部分国有林地通过自留山、责任山和"四荒转让"等转给农户或其他法人外，那些属于公有或共有的自然资源，如未转让的土地与林地、森林、国有的自然保护区、河流、国有矿藏、多样性生物，以及道路、水渠、电线等公共设施等，有一个合理的、具体的利用与使用问题。为了做到公平合理、有效有力的利用与使用，就必须共同制定具体的规划。

所谓共同开发利用，是指对社区内的自然资源，除依法划为国有外，属社区内全体居民所有。因此，社区共管的第三个内容，就是对社区内属于全体居民所有的自然资源，由全体居民共同开发利用；必须创造条件使广大农户特别是贫穷农户、妇女等弱势人群广泛参与，并从参与中受益。这既是生活在该社区的所有居民的正当权利，也是社区共管的题中之意。

所谓共同实施管理，是指全体村民在共管组织的领导下，充分行使社区共管范围内的重要事务。共同实施管理是一个过程，或者说体现在决策、规划、计划、实施、收益与分配的全过程之中，从而形成了完整的共管过程，中途不能停止。

所谓共同进行保护，是在社区共管组织的安排下，全体村民按照分工，行使自己的保护职责。相对于现行的政府有关部门的单一，例如林业局（站）管护森林、自然保护局（所）管护自然保护区、土地局（所）管护土地等来看，社区村民及其他利益相关者共同进行自然资源的保护，具有人多、面广、势众的特点，将形成自然资源管护的"天罗地网"，对那些偷砍、盗伐、偷猎、盗用者可以做到随时发现、及时弄清、正确处罚，特别是可以起到强大的威慑作用，令不法者心惊胆战，从而使保护落在了实处。

二、社区共管组织运作的社区保护与发展基金，帮助农民创收和能源替代

（一）贫困村民脱贫致富的核心

邓小平曾经说过，金融是现代经济的核心。在现代农村各种不同类型的组织建设中，农民基层金融组织是现代农业和现代政治的核心。这一点，在目前仍处于贫困状态的自然保护区周边地区更是如此。

YUEP项目区，均属较贫困地区，除自然地理位置偏僻、交通不便等因素外，制约社会经济发展的原因就是村民缺乏发展生产和家庭经营的资金。由于贫困，村民很难获得发展家庭生产经营的贷款，所以缺乏生产垫本，加之农作物（粮食、经济作物）产量低，经济收入增长缓慢，导致社区村民长期贫困，陷入了"贫困—贷不到款—更贫困"的恶性循环。为了生存，村民们不得不把已存在不多的森林资源作为增加经济收入的主要来源，以毁坏生态环境为代价来索取生活资料，从而形成越贫困越索取的恶性循环。

被称作"农村金融主力军"的农业银行和农村信用社，自觉地放弃了YUEP项目区的服务。其中，农业银行从未在项目区的两个乡设立营业所；农村信用社原来曾在项目区的两个乡设过，后来撤销了，变成了仅属于邻近乡镇的分社，而且每年的贷款指标有限；加上近年来农村邮政储蓄的发展，只存款不贷款，减少了农村信用社的存款额和贷款额度。目前，农村信用社仅能满足当地约3%—5%的农户的贷款需求，约90%以上的农户很难在信用社贷到款。由此，为当地民间高利贷的产生提供了机会，高利贷借贷利率一般为月息3%—5%，农户贷款后获得的生产利润还不够还高利贷的利息，而且一时借贷终身难还。

为此，项目设计、实施了社区保护与发展基金。

（二）基金的性质与特点

根据中央有关解决"三农"问题、实事求是等一贯精神，结合YUEP项目区的实际，经和村民反复讨论，确定了基金的性质与特点如下：

1. 社区法人。由社区共管委员会和自然村共管小组管理、有偿有息、长期滚动的民间互助基金；使用范围仅限于本社区与森林、自然保护区与生物多样性保护有关的业务。仅在本社区内有效。

2. 非银行性。不设金库，不搞银行结算，不向本社区外吸收存款和发放贷款。

3. 股份合作性。使用社区保护与发展基金的成员必须以一定数量的自用资金入股作为借贷的前提条件。

4. 社区全体村民自己所有，自己管理，自己监督，自己受益。

5. 当地县、乡党政机关及干部无干预权。

（三）基金按小额信贷扶贫到户的方式运作

基金按小额信贷扶贫到户的方式运作。小额信贷扶贫到户最早由孟加拉国的尤努斯教授创办的乡村银行实施，被称为"GB"模式，目前已在世界70多个国家地区推广。通过福特基金会的介绍，1994年由中国社会科学院发展所引入，并以"扶贫社"的形式在河北易县等地试验，取得了成功。1997年后，云南、陕西等省区较大规模试行。温家宝总理1999年6月8日的一次讲话中曾经给予高度的评价："扶贫信贷资金怎么到户，怎样管好，是扶贫开发中一个长期没有解决好的问题。一些地方采取小额信贷的办法较好地解决了这个问题。这种形式，资金到户率高，项目成功率高，贷款回收率高，受到贫困地区广大干部群众的欢迎，要在总结经验，规范运作的基础上稳妥地推广。"之后，一些地方以对小额信贷进行所谓的"规范"名义，取消小额信贷较高利率、整贷整还、贷款小组互助、互保、互督等实质性的制度安排，因而异化成了传统的农村信贷。特别是，小额信贷交由农业银行运作，而农业银行商业化改革后对此的积极性不高，况且农行在乡一级已经没有分支机构；继续让政府扶贫办、妇联等系统代为运作，却不给扶贫办系统运作经费；此外，一些同志对小额信贷扶贫到户的性质定位问题不断提出质疑，使全国自2000年后小额信贷处于低潮。YUEP项目区曾经得到过上级下达的少量的小额信贷，但是额度少，规模小，仅有极少贫困农户受益。YUEP项目试验小额信贷扶贫到户，受到了贫困农户的热烈欢迎。

基金的运作主要有以下特点：贷款不需要抵押与担保，但需要贷款小组成员互保、互助、互督；小额度、短周期，贷款期一般在一年以内，具体时间由村民大会制定，各个贷款小组也可以自己制定。较高利率，所有贷款利率均高于银行或信用社同期利率，但不超出国家法律允许倍数以内。目前基金的月利率有9‰和10‰两种，是村民大会制定的；以妇女承贷为主或夫妻同贷；贷款小组内实行分批贷款制，促使成员之间真正形成互督。贷款、还款均在村民大会进行。

（四）农户基金贷款效益显著

社区保护与发展基金作为一种农村发展及扶贫的全新尝试，给社区村民带来了发展家庭经济的新的机遇，为一些缺乏生产垫本资金（购买农药、化肥、籽种、地膜、鸡苗、仔猪、仔牛、仔羊和做小本生意的资金）的农户提供了有利条件。村民可以通过参与基金活动，学到金融知识和环境保护意识，提高发展生产、家庭经营的技术，依靠自己的努力来增加经济收入，进而对森林生态、生物多样性和社区环境进行有效的保护。

社区保护与发展基金信贷机制的设计，符合村民的实际和要求。它的特点是：投入小、见效快、快借快还、滚动使用，有效地提高了基金周转利用率；使村民在参与基金贷款活动中，提高自己的家庭经营能力、市场竞争能力、村民自治能力等，丰富了村民的市场经济知识、金融知识、文化知识，激发出潜在的聪明才智；增强了村社组织的凝聚力和村民的团结互助，有效地促进了社区精神文明建设。

社区保护与发展基金是对新的农村合作金融组织的一次新的培育，它的运作完全适应了贫困地区农民建立自治金融组织的强烈愿望。只有村民自己团结互助的金融组织，才能全心全意为村民的利益服务。因为贫困者获得了贷款，才能获得他们生存与发展的基本权利。

（五）基金为什么没有出现风险

项目区基金运作以来，全部贷款农户的项目成功率在98%以上，按期还贷率100%。之所以尚未出现风险，主要有以下原因：

1. 一开始就禁止党政干部介入

20世纪80年代中期开始，中国农村合作基金蓬勃发展，曾经为当地农村的发展作出了贡献，但是后来出现了一系列的问题，最后导致失败，被"一刀切"地取消，其中最为重要的原因在于当地党政干部介入，违背市场规律和原则运作基金，导致基金贷出去而收不回来。吸取被"一刀切"取缔的农村合作基金的教训，项目所试验基金的组织、规则的制定和具体的管理、运作，从一开始就禁止党政干部介入，保证了基金真正属于村民，为村民服务。村民真正体会到基金是他们自己的基金，大家都来关心共管组织和基金的运作情况，互相帮助、互相监督，使得基金的发展充满了生命力，同时也降低了基金的风险。

2. 只在自然村内设立，范围小，易监管

基金属于自然村内的基金，基金的管理和运作必须在自然村内部。由于一个自然村的范围小，农户数少，农户之间相互比较了解，村民大会在审查贷款时能够做到认真、负责、可信。只要严格按照贷款制度通过层层负责，层层把关，等于对贷款项目进行了四次可行性论证。贷款农户之间也能够真正做到互相帮助、互相监督，使得贷款风险降到了最低，可以最大程度地保证贷款能够给贷款农户带来收益，并能按时收回，可持续地发展下去。

3. 贷款、还款均在村民大会上进行，透明度高

基金的组织、规则的制定、贷款小组的组成和每次贷款、还款都在村民大会上进行，股金的利息、贷款利息的制定和分配也是由村民大会讨论决定。共管小组实行账务公开，每次贷款、还款、利息收入和分配等情况都要在村民大会上宣布，共管小组提成的利息使用必须在村民大会上讨论通过，受全体村民的监督。由于透明度高，公开化的运作，切实、有效的监督，基金的风险也就降到了最低点。

4. 基金实现了低成本运作

基金的运作主体是村共管小组和村民组成的贷款小组，贷款、还款都在村内进行，需要的时间和精力不多，大家都可以无偿地工作；对贷款农户贷款审批手续虽然多，但农户之间都相互了解各自的情况，又是在村里进行，可以利用休息时间进行，不需要经费；对贷款农户的监督，主要以村内和贷款小组内监督为主，都可以在日常交往中进行，不需要专门的时间和经费。当然，基金操作中，需要的一些办公和财会用品，以及共管小组成员、会计和出纳的误工补贴也不多，由基金利息的一部分支付就够了，这和农业银行和信用社的传统农业贷款、孟加拉国乡村银行的小额信贷的高成本运作，形成了鲜明对比。

三、社区保护与发展基金的利息，保证了社区共管组织的活动经费

（一）利息为共管组织与基金生存提供了保障

作为信贷活动，YUEP 项目的社区保护与发展基金不是无偿的，而是收取利息，利息的一部分，用于社区共管组织的日常活动经费，从而解决了基层组织机构的活动经费这一老大难问题。特别是设计的社区保护与发展基金除开始时项目以借贷形式投入部分启动资金外，主要的是吸收社区村民的入股和当地农村信用社的贷款，这就使基金变成了社区村民们自己的基金，并且具有长期运作的动力与机制，使社区自然资源保护乃至发展有了可持续发展的物质保证。

截至 2005 年底，YUEP 项目实收基金利息 78524.2 元。

基金利息由村民大会讨论决定，两个项目点的利率略有差别。南涧县沙乐河流域规定：10% 上缴乡流域共管委员会作为工作经费，30% 作为共管小组的工作经费，40% 用于贷款本金；云县勤山流域规定：20% 上缴流域共管委员会，20% 作为共管小组的工作经费，40% 用于贷款本金。云南省政府配套给每个项目点的 150 万元人民币的项目经费，要拿出 50%（75 万元人民币）作为社区保护与发展基金。截至 2004 年 8 月，基金本金已经达到 84 万元，基金的规模和范围不断扩大，将有更多的利息收入可以保证社区共管和

基金的组织机构成员能够生存。

(二) 基金坚持高利率

社区保护与发展基金不是无偿的扶贫救济款，而是一种村民互助的信贷，因此就不但要还本付息，而且利息率一般比农业银行、农村信用社的利率略高一些，但却低于高利贷利率。

其一，较高利率才能使宝贵的社区保护与发展基金真正到达村民特别是贫困者手中。这是因为，贷款利率如果不高或者零利率，贫困社区中各类农户都会出来争夺这份"廉价午餐"，许多人头脑里的"不要白不要"、"白捡便宜"、"捞一把"等"搭便车"思想，特别是使那些强势人群、先富裕起来的人群，利用自己的地位与势力"霸占"这类贷款，一般的村民尤其是真正贫困农户往往难以沾边。这正是我国现有农业银行、农村信用社多年来大量贷款到不了一般村民的体制原因，也是我国自 80 年代中期以来大规模扶贫十几年来"真正的贫困农户难以得到贴息贷款"的深刻原因。

其二，较高利率才能使贷款者产生精心经营的压力与动力。这是因为，低利率将给借款者一个错觉，即社区保护与发展基金是无偿扶贫款，是一种很不"严肃"的贷款，因而可以马马虎虎使用，或者说用好、用坏无所谓。只有在较高利率的压力下，贷款者不但要还本，而且要付高利息，因而就必须精心使用，如无特殊"天灾"、"人祸"，就必须成功，不许失败。

其三，较高利率才能解决高违约率问题。实践证明，低利率是导致高违约的重要原因之一。在低利率下，借贷者和放贷者都认为社区保护与发展基金是一种"白送"的礼品，既使贷款者产生"等、靠、要"的依赖思想，又使其形成赖账不还的恶劣习惯。我国农业银行和农村信用社长期以来存在的大量呆账、坏账，以及巨额扶贫贴息贷款不到 50% 的低还贷率，一而再、再而三地证明了这种危险的存在。

其四，较高利率才能覆盖社区保护与发展基金的成本。社区保护与发展基金是为社区共管组织配套而设立的，它除了支持社区村民使用贷款发展家庭生产经营增加收入外，还要提供它自己的组织和社区共管组织本身运作所需要的成本，包括办公用品、人员服务费、通信、交通等的支出。如果社区保护与发展基金不能通过利息收入覆盖它与社区共管组织的成本，那么它本身也就不能生存下来。

在此的问题是，社区村民尤其是贫困农户愿意使用较高利率贷款吗？他们付得起较高利息吗？按照人们通常的看法，社区村民尤其是贫困农户既不愿使用较高利率的贷款，也付不起较高利率；特别是，低利率甚至零利率不是对社区村民更有利吗！这种看法是很幼稚的，也是站不住脚的。国内外小额信贷扶贫到户的实践证明，不要说没有低利率和零利率的信贷供社区村民尤其是贫困农户使用，就是法定利率或高利率的商业银行贷款也轮不到社区村民尤其是贫困农户使用。那么，面对农村民间高利贷，社区村民尤其是贫困农户是眼巴巴、望眼欲穿地盼望着较高利率的、村民自己的社区保障与发展基金。这是因为，一方面，贷款的社区村民精心使用利率较高的社区保护与发展基金普遍产生了预期收益，付得起利息；另一方面，正是因为较高利率，才使非贫困户不乐意、不耐烦使用，才最终"轮"到一般村民和贫困者使用。毕竟，非贫困农户若要发展家庭生产经营，可以到我国国有商业银行或农村信用社去贷款。

（三）穷人根本沾不上扶贫贴息贷款和低息贷款的边

据笔者对云南省1997—1999年已经在全省113个县、513个乡实施的小额信贷扶贫到户总放贷5.44亿元的面上调查，并具体解剖师宗县5个乡、105户使用小额信贷的贫困农户的情况，贫困农户之所以愿意使用高利率的小额信贷，其经济方面的理由如下：一是扶贫贴息贷款只还本，而没利息，但从中央政府责成有关部门拨出并实际到基层后出现较大比例的"渗漏"，贫困农户根本看不到、贷不着；二是包括农业银行、农村信用社、农村合作基金会（后被全国"一刀切"地取缔）的金融信贷，执行的是央行规定的统一利率，在20世纪90年代中期由于通货膨胀还是负利率，但贫困者由于没有抵押和担保，也贷不着；三是农村社区亲朋好友间的贷款在许多贫困地区是不收利息的，但贫困者的亲朋好友也处于贫困状态，无款可借；四是农村中较普遍存在的自发性的、互助性质的储金、摇会、地下钱庄等，贫困农户要么无力参加，要么参加了自己入会的资金也不多，入会者越多"轮到"每户头上的时间也越长，往往是远水解不了近渴；五是贫困农户急需要用钱时，只有向民间高利贷者借贷，结果往往是借高利贷救了一时之急，待高利贷主逼债时往往倾家荡产。而小额信贷扶贫到户和社区保护与发展基金的利率虽然高于同期同档次商业银行的利率，一是毕竟比高利贷低多了；二是只要在国家法定的同期同档商业银行利率的倍数之内，贫困农户发展家庭生产经营，当然是求之不得了。

（四）基金实现了低成本运作

在通常的情况下，以银行为代表的金融机构需要较高的运作成本，从而使其利润相应减少。为了降低运作成本，它们普遍采用鼓励储蓄、大额贷款、中长期贷款等方式，而对社区村民特别是贫困者所需要的小额信贷、短期贷款不感兴趣，因为这些贷款运作成本很高，而利润却少得多。

YUEP项目基金贷款在制度设计时，已充分考虑到了运作成本问题。一个基层组织，要把贷款送到分散的贷款贫困者的手上，并到贫困者居住的村社收回贷款，而且每人次的还款连本带息不过几十元、上百元。这和大多数银行一次贷款十万元、数百万元、数千万元甚至上亿元的整借整还相比，显然在人力、时间、物力上的付出要多得多。为了解决高成本运作问题，YUEP项目基金贷款除了提高利率外，还采用了一套贷款贫困者自我组织、自我管理和自我约束的自治形式，既提高了贷款的还贷率，又成功地实现了信贷经营机构的成本转移。

YUEP项目基金贷款通过贫困者自治形式实现的成本转移，具有十分重大的意义：一是充分发挥了贷款贫困者参与金融信贷活动的积极性和聪明才智。贫困者之所以贫困的重要原因之一，是他们没有机会、没有能力利用金融信贷发展生产经营活动而赚钱，现行的扶贫项目对贫困者的要求及呼声重视不够，往往把他们排斥在贷款对象之外，出现"贷富不贷贫"。为了解决这一问题，YUEP基金贷款的一个重要措施就是将贫困者组织起来，把运作成本外化给了贫困者自治组织，并使贫困者自治组织在金融活动中强有力地面对贫困者的力量。二是在降低运作成本的同时，也使YUEP基金贷款在财务和经济上具有了经济合理性和持续性。国内外小额信贷的实践证明，一个工作站的工作人员之所以能负责1500—2000个贫困者的贷款，主要是因为这些单个贫困者的贷款、还款活动，都是通过贫困者自治组织进行的。贷和还均由组长统一办理，即组长统一向小额信贷机构工作人员贷出，再分给各个贷款贫困者；还款时也由小组长统一收齐给工作人员。这样，贷款和还款的大部分工作都由自治组织代理了。

YUEP贫困者自治组织之所以能被广大贷款贫困者接受，原因主要有二：一是贫困者隐蔽性失业严重，非工作时间的机会成本为零或接近于零。由于没有参与信贷和劳动就业的机会，贫困者不得不在家闲着，从而出现许多人责难的所谓"懒"、"白天在家烤太阳"等现象。YUEP项目基金贷款将贫困者组织起来，这对于贫困者来说不但不会占用工作时间，不会影响他们及其家庭的生产、经营，而且使他们获得了信贷权利与机会，他们当然乐意接受。二是贷款贫困者的自治组织及其活动，给他们及其家庭带来了较高的社会评价和心理满足，在某种程度上说是大长了他们的志气，培养了他们的团队精神，增强了他们团结起来向贫困者抗争的自信心和能力，因而受到他们的衷心欢迎。

（五）农民特别是贫困农民具有很强的金融意识

YUEP项目小额信贷的成功案例证明，农民特别是贫困农民具有很强的金融意识。首先，农民特别是贫困农民很强的金融意识来源于他们作为独立家庭经营者的亲身实践。他们看到，自己村庄的农民，谁能从信用社获得贷款，谁就可以从事经营活动而赚钱；他们自己不认识信用社人员，特别是他们没有抵押担保。信用社就不会给他们贷款，他们就不能从事经营活动，也就无法赚钱。也就不能不处于贫穷状态。例如，在 YUEP 项目区，由于山高坡陡，村民们的承包地主要种植玉米，贫困农户买不起或买不到化肥，亩产在 100 公斤左右，一年下来缺粮几个月，而村内那些富裕户和能够从信用社贷到款的农户，大都能及时购买到几包化肥，从而使玉米增产 30%—100%。所有这些活生生的事实，给村民们上着一堂又一堂的金融知识课。因此，那些指责农民特别是贫困农民是没有金融意识的"愚昧者"、"愚蠢者"，需要在全国开展"治穷先治愚"运动的言论，是没有根据的，因而也是错误的。

（六）农民特别是贫穷农民有很高的金融信誉度

农民特别是贫穷农民有很高的金融信誉度，得益于小额信贷的科学制度约束。小额信贷主要的科学制度，一是贷款小组的互助、互督、互保。所谓互助，是指互相优选项目及提供技术、人力等帮助；所谓互督，是指互相监督各家项目的顺利实施防止失败；所谓互保，是互相担保还款，如果一家还不起贷款，其余几家必须帮助还款，从而做到了 100% 还贷率。二是顺序贷款，即一个贷款小组中，各家贷款有先后，后贷款者必然监督先贷款者，因为只有先贷款者做到了按期还款，后贷款者才能贷到款。三是农民特别是贫困农户都是农村中的弱势人群，他们没有任何资本、任何理由像国有企业强势集团或富裕人群那样赖账不还，其结果是诚信度出奇的高。

应该指出的是，小额信贷是为农民特别是贫困农民创造了一种自我就业而非受雇就业的机会。在 YUEP 项目区，贫困农民除了在承包耕地上劳作外，没有工业、商业、农业龙头企业等受雇就业机会；而如果要创造这些机会，一方面所需要成本太高，政府与社会都出不起，即使是存在个别机会，也轮不上贫困农民，因为那些县、乡官员的子女、亲戚早就盯紧了。至于出外打工，这只是个别农民可以做到的，大多数农民由于缺乏进城路费、打工技术和被组织，一般都难以实现。而小额信贷向农民特别是贫困农民放贷几百元至一千多元，扶持他们发展家庭经营，大多是粮食增产、养殖业及做小买卖项目。这种贷款农户的自我就业，比受雇就业来说，更能激发他们的聪明才智和勤劳致富的"天性"，因而效果特别好。

参考文献

1. 赵俊臣编著：《谁是自然保护区保护的主体》，云南大学出版社 2004 年版。

2. 赵俊臣、宣宣:《贫困农户为什么欢迎小额信贷扶贫到户》,《求是》杂志社主管主办的《红旗文稿》2004 年第 23 期。

3. 赵俊臣、罗荣淮:《村民自主管理自然资源的成功模式》,载《云南生态情势报告》,云南大学出版社 2005 年版。

4. 赵俊臣、宋嫒:《农民基层金融组织是现代农业和现代政治的核心——云南省社科院在一国际项目中试验自然村村民基金组织的案例分析》,载《中国农民组织建设》,中国经济出版社 2005 年版。

5. 赵俊臣、乔召旗:《西部农村基层新型社区组织的经济学思考》,人民网 2005 年 7 月 25 日。

注:本文曾在以下网站发表:

支农网 2006 年 5 月 21 日;三农中国 2006 年 5 月 26 日;中国经济 50 人论坛 2006 年 6 月 21 日;NGO 发展交流网 2006 年 7 月 28 日;中国选举与治理网 2006 年 8 月 18 日;软科学研究与共享平台 2006 年 9 月 8 日;仕狐论文 2006 年 9 月 16 日;论文资料 2006 年 9 月 27 日;生活教育行动 2006 年 11 月 1 日。

第十三章

国际援华农村发展项目能够实现可持续性吗

——云南省 LPAC 项目农村地区小型商业活动市场评估报告

受云南省 LPAC 项目办公室委托，2005 年 7 月 28 日至 8 月 11 日，云南发展研究院专家组对漾濞、腾冲、泸水三县的项目点，进行了"农村地区小型商业活动市场评估"。调研结果发现：LPAC 项目采用小额信贷的方式，共投入小额信贷资金本金 390 万元（儿基会 270 万元，政府配套 120 万元），对 3 个县、11 个乡、38 个村的 4567 名妇女贷款，累计贷款 5731 笔，滚动贷款总额 4200 余万元，贷款利率为 9.6% 年，平均还贷率高达 98.2%（漾濞 98%，腾冲 100%，泸水 96.6%）。贫困妇女进行小型商业创收经营活动，都取得了预期的效益：平均投资回报率达到 20%—90% 不等，户均增收 500—900 元不等；由于经济收入的增加，提高了妇女的市场创收能力和社会地位；改善了儿童的营养水平和健康水平，提高了适龄儿童入学率。评估组建议，在 LPAC 项目 2005 年下半年至 2006 年的延长期间，探索项目的可持续发展，扩大小额信贷的本金和放贷额，这不仅是项目县县委、县政府和参与项目妇女、儿童的强烈要求，也是中国/联合国儿童基金会项目结束时应该考虑的一个大问题。

一、项目背景与评估目标

（一）背景

"贫困地区儿童规划与发展项目"（简称 LPAC 项目），是由中国政府和联合国儿童基金实施的，旨在推动中国中、西部地区经济发展和社会进步的一项综合性扶贫项目，是中国与联合国儿童基金合作方案的重要项目之一。LPAC 项目于 2001 年启动，在我国 11 个省、市、自治区的 34 个县开展，云南省的腾冲、漾濞、泸水 3 个县参与了该项目的实施，项目活动期限为五年。项目以推动贫困地区社会经济发展为目标，以小额信贷为切入点，以开发培训和创收活动为载体，以贫困地区妇女为服务对象，开展的各类项目活动把贫困妇女组织起来，对她们进行创收技能和健康知识的培训，并向她们传授其所应有的权利方面的知识（例如，女童有受教育的权利，妇女有参与家庭、社会决策的权利等）。

　　LPAC 项目设计的宗旨，是力图通过社会、经济手段来打破困扰贫困地区妇女、儿童的"贫困圈"。项目为贫困地区妇女提供组织、资金、培训、技术等方面的支持，帮助她们改善生产生活条件，培养和树立自尊、自信、自立、自强的精神。小额贷款解决了她们发展生产时所急需的生产垫本问题，改善了贫困地区妇女"有能力办事，无资金运作"的困境，给予她们充分发挥聪明才智的机会，通过创收活动，最终实现提高贫困地区妇女的社会经济地位和能力建设。目前，联合国儿童基金会在中国已为该项目提供了 800 万美元的无偿援助。到 2005 年 8 月云南省共得到联合国儿童基金会 400 余万元人民币的援助。中国/联合国儿童基金会合作方案决定，LPAC 项目在中国的实施活动由商务部负责协调。各参与项目的实施省，分别成立了省、县、乡三级项目办公室，负责项目实施的管理工作，并在接受项目对培训者的培训后，再开展对项目妇女的各类培训。

　　1. 评估组受委托情况

　　依据中国/联合国儿童基金会合作方案和 2005 年工作计划安排，要求对 LPAC 项目进行一次深入的调研和评估工作，云南省 LPAC 项目办公室与云南省发展研究院进行了多次讨论和协商，对本次评估的目的和意义达成了共识。经研究云南省 LPAC 项目办公室决定聘请云南省发展研究院组成评估专家组，深入漾濞、腾冲、泸水三县的项目点，进行了为期 15 天的"农村地区小型商业活动市场评估"调研工作，撰写出评估报告。报告对项目的进展概述、取得的成绩和经验、存在的困难和问题、小额信贷项目的可持续发展建议和项目实施中的创新等，提出专家组建议。

　　2. 中国/联合国儿童基金会云南项目概况

　　云南"贫困地区儿童规划与发展项目"（LPAC 项目），启动于 2001 年 6 月，分别在的漾濞、腾冲、泸水三县 10 个乡 35 村实施。截至 2004 年 12 月共投入资金约 600 多万元。其中，小额信贷资金 390 万元（儿基会 270 万元，政府配套 120 万元）。累计贷款 5731 笔，累计滚动贷款总额 4200 余万元，贷款年利率为 9.6%；培训费、固定资产约 330 万元（汽车、电脑、打印、复印、传真设备、电视机和 DVD 等）。

　　此外，项目县还得到了儿童基金会的女童助学、校舍修建及卫生厕所的修建资金，以及一些社会慈善机构的援助。例如，泸水县曾得到儿童基金会、澳大利亚玛丽斯特慈善会、中国台湾省慈济会援助 102 万元；漾濞县曾得到儿童基金会、儿童基金会香港委员会及香港市民应善良先生的无偿援助21万元。由省项目办牵头联系，港澳救世军在漾濞县进行考察后，初步同意对LPAC项目进行扶持，并承诺在三年内对该县给予45万元的小额信贷扶持，24万元的培训费用扶持和20万元的学校建设扶持等。

三个项目县共组建贷款大组156个，贷款小组900个，受益农户4567户约两万余人。参与贷款妇女利用贷款，主要从事种植业（蔬菜、水果等）、养殖业（猪、牛、羊、鸡、鹅等）、加工业（做豆腐、剥核桃）、商业（小本生意、小买卖）。目前，贷款资金运行态势良好，还贷率高达98.2%（漾濞98%，腾冲100%，泸水96.6%），贷款妇女热情高涨。

通过实地调研和评估结果证明，云南LPAC项目运行状况良好，三个LPAC项目实施县均严格按照中国/联合国儿童基金会合作方案的规定目标、原则程序和方法开展的。首先对贫困妇女进行了有关小额信贷原则和管理办法等知识方面的培训，再组建贷款小组，发放贷款，让农户进行小型商业创收活动。与此同时还对项目妇女进行市场分析与经营计划、生产技能、科技文化和生命知识等方面的培训，使妇女们的社会知识和劳动技能都得到了较大的提升，项目区取得了较大社会效益、经济效益。

为了加大社会对LPAC项目的理解和认识，云南LPAC项目在重视项目的具体工作的同时，十分重视项目的宣传活动，把做得较好的成功经验进行社会交流。例如，漾濞县项目活动，曾在中央电视台西部频道作了专题报道；腾冲县项目活动情况发表在《云南日报》、《腾冲报》、《保山报》，并在地方电视台、广播电台和云南信息网、中国网等网站作了新闻报道。三个项目县的活动案例曾刊登在《贫困地区社会发展、儿童规划与发展项目通讯》上，加大了项目的宣传力度。

应该特别强调的是，项目实施的受益者，不仅是参与贷款活动的贫困妇女，涉及社区周边的贫困农户及项目工作人员。项目区内的一些政府官员、妇联干部和社区领导也和这些贫困妇女一起参加项目的实施和培训，在实践中提高了他们在儿童关爱和卫生保健方面的知识和技能。所以，LPAC项目的实施给云南带来了新的机会，它不但引进了较为先进的管理理念、管理模式和管理方法，同时也为项目县培养了一批精通管理的人才。

（二）评估目标

1. 评估的目标

2005年是LPAC项目实施的最后一年，从2006年开始联合国儿童基金会将停止对小型商业活动资金的投入（但有一定数量的培训经费援助），项目将进入三年的过渡期。如何利用好现有资源，扩大项目受益面，使之具有可持续性是本次活动的最终目标。

本次评估活动的意义是：认真总结了实施经验，力图扩大项目的社会影响，让更多的人群认识和了解 LPAC 项目实施的目的和意义，吸引更多的社会组织和社会团体能加入到改善和保护妇女儿童生活环境的发展事业之中。通过对项目的回顾与评估，让联合国儿童基金会、商务部和全社会对 LPAC 项目的可持续发展状况，项目实施对贫困地区妇女和儿童生存、生活的影响程度有更加深入的认识，为项目的可持续发展提供理论依据和研讨、确定项目未来发展方向。

2. 评估项目活动的效益

评估项目活动的效益包括：对项目农户的经济效益的评估和对项目实施区社会效益的评估。

3. 评估项目区小型商业活动的市场

主要是对项目区市场情况和贷款妇女参与市场活动的情况进行调查了解和评估。

4. 评估项目结束后的可持续性

评估专家组与项目实施区妇女、各县项目办工作人员、县委及县政府领导和相关部门领导共同讨论，针对项目机构建设、贷款融资问题、管理制度的完善和创新等，提出相应的可持续性建议。

二、评估过程与方法

（一）评估过程

评估分四个阶段进行，即前期准备、实地评估、信息反馈与交流、撰写评估报告阶段。时间安排为：

2005 年 6—7 月，评估组与省项目办三次讨论调研内容，拟定调研提纲。

7 月 28 日，评估组抵达漾濞县，与县项目领导小组办公室人员座谈，听取项目实施情况汇报，交流本次评估的目的和意义，收集相关资料。

7 月 29—30 日，分别到漾濞县上街镇的金星、淮安村，河西镇的金牛、河西村，平坡镇的石坪村进行实地评估，与项目领导小组成员座谈，到项目村与农户访谈及实地考察。

7 月 31 日，与漾濞县项目领导小组办公室人员反馈与交流评估情况，听取项目可持续发展的实施意见和建议。

8 月 1 日，评估组抵达泸水县，与县项目领导小组办公室人员座谈，听取项目实施情况汇报，交流本次评估的目的和意义，收集相关资料。

8 月 2—4 日，分别到泸水县鲁掌镇的紫肯村、老窝乡的崇仁村，上江镇的大练地村进行实地评估,与项目领导小组成员座谈项目,到项目村与农户访谈及实地考察。

8月5日,与泸水县项目领导小组办公室人员反馈与交流评估情况,听取项目可持续发展的实施意见和建议。

8月6日抵达腾冲县,与县项目领导小组办公室人员座谈,听取项目实施情况汇报和共同交流本次评估的目的和意义,收集相关资料。

8月7—9日,分别到腾冲县马站乡的胡一村、上云乡、芒棒乡(由于这两个乡村民居住比较分散,所以在这两个乡的实地评估是利用赶集日进行的,参与妇女分别来自十个村社)。首先与项目领导小组成员座谈项目后,又到项目村与农户访谈及实地考察。

28月10日与腾冲县项目领导小组办公室人员反馈与交流评估情况,听取项目可持续发展的实施意见和建议。

8月11—25日,整理信息、撰写报告。

(二)评估方法

1. 收集和查阅已有资料。查阅相关的活动记录、工作总结、各类报表、培训材料等。

2. 实地观测。项目参与农户家庭与市场情况。

3. 不同类型座谈会(县、乡、村项目办,并列席参与项目村大、小组会议)。以座谈会的形式与相关人员交流和讨论,了解宏观信息。

4. 参与性农村快速评估(PRA)方法。采用召开村民大会和随机抽样的方法,给予村民参与讨论和发言的机会,充分发表自己的意见。

5. 关键信息人访谈。与县、乡、村项目办公室人员、贷款大组长、小组长、参与项目农户妇女、村民等关键信息人访谈与交流。

6. 入户访问。到农户家进行入户调查,了解村民对LPAC项目的认识程度,了解村民参与小额贷款和生产生活情况。

7. 经济效益计量。

8. 项目区市场调查。

9. 设计项目结束后的可持续发展方案。

三、小型商业活动评估结果

(一)项目区农户妇女采用的小型商业活动

1. 贷款进行小型商业活动的类型

项目区妇女结合自己的经营能力和市场情况,选择了贷款的创收活动项目,大致有以下几种类型:

(1)种植业:贷款妇女约1500人,占贷款人员总数的32.6%,主要是利用贷款购买一些化肥、农药、薄膜等，从事蔬菜、水果和粮食生产。

（2）养殖业：贷款妇女约2700人，占贷款人员总数的58.7%，主要是利用贷款购买仔猪、母猪、仔鸡、仔牛、仔羊以及饲料等，将这些牲畜和禽类饲养成熟后，到附近市场出售。

（3）加工、商业、服务业：贷款妇女约四百余人，占贷款人员总数的8.7%，利用贷款主要从事一些剥核桃、餐饮服务、加工豆腐、小商品及农产品贩卖等活动。

以上的活动类型不是绝对的、单一的，而是重合性与综合性的。在贷款的农妇中，大多数贷款搞种植业活动，同时也进行着养殖和农产品加工、小商品及农产品贩卖等活动。例如，漾濞县是有名的优质核桃生产基地县，每到核桃上市季节，约100%的项目妇女都利用贷款作为收购、贩卖核桃的本金，从事小型商业创收活动。而在平时，她们以从事种植、养殖业活动为主。其他两个县也有类似情况。

2. 小额信贷活动的特征

（1）经济效益好

LPAC项目开展以来的小型商业创收活动，都收到了较好的经济效益。一方面，由于贷款妇女所选择的活动项目，均需要进行评估和审批，贷款程序严格按照贷款原则和"八项承诺"执行，保障了资金的用途和安全性，所以贷款妇女从事的创收活动基本是成功的。另一方面，贷款妇女具有发家致富的愿望，在创收活动中发挥了她们的聪明才智和吃苦耐劳的精神，为创收的成功打下了坚实的基础。

（2）周期短

根据LPAC项目实施管理方案的原则，在项目区进行的小型商业活动的贷款方式，基本上复制了孟加拉国乡村银行小额信贷模式（GB模式），其特征之一，就是小额度、短周期。在云南LPAC项目区实施的三个县，进行小额信贷的贷款周期分别为：3个月、6个月，最长不能超过12个月。从贷款项目开展以来，有的妇女已经获得8次贷款的机会，最少的已经进入第四轮贷款。短周期的贷款方式，提高了资金的周转率和使用率，同时增加了贷款的扶持力度和覆盖面。

（3）易操作

由于小额信贷的实施，已经有了一套比较成熟的管理模式和经验，其管理制度、原则和操作方法都比较容易操作。从创收的实践分析，贷款妇女所选择的创收项目，都是依据自己的家庭背景、经营能力和所具有的资源来进行的，也不需要特别的高、精、尖技术，所以实施起来有较强的可操作性。

由于投资少，生产规模小，生产周期也就相对较短，妇女的还贷压力相对不大，创收活动开展起来比较容易操作，也容易产生效果。

（4）带有明显"农"的偏向性

从贫困妇女的贷款项目分析，她们的贷款活动范围和类型带有明显"农"的偏向性，所从事的经营活动以种植业和养殖业为主，即便从事小型商业活动，贩卖的也多为农产品。

（5）带有"地域性"的商业活动

LPAC 项目所开展的商业活动，带有"地域性"特征，贷款妇女的小型商业活动基本上局限于本村、本乡范围内，漾濞、泸水的部分妇女也到县城和地州出售产品，但最远的路程也就在 30—40 公里之间。一方面，说明当地的商业市场为贷款妇女的商业活动提供了交易场所，也能满足基本需求；另一方面，也存在着贷款妇女的交易产品还不能进行跨地域交易的问题，因为产品的质量、数量和种类，不能达到一定的要求，到外地交易，成本过高。

（6）项目培训

培训是 LPAC 项目的主要内容之一。自项目实施以来，项目办始终将社会宣传与动员作为项目工作的重点，先后开展了妇女贷款小组组建、微型企业、MIS、项目基础情况调查、生命知识、农村环境卫生与个人卫生、艾滋病预防、禁烟、母亲安全与儿童营养、财务管理、生产技能、男性责任感、大组长职责等方面的培训。项目培训是开展小型商业活动成功的基本条件之一，也是最受贫困妇女欢迎的活动之一。

LPAC 项目实施的重要意义还在于，项目的开展在一定程度上解放了被长期束缚的贫困妇女，打破了从女孩时代代相传的从物质到精神的生活怪圈。女性所扮演的家庭和社会角色，反映出她们在日常生产、生活中的重要性，母亲的言行举止，影响着少年儿童的成长，儿童的耳闻目见，首先是母亲的行为，所以说母亲是儿童的第一任老师。从这个意义上讲，培训了妇女就相当于培训了几代人，改变了母亲的生活状况也许就改变了几代人。LPAC 项目的受益者，不仅仅是直接参与项目的妇女，而是全家乃至村社的乡亲，项目帮助妇女走出被一代代女孩相传的"贫困圈"，而且不仅仅是经济价值上的，更重要的是精神上的"贫困圈"。

（二）小型商业活动的效益

评估组在每个项目点随机抽取五户，进行经济、社会效益的计量分析。

1. 选择样本原则

（1）根据当地所从事商业活动的类型，按照比例进行样本户的选取。

(2) 选取中等户进行测算。
2. 计算方法
(1) 根据原则选取各个项目点的样本。
(2) 测算公式：总收益 = 经济效益 + 社会效益

其中：经济收益 = $\sum_{i=1}^{3} p_i$

$i = 1, 2, 3$ 分别代表种植业收益、养殖业收益和商业收益。

其中：

$$p_i = \left(\sum_{j=1}^{n} a_{ij} \times v \right) \times m_i$$

a：表示某贷款农户；
j：表示贷款次数，j 是 1 到 n 之间的某一数字；
v：收益率；
m：表示贷款户数。

(3) 同类型可以测算出总值：分别计算出不同项目点的总值。
3. 经济效益计算结果（见表 3-1）

表 3-1 云南省 LPAC 项目不同类型的活动在不同项目点的经济效益情况（单位：元）

名称	养殖业	种植业	商业	总计	户均
漾濞县	366939.3	390215.3	109534.1	866688.7	509.8
泸水县	454440	340366.3	342221.1	1147027.4	936
腾冲县	1178661.4	61267.1	74227.4	1314149.9	800

（三）小型商业活动对社区发展和贫困妇女的作用
1. 促进妇女思想观念的转变

各种培训与交流，丰富了妇女的知识，思想观念有了较大转变。一是改变了男主外、女主内的观念。项目实施前，贫困妇女主要劳作于田间地里和家务，视经商为害羞之事，一般情况下不会到集市出售自己的农产品，更不会和不愿做生意。参与小型商业活动后，创收能力特别是市场竞争能力得以提高，还款压力逼着她们从事经营活动的同时激发出她们的聪明和才智，把她们与市场联系起来，增强了经济意识。现在的项目妇女，不仅大胆从事商业活动，在集市上讨价还价，而且还相互交流经营经验。大批女能人脱颖而出，并带动了其他妇女。特别是由于贷款妇女都能按时借贷、按时还贷，从而培养了她们诚实守信的市场经济观念。贷款妇女小组互助、互督、互保，使她们自觉养成了团结互助的习惯和观念。二是增强了妇幼保健意识。过去，妇女有病（妇科）不敢讲，更不愿意到医院检查和治疗；通过生命知识等方面的培训，使她们懂得了妇幼保健的重要。对预防疾病也有了新的认识，改变了不良的卫生习惯和儿童营养调剂。

2. 提高了妇女的家庭、社会地位

项目给予了妇女表现自我能力的机会和场所，使她们能够通过参与创收活动发展家庭经营，有了经济基础和支配的权利，她们的作用得到了家庭和社会的认可，提升了在家庭和社会中的地位。贷款妇女通过参与项目实施以及各种培训，摆脱了旧思想意识的束缚，树立起自立自强、诚实守信、团结互助的意识。在传统的旧思想意识的束缚下，项目区各民族妇女被认为只能是依赖丈夫、听命于公婆，她们的聪明才智被压抑、埋没了。"贷女不贷男"的小额信贷制度，由贷款妇女自主选择项目，自己实施项目，并获得了成功，增加了家庭收入。丈夫、公婆和社会都对妇女另眼相看，妇女参与项目活动后由被动到主动地参与家庭的决策、经营等活动。例如，在家庭经济支配、对孩子（特别是女孩）的教育方面，贷款妇女都有决策的权利，从而增强了她们自立自强的思想。

项目妇女随着创收活动的实践和锻炼，涌现出一批贫困妇女中的佼佼者，成为依靠自己辛勤劳动致富的带头人，例如，漾濞县上街镇的养猪能手吴树英，河西镇的大棚蔬菜种植能人李树华、黄贵香，金牛村的养殖户杨定芝、任月水，泸水县上江镇大练地村的养鸡、豆腐加工能人张文绣，荣华村的尹慧琪、鲁掌村的石华妹，腾冲县马站乡的养鸡能手王兴桃，土特产品加工者董保英、赵家招，为家乡绿化作出贡献的树苗培育者黄继金等，数不胜数。她们创收活动的成功事例，在贫困地区起到了良好的示范和带动作用。

部分妇女通过参与项目的实施，被培养成为能够参政、议政的领袖人物，例如，泸水县鲁掌乡的傈僳族妇女邬小凤身兼贷款大组长和紫肯村妇女主任两职。腾冲县上营乡的谢金菊由一名普通的贫困农村妇女，成长为身兼数职（贷款组大组长、村民委员会委员、妇女主任、乡人大代表）的领导人物。

3. 促进了农村"两个文明"建设

一是有了经济基础后普遍加强了对孩子教育的重视和投入，特别是项目对失学女童的救助，真正做到了为贫困妇女排忧解难，促进贫困地区教育事业的发展。过去，项目区的贫困妇女为了供孩子上学，不惜代价地向别人借高利贷，一般月利率为5%—10%，据调查，腾冲县上营项目乡约有30%的贫困妇女为了孩子上学，借用过高利贷。自从参与了LPAC贷款项目后，就不需要再借高利贷了。二是妇女能力的发挥与体现,改变了男性对妇女的偏见,妇女得到了尊重,减少了家庭矛盾、邻里矛盾,社会治安也得到了较大的改善,项目区形成了夫妻和谐、尊老爱幼的新风尚。三是村社的生活环境得到了一定的改善。在联合国儿童基金会和社会各界的帮助和扶持下,三个项目县共修建了户型卫生厕所155所,公共厕所十余所,改善了项目村的卫生条件,提高了社区文明程度。四是项目活动把贫困妇女从生产、生活方面都组织了起来,利用大组会议机会和在茶余饭后,开展了各种经营生产活动交流、文化生活学习交流。一些项目村还组织了妇女文艺队、歌舞队,自编自演,自娱自乐,大家在一起学习文化、交流经验、唱歌跳舞,增强了妇女的凝聚力。儿基会对三个项目县配送了电视机和 DVD,丰富了农村文化生活,促进了农村精神文明建设。

4. 增进了妇女的团结与合作

LPAC 项目的实施,增强了妇女的团结合作精神。例如,泸水县上江镇的一个贷款小组,她们把五户人家的分散的贷款,合并起来使用,共同经营生猪贩卖生意,大家协定风险共担,利益同享,体现了贫困妇女团结互助、合作创收的精神,收到了良好的经营效益。

腾冲县上营乡项目办,把项目妇女组织了起来开展各类培训和贷款创收活动,现在的 LPAC 项目办已经成为一个名副其实的"妇女之家",项目妇女们利用每周赶集时间,不约而同地到"妇女之家"进行交流。妇女们说,项目主任是她们的贴心人,对她们的帮助太大了。妇女们说:是 LPAC 项目给予了她们这个机会和权利,否则,乡政府在哪里都不知道,就是知道,如果没特殊事由,根本就不敢进政府大门。如今可以理直气壮地回"家",即便是项目主任不在,她们也能够相互交流,自己活动。如果谁家里有其他事不能参与交流活动,会感到非常遗憾。

5. 培养和锻炼了一支懂业务、会管理的高素质项目管理队伍

LPAC 项目实施以来,从县、乡到村已经培养与锻炼了一支懂业务的项目管理队伍。这一支队伍通过多次培训,已经接受了 UNICEF 及国际社会关于农村社区发展的最新理论与方法的培训,包括相信并依靠当地贫困农民的能力,特别是贫困妇女的能力,实施参与性和小额信贷,等等。项目实施过程中,正是由于这一支队伍认真负责和辛苦的工作,才保证了项目按照 UNICEF 的要求,顺利地进行,并取得了预期的成就。

(四)小型商业活动对社区社会发展的作用

PLAC 项目的实施,使项目区妇女、儿童的生存环境发生了明显的变化和得到了逐步改善,贫困妇女贷款解决了部分家庭对孩子教育的费用问题。

妇幼保健知识的培训、基础教育知识讲座、妇女创收、人畜饮水工程和环境卫生等项目的实施，不同程度地改善和提高了贫困地区妇女的生存条件和发展条件，极大地促进了项目县妇女、儿童发展纲要和社会发展目标的实现，提高了学龄儿童和女童的入学率，降低了孕、产妇死亡率和婴幼儿死亡率。

（五）项目经验

1. 政府配套资金的及时到位

通常来讲，国际援助项目都要求政府给予配套相应的资金，但是能真正落实到位的却不多，而且大多以办公地点、人员投入和办公设备进行折算作为实物配套资金。PLAC项目除了提供这些必要的支持外，省、地、县各级财政均投入了相应现金，并且到位及时，保证了项目的顺利开展。

2. 各级领导的高度重视

云南LPAC项目从一开始实施，就得到了项目县的高度重视，并及时成立了县项目领导小组，组长由县长担任，副组长由分管妇女儿童工作的副县长担任，成员由妇联、扶贫、教育、卫生、财政、水利、农业、审计、科技等相关部门负责人组成。领导小组负责项目工作协调和跨部门协调。领导小组下设由专职人员组成的项目办公室，负责日常事务工作。在每个项目乡也相应地成立了领导小组和项目办公室，聘用了村级项目实地工作人员，相对保证了项目工作人员的长期稳定性，为项目的顺利开展奠定了基础。

3. 省、县、乡三级项目办管理有序

省、县、乡三级项目办的运作项目程序表现出有序性和项目管理规范性。其表现为：项目机构健全，实施中遵循了相关的管理制度和操作原则。各级项目办公室有固定的办公地点和设备。逐步完善了财务管理中的监测与评估体系，县、乡、村对项目的实施情况每年作出总结，并注重贷款前和贷后服务，帮助村民作项目计划和可行性分析，提高了项目的成功率。

漾濞县项目办将各项材料（相关文件、工作总结、财会报表、账本、来函、来电、来信等）分类后，按照年份归档保存。各大组的每次例会活动，从参与人员、会议时间都有较为详细记录。

腾冲县马站乡项目办，将贷款的审批权放到村委会，由各组的大组长担任本组的信贷员（无偿）。一方面，因为村委会对每户村民的情况都比较了解，从项目活动的选择到村民的经营能力都可以作出准确的判断，从而保证了项目的成功率和贷款资金的安全性。另一方面，由各组的大组长担任本组的信贷员（大组长也是贷款妇女，虽然工作是无偿的，但得到领导和村民的信任，是一种精神上的鼓励。如果干得出色，在每年的工作会议上会得到表彰和奖励，目前积极性也很高），可以减低工作成本。

4. 目标瞄准了贫困妇女

LPAC 项目的实施坚持小额信贷的基本原则，从制度上保证把宝贵资源送达贫困妇女。在中国贫困地区的实践中，一直存在着宝贵的扶贫资源难以送达真正的贫困农户的问题。而 LPAC 项目为了把资源真正瞄准贫困对象即贫困地区的贫困妇女与儿童，坚持了国际公认的小额信贷基本原则。例如，贫困妇女必须组成贷款小组、放贷还贷在大组会议进行、较高利率、整贷零还，项目区内的村干部及家人等强势人群就舍不得贷，因为他们发展家庭发展经营若需要贷款，可以凭自己的地位与关系到农村信用社贷到较低利率的款；由于整贷零还、贷款小组和大组会议需要占用不少时间，他们也就不愿意向 LPAC 项目贷款。这样宝贵的资金就从制度上瞄准了贫困妇女。对于贫困妇女来说，整贷零还的还贷方式，可以减轻妇女的还贷压力。贷款项目依据谅解备忘录规定，小额信贷在发放贷款时预先扣除，还款实行分期等额归还办法，即贷款期 3 个月以下的，到期依次还清；3—6 个月以内的，分 2 次或 3 次还清，即贷款后 3 个月还一次，到期时还清（漾濞、泸水方式）；6—12 个月以内的，每月还款一次。对于 6—12 个月贷款期的，每月还款可以等额，也可以多还或少还，但到期必须全部还清（腾冲方式）。这一灵活的做法，适应了贫困山区贷款妇女大都通过饲养小鸡、出售农产品和外出打零工挣钱的实际，即有钱的那个月多还，少钱的那个月少还，给贷款妇女带来了很多的方便。三个项目县的贷款妇女，在贷款期间坚持执行每月存款制度，项目妇女可根据自己的经济能力进行存款储蓄，培养了贫困地区妇女的金融意识。

5. 多部门密切合作与支持，保障项目目标的实现

LPAC 项目实施以来，得到了县内财政、科技、教育、卫生、妇联、农业、畜牧、扶贫、民政、水利等各有关部门的大力支持，经常结合农户的需求，为项目区妇女进行各类培训。经过不断的探索与实践，已经初步建立了一套可行的、有效的、具体的跨部门合作机制。通过定期性的领导小组会议和跨部门工作会议，统一制定和实施发展目标。并在各种活动中吸收其他部门的先进经验，引进人力资源，为项目区妇女进行各类培训。

（六）存在的主要问题

1. 资金投入远远不能满足项目区贫困妇女的需求

虽然 UNICEF 对 LPAC 项目投入了大量资金，云南省、地、县三级政府也配套了较大比例的资金，但是仍然远远不能满足项目区贫困妇女的需求。目前，贷款仅仅在有限的 10 个乡 38 个村中运转，而且在项目村中也仅有 20%—40% 的妇女能够得到贷款（也有个别项目村的贷款妇女占 80%），受

益人口覆盖仅占项目县农业人口的2%左右。还有相当部分贫困人群，特别是妇女和儿童需要得到帮助。项目村贫困妇女在与审评专家座谈时，无一不强烈要求项目增加小额信贷的资金投放，特别是那些至今尚未贷到款的贫困妇女，大都以热切期盼的目光和言谈，强烈要求加入小额信贷的行列。

从云南省的情况，虽然扶贫攻坚取得了很大成就，但是由于历史的、自然的、社会的和体制的等多方面因素，至2004年底，仍有700万农民处于贫困之中，腾冲、漾濞、泸水三个县还有大量的人口处于绝对贫困状态，急需得到政府、社会各界和包括UNICEF在内的国际组织的扶持。

2. 县、乡两级项目办尚需取得准金融机构的权力

目前，县、乡两级项目办实际上在运作小额信贷的资金，已经是名副其实的准金融管理机构，需要通过改革、规范、注册登记而取得合法地位。因为在未取得合法地位的情况下，其业务扩大以及横向、纵向联系都将发生困难与障碍。然而，由于中国农村金融改革严重滞后，深入改革尚有个过程，县、乡两级项目办改成小额信贷管理中心有一定的困难。

3. 县、乡实施机构目前仍处于"临时性"状态

目前，县和乡的实施结构是临时组建的，不具有可持续性。在进行项目的管理和项目运行中，项目办工作人员也是项目的受益者，能够得到其他工作人员不能得到的各类培训，都抱有很高的热情，投入到这项具有特殊意义的工作之中，作出了一定的贡献。然而，由于他们不在原工作岗位，就不能参与单位上的职务、职称晋级，LPAC项目办又只是一个临时机构，没有编制，也不能解决职务、职称晋级。乡级项目办工作人员全部是兼职的，他们各自都有自己的日常工作，在工作中难免会顾此失彼。这样的情况，在短期内可以保持工作热情，但时间长了是不行的。项目贷款的信贷员也是暂时的，而且对项目的管理工作是无偿的，虽然他们当前的积极性很高，但如果没有相应激励措施，也是不可持续的。况且项目即将结束，项目办人员何去何从，不可而知。

4. 县、乡、村三级农户对项目结束后的安排心中无数

虽然当前农户的贷款积极性很高，但是她们非常关心在项目结束后能否贷到款、或者项目能否顺利运转，普遍存在一定的顾虑，主要表现在：

——可能将来贷不到款，而把贷款给强势人群。

——贷款也会随着项目结束而结束。

——贷款数量将来会减少。

——运作成本没出处。

5. 乡一级工作人员下村开展工作者缺少交通工具问题

乡项目办距项目村都有一段相当的距离，由于山村路况条件较差，交通十分不便。由于没有必要的交通工具，项目工作人员每到一个村，来回需要步行几十公里的路程，不仅十分辛苦，而且还对项目工作的顺利开展造成了一定的影响。

四、项目区小型商业活动市场评估

（一）市场类型

在 LPAC 项目点，以市场交易量和距离农户居住地的距离为标准，项目区的市场类型可以分为三个类型：一是常年市场，主要是县政府所在地的市场；二是具有一定周期的集市，如乡政府所在地市场和一些村寨的市场（每年1—2次）；三是不定期的交易，如村民间自发调节所形成的市场。

1. 县政府所在地的常年市场

县城是人口聚集的地方，城市化水平较高，这些长住居民的生计通过市场的交换得到满足，因此，这些市场是常年存在的，长期存在交换，且竞争激烈。

此种市场的优点：一是人口多，商品需求量大；二是相对交易价格较低，但交易成本较高；三是交易品种多，可以满足农民的多方面需求，既可以卖一些蔬菜、瓜果等农副产品，也可以采购一些家中所需要的衣服、日用百货等。

其缺点是：县城距离村民的居住地有一定的距离，且距离不一，远则3个小时以上的路程，是项目村到乡政府所在地和乡政府所在地到县城的距离之和。如表3-2：

表3-2　　　　　云南 LPAC 不同项目点距离县城的距离

项目县	漾濞县	泸水县	腾冲县
项目乡	平坡镇	鲁掌乡	上云乡
项目村	石屏村	紫肯村	下营村
村距县城距离（公里）	20	30	30
所需费用（元）	5	10	10

从表3-2可以看出，县城由于距离部分项目村距离太远，交通成本加大，不利于村民低利润的小宗商品交易。调查发现，在表3-2所涉及的村庄居民中，仅有不足20%的农户参与过县城市场的交易；其他交通较方便的地方的农户参与此市场的次数较多，每年有十次左右不等。另外，村民所交易的商品具有一定的局限性：村民销售所种植和养殖的蔬菜、瓜果、鸡、

牛、猪等商品,"顺便"从市场上购买一些日用品、调节粮食等。所销售商品限于与"农"紧密相关,且以原材料为主,无附加值,相反所购买商品以"日需"为主。

2. 乡政府所在地和较大村寨的定期集市

在所调查的项目点,农户参与较多的定期市场是乡政府所在地的集市。集市周期不一,漾濞县的平坡乡、腾冲县的上云乡和泸水县的老窝乡均是每周一次集市;泸水县的蛮蚌村是每五天一次集市,泸水县的鲁掌镇是周四和周一是集市;漾濞县的不同乡镇在一个星期七天内轮流集市。各地集市周期的不同,方便了不同地方的村民需求,他们可以根据时间安排来参与不同的市场交易。

定期集市的优点是:一是距离农户居住地近,一般在10公里路程以内,由于山区路途艰难,村民们需要绕着山行走或爬山,因此需要较多的时间,远则需要2—3小时。二是参与的农户数量多,由于村民的商品交易绝大部分是集中在这种市场上,村民可以在此销售商品获得货币收入,同时使用这些收入来购买村民们接下来七天内(或者五天)所需要的日常用品、食品、衣服等,由此可见此种集市对于村民的重要性是非同寻常的,所以大部分村民要空出此天来参与集市。三是交易物品以农户的日常消费为主,主要包括农民销售的蔬菜、瓜果、牛、猪、羊等,以及农民需要购买的衣服、食物、农具、日常用品等。此外,这种市场还承担着村民信息交流乃至青年男女相亲、谈情说爱等功能。

这些定期市场也存在一定的缺陷:一是交易物品数量有限,一些农具不能够获得,所交易的物品的重要特点是"小",由于山区的交通不便,因此这些商品是容易运输的,且可以满足多个村民的需要,所以农户所需的大型用具便难以在此市场上购买,如:大型农具、电视机等。二是由于农户所生产的商品趋同,竞争比较激烈,所以价格一般偏低,例如,在调研中发现,定期市场的一些商品价格比县城所在地的市场价格有0.5—1.0元的差别(仅限于农民按斤所销售的蔬菜、瓜果、鸡、牛、羊等)。

3. 本村寨的农户商品自发调剂

由于集市受日期限制以及农户家庭距离城市路途的约束,村寨的农户之间的商品自发调节成为可能。这些交换的商品主要是农户急需的物品,例如、鸡、猪、羊等,以及一些粮食、蔬菜等农户所能够提供的用品。自发调剂商品的日期和数量不一,价格由村民根据市场价格进行协商。村民间的商品自发调剂不但可以满足需求方对商品的急切需求,还能够减少村民上集市销售商品所需的费用。但是村民间自发调剂的数量少,有些商品由于尚未达到成熟期，因此也会影响到产品的价格。

（二）交易方式

随着我国市场化程度的加深，农村的市场化程度也在逐步发展。在所调研的项目点，其交易方式主要包括以下四种：一是现货与货币的交易，这是最为普遍的交易方式。二是企业和村民间订单交易，这些主要存在于龙头企业和农户之间的交易，主要是特色种植业和养殖业。由龙头企业提供给农户籽种、幼苗或者幼仔，农户根据企业的要求进行管理，例如，打农药、施肥、打防疫针等，最后按照预定的价格进行交易，最终双方都可以受益。在腾冲县的上云乡有茶叶订单、烤烟订单等。三是村民间的口头订单，这些订单是短期的，依靠村民的信誉为基础的交易，由双方协商价格，但一般数量少。四是以物易物，这种交易方式主要存在于绝对贫困户之间，因为他们手里没有必要的货币。

（三）交易品种

从供给和需求两个角度分析，调研点农户所进行的交易可以分为两大类，一是农民可以供给的产品，主要包括农民自己生产的商品，即农民田地中所种植的粮食类：玉米、稻米；蔬菜类：南瓜、白菜、萝卜、生姜；其他的核桃、水果等，以及畜牧产品，如牛、羊、鸡等。此外部分农民的贩卖品，是农民不是作为生产者而是作为销售者的商品。漾濞县的平坡乡和河西乡的农户在核桃成熟季节，从生产核桃的山上村庄购买核桃，然后经过初级加工——剥出核桃仁，再到市场上销售，从而赚取加工费；还有一些牲畜的贩卖，赚取差价；以及一些日用百货等。二是农户所需要的产品，包括农户发展生产所需，例如，种植所需要的各种粮食的籽种、化肥、地膜等，水果树的幼苗，养殖所需的各种牲畜的幼崽等，以及农户消费所需的日常用品、衣服、食物、蔬菜、瓜果等。

（四）交易量

在农户所交易的商品中，市场交易量的变化具有一定的特点：

一是农户所能够生产的商品具有明显的季节性。由于市场供需均衡的原因，在此分析按照农户的供给进行分析。最为明显的是当地农民所种植的蔬菜和瓜果类。在夏天和秋天，由于农户生产的类同性，从而导致产量很高，市场货源充足，商品供给大于需求，这些农产品的价格往往导致农户的收入不能达到农户的意愿，出现"丰收伤农"的现象。同时，由于价格便宜，其需求量也是很大的。另外畜牧业的生产在夏季和秋季也是生产和销售旺季，由于此季节的水分、热量和草源比较充足，适合牲畜的生长，因此这些季节的农户所供给的畜产品比较多，价格也就有所下降。

二是农户所购买的日用品、衣服的交易量随着季节和农户收入的变化而变化。由于市场供需均衡的原因,在此从农户需求的角度进行分析。首先,日用品和衣服的交易量与农户的季节性需求具有明显的正相关。其次,农户所需的日用品和衣服与季节也有一定的相关性,在夏季和秋季中,由于农户的种植和养殖的收入来源充足,所以对所需商品的购买力也就越强;相反在收入不足的春季和冬季,农户的消费相对较少。

在项目点的调研中,农户的商品交易量可以通过农户所销售商品的商品率来表现,可以使用如下公式进行检验:

$$商品率 = \frac{产品产量 - 农户消费量}{产品产量}$$

因此,农户种植业的商品率一般较低。由于山区农户的土地面积有限,货币收入的不足影响农户购买粮食的能力,农户的粮食一般仅够满足农户的消费量,因此,分子正好是接近于0,甚至是负值,商品率是零或者负值。而农户的养殖业的商品率一般较高,养殖业是农户的主要货币来源,一般情况下,农户养殖牛和鸡完全是用来销售,获得收入,因此商品率是接近于1;项目点的农户养殖猪的数量比较多,平均在五头左右,根据当地的习惯和风俗,农户一般需要在过年时,自己消费一头猪,其余的用来销售获得收入,因此,猪的商品率是80%左右。

(五)交易价格

在项目点的调研中,农户所交易商品的价格具有两个特点:

一是受季节性变化的影响。在夏秋季节,农牧商品供给的旺季,这些商品的供给量大,价格一般偏低,影响农户收入。

二是受交易市场大小的影响。在此的分析仅限于县城市场和乡、村寨市场的比较。在调研中发现,农户在县城市场交易的价格往往比乡、村市场的价格高出1—2元/公斤。这是有两方面的因素所决定的,首先是县城市场距离农户居住地的距离较远,车费相对贵,所以商品价格中包含此成本;其次,乡村市场由于具有同样的地理、热量、水分特点,生产趋于类同,因此,同样的产品较多,竞争往往非常激烈,甚至供给大于需求,出现价格较低的现象。

三是交易产品受市场相关产品的交易价格影响。农户在养殖猪的过程中,往往受到猪饲料价格的影响,猪饲料的主要成分是玉米。2005年上半年旱情的发生,严重影响了粮食的种植时间和田间管理,更影响了农户对未来的悲观预期,因此,出现粮食价格的上涨,包括玉米价格的上涨,直接影响了农户养殖猪的成本,因此,其价格也会受到一定的影响。

（六）发展趋势

通过对云南省/联合国儿童基金会资助的三个项目点——漾濞县、泸水县和腾冲县的调研，其市场的发展趋势表现出如下的特点：

一是交易品种的增加。随着项目培训的深入，农户的种植业和养殖业的发展项目，不再局限于老品种的种植和养殖，而是更多地引进新品种，市场上出现各种新的品种，例如，新品种的仔猪、新品种的玉米种子、稻米种子，以及新品种猪肉、甜翠玉米、高产稻米等。

二是交易数量的增加。项目实施以前，农户拥有货币有限，所以购买力有限；随着项目的发展，农户可以贷到更多的款，可以支配这些资金，从而可以带动当地的交易市场；同时项目对农户的增收，使得农户有更多的货币，购买自己所需要的商品，再次拉动了交易量。

三是交易价格的趋于稳定。项目实施前，农户的需求量少，市场的供给也较少，因此，产品的价格高、不稳定；随着项目时间的延长，农户拥有现金数量的增加，也有能力种植和养殖这些价格高的产品，从而改变了供需平衡，使得价格下降，趋于稳定。

四是交易方式多样化。随着农户市场化观念的加深以及地区商业的发展，市场化趋势也与日俱增。农户的交易不再限于简单的物与货币的现场交易，将会出现更多的订单交易，包括订单农业，如优质茶叶、当地土特产等。这种趋势将加快地方的经济发展。

五是市场化程度增加。农户手中现金数量的增加，必将带动当地商品流通的速度，促进市场的发展。首先的表现是市场数量的增加；其次是农民交易次数的增加，农户不但有能力购买自己的生产、生活资料，也会增加消费资料的购买；最后是商品率的增加，农户所生产的商品不再限于自己的消费，而是更多地用来销售，促进市场化的完善。

五、项目可持续发展的建议

（一）以县或乡项目办为单位在民政局注册为独立法人

调研中发现，此项目取得了一定成功，但是当前此种小额信贷存在一些问题：村民资金需求量远远不能得到满足，每村最多拥有资金10万元，按照每户2000元（从第三次贷款开始）计算，仅仅能够满足50户的贷款。按照每村拥有400户（2000人）计算，如果按照每户每次均可以得到贷款（联合国儿童基金会的运作模式），则全村需要贷款的数量是80万，这是项目所远远不能够满足的；另外如果按照YUEP项目的模式，小组内农户轮流计算，完成全村的一次覆盖大约需要8个周期，即使周期是半年，全村覆盖也需要四年的时间，因此，从时间上看，也是不可行的。因此，如何获得更多的运作资金成为当前项目应该解决的首要问题。唯一可行的办法，就是项目办获得从银行贷款的权力，即成为有独立运作和贷款资金的权力，必须首先注册为独立法人资格，这也是可持续发展的基础。

项目办取得独立法人资格也符合我国的 2004 年和 2005 年一号文件的精神。2004 年中央一号问题中提出："鼓励有条件的地方，在严格监管、有效防范金融风险的前提下，通过吸引社会资本和外资，积极兴办直接为'三农'服务的多种所有制的金融组织。"2005 年中央一号文件中提出："培育竞争性的农村金融市场，有关部门要抓紧制定农村新办多种所有制金融机构的准入条件和监管办法，在有效防范金融风险的前提下，尽快启动试点工作。有条件的地方，可以探索建立更加贴近农民和农村需要、由自然人或企业发起的小额信贷组织。"

谅解备忘录规定在县级政府项目办下面，设立贫困地区社会发展小额信贷管理中心，属自收自支的事业单位，负责对贫困妇女小额信贷的管理；中心主任由县项目办主任兼任，业务人员由县项目办择优选聘，竞争上岗，工资来源于小额信贷基金贷款使用费，实行工效挂钩。根据国内外的经验，一个小额信贷机构若要自负盈亏，必须至少有上万个贷款客户。显然，目前云南 LPAC 项目县均不具备这样的规模条件。若要 LPAC 项目具有可持续性，就必须按照政经分开、政企事分开的原则，将专门从事小额信贷运作的组织机构改造成自负盈亏，具有独立法人资格的机构。

县、乡项目办注册成为非营利性的民间社团机构后，就可以单独进行一些商业融资活动，包括向农业银行、信用社等金融机构贷款，来满足当地村民贷款的需要，以此来扩大项目对农户妇女的覆盖率，以及促进项目的进一步发展。作为过渡，可先代替农业银行、信用社运作支农、扶贫等资金。为此，调查组曾与三个县的农业银行、信用社的负责人交换意见，获得了明确的支持。

（二）从乡农信社、农行融资以扩大本金

目前，农村信用社和农业银行等金融机构的贷款任务重，有的甚至不能够完成，但是却从农村市场中退出，与村民强烈需要得到发展资金的现状严重矛盾。这种退出是由于农村信用社和农业银行的农户贷款模式和操作程序存在一定的问题，在所调研的每个乡都存在农行和农信社的小额信贷拖欠问题，且数额较大，一般都在 10 万元以上。

漾濞县信用社每年的支农资金达到 2800 多万元，由于贷款数额大，收款成本高，因此现在有所"保留"；农行的小额信贷支农资金每年也有 100 万元，但是由于运作模式问题，也不敢发放。因此，金融机构的贷款压力非常大，苦于没有找到合适的运作方式。

在这种情况下，在县、乡项目办注册为独立法人的基础上，可以向当地的农村信用社、农业银行贷款来满足村民的强烈需求。农村信用社和农业银行每年都有一定支农资金，可以部分交给项目办来运作，一来可以增加本金；二来可以增加贷款农户的数量；三来可以为这些金融机构的工作减少负担。最终可以实现"多赢"的结果。

农村银行的工作人员认为，项目办注册为独立法人后就可以贷到款，从而建立起这种贷款机制，但是必须解决一些遗留问题：由于历史原因，目前农业银行的农户小额信贷方法是"只收不贷"，这是云南省农业银行的政策。因此，必须从云南省政府和农业银行的政策变化来解决这个问题。

（三）受托运作扶贫办小额信贷款

在项目点的调查过程中，当前扶贫办的扶贫模式是通过实施项目来给予资金支持和实物的配套，并且扶贫办已经停止或者减弱了扶贫的小额资金贷款。以泸水县为例，每年仅仅有100万元左右的小额信贷贷款。但是由于运作模式的选择不恰当，运作制度的不健全，以及部分农户所形成的"政府扶贫贷款可以不还"思想，致使许多贷款不能够收回。最终结果是，项目点的许多村庄和大量的农户往往不能够得到发展的垫本贷款。

因此，LPAC 小型商业活动评估组认为，解决农户当前的发展资金需求是首要选择，可以结合目前本项目运作所产生的经验，在项目办注册的基础上，吸纳扶贫办的小额信贷资金，使用本项目的小额信贷运作模式和制度安排，对当地农户所组建的大组和小组的农户贷款。其结果是扶贫办解决了小额信贷不能成功实施的问题，也可以使当地的农户得到发展的本金，最终实现互补，带来"双赢"的结果，促进当地扶贫工作的进一步发展。

（四）坚持目标瞄准贫困妇女

LPAC 项目的总体目标是：促进县级制定妇女儿童发展事业规划及资金投入的能力建设，实现贫困地区儿童妇女的发展目标；项目小额信贷的本质是瞄准贫困妇女，项目的规程中明确写到"贷女不贷男"的原则。在项目的实施过程中，坚持这一原则的情况下，使得项目的成功率和还贷率非常高。因此，必须继续坚持此原则，如果有所违背，将会出现一些项目的失败，影响还款和项目的继续运行。

建议 LPAC 项目按照从制度上入手自动瞄准贫穷妇女的小额信贷模式实施方法，坚信女性是最讲信誉、最具有责任感的人，通过实施项目促进农村妇女独立经营创收活动，改善和提高文化生活与卫生习惯，提高妇女的自身价值和地位，促进农村经济的发展和农户的增收。

（五）探索属于村内妇女集体所有、由项目村妇女自己管理的小额信贷基金

目前，LPAC项目小额信贷基金的所有权尚不明确，管理权属于县、乡两级项目办。这适应了LPAC项目的实际情况。由全球环境基金（GEF）资助、联合国开发计划署（UNDP）协助的"中国云南山地生态生物多样性示范项目（YUEP）"探索出属于项目村村民自己所有、自己民主管理的社区基金，按照小额信贷的原则运作，实践证明取得成功。由于属于村民自己所有，村民管理得非常严格、使用得比较公平合理、监督得十分有效，而且运作成本很低。建议LPAC项目参考。

（六）扩大技术培训

联合国儿童基金会的LPAC项目的培训主要包括两类，一是项目要求必须完成的培训，包括妇女小组组建培训、经营计划与市场培训、生产与生活技能培训、环境卫生与个人卫生教育培训、女童问题教育培训、生命知识培训和男性社区责任感培训等；二是项目点根据自己的情况所开展的培训，主要有水稻中后期管理技术培训、水稻瘟病的防治培训、农药的基本知识及如何识别和安全使用农药培训、反季蔬菜培训、无公害农产品及其生产技术操作规程培训、选择优良猪种与建立杂交生产培训、母猪饲养管理培训、仔猪培育培训、配制饲料培训、饲舍改造培训、养猪和沼气的合理利用培训、人工种草的培训等。

培训存在一定的问题和局限性：首先不是所有的县项目办都能够做好第二类培训；其次，培训的重点还在于如何发展农业，即培训内容仍旧限制在以"农"为主并且是一些基础培训的圈子中。

因此，在培训方面应该注意以下三个方面：一是后继培训的加强。在调查中发现，每个项目办均能够很好地完成儿童基金会所要求的第一类培训，同时联合国儿童基金会的培训内容仅仅限于新项目点的培训，对于原来的项目点不给与后继发展的培训经费，因此，农户的发展所需技能不能跟上。例如，农户贷款买到了良种，并且学会了良种的种植，但是更重要的田间管理和市场分析的培训却没有。二是相关技能培训。世世代代生存在农村的农户已经掌握了一定的生产技能，并且在现有资源约束的基础上，达到了资源的最优配置。他们更需要的往往是如何适应外部环境，通过培训得到一技之长，在农村以外的地方找到发挥的机会，从而解决农村的就业问题，达到增收的目的。三是更多良种、良法的推广培训。实践证明，农业良种和良法可以更好地增加农业产量，增加农民收入，但是项目办并没有寻找到更多的相关培训项目用在农村的发展中。因此，更多的良种和良法应该用于农村经济

的发展，农民的增收和农村的繁荣中。

（七）加强与其他国际组织小额信贷项目的合作与交流

近几年来，国际组织在中国西部贫困农村从事发展项目越来越多，许多项目都在进行小额信贷的试验与示范，各自都创造了不少经验。中国社会科学院贫困问题研究中心还成立了中国小额信贷网络。建议 LPAC 项目加强与其他国际组织小额信贷项目的合作与交流，取长补短，共同为中国西部的扶贫作出贡献。

参考文献

1. 《中共中央、国务院关于促进农民增加收入若干政策的意见》，《人民日报》2004年1月9日。

2. 赵俊臣、罗荣淮、宋媛、张体伟：《小额信贷——贫困农村妇女发展的保证——联合国儿童基金会援助云南贫困地区社会发展项目的审评报告》，中国农村研究网2005年6月27日；三农中国 2005 年 6 月 27 日；NGO 发展交流网 2005 年 8 月 13 日。

3. 赵俊臣、宋媛：《评云南自然村村民基金试验——兼议中国农村的金融创新》，《经济学消息报》2004 年 10 月 1 日第 3 版。

4. 赵俊臣、乔召旗：《农村民间基层金融组织是农村发展的核心》，三农中国 2005 年 7 月 29 日；浙江大学卡特中心 2005 年 7 月 29 日；百信之窗 2005 年 7 月 29 日；农民维权网 2005 年 7 月 30 日；中国农村研究网 2005 年 7 月 31 日；易县门户网 2005 年 7 月 31 日；常德农经网2005 年8 月 7 日；学说连线网2005 年 8 月 7 日。

5. 赵俊臣、乔召旗：《西部农村基层新型社区组织的经济学思考》，人民网 2005 年 7 月 25 日；长城在线 2005 年 7 月 26 日；中共中央国家机关工作委员会主办《紫光阁》2005 年 7 月 26 日；学说连线网2005 年 7 月 21 日。

注：本文原为中国政府和联合国儿童基金"贫困地区儿童规划与发展项目"（简称 LPAC 项目）项目办撰写的调研报告，参加调研与写作还有的罗荣淮、乔召旗。

曾在以下网站或发布或转载：天益网 2007 年 7 月 29 日；中国选举与治理 2007 年 7 月 30 日；南京农业大学社会研究所 2007 年7 月 30 日。

第十四章

"霍山模式"的魅力与发展空间

——荷兰政府援助中国安徽省霍山县
扶贫项目的案例

改革开放以来，国际组织、发达国家政府先后无偿援助了一批中国农村扶贫和农村发展项目。安徽省霍山县中荷扶贫项目是比较突出的一个项目。

霍山县是安徽省的17个国家级贫困县之一，地处皖西大别山腹地，土地贫瘠，交通不便；山高林密，属高寒山区，每年洪灾、旱灾交替出现，自然条件十分恶劣。人均可耕地面积0.84亩，大大低于全省平均1.3亩的水平。全县人口36万人，80%为农业人口，人均年收入只有400多元人民币，人均年粮食消费量只有150公斤；官方统计的贫困人口比例是20%，中荷项目办公室统计的贫困人口比例是75%。

自1980年代中期中国政府确定大规模扶贫以来，在国家特别是原国家科委的帮助下，霍山县的扶贫取得了一定的成效。但是由于霍山县的贫困具有范围广、程度深、扶持体制与机制有待创新，因而扶贫目标的实现是长期的。1998—2003年，荷兰政府无偿援助2000万荷兰盾（约合人民币8000万元）加上中国政府配套资金（配套比例1∶1），在霍山西部贫困山区的9个乡镇扶贫，项目活动内容涉及农业、林业、灌溉、卫生、教育、交通、政府机构的职能加强与转换、社区发展及农村基层组织建设等多个方面，为"造血式扶贫"的可持续发展开辟了一条成功道路，被称为"霍山模式"。著名"三农"专家张德元教授《"霍山模式"观察》一文的概括，是较为全面的。

笔者由于自20世纪80年代中期中国政府确定大规模扶贫以来一直参与扶贫的研究与行动，因此对霍山县中荷扶贫项目始终给予了关注。2001年7月18—21日，笔者有幸参加由中国林科院科技信息所李维长教授组织的考察团，对霍山县中荷扶贫项目中的林业与生态环境项目进行了考察。耳闻目见，感觉到"霍山模式"创造的经验非常实在，具有普遍推广的意义。考察结束，笔者曾经把自己的看法与中荷扶贫项目办公室的官员进行过交流。

之后写过一篇"不像样"的东西，送中荷扶贫项目荷方专家、后任福特基金会北京办事处项目官员莫雷（Hein Malle）先生参考。由于自己觉得"不像样"，也就没有发表。近来，随着新农村建设的火热和越来越追求形式，特别是扶贫有点被社会淡忘，故拿出来供大家讨论。

一、农民协会已成为组织农民发展生产、进入市场的有效组织，但是农民协会亟待明确功能定位与合法化

"霍山模式"的亮点之一，是在村民委员会之外，新成立农民经济组织，作为项目在村一级的组织者、实施者。为此，项目区先后成立了茶叶协会、养猪协会、竹编协会，等等。而且，一个社区内茶叶协会连接着社区发展基金，用水管理办公室又与村委会密切合作，养猪协会又几乎与妇女畜牧防疫协会合而为一，从而使扶贫项目网络化，增强了项目的生命力。

霍山县上土市镇良威冲村盛产板栗，仅1982年便栽种900多亩，人均一亩多，由于权属不明、管理技术跟不上，各家的板栗树结果差异很大。中荷项目启动后，村内刘太邦等村民被选为科技示范户，曾参加县、乡多次培训，较好地掌握了板栗嫁接、修剪、肥水和病虫害防治等技术。为了带动与帮助其他农户，刘太邦发动成立了栗农协会，主要任务是通过协会活动，相互之间交流技术，帮助无技术户学会和提高技术。近年来又建立了对外服务窗口——板栗生产服务中心。该协会的特点是技术有偿服务，有的贫困户付不起服务费，可以用劳动工冲抵，他们称为"换工"，从而使协会乃至项目有了可持续性。在此先后，霍山中荷扶贫项目又先后建立了用水户协会、林农协会、竹协会等。

由农户协会出面组织农民参与项目，这一经验非常宝贵；其重要意义在于用协会与项目形式把农户组织起来。改革开放以来，中国农民除官方用行政办法组建的组织（村民委员会），以及个别经济较为发达地区出现的个别以专业协会为代表的经济组织外，并无真正的以经济活动为主的组织，影响了其发展家庭生产经营的组织功能。纵观其他国际援华项目，对这一组织重视得并不够。霍山中荷扶贫项目的这一创造，较好地解决了这一问题，这对于农户间互相交流与服务、农户联合起来进入市场、农户以组织形式维护自身利益等，都具有重要的意义。

与所有的新生事物需要有个发展与完善的过程一样，霍山县中荷扶贫项目的农户协会也应该在发展过程中逐步完善：一是农户性质与功能，应界定为农民自己的经济组织；二是农户协会的法律地位，可以界定为民间法人团体，按中国政府的现行规定在民政部门登记注册；三是农户协会组织的工作机构，可以根据精干、高效的原则，按民主程序，由农户无记名投票选举产

生,并规定相应的任期;四是农户协会要正确处理与村民委员会的关系;五是农户协会活动经费的来源等。

二、部分村与部分农户作为项目瞄准对象获得了实实在在的扶持,但仍有不少贫困户尚未从项目中受益

中国自80年代中期大规模扶贫以来,宝贵的扶贫资源一直存在着难以直接送达真正贫困户手里的问题。霍山县位于大别山腹地,是一个革命老区,被列为中国政府重点扶贫区域之一,中国科学院系统在大别山老区组织了大规模科技扶贫,取得举世瞩目的伟大成就;霍山中荷扶贫项目又以集中投入形式,在农业、林业、水利、交通、卫生、教育等方面,对贫困村进行扶持,已经和必将大大改善霍山县经济社会发展环境,一部分项目还直接使贫困农户增加经济收入。例如我们考察的桃源河乡大岭村竹资源开发加工项目,项目无偿扶持2万元、培训竹加工管理干部与技术工人,目前已成为霍山县所在的六安市最大的竹器加工厂,吸收全村70多人就业,其中有43户贫困户,占全村贫困户的79.6%;就业农民中女性51人,占总就业人员72.8%;2001年正式投产,平均月工资303元,如2001年5月份发放工资,最高收入者如李根富446.5元,苏华中420元,占他们两家去年全年人均收入的60%多,扶贫效益非常显著。

然而,我们在考察时也发现,项目区仍有为数不少的农户至今仍处于中国政府法定贫困线(年人均纯收入820元)之下。例如,诸佛庵镇小干涧村委会大树岕村民小组,年人均纯收入仅500来元,农户张义后家4口人,1.3亩田,2亩自留山、责任山,1998年人均纯收入280元,1999年为280元,2000年为300元。这样低的纯收入,意味着除了吃饭(即一年360斤粮食的折算),几乎没有任何收入,可以说是赤贫户或绝对贫困户。像这样的贫困村,在项目区乃至霍山县还不是少数,中国政府的大规模扶贫,中国科学院系统的大规模科技扶贫和中荷扶贫项目都没有作为扶持对象,那么,他们到何年何月才能得到扶持而脱贫呢?!

三、参与已成为当地官员与农民喊得响的口号和学着做的行动,但农户参与的广泛性仍有待扩展

我们在考察所到之处,随时听到人们在谈论项目参与。由此,可以认定参与在霍山中荷扶贫项目已深入人心,而且所有林业项目都由农户以主人身份自愿参与与自觉参与,并且从参与中受益。因此,霍山中荷扶贫项目办自豪地把项目称为农户参与性项目,是符合实际的、恰如其分的。

进一步研究与完善参与,以下几个问题值得引起重视:

一是有的给农户参与项目设置了附加条件。如桃源河乡大岭村竹资源开

发及其加工利用项目，规定参与农户每户必须交纳 100 元入股资金，而贫困户交不起入股资金，也就无法参与了；再如太阳乡松林村天然次生林保护及其综合开发利用项目规定，农户参与项目的条件是每户自留山、责任山上必须有 20—25 亩阔叶林，如果没有则不能参与。考虑项目扶持资金有限和当地项目发展的实际需求，这些附加条件是"理性"的，可以理解的。问题在于是不是应该由项目专家与农民共同设计新的项目，让没有参与现有项目的农户参与新项目？！

二是村民参与土地利用规划的推广，这不但可以使当地村民更合理、更有成效地利用耕地与林地，而且在规划时还能够顺便设计出新的项目。

四、社区发展基金已成为农户和社区发展的金融服务创新工具，但它急需加以合法化与完善

长期以来，中国农村社区发展与农户家庭经营所需的资金，官办的农业银行和官僚化的农村信用合作社只能满足 20% 左右，前些年国家试验推广的农村合作基金会因基层党政干部操纵而问题颇多已被"一刀切"地取缔。农村社区发展和农户家庭经营只有依靠村民互相转借，在贫困地区由于大家都贫困，村民间往往无钱可借，有的地方农户不得不忍痛使用高利贷，受其高利盘剥，结果是一生难以翻身，有的倾家荡产。因此，中国农村金融服务急需创新工具、创新服务。

霍山县中荷扶贫项目清楚地看准了这一点，在其项目区试验一种由村民自己管理的社区发展基金。其做法，一是由项目无偿提供少量起始资金，参与项目的农户交纳一定的股金，形成本金；二是入股（或参加农民协会）村民的 49% 首先使用这笔基金，期限为半年，没有使用的 51% 的村民对其监督；三是村民使用社区基金需要缴纳一定的利息，高的如太阳乡松林村月息为 1 分，低的月息只有 1 厘左右，这种利息收入使社区基金组织具有了可持续存在与发展的经费保证。

研究社区发展基金，有以下几个问题值得注意：

一是社区基金的合法地位。至今中国政府仍未对农民自办基金"开绿灯"，只要一发现就予以取缔，霍山中荷扶贫项目由于是国际项目，中国政府有关部门不得不"睁一只眼闭一只眼"；但据经济学家们研究，开放民间私募基金是大势所趋，关键在于规范化与监督管理。

二是利率问题。中国央行一直严加监管利率，高利率似不行；但中国民法中曾有民间借贷利率不能超过同档次官方银行利率四倍之规定，即高于官办银行同档次四倍的利率受法律保护，从这个角度看，一定范围的高利率又是合法的。经济学家们的意见是，高利率可以排除农村中的富人抢占这一宝

贵的信贷资源，因为他们是农村中的强势集团，他们可以轻松地从官方银行借出贷款；对穷人的高利率可以给他们一个压力，这不但不是坑害他们，恰恰是帮助他们，孟加拉国乡村银行小额信贷成功运行和中国西部云南、陕西等省的小额信贷也证明了这一点。

三是能否吸收存款问题。在目前农业银行撤网并点、信用社改革也逐步迈向商业化的情况下，社区发展基金吸收农户存款不但具有方便农民存款的作用，而且对社区发展基金组织自己的发展也至关重要。

四是按时还贷问题，这已成为中国信贷的难以解决的问题。近几年来国有企业拖欠国有银行贷款已超过万亿元人民币，绝大多数成为呆账坏账。根据经济学家的研究，目前中国信贷还贷信誉从高到低排序为：小额信贷使用者的农村穷人、三资企业、个体私营企业、上市公司、国有企业。农村中的穷人使用小额信贷还贷率最高，颇值得我们深思，当然它有一整套保证还贷的制度安排。霍山中荷扶贫项目的社区发展基金的还贷监督是由未使用基金的农户监督，目前由于社区基金运行时间很短，似有成效，但是尚缺乏可操作性的制度化安排，需要在今后的运行中加以探索新的办法。

注：本文曾在以下网站发布或转载：中国三农问题研究中心网 2006 年 6 月 7 日；三农中国 2006 年 6 月 8 日；学说连线网 2006 年 6 月 8 日；新新索网 2006 年 6 月 8 日；有座城市网 2006 年 6 月 9 日；NGO 发展交流网 2006 年 6 月 10 日；凯迪社区 2006 年 6 月 12 日；雅虎酷帖 2006 年 6 月 12 日；深度论文网 2006 年 6 月 12 日；安徽循环经济信息网 2006 年 6 月 16 日；辽宁省科学普及网 2006 年 6 月 18 日；中国润扬农网 2006 年 8 月 31 日；中国辅导员网 2006 年 10 月 9 日；剑宏评论网 2006 年 11 月 11 日；龙网 2006 年 11 月 18 日；中国社区主导发展 2007 年 3 月 6 日；中华经理学苑 2007 年 5 月 30 日。

第十五章

小井庄社区基金试验的意义

——香港乐施会援助中国安徽省的案例

安徽省肥西县山南镇小井庄，是我国大包干的发祥地之一。2005年下半年，在中国香港乐施会的资助下，在安徽大学中国"三农"问题研究中心张德元教授等的指导下，小井庄开始进行农村合作金融试验，成立了"小井庄社区发展合作社"，近期内合作社将主要运作"小井庄社区发展基金"。通过初步研究，笔者觉得这个社区发展合作社和社区发展基金，已经具有了全国推广的意义。

目前，我国的农村金融，基本上是三种类型：一是官办的，有农行、农发行和农村信用合作社；二是外部进入的，如杜晓山等人的"扶贫经济社"、茅于轼先生自己拿钱的小额贷款组织、企业家们举办的金融组织，国际组织援助的金融活动等；三是农民自己的金融组织，数量极少，小井庄社区发展基金就是其中之一。在此之前，有笔者于2001年在云南省大理白族自治州和临沧市试验的46个村民社区和发展基金。至于银监会2007年1月22日《农村资金互助社管理暂行规定》发布后成立的组织，例如，吉林省梨树县闫家村百信农村资金互助社（2007年3月9日开业）；甘肃省景泰县龙湾村石林农村资金互助社（2007年3月20日开业）；甘肃省定西市岷县洮珠村岷鑫农村资金互助社（3月23日开业）等，由于刚刚开始，尚有一个发展与观察过程。

银监会终于在2007年1月22日发布《农村资金互助社管理暂行规定》，松开了农民创办属于自己金融的口子，确是值得大书一笔的。但是笔者觉得，银监会"暂行规定"中的门槛较高，当然可以作为一种模式，在全国实验推行，但是在一些经济并不发达、农业龙头企业很少的地区特别是贫困地区，需要的是像小井庄社区发展基金这样的并不是很"规范"的金融组织。

一、农民当然需要外来者或者以营利为目的的正规金融机构的金融服务，但是更需要自己对自己的金融服务

谈起我国农村金融改革，许多人都盯着官办的农业银行、农村发展银行

以及名义上是农民合作实际上是官办的农村信用合作社，试图通过改革让它们变成真正为农民服务的金融机构。但是事与愿违，这三个金融机构越改革，越来越偏离为一般农户特别是贫困农户服务的轨道。究其原因，原来我们总是不舍得让它们脱离国有这个造成顽症总根源的大方向，当然它们自己也根本不愿意脱离国有这个能随时吃国家财政补助的"铁饭碗"、"大锅饭"，由此而来，什么提高效率、防止风险、为普通农民服务等，除了喊喊口号、应付应付以外，要想从体制、机制上真正解决问题，那是绝对不可能的。另外，由于多少年来的体制与机制的弊端不是一下子可以去除的，放手让农业银行、农村发展银行以及名义上是农民合作实际上是官办的农村信用合作社进行商业化改革，也是无奈的、无可争议的选择。笔者想，农业银行、农村发展银行以及名义上是农民合作实际上是官办的农村信用合作社的商业化改革后，也可以在对农业龙头企业服务、执行政府农业政策等方面，有所作为。至于农民们自己的金融，就必须另起炉灶，放手让农民们自己去创造。这样一来，我们期望的、中央常委2004年一号文件早就要求的以农民合作金融组织为主体的多种所有制金融组织，才有可能真正地、而不是喊喊口号式地发展起来，并有可能展开公平竞争，这时也只有这时，社会主义市场经济的农村金融体系才算是建立了起来。

与盯着官办的农业银行、农村发展银行以及名义上是农民合作实际上是官办的农村信用合作社相呼应的，是许多人都不赞成、甚至于反对农民自己创办真正属于自己的农村金融。照这些反对者的意见看来，农村金融只能由国家办，农民不需要办金融，农民也没有能力办。有的更认为，农民即使有能力也不能批准他们办，因为农民办金融就会有风险，就会天下大乱。遗憾的是，正是这种观点成为了我们长期以来农村金融的指导思想和行为原则。

正是在这种指导思想和行为原则的"顽强"地指导下，我国一直不松口农民自己创办自己的金融，而只是在农业银行、农村发展银行以及名义上是农民合作实际上是官办的农村信用合作社的改革方面打主意，形成了农村金融的大家都认为存在着严重问题的局面。例如，茅于轼老先生把农村金融的问题概括为"农村金融的衰败"；党国英先生概括为"几乎是一片荒芜"；易宪容先生概括为"农村金融萎缩早就是不争的事实"；李昌平先生概括为"既有金融体系的崩溃"。但是，我国农村金融原本就没有过繁荣，哪来衰败？原本就没有过丰收，哪来荒芜？原本就没有过发展，哪来萎缩？原本就没有过体系，哪来崩溃？

小井庄社区发展基金成立在国家银监会的文件之前，当然为银监会文件的制定，提供了可供参考的案例。当然，由于国内农村金融政策管制极其严格，完全"忘记"或者说"不理睬"我国农村的改革首先是由像小井庄等农民的首创这一基本规律，因而在银监会文件之前很少有大批试验的案例，从而使小井庄社区发展基金的试验更加宝贵。

那么，笔者为什么强调农民自己金融活动的重要性呢？这是因为，由农村中的村民们自己设立、自己所有、自己管理、自己受益、自己监督、自己评估的农村资金互助社，对于农村中的贫困农户、一般农户更为重要。一方面，我国的实践一而再、再而三地证明，作为农村中的弱势群体，贫困农户和一般农户无法从正规的金融机构和外来的金融活动获得贷款，他们由此不得不至今仍然在贫困中挣扎，依旧处于社会最不公平、最不和谐的风口浪尖；另一方面，我国农村一直存在着的、大量的民间借贷的实践经验，如果加以规范化，必将成为农村金融的主力军，而不是自称"主力军"的农业银行、农村发展银行以及名义上是农民合作实际上是官办的农村信用合作社等机构。大家异口同声地反对民间借贷，但是实际上民间借贷并不在乎人们"义愤填膺"的嚷叫而"理直气壮"、"胆大妄为"地存在着、发展着。与其让民间借贷"无序"发展，不如通过农民自己金融的竞争，而逐步取代它。

二、农民自己的金融先从简单的、低档次的开始，然后在实践中提高，那种一开始就高门槛、高标准、高档次的金融注定不适合一般农民特别是贫困农民

如果用银监会2007年1月22日发布的《农村资金互助社管理暂行规定》来衡量，小井庄社区发展基金当然没有达到规定的要求。但是笔者觉得，正是这种在喜欢规范的人士看来不甚规范的金融，才能更好地为农民特别是贫困农民服务。

实际上，就农村金融、农民金融来看，规范与不规范的标准，当然可以从国际经验、教科书和官员的脑子里的想象得来，但是更重要的，应该从适应中国各地农村不同的情况来确定，而且是由使用农村金融的农民来制定、来判断，而不能够由高举"垄断"大权的官员们坐在办公室里决定。

笔者觉得，《农村资金互助社管理暂行规定》规范的是经济相对发达地区，不适合经济发展一般化地区特别是贫困地区。

一是注册资本门槛过高。"暂行规定"第九条第三款规定："有符合本规定要求的注册资本。在乡（镇）设立的，注册资本不低于30万元人民币，在行政村设立的，注册资本不低于10万元人民币，注册资本应为实缴资本。"笔者觉得，在我国东部、中部地区和西部经济相对发达地区，这一准入门槛是可以的，但是在中部特别是西部大多数地区尤其是广大的贫困地

区则显得很高，而中、西部地区特别是广大的贫困地区恰恰最需要建立农村资金互助社的。由于注册资本门槛过高，可能使最需要建立农村资金互助社的中、西部地区特别是广大的贫困地区，无法贯彻落实这一"暂行规定"，或者说把中、西部地区特别是广大的贫困地区排除在"暂行规定"之外。

二是管理人员门槛过高。"暂行规定"第九条第四款规定："有符合任职资格的理事、经理和具备从业条件的工作人员。"第三十七条规定："农村资金互助社理事、经理任职资格需经属地银行业监督管理机构核准。农村资金互助社理事长、经理应具备高中或中专及以上学历，上岗前应通过相应的从业资格考试。"这一规定也是偏高，很可能就此排除了中、西部特别是贫困地区农村农民依法设立农村资金互助社。我们知道，虽然我国的教育事业在不断发展，但是由于种种原因，中、西部特别是贫困地区农村中具有高中或中专及以上学历的人才，还是难找。有的村庄虽然有几个，但是这些人是不是还在村里？是不是出去打工了？是不是在做生意？则是很难说的事。而且，他们愿不愿意、能不能被选举为农村资金互助社的管理人员，更是难说。在此，"暂行规定"的制定者显然是不了解、或者高估了西部贫困地区农村的教育情况。

三是营业场所门槛过高。"暂行规定"第九条第五款规定："有符合要求的营业场所，安全防范设施和与业务有关的其他设施。"在此，我们不知道银监会"要求"的营业场所的条件是什么，安全防范设施有哪些。如果"要求"的营业场所是一个建筑好一点的房子，农村当然可以找到，但为了防范，是不是要配个防盗门？营业场所内再配个保险柜？再安个警报系统？因为我们在此研究问题，绝不能上中国社会科学院那个叫刘国光的理论权威鼓吹的"人人都是大公无私"理论的当，我们这个社会里的小偷、强盗仍然存在，不防备不行呀！但是严格按照这一规定，少说也得再投入好几万元。这样一来，农村资金互助社是无论如何也办不起来的。

由于门槛、标准和档次较高，从而就不能不出现两个问题：一是无法满足一般农民特别是贫困农民的需求，二是无法通过农村资金互助社而与民间借贷竞争。这样一来，农村金融的老问题、老大难问题何年何月才能解决呢？

农民自己创办和运作金融，首先应从简单一些的、并不很"规范"的基金开始。小井庄社区发展基金就是遵循这一原则的。

三、农民要把自己的金融启动和运作起来，需要自己选举信得过的工作班子，而绝对不能图省事地依靠现有的村委会，更不能允许乡镇党政部门提名和委派所谓的管理人员

农民运作金融，当然需要有一个大家拥护的、办事公道的、认真负责的

"班子"。谈起农民金融的运作"班子"的工作人员，人们往往盯着乡镇党政官员和村民委员会的负责人，以为只能依靠他们，甚至由乡镇党政官员和村民委员会指定。根据我的经验，乡镇党政官员和村民委员会的成员是靠不住的，由他们指定、委派更是不可取，必须重新选举。

小井庄社区发展基金运作"班子"的工作人员就是重新选举的。2005年11月份，小井庄村民选举产生了五人小组，其中一名主任、一名会计和三名监察员，联合对资金进行管理。有意思的是，选举时张德元教授并不在场，从而使村民们免受专家的影响。由于是村民自己选举，因而这个基金的工作"班子"只能对村民负责，必将受到农民信任。

长期以来，我们总是对农民不放心，对农民选举自己的组织更是害怕。例如，性质为村民自治组织的村民委员会的选举，乡镇一级党委和政府至今仍然坚持必须由他们提名候选人，选举时如临大敌，派出许多官员到选举村里督阵，不把他们认定的候选人选上是不行的。

那么，为什么农民基金乃至村民自治组织不能依靠乡镇党政官员和村民委员会呢？

首先，乡镇指定候选人而选举出来的人不能体现广大村民意愿。我们看到，我国现有村委会选举由于没有严格执行选举程序，普遍出现选举出的村委会不代表大多数农民、甚至侵犯农民利益的问题。究其原因，在于乡镇干预村民民主选举。虽然我国的农村基层选举实现了三个转变：即由委任制到选举制、从间接选举到直接选举、从民主化程度较低到民主化程度较高的转变。但是在实践中，仍然有很多乡镇政府以指导村级民主选举为名，派员干预村级民主选举，多数乡镇均向村民大会提出候选人建议名单。由于强调组织意图、忽视群众的意愿，在选谁和不选谁的问题上，群众并没有真正行使事实上的民主权利，这不仅违反法律规定，而且难以得到群众的认可。而且，当选举结果没有达到乡镇所需要的人选时，是不会当场公布选举结果的。

其次，村民委员会主要工作是应付上级政府布置的工作，接待上级政府官员的视察。村民委员会的干部属于"民头官尾"。美其名曰，村干部任务是带领群众发家致富的带头人。上对各级政府，负责党在农村各项政策的落实，国家法律的实施，民主管理村庄；下对全体村民，是人民群众利益的代言人，领导村民发展生产，增加经济收入。但是事实上，当被选为村干部后，工作的重点就变了，他们所做的一切就是怎样符合与应付上级政府，工作的全部精力是"管理"村民。例如，收税（费）、计划生育、派义务工、罚款等。特别是贫穷地区和不发达地区的村民委员会，除了完成乡镇以上政府部门的任务外，几乎没有为农民服务，或者很少为农民服务，而且多数地方的村干部站在了农民利益的对立面。

再次，为数不少的村干部利用现职以权谋私的老大难问题，也一直困扰着我们。一些村干部作风不正、不公不廉等腐败现象滋生蔓延，以权谋私。这种现象无论是在经济发达地区，还是贫困地区都存在，不过是表现的形式和腐败的程度不同而已。

同时，由于村干部是由上级"安排"的，因而他们并不害怕村民，在领导方式方法上就自然而然地带有严重的"家长"作风，在很多事情上都由"干部说了算"，严重挫伤了群众的积极性，导致了村级组织凝聚力下降。

综上所述，现行的村民委员会虽然已经具有了一些村民自治的成分，但是并不能完全代替村民自治，多数是从属于乡镇政府的一级"行政"机构，其工作的核心还是围绕着上级自上而下的指令行事。因而，由他们参与农民基金的工作"班子"的选举，只能把事情办糟。而不可能把事情办好。20世纪80年代后试验的农村合作基金会之所以出问题，无不与县、乡镇官员以及村干部行政干预有关。这一宝贵经验，值得认真吸取。

有种观点担心，另起炉灶地选举社区基金的领导班子，这会不会与当前的我国基层制度相悖？因为按照十六大报告第五部分的提法，发展社会主义民主政治，最根本的是要把坚持党的领导、人民当家做主和依法治国有机统一起来。目前，大多数人认为在农村应坚持"党支部领导，村代会做主，村委会办事"（参见中共中央政策研究室政治局局长谢义亚等在"青县村治模式"—农村防腐倡廉机制研讨会上的发言，中国选举与治理网2007年4月20日）。笔者觉得这一概括有两个问题：一是仍然没有说清楚党支部、村代会和村委会这三者之间的关系；二是遗漏了大量存在的农民经济组织，以及今后大量出现的农民政治组织、农民文化组织、农民社会组织等，因此还需要加上"其他组织自理"一句话。这样一来，基层农村的组织框架才算是完整了。正是从这个意义上看，小井庄社区发展基金有关部门选举负责人的做法，也是很有意义的。

四、最重要的是尊重农民、相信农民、依靠农民

小井庄社区发展基金之所以能够运作起来，其他地方的农民金融之所以搞不起来，我们可以从多方面总结经验，但是最重要的，是解决尊重农民、相信农民、依靠农民的理论认识问题，同时政府要给予支持，不要再运用自己手中的权力进行"管、卡、压、堵、整、打"。

长期以来，政府、社会各界特别是理论精英们，头脑里对农民搞金融形

成了一些错误的理论认识。这些错误的理论认识，归结起来主要的有："农民愚昧，不会搞金融"；"农民搞金融风险很大，会引起天下大乱"；"农民有'等、靠、要'思想，不愿意使用金融贷款"；"农民没有诚信，不适合使用金融"，等等。

小井庄社区发展基金的实验证明，用上述观点来评价农民，并由此反对并禁止农民创办属于自己的金融，是没有根据的，因而是错误的。君不见，我国农村社会中数千年来大量存在并且在目前仍然存在的民间借贷乃至高利贷等金融活动，就是农民们金融意识、金融知识、金融才能和金融诚信的充足证明。这不但应了毛泽东说过的"群众是真正的英雄，而我们自己往往是幼稚可笑的"的名言，也应了舒尔茨的话，即世界上的农民对于自己经营的精打细算，连城市里的专家也自叹不如。

至于有关政府机关对农民办金融采取"管、卡、压、堵、整、打"等行为，虽然可以找出许多借口，但是从出发点、过程和后果来看，确实是很不应该的。第一，这完全不符合政府机关"全心全意为人民服务"、"三个代表"等职责的要求；第二，这完全不符合现代市场经济关于尊重农民、服务农民、赋予农民自主权等要求；第三，政府机关通过对农民办金融采取"管、卡、压、堵、整、打"等行为，把农村金融乃至农村经济搞死，严重影响国家现代化建设；第四，长期打压农民金融，农民们不得不在压抑中生存，总有一天会爆发反抗，最终引起社会不稳定。

五、村民自己会找到有效监管自己金融活动的方法与形式

如同任何金融一样，农民自己的金融也是需要监管的，而且监管也是很伤脑筋的问题。在此，小井庄社区发展基金的实验也是值得重视监管的。例如，在安徽大学"三农"问题研究中心的指导下，小井庄社区发展基金的资金规模、账目管理制度、还款方式等技术细节，全部由村民自己通过社区会议商议确定，最终形成了《关于小井庄社区发展合作社的报告》（实际上是章程）和《小井庄社区合作社资金管理办法》，从风险控制、利率、贷款期限到财务公开、存折和密码保管等，作出了详细规定。其中，"村民随时有权利查看账户，所有的资金进出都要公布"，就是监管的有力条款。

谈起农村金融的风险，人们往往下意识地加以夸大，并以此作为反对农民金融的理由。综合理论界的讨论和媒体的报道，我国农村金融的风险，归纳起来大约有两个方面：一是民间借贷特别是高利贷及其出现的风险，二是20世纪80年代中期开始到1999年前后被"一刀切"取缔的农村合作基金的风险。这两方面的风险是客观存在的，有的案例也的确很严重，有的造成了所在区域的社会不稳当。例如，某省、区曾经出现的数百、上千人的群体

性上访、请愿、静坐、游行事件。但是，我们只要理性地、实事求是地分析，不难看出这样几个事实：一是对比国有金融的风险，民间金融的风险毕竟在发生的次数上少得多，影响程度上小得多，造成的损失小得多；二是几乎所有的农村合作基金的风险，全部是县、乡镇官员行政干预引起的。

农村金融怎么防范风险呢？

首先，要建立以"民间监督为主、官方（县级）监管为辅"的监管体系。国外的经验证明，对金融的监管，官方的作用是很重要的，但是也存在着监管脱离经济发展大局、为监管而监管、监管寻租等问题，其结果，不仅无助于农村金融业的发展和效率，而且也无助于减低、减少农村金融机构危机发生的可能性；相反，提倡、鼓励和支持民间直接监督金融业则是最有效的（张俊喜）。实际上，国内金融机构揭发出来的违规、瞎干、腐败等案件，绝大多数都是群众揭发、举报与提供线索，才得以破案、避免损失的。因此，面对分散、点多、复杂的农村金融，应确立"民间监督为主、官方（县级监督局）监督为辅"的监管体制。在这一体系中，鼓励、重奖举报人并为举报人严格保密，是最重要、最关键环节。

农村金融监管的目的与目标，是促进金融资源的有效配置，即将资金用在最需要的人群和最具潜力的项目中，用在农户特别是贫困农户身上；其次才是防范风险。这是因为，用在最需要、最具潜力的项目中，金融资产才最安全。我国近几年来的实践证明，金融风险主要发生在行政干预贷款，而行政干预贷款要么是不具潜力的项目，要么是官员们瞎指挥的项目，特别是金融监管部门对这些项目贷款很难监督。

其次，以贷款者互保为主要形式的多种担保机制，也是分散风险所必要的。传统的金融担保机制，是贷款者财产（权）抵押和第三者对贷款者提供财产（权）担保。自1994年中国社科院杜晓山等人把孟加拉国乡村银行小额信贷引进后，贷款者5—8户联保组成贷款小组，成为农村特别是贫困地区新的担保方式，即一户到期还不起贷款，其他几户就负有帮助其还款的责任。实践证明，这一担保机制适应了农村实际，非常有效，而且受到农民欢迎，具有旺盛生命力，将成为今后农村金融的主要担保方式。

再次，近几年来有的学者提出的农民承包土地和林地权（证）、宅基地权（证）抵押贷款，在个别农村试验，也取得了满意效果。不过，有的学者和政府官员由此担心有的农民土地、林地权（证）和宅基地权（证）抵押后万一赎不回来，失去具有福利与保险性质的土地、林地和宅基地权，将会引发社会问题。笔者觉得对此大可不必担心，因为贷款者以承包土地、林地权（证）和宅基地权（证）作抵押后，一是必然更加精心经营；二是万一失败，他可以"背水一战"，或者进城打工，或者在当地为别人打工，从而实现了土地的由分散到集中。这种经济办法的土地集中，正是我国农村经济的发展规律。

世界上解决小农户、小企业特别是贫困户的贷款担保问题，特别推荐单独成立专门的担保公司，实践证明也是一种有效的模式，很值得我国农村金融借鉴。不过，这样的担保公司由于赚钱不多，政府需要给予更多的财政补贴和税收政策优惠。

六、政府要为农民金融的大发展提供良好的外部环境

小井庄社区发展基金在酝酿、建立的过程中，得到了当地政府的大力支持。但是，就笔者看到的材料，当地政府支持的力度还可以多多地增加。例如，明确财政给予一些补贴，税收给予免除，人民银行给予融资，如此等等。

我国目前的社会特征，是"大政府，小社会"，距改革目标"小政府，大社会"尚有很远的距离，因而，政府的职能无处不在、无处不有，但是职能的运用大家都很不满意。社会的潜规则很多，其中一个是离开政府，就什么事也办不成；而有了政府机关，事情未必就办得好。发展农村资金互助社也是这样，政府的扶持非常重要。但是，国家银监会的"暂行规定"中却没有写明政府可以在哪些方面予以扶持。这样一来，就为小井庄所在的安徽省的镇、县、市、省一级政府扶持，提供了广阔的作为的空间。

笔者猜想，银监会"暂行规定"的起草者可能是觉得不便写、不必写、不适合写政府扶持。那么，我们就期盼着其他政府部门，尽快制定扶持农村资金互助社的优惠政策吧！从另外一个角度看，作为中央的部门不统一规定扶持的优惠政策，把权力下放，由各省、市、自治区政府自己制定优惠政策，很可能会形成一个优惠政策的竞争。如果真能形成优惠政策的竞争，那真是求之不得呀！现在，各地不是都在高喊重视"三农"吗？在扶持农村资金互助社这个真正为"三农"服务的新事物面前，将会得到检验。

近几年来，中国有关政府部门行政性收费愈演愈烈，已成为民愤极大的一个祸害。有的政府部门的官员一上班，就凑在一起挖空心思找收费的理由。笔者曾经经历过两个政府机构官员为由谁负责发放林权证而撕破脸皮争吵的全过程，他们无非是看到了每发证一本有好几元钱的收费。笔者当时不以为然，后来一盘算，全省一千万农户每户一本，那就是好几千万元钱的收费啊！一块大大的肥肉，焉能不争？!

笔者敢打赌，有关部门肯定瞄准了农村资金互助社的行政性收费。审核要收费，注册登记要收费，发许可证要收费，办营业执照要收费，培训要收

费,年检要收费,如此等等。当然,笔者可能错了,但愿笔者打赌打输了。到时间,大家看到,有关部门在"全心全意"为农村资金互助社服务的旗帜下,利用自己的正常办公经费,不向农村资金互助社收取任何的行政性收费,我将非常愿意作自我批评!

注:本文曾在以下网站发布或转载:中国三农研究中心2007年5月22日;北京大学天益支农2007年5月23日;中国选举与治理网2007年5月23日;中国改革论坛2007年5月23日;学说连线网2007年5月24日;三农中国2007年5月24日;中国三农研究中心2007年5月24日;中国公共监督网2007年5月24日;中国农村发展网2007年5月26日。

第十六章

农业银行怎样追回南街村 16 亿元贷款

南街村真相被揭穿后,人们的心情各不一样,有觉得大快人心的,有长出一口气的,有惋惜的,有哀叹的,有愤愤不平的,有恼羞成怒的,并由此出现了各种各样的评论,这是再正常不过的了。笔者最关心的,是农业银行怎样追回南街村 16 亿元贷款。

据媒体报道,南街村也不否认,农业银行已经先后向南街村发放各类贷款 16 亿元,至今本金、利息未还。如果把多年的利息算上,欠款将大大超过 16 亿元。使人不可理解的是两点:一是至今尚没有看到南街村的还债打算,看来是要赖账下去了;二是至今尚没有看到农业银行有什么追债的打算,看来是要作为一笔糊涂账而不了了之了。

南街村早就没有了还款的能力。不管南街村谎言、骗局与神话的制造者王宏斌如何辩护,南街村资不抵债早已是铁板的事实。2007 年,南街村集团声称销售收入 14 亿元、利税 7000 万元,我们且不说这一数据是否经会计师事务所审计过,就算这是真的,利税 7000 万元与 16 亿元贷款相比,连小孩都应该知道连一个零头都还不了;就算销售收入 14 亿元全部归还贷款,都不够呀!

可能有力挺南街村的"左"派精英反感:你为什么抓住 16 亿元贷款不放呢?为什么就不能放南街村一马?!绝对不能放南街村一马!这是因为,根据我国法律,欠账是要还的,资不抵债是要破产清算的,如果久拖不决,就会越亏越多。再说,南街村正是由于"左"派精英的力挺,而成为了社会著名的"毛泽东思想的样板村"、"红色亿元村"、"共产主义小社区"、"毛主席共和国"……这就是说,南街村早已经是公众形象了,而一旦成为公众形象,就要维护自己的公众形象。试想,你是"毛泽东思想的样板村",毛泽东思想不会让你赖账不还贷款吧?!你是"共产主义小社区",你赖账不还贷款还怎么称得上"共产主义小社区"?!你是"红色亿元村",你赖账不还贷款还配得上使用"红色"二字?!

难道农业银行不打算追回南街村 16 亿元贷款了吗?很有可能。君不见,长期以来，农业银行的呆账、坏账、追不回来的账好几千亿元人民币，不都是被一笔勾销了吗？在这一点上，农业银行是很有经验的、是轻车熟路的。不过，话得说回来，过去在各级政府的贷款行政干预下，农业银行的放贷有身不由己的成分，是可以理解的，也只能一笔勾销即由国家财政补贴了。不打算追回南街村16亿元贷款，用什么理由和借口呢？什么理由也用不上。这是因为，面对着南街村16亿元贷款，并没有各级政府的行政干预，都是农业银行自己的决策，也就没有了让政府财政买单的任何理由。

据报载，国家银监会2008年初明确了大型银行案件责任追究标准：百万元以上案件将上追两级领导责任，其中一级分行辖内发生一起千万元以上案件或两起500万元以上案件的，将追究省行行长和上级行分管行长的责任。据此，南街村16亿元特大案件，怎么追究责任？人们拭目以待！

据报道，农业银行的贷款，缘由在于1994年，一位中央领导提到南街村"艰苦创业"的问题后，立即引起了中国农业银行的重视。南街村"牧羊人"王宏斌在1995年的一次报告上说："他这一讲不打紧，引起了国家农业（银行）总行的重视，当即国家（农业银行）总行副行长——抓业务的二把手，专程来南街考察。他考察的目的干啥哩？就是看看南街的贷款用了多少，都用了哪一家银行的，如果有其他银行的，要求南街把它还掉，因为南街这个典型是他们农业银行扶持起来的，现在不能一面红旗大家扛。回北京后，国家农业总行给南街拨了5000万元贷款，这是南街发展史上的第一次。"在此，那位中央领导提到南街村"艰苦创业"的问题，并不等于让你农业银行贷款呀！你农业银行贷款按规定不是有好几级的审查吗？那么都是怎么审查的？谁应该承担责任？这是不是要查查清楚？

既然农业银行对南街村16亿元贷款不能让国家财政买单，那么农业银行自己买单算了。也不能。因为，现在农业银行的体制、机制改革已经完成，银行的资产已经明确地有了各自的主人——各个股东，如让农业银行自己买单，就会出现三个问题：一是若用银行的老本和利润买单，那么银行的各个股东是不是愿意？其中银行的大股东是属于全体人民，全体人民答应吗？我想除了极个别的"左"派精英外不会有几个人答应。因此国资委决不敢轻易表态。二是如果用银行的运作经费买单，那么是不是会影响银行的正常运转？三是用银行的员工工资、福利的一部分买单，银行的员工是不是答应？四是由曾经的当事人即对南街村贷款拍板的那几个负责人买单，也只能如此，这体现了谁决策谁负责的原则，而且他们的收入不是每年有100多万元吗？！

根据中国法律，农业银行作为南街村的最大债权人，第一步要做的，就是对南街村的现有资产进行清产核资，弄清现状，然后采用以下措施：

一是把南街村现存几个效益比较好的企业折价抵债。南街村虽然多数企业资不抵债，但是毕竟还有几个企业仍有效益，完全可以用作抵债。抵债的方式，首选是折算成等额股份，由农业银行从南街村欠债中冲抵，这样农业银行将从债权人变成控股的股权人；当然，农业银行也可以把股权转让后，变成现金收回。

二是把南街村现有几个效益差的、资不抵债的企业拍卖抵债。南街村多数企业创办较早，那时由于国家宏观经济处于供不应求状态，所以能赚钱，但是随着国家经济转入生产过剩，特别是它的企业大都技术含量不高，再加上专制主义的"牧羊"式管理，在市场经济竞争中败下阵来，是再自然不过了。根据国家法律，处于资不抵债状态的企业破产，是合情合理和合法的。例如，南街村啤酒厂（漯河南德啤酒有限公司），就是早已资不抵债的典型。1993年，声称将实现年利润1078万元的该厂自投产以来，年年亏损，最高年亏损达3000余万元。2007年，连续亏损了13年的南街村啤酒公司声称"实现了历史性的新突破"，开始扭亏为盈，有了20万的纯利润。然而，该啤酒厂填报于2006年4月24日的《外商投资企业联合年检报告书》及截至2005年12月31日的"资产负债表"，均同时标明该厂"负债总额"为2.6亿元，而其"资产总额"仅为1.1亿元——这意味着该厂实质已经资不抵债。对此，南街村委一名人士却认为，这正体现了集体经济的优越性，"如果是私人企业，它早就破产了"。这种优越性，无非是继续用新贷款补窟窿！吃亏的是银行！

三是对于那些带有社会公益性质的，可以由有关部门作价收购。比如，南街村复制的毛泽东故居、遵义会议旧址、西柏坡等具有象征意义的标志景观，可以由有关部门作价收购，农业银行可以收回少量资金。

四是让南街村现有班子成员的股份拍卖抵债。据记者从河南省工商局查阅的材料显示，南街村集团在2004年11月已经将股权结构、公司章程等变更完毕之后，于2004年12月向工商局提交了变更等登记申请书，注册号为4111002103267、注册资本为5.3亿元。其股权结构中的23名自然人股东中，除了姚喜兰外，南街村"三大班子"的11名成员均是该公司股东，出资方式为货币出资。其中，河南省中原工贸公司占40%，王宏斌占9%（5.3亿元×9%＝4770万元），村党委副书记郭全忠6%（5.3亿元×6%＝3180万元），村委主任贾忠仁6%（3180万元），村集团党委副书记王继春6%（3180万元），村集团总经理窦彦申6%（3180万元），食品厂厂长刘晓青6%（3180万元），村办公室主任王金安6%（3180万元），包装材料厂厂长邓富山3%（5.3亿元×3%＝1590万元），村彬海胶印公司经理张平

3%（1590万元），集团副总经理王武军3%（1590万元），集团副总经理卢林政3%（1590万元），村集团麦恩鲜湿面公司总经理姚喜兰3%（1590万元）。在12名自然人股东中，出资额最高的为王宏斌4770万元，最低为1590万元。值得玩味的是，据记者报道，王宏斌等人的股份，属于货币出资入股。

特别是，承认自己"一意孤行，独断专行"的王宏斌的决策失误造成的直接经济损失，当然应由他赔偿。最著名的是王宏斌上马的"永动机"项目。"永动机"本来是中学里早就对孩子们讲清楚了的一个常识，但是王宏斌仅有相当于小学三年级的文化，没有上过中学，所以他不知道"永动机"的荒唐。但是他有一个伟大的计划：如果永动机研发成功，南街村可日进纯利近千万，这不但可扭转南街村陷于颓势的经济状况，有了钱可以先收购一个镇，复制南街村的模式，然后再收购一个县，收购一个省……最后，让全世界都属于南街村了。结果，"永动机"项目并未给南街村带来任何经济效益，2003年左右，南街村才声称"被骗了"，还为此赔进了2000余万元。王并未因此而承担任何责任，至今仍有关注此事的观察者提出疑问：2000多万不是一个小数目，怎么说自己被骗了就完了呢？被谁骗了？骗子为何没有被抓捕归案？！除了"永动机"项目，南街村还实行了一些荒诞的项目，均以失败而告终。这些项目是，能让番薯增产100%的"丰植露"（一种叶面肥）项目，亩产万斤的"党员试验田"项目。

呜呼！自称只拿250元收入的王宏斌等人，哪里来的那么多货币出资入股？！在此我们不能妄加猜测，等到南街村真相大白后自然可以说明。不过，自称只拿250元收入的南街村"牧羊人"确实是都很有钱呢！既然很有钱，为什么不还账呢？还有什么理由赖账呢？

注：本文曾在以下纸媒网站发表：经济学消息报2008年4月11日出版的第10期（总第791期）头版头条。

曾在以下网站发布或转载：中国选举与治理网2008年3月8日；天益网2008年3月8日；中国农村研究网2008年3月9日；三农中国网2008年3月9日；百灵社区2008年3月9日；《大道网络动态》总第15期；满天风雨2008年3月9日；《大道网络动态》2008年3月9日（总第15期）；大道网2008年3月11日；烟涛居/黄金屋2008年3月21日；中国农村发展网2008年4月19日；济和联盟/青翼社工网之社会工作者资源中心2008年4月22日；西陆网2008年10月16日；中华网论坛2009年1月14日。

后 记

本书是我承担完成的国家社科基金 2007 年资助课题《西部民族地区构建现代农村金融制度新体系研究》（编号 07XMZ025）的成果汇编。课题于 2007 年 11 月开题，2009 年 3 月完成，提交的成果包含 1 份咨询报告、1 份总报告、28 个专题报告、6 个案例报告。经全国哲学社会科学规划办公室批准，于 2009 年 5、6 月正式结项。

本书之所以能够顺利出版，首先要感谢全国哲学社会科学规划办公室。由于国家社科基金的立项资助，本书的研究才得以如愿如期进行。其次要感谢中国社会科学出版社，特别是责编任明老师。任明老师渊博的学识、认真负责的编辑，使本书在学术观点、写作规范方面都上了一个台阶，并避免了一些原稿中的纰漏。

本课题研究中，许多同志曾参与了选点调研，按照时间先后主要的有：宣宜研究员、罗荣淮研究员、乔召旗博士生、刘培祥先生、李娜小姐、何正琼女士、何国秀女士、高泽龙先生、莫红燕女士、莫尚华先生、唐聆燕（州政府）副秘书长、刘应辉先生、高平先生、罗成林副县长、肖学珍女士、李学良先生、李宋华先生、李菊女士、李佳佳小姐、周春先生、邵清明先生、罕德新先生等。他们不辞劳苦，深入选点村走访农户，填写问卷，收集了大量第一手资料，记录了西部贫困地区农户对农村金融及其改革的热切渴求，成为本课题研究的坚实基础。

本课题研究成果，除一篇（云南丽江"话丛"可以"改造"成农民资金互助社）外，都是边成稿边发表，目的在于为加快农村金融改革及时呐喊几声。在本书各章节的结尾，我都注明了刊发的媒体。在此，特别要感谢以下媒体：经济学消息报，农民日报，农村工作通讯，改革内参，中国选举与治理网，学说连线网，中国农村研究网，中国乡村发现网，中国三农研究中心网，乡村建设网，剑宏评论网，西部乡村网等。

还要感谢我所服务的云南省社会科学院，感谢云南省社会科学规划办公室。他们为本课题的申报立项、研究、结项与出版，提供了大力帮助。

赵俊臣

2009 年 9 月昆明